心理学

主编 赵守盈 潘 运

暨南大学出版社
JINAN UNIVERSITY PRESS

中国·广州

图书在版编目（CIP）数据

心理学／赵守盈，潘运主编.—广州：暨南大学出版社，2012.10（2015.1重印）
ISBN 978-7-5668-0160-9

Ⅰ.①心… Ⅱ.①赵…②潘… Ⅲ.①心理学 Ⅳ.①B84

中国版本图书馆CIP数据核字（2012）第056025号

出版发行：暨南大学出版社

地　址：中国广州暨南大学
电　话：总编室（8620）85221601
营销部（8620）85225284　85228291　85228292（邮购）
传　真：（8620）85221583（办公室）　85223774（营销部）
邮　编：510630
网　址：http：//www.jnupress.com　http：//press.jnu.edu.cn

排　版：广州市天河星辰文化发展部照排中心
印　刷：湛江日报社印刷厂

开　本：787mm×1092mm　1/16
印　张：23.25
字　数：520千
版　次：2012年10月第1版
印　次：2015年1月第3次

定　价：46.00元

前　言

心理学是高等学校教育的一门重要课程，是师范类院校的必修课程。通过心理学课程，可以向在校学生普及心理健康知识，促使其人格健全发展，提高其心理素质和心理健康水平；同时，心理学作为师范类院校的必修课程，可以有效地促进学生教育水平的提高和能力的发展，为国家培养高素质建设性的人才提供可靠保障。

“工欲善其事，必先利其器”，编写一本适用于师范类院校学生的心理学教材具有重要意义。近年来，随着新课程改革的不断深化和高校心理健康教育的不断推进，大学心理学课程越来越受到社会重视，心理学课程教材也如雨后春笋般涌现。为了满足西部地区高等师范类院校教学的需求，结合科学心理学的最新发展及实际教学，我们组织心理学专业教师编写了这本《心理学》，供大家参考使用。

本书内容具有以下三个特点：

1. 针对性强。本书编者均为有着丰富教学经验的心理学课程教师，通过多年的教学实践，他们对学生需要什么，想了解什么，以及对哪些方面感兴趣等都有一定的了解，因此本书对师范类院校学生具有较强的针对性。

2. 内容新颖。本书的编写主要选用科学心理学 130 余年历史所积累的经典内容，着重向学生介绍心理学的基本原理。同时，注重心理学新近的发展动向，将新近的研究成果编入教材，以方便学生和教师学习使用。

3. 方便教学。本书在编写过程中严格遵循国家制定的心理学公共课程教学大纲的具体要求。本书结构清晰明确，内容丰富，重点突出。同时，本书在每章的结尾都配有较强针对性的习题，供学生复习和教师教学使用。

参与本书编写的人员及其分工如下：袁宜（第一章），潘运（第二章），梅高兴（第三章），李毕琴（第四章），邓洪（第五章），杨世欣、陈加（第六章），植凤英（第七章），傅丽萍、陈衍（第八章），陈维（第九章），吴红（第十章），罗杰、龙女、赵鹏娟（第十一章），袁方舟（第十二章），黄静（第十三章）。全书由赵守盈、潘运统稿及定稿。此外，潘运在全书的编写过程中还做了大量组织协调工作。

感谢暨南大学出版社的责任编辑张仲玲女士对本书编写工作所作的贡献。编辑部同志对本书的编写工作提出了许多具体的建设性意见，他们认真负责的工作态度和严谨细致的工作作风使本书受益匪浅。还要感谢为本书的编写工作做了大量工作的所有人员，是他们的辛勤劳动才使本书得以顺利出版。

本书在编写过程中参考、引用了国内外很多教材和学术著作，由于本书章节篇幅有限，没有一一列出，在此一并致歉和感谢。

由于编写时间紧迫和编写人员水平有限，书中难免出现错误和遗漏，敬请同行专家和广大读者提出宝贵意见，以便再版时及时修订。

编　者
2012 年 3 月 13 日

目 录

第一章 概 论

本章要点

●心理现象和心理学
○心理学的研究对象
○心理学的实质
●心理学的发展概况
○心理学的产生和发展
○西方主要心理学流派
○心理学的主要分支学科
●心理学的任务和意义
○心理学的任务
○心理学的意义
●心理学的研究方法
○心理学的基本研究原则
○心理学的主要研究方法

在我们的周围有着各种各样的现象，如宇宙中的日月星辰、祖国的大好河山、森林中的飞禽走兽、各地的风俗风情、人们共同的行为准则等等。这些现象有的属于自然现象，有的属于社会现象，各属不同的研究领域。而这些现象中最为复杂和神奇的就是人的心理现象：我们能够看到花开花落，能够听到风吹拂树叶的沙沙声，能够闻到美食的香味，能够摸到物体的光滑程度，能够背诵儿时学过的朗朗上口的诗歌，能够开动脑筋解决遇到的各种难题，我们有七情六欲，我们能够克服各种各样的困难……

第一节　心理现象和心理学

一、心理学的研究对象

心理学的研究对象就是心理现象。广义而言，心理现象既包括人的心理，也包括动物的心理；既包括个体的心理，也包括团体的心理；既包括正常的心理，也包括变态的心理等等。而我们一般以正常人的心理现象作为研究对象。人的心理现象主要包括心理过程和个性心理这两个既相互区别又相互联系的方面。

（一）心理过程

心理过程是指人的心理发生、发展的过程，也是指在客观事物的作用下，在一定的时间内大脑反映客观现实的过程。在心理学上，心理过程就是心理的活动过程，所以心理过程和心理活动这两个术语是通用的。心理过程主要包括认识过程、情感过程和意志过程，简称为知、情、意。

认识过程又称认知过程，是指人们获得知识、应用知识的过程，或是信息加工的过程，是人的最基本的心理过程，它包括感觉、知觉、记忆、想象、思维和语言等。个体接受外界输入的信息，经过大脑的加工处理，转换成内在的心理活动，再进而支配个体的行为，这个过程就是信息加工的过程，也就是认知过程。

例如，我们去水果超市购买水果，远远看见有一种水果是红色的，走近后闻到这种水果有一股清香，用手摸摸这种水果非常光滑，买了后尝一尝这种水果是甜脆的……所有这些视觉（看到的）、嗅觉（闻到的）、触觉（摸到的）、味觉（尝到的）都属于感觉。所谓感觉就是指人脑对客观事物个别属性的反映。而此时在个体头脑中会反映出这种水果是苹果时，就是知觉。知觉是指人脑对客观事物整体属性的反映，它是在感觉的基础上产生的，但又不是感觉的简单相加。感觉和知觉常常是紧密地联系在一起的，统称为感知过程，是其他高级和复杂的认识活动的基础。

我们能背诵年幼时学的《锄禾》这首诗，能认出十年未见面的老同学，能记住自己的电话号码……这些都属于记忆的过程。人们通过感知觉所获得的知识经验，在刺激物停止作用以后，并没有完全消失，它还保留在人们的头脑中，并在需要时再现出来。这种积累和保持个体经验的心理过程，就是记忆。

当我们早上起床时，发现外面的地湿了，我们的第一反应是昨晚下雨了。这就是思维过程。所谓思维是指人脑对外界事物概括的、间接的反映。

我们躺在草地上，看到天空中飘过的云彩觉得好像是仙女或野兽，这就是想象的过程。所谓想象是指人脑中旧经验（即旧表象）重新组合，产生新事物形象的过程。

语言是一种社会现象，在人类文明和个体智慧的发展中起着重要的作用。人们在日常的生活、学习和工作中，在感知、记忆和思考时，都离不开语言。所谓语言，是人类通过高度结构化的声音组合，或通过书写符号、手势等构成的一种符号系统，同时又是一种运用这种符号系统来交流思想的行为。

上面所提到的感觉、知觉、记忆、思维、想象、言语等过程，就是指人的认识过程，这些都是人脑对客观现实的反映。

人在认识事物的过程中，对所认识的事物总是持一定的态度，这种对事物态度的体验就是情绪和情感，如喜、怒、哀、乐、道德感、理智感、美感等都是情绪和情感的具体体现。

我们在生活、学习和工作中并不是一帆风顺的，总会遇到这样或那样的困难，这时就需要用意志加以克服。所谓意志是指人自觉地确定目的，并根据目的调节和支配自己的行动，克服困难以实现目的的心理过程。意志是人的主观能动性的集中体现。

人类的认知和行为不仅受情绪和情感的影响，而且是在动机的支配下进行的。所谓动机，是指推动人的活动并使活动朝向一定目标的内部动力。人类有各种各样的动机，例如，生理上的动机：饥饿、渴、性、睡眠；社会性的动机：兴趣、成就动机、权利动机、交往动机等。动机的基础是人类的各种需要。动机具有性质和强度的区别。动机不同，人们对现实的态度以及相应的行为方式也不同。

人在各种心理活动中，还伴随着一种心理状态，这就是注意。注意是心理活动对一定对象的指向和集中。它不是一种独立的心理过程，而是心理过程的一种特征，是人们掌握知识、完成任务不可或缺的条件，是心理过程的动力特征之一。

总之，知、情、意不是孤立的，而是一个统一的整体，它们之间互相联系、互相制约、互相渗透。例如，教师在帮助后进生转化的过程中，就运用到这三个心理过程：教师首先要分析后进生的情况，这是认识过程；然后本着爱护学生、热爱本职工作的情感去帮助后进生，这是情感过程；当遇到困难时，还要运用意志去克服各种各样的困难，耐心做好转化工作，这是意志过程。

认识过程与情感过程的关系：一方面，认识过程是情感产生的基础。只有对客观事物有一定的认识，才能引起一定的情感；同时，随着认识过程的深化，情感也会发生变化。另一方面，情感过程也会反作用于认识过程。情感可以降低或增强认识过程的积极性，甚至反作用于认识过程。

认识过程与意志过程的关系：一方面，认识过程是意志过程的前提。只有认识了客观事物的发展规律，人才能确定自己的目的，选择实现目的的方法和途径，预见行动的进程及可能出现的变化。另一方面，意志也可以影响人的认识过程，使人在认识过程中更具有目的性和方向性，使认识更深入。

情感过程与意志过程的关系：一方面，人的情感对意志行动有一定的影响。积极愉快的情感可以提高人的活动的积极性，增强意志行动的动力；消极的情感会降低人的活动的积极性，妨碍意志活动的进行。另一方面，意志可以调节、控制人的情绪和情感。

将心理活动分为认识、情感、意志三个方面，这是“三分法”的观点。我国老一辈心理学家潘菽先生提出了“二分法”的观点，即将心理现象分为认识活动和意向活动。认识活动是人们对客观世界的反映活动，如感觉、知觉、想象、唤醒、联想、思考等；意向活动是人们对客观世界作出对待的活动，如注意、意图、情绪、谋思、意志等。

（二）个性心理

除了要了解人的心理过程的一般特点和规律以外，心理学还要研究每个人所特有的心理特点。心理过程是在具体的个体身上表现出来的。由于个体的遗传素质、所处的社会环境和生活条件、所接受的教育及个人的主观努力的不同，人与人之间在心理活动上存在差别，即所谓的个性心理差异。个性心理是一个人在社会生活实践中形成的相对稳定的各种心理现象的总和，包括两个方面：个性倾向性和个性心理特征。

个性倾向性是推动人进行活动的动力系统，它是个性中最活跃的因素，反映了人对周围世界的趋向和追求。个性倾向性主要包括需要、动机、兴趣、理想、信念、价值观和世界观等。其中需要是个性倾向性的基础，而世界观是个性倾向性中居于最高层次的构建成分，决定着一个人总的心理倾向。

个性心理特征是个人身上经常表现出来的本质、稳定的心理特征，集中体现了人的心理活动的独特性。个性心理特征主要包括能力、气质、性格。

能力是指顺利实现某种活动的心理条件。例如，一名画家所具有的色彩鉴别力、形象记忆力等都叫能力，这些能力是保证一名画家顺利完成绘画活动的心理条件。

气质这一概念与我们平时所说的“禀性”、“性情”、“脾气”相似。气质是不以人的活动目的和内容为转移，受高级神经活动类型制约的典型、稳定的动力性方面的个性心理特征。例如，在日常生活中，我们可以看到，有的人活泼好动、反应灵活，有的人安静稳重、反应缓慢，有的人不论做什么事情总显得十分急躁，有的人感情总是那么细腻深刻。人与人之间在心理特征上的这些差异就是气质特征上的差异。

性格是我们比较熟悉的心理现象。《论语》中记载“柴也愚，参也鲁，师也辟，由也喭”，描述了孔子学生的性格。性格是指一个人在态度和行为方式中表现出来的稳定的心理特征，例如“吝啬”、“大方”、“为人友善”、“坚毅果断”等。

心理现象的各个方面不是孤立的，而是彼此相互联系的。个性心理通过心理过程在实践中逐步发展起来并体现在心理过程中，没有心理过程就无从产生个性心理；

已经形成的个性心理又制约着心理过程，影响着心理过程的发展。可以概括地讲，既没有不带个性特征的心理过程，也没有脱离心理过程的个性特征，二者是同一现象的两个方面，它们有机地组成人的完整的心理活动。

二、心理学的实质

人的心理活动是怎样产生的？它的生理机制是什么？心理活动与客观世界的关系是怎样的？对于这些基本问题，从古到今人们提出了许多观点，试图解释人的心理的实质。有人认为，心理是超越物质而存在的至高无上的灵魂活动；有人认为，心理与物质、心理与生理是相互平衡又独立存在的两种实体；有人认为，心理是对客观现实的机械的反映；有人又将人和动物等同起来，忽视了人的社会性的本质。这些观点都未揭示人的心理的实质，只有现代心理学在辩证唯物主义观点的指导下，科学地揭示了人的心理的实质，认为“人的心理是人脑对客观现实的反映”。这一命题包括“心理是人脑的机能”、“心理是客观现实的反映”两部分，它科学地回答了上述心理学的基本问题，澄清了各种唯心主义、机械唯物主义的错误认识。

（一）心理是人脑的机能

1. 脑是心理的器官

人们的心理现象到底是由什么器官产生的？对这个问题，从古至今人们进行了艰难的探索。

在中国，有很多汉字、成语都认为人的心理活动与心脏有关，例如，“思”、“想”都是“心”字底，又如“胸有成竹”等。

自20世纪以来，人们形成了一些重要的学说：

（1）定位说。

脑功能的定位说始于加尔和斯柏兹姆提出的“颅相说”。加尔检查了颅骨的外部特征，并将这些特征与行为的某些方面联系起来。但是，“颅相说”在许多方面是不科学的。

真正科学的“定位说”始于对失语症病人的临床研究。1825年，波伊劳德提出语言定位于大脑额叶的观点。由于人们都用右手书写、绘画，所以波伊劳德认为，对这些行为的控制可能在左半球。20世纪四五十年代，加拿大医生潘非尔德用电刺激法研究额叶时发现，微弱的电刺激能使病人回忆起童年的一些事情。这说明记忆可能定位在大脑皮层的额叶。

（2）整体说。

19世纪中叶，弗罗伦斯用鸡和鸽子进行了一系列实验，他采用局部损毁法，切除动物脑的一部分，然后观察动物的行为表现。结果发现，在切除大脑皮层后，动物很少运动，但随着时间的推移，动物能康复到接近正常的情况。根据这些发现，他认为不存在皮层功能的定位。功能的丧失与皮层切除的大小有关，而与特定的部位无关。如果所有皮层都被切除，那么各种智力活动都会丧失。如果有足够的组织被保留下来，所有的功能都会被恢复。因此，他强调脑功能的整体性。当然，弗罗伦斯所用的实验动物没有新表层，而且他所说的动物智能与人的智能是完全不一样的。

（3）机能系统说。

鲁利亚根据大量的临床观察和对病人的训练，批评了关于大脑机能狭隘定位的观点，指出传统的理论把人的心理活动分为某些分割的机能，并且把这些机能与大脑某一严格限定的部位联系起来。他认为，脑的一定部位的损伤，往往不是导致某一孤立的心理机能的丧失，而是引起某种综合征，即产生一系列过程的障碍。某种心理机能的障碍，除受脑的损伤部位的直接影响外，还受到其他脑区的影响。

根据这些研究，鲁利亚认为，脑是一个动态的结构，是一个复杂的动态机能系统。在机能系统的个别环节受到损伤时，高级心理机能确实会受到影响。从这个意义上说，大脑皮层的机能定位是一种动态的、系统的机能定位。

他把脑分成三个互动联系的机能系统。

第一机能系统：调节激活与维持觉醒状态的机能系统，也称动力系统。由脑干网状结构和边缘系统等构成，它的基本功能是保持大脑皮层的一般觉醒状态，提高兴奋性和感受性，并实现对行为的自我调节。这一系统并不对某个特定的信息进行加工，但提供了各种活动的背景。

第二机能系统：信息接受、加工和储存的系统。它位于大脑皮层的后部，包括皮层的枕叶、颞叶和顶叶以及相应的皮层下组织。它的基本作用是接受来自机体内外的各种刺激，实现对信息的空间和时间整合，并把它们保存下来。

第三机能系统：行为调节系统，是编制行为程序、调节和控制行为的系统。它包括额叶的广大脑区，基本作用是产生活动意图，形成行为程序，实现对复杂行为的调节和控制。当这些脑区受到损伤时，人将产生不同形式的行为障碍。例如，前额叶皮层受到损伤的病人将丧失计划与组织行动的能力，不能将行为的结果与原有计划、目的进行对照，也不能矫正自己的行为。

鲁利亚认为，人的各种行为和心理活动是三个机能系统相互作用、协同活动的结果。其中每个机能系统又起着各自不同的作用。鲁利亚的研究丰富和发展了脑的理论，引起了心理学家和生理学家的普遍重视。

（4）模块说。

“模块说”认为，人脑的结构和功能是由高度专门化并相对独立的模块组成。这些模块复杂而巧妙的结合，是实现复杂而精细的认知功能的基础。

所有这些学说都表明：脑是心理的器官，心理是脑的机能，“无头脑的思维”是不存在的。

2. 神经系统的结构和功能

脑是心理的器官，但并不能独立地产生心理活动。人的心理活动有赖于整个神经系统的作用，人脑只是其中的主要组成部分。

（1）中枢神经系统和周围神经系统。

人的神经系统由中枢神经系统和周围神经系统组成。

- 神经系统
  - 中枢神经系统
    - 脑：脑干、间脑、小脑、大脑
    - 脊髓
  - 周围神经系统
    - 脑神经：12 对
    - 脊神经：31 对
    - 植物神经

图 1－1 神经系统

中枢神经系统包括脑（脑干、间脑、小脑、大脑）和脊髓。

脑干：由延脑、脑桥和中脑组成。脑干是大脑、小脑与脊髓联系的通道。延脑及脑桥与机体的基本生命活动，如心跳、呼吸、循环、吞咽等的调节有关，中脑是视听的初级中枢，对姿势及身体运动的调节也有重要的作用。

间脑：由丘脑和下丘脑组成。丘脑是皮层下感觉中枢，除嗅觉外的各种感觉信息都汇集在这里加工，然后传递到大脑皮层下中枢，其功能是调节内分泌活动和内脏活动，对情绪反应也有重要影响。

小脑：位于脑干之后，具有调节机体运动，保持身体平衡的作用。

大脑：位于间脑之上，是中枢神经系统最重要的部位。大脑分为左右两个半球，成人的大脑重约 1 400 克。大脑表面覆盖着面积很大的灰质，主要由神经细胞的细胞体构成，称为大脑皮层，这是脑中最重要的部分。

脊髓：中枢神经系统的最低级部位。由脊髓发出的植物神经同皮肤、骨骼相连，它的功能是进行简单的反射和传导冲动。

周围神经系统由中枢神经发出，它包括脑神经、脊神经和植物神经。

脑神经有 12 对，由脑发出，分布于头、面、额，它与头、面部的运动和感觉有关。

脊神经有 31 对，从脊髓两侧发出，分布全身，与躯体运动和感觉有关。

植物性神经系统又称自主神经系统，其皮层下中枢在下丘脑，其功能是控制内脏器官、腺体和血管的运动，一般不受个体意识的控制。

（2）反射和反射弧。

反射是指有机体在中枢神经系统的参与下，对刺激所作出的有一定规律的反应。例如，眼睛遇到强光时会闭眼或眨眼，食物放入口中会导致唾液分泌等。

实现反射活动的神经结构称为反射弧。反射弧通过五个环节来实现反射：感受器、传入神经（感觉神经）、神经中枢、传出神经（运动神经）、效应器。

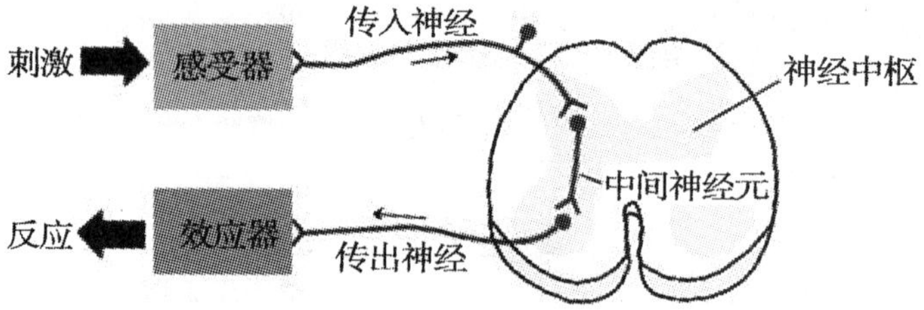

图 1－2　反射弧

（资料来源：http：//image. baidu. com/）

当刺激作用于感受器时，感受器发生兴奋，所产生的神经冲动沿传入神经传到神经中枢，中枢对传入信息进行处理，产生兴奋过程，兴奋过程沿着传出神经传到效应器，效应器做出相应的反应或动作。

（3）无条件反射与条件反射。

高等动物与人的行为是由很多反射组成的。反射主要包括无条件反射和条件反射。

无条件反射是先天遗传的，是不学而能的反射，例如，眨眼、吸吮、膝跳、呕吐反射等。无条件反射是在长期的生物进化过程中形成的，对每一个个体来讲是先天具备的，是一种固定的神经联系，它由低级神经中枢实现。人类和高等动物身上的无条件反射往往受到大脑皮层的调节，表现出一定的随意性。无条件反射主要有三种类型：食物性反射、防御性反射和性反射。无条件反射是动物适应外界环境、维持生存和种族繁衍的重要形式。

条件反射是后天经过学习获得的反射。条件反射有经典性条件反射和操作性条件反射两种。

俄国著名的生理学家巴甫洛夫及其学派所研究的条件反射称为经典性条件反射。巴甫洛夫对狗进行了大量实验。狗在进食时要分泌唾液，这是无条件反射，食物是无条件刺激物。给狗呈现铃声，狗不会分泌唾液，铃声是无关刺激物。可是如果每次给狗进食时都伴随着铃声，经过多次结合，即便铃声单独呈现，同样会引起狗分泌唾液。这时，原来的无关刺激物就变成了条件刺激物，它就能与食物一样引起反射。这种由条件刺激物所引起的反射称为条件反射。

条件反射是在无条件反射的基础上形成的，其形成的基本条件是无关刺激物必须与无条件刺激物同时结合，成为条件刺激物，才能引起条件反射，这个过程也称为强化。强化次数越多，条件反射越巩固。此外，条件反射的形成还有赖于机体神经系统的正常活动。

条件反射的神经机制是在大脑皮层上建立暂时神经联系。例如，上述试验中，在食物和铃声同时或前后出现后，狗的大脑皮层上就相应地产生了两个兴奋点，这两个兴奋点不断向周围扩散，经过多次强化就会在两个兴奋点之间建立起暂时神经联系。这样，当铃声一响，通过暂时神经联系就能引起唾液分泌，便形成条件反射。

美国著名的心理学家斯金纳是操作性条件反射的提出者。在实验中，斯金纳把一只白鼠放入试验箱，箱内装一杠杆，白鼠按此杠杆就能获得食物，此后经过多次重复白鼠就会自动按动杠杆而获得食物。这种必须通过个体的某种活动（操作）才能得到强化形成的条件反射，称为操作性条件反射。

操作性条件反射在本质上与经典性条件反射一样。前者是反应型条件反射，操作反应在前，强化物同反应相结合；后者是刺激型条件反射，刺激在前，应答行为在后。

（4）条件反射抑制。

动物和人不仅能形成各种复杂的条件反射，还能形成各种条件反射抑制。条件反射抑制可分为无条件性抑制和条件性抑制。

- 抑制过程
  - 无条件性抑制
    - 外抑制
    - 超限抑制
  - 条件抑制
    - 消退抑制
    - 分化抑制

图 1－3　条件反射的抑制

无条件性抑制是指有机体先天具有的抑制，包括外抑制和超限抑制。外抑制是指额外刺激的出现对正在进行中的条件反射的抑制，例如，突然出现的强烈刺激（强光、强声）会使正在进行的活动停止。超限抑制是指刺激过强、过多或作用过长而引起的抑制，这时大脑皮层的神经细胞的兴奋性降低进入抑制状态，从而保护脑细胞免受损害。因此，超限抑制又称为保护性抑制。例如，人过度疲倦时的睡眠、精神过度紧张时的昏厥等都是超限抑制的表现。

条件抑制，又称内抑制，是在后天一定条件下逐渐形成的，包括消退抑制和分化抑制两种。消退抑制是指由于没有得到强化而发生的抑制；分化抑制是指对条件刺激物加以强化，而对其他类似的刺激物不强化，使类似的刺激物引起的反应受到抑制。例如，学习外语时对外文单词的区别，对相似图形的辨认等都是通过分化抑制来实现的。

（5）第一信号系统与第二信号系统。

根据引起条件反射的刺激物的性质可将条件反射系统分为第一信号系统和第二信号系统。

由具体事物或事物属性作为条件刺激物而建立的条件反射系统叫做第一信号系统，它是人和动物都具有的条件反射系统。第二信号系统是由词和语言作为条件刺激物而建立的条件反射系统。词和语言是具体事物的信号，是第一信号的信号，故称为第二信号。第二信号是人所特有的。借助于第二信号系统，人可以抽象地反映客观现实，揭露事物本质，有意识地调节自己的行为。第二信号系统是人的复杂心理活动的基础，它是人类高级神经活动的重要特征。

在人的活动中，两种信号系统是协同活动的。一方面第二信号系统的活动以第一信号系统为基础。词如果脱离了具体事物，就失去了信号意义。另一方面，第一信号系统的活动又受到第二信号系统的调节。

（6）动力定型。

大脑皮层的神经活动不仅能建立单一的条件反射，还可以将多种刺激组成一个刺激系统，形成条件反射链索系统。只要刺激一出现，人的活动就成为一系列自动化的动作，这就是动力定型。动力定型可以有效减少脑力和体力消耗，提高活动效率。

（7）高级神经活动规律。

首先是高级神经活动的基本过程。巴甫洛夫的条件反射实验揭示了大脑皮层高级神经活动的两个基本过程：兴奋和抑制。兴奋过程是与有机体的某些活动的发动或加强相联系的过程，抑制过程是与有机体的某些活动的停止或减弱相联系的过程。兴奋和抑制的作用相反，但它们在大脑皮层上是相互依存、相互制约的动态过程。就整个大脑皮层而言，清醒时兴奋占优势，睡眠时抑制占优势。

其次，高级神经活动的基本规律包括：兴奋与抑制的扩散和集中、兴奋与抑制的相互诱导。兴奋与抑制在大脑皮层产生后，并不是停滞不前的，而是沿着皮层向附近区域传播，使这些部位也出现相同的活动，这种现象称为扩散。扩散进行到一定程度后，又逐渐向原来的部位聚集，这种现象称为集中。

大脑皮层上的一种神经过程的活动会引起或加强另一种与之相反的神经过程的活动，这种现象称为兴奋和抑制的相互诱导。

由兴奋过程引起或加强周围或同一部位的抑制过程称为负诱导。由抑制过程引起或加强周围或同一部位的兴奋过程称为正诱导。

（二）心理是客观现实的反映

心理是脑的机能，但脑不能凭空产生人的心理。人脑及神经系统是心理的物质基础，神经系统的活动只是心理的生理机制。心理的产生还有赖于外界的客观现实。如果脱离了客观现实，心理活动便不可能产生。

1. 客观现实是心理活动的源泉

客观现实包括自然环境、社会环境、主体本身及主体以外的其他人的言行。人的心理活动总是在一定的客观环境中产生的，心理活动的内容也必然源于这个客观环境。例如，我们可以看见周围物体的形状、听到声音、思考问题等，这些心理活动的内容都是来自客观现实。例如，科学幻想、神话故事等从形式上看似乎是脱离了现实，但其作者的创作活动都是以当时的客观现实为依据而进行的，这种心理活动是不会超越现实的。

2. 心理是客观现实的主观反映

反映是指物质间彼此相互作用留下痕迹的过程，是物质的普遍属性。由于物质的性质和运动形态不同，反映的形式也不相同。无机物只有物理和化学的反映形式，如盐在水里溶化，柴草在空气中燃烧。有生命的植物具有更高的反映形式，即感应性。感应性是生物对外界维持生命的物质作出反应的能力，如植物的趋光、趋水性。生物进化到动物，形成了神经系统，于是出现了新的反映形式，即感受性。动物能够根据周围物体的性质（如光滑程度、形状等）来调节自己的行为。生物进化到脊椎动物，出现了脑，于是反映的形式由感觉上升为知觉。哺乳动物已出现了思维的萌芽。灵长类动物的脑是动物的脑发展的顶峰，其反映形式也是动物中最高水平的。人脑在劳动中得到了质的发展，使人产生了最高级的反映形式，即意识活动。

人的心理是人脑对客观现实的反映，从内容和源泉来说是客观的，但形式上又是主观的。首先，对客观现实的反映是由具体的人进行的，这种反映具有鲜明的个别差异，它受到个体身心发展特点，如动机、兴趣、能力、性格以及已有知识经验等因素的制约，因而具有很大的主观性；其次，反映作为一种活动现象与其反映的对象并不等同，即反映的对象是客观物质的，而反映形式却是非物质的。

3. 人的心理是对客观现实的能动反映

人对客观现实的反映不是被动的、消极的、机械的。人在社会实践中总是积极、能动地反映客观现实。人的心理的能动性既表现在心理过程中，也表现在个性品质上。

在认识活动中，人不仅能够通过感官来直接了解事物的外在特征，而且还能在意识的调节下通过思维活动间接地去认识事物内在的、本质的规律。同时，人还能根据需要利用认识到的客观规律去改造客观世界。

4. 人的心理在实践中发展

人的心理是人与客观现实相互作用的产物，实践活动是心理发展的重要条件。脱离实践，人的心理就不会产生。人在实践中不断地与各种客观因素相互作用，产生各种心理活动。一方面，人的心理受到客观因素（主要是社会生活条件）的影响；另一方面，人的心理又影响实践活动。随着实践活动的不断深入，人的心理也不断发展。例如，各种特殊能力的形成（如对颜色的辨别能力）与人的实践活动（如画家的创作）有着直接关系。因此，人的心理是在实践的检验中不断发展完善的。

第二节 心理学的发展概况

一、心理科学的产生与发展

德国著名心理学家艾宾浩斯（H. Ebbinghaus，1850—1909）曾这样概括地描述心理学的发展历程："心理学有一个漫长的过去，但只有短暂的历史。"

作为一门科学的思想史，心理学源远流长。早在春秋战国时代，我国许多思想家就曾探讨过人性问题。孔子有"性相近也，习相远也"之说；孟子主张性善论，认为"人无有不善，水无有不下"；而荀子则主张性恶论，认为"人之性恶，其善伪也"。关于教育过程中的心理问题，他们也各有自己精辟的、比较合乎规律的见解。孔子认为"学而不思则罔，思而不学则殆"、"知之者不如好之者，好之者不如乐之者"、"温故而知新"，主张"学而时习之"、"不愤不启，不悱不发，举一隅不以三隅反，则不复也"等；孟子反对"揠苗助长"的教育方法，主张顺乎自然的教育；荀子则有"蓬生麻中，不扶而直"、"青出于蓝而胜于蓝"的名言流传于世。这些都是对心理现象的积极探索。

在我国汉朝之前就流传的医学著作《素问》中，有"喜伤心，怒伤肝，思伤脾，忧伤肺，恐伤肾"之说，这与现代医学心理学关于情绪与健康关系的论断基本上是吻合的。

我国古代兵法强调"攻心为上"，韩信便据此设计了"四面楚歌"，起到了瓦解楚军军心的作用。兵书上说"兵不厌诈"，诸葛亮便据此巧设"空城计"，智退司马懿几十万大军。

所有这些，都说明我国古代的先哲贤达们早已对人的心理现象进行了深刻的反省和深入的研究，并积累了丰富的经验和理论。

欧洲古代思想家们，特别是古希腊的哲学家们，如德谟克利特（E. Democritus，前470—前380）、苏格拉底（Sokrates，前469—前400）、柏拉图（Plato，前427—前347）和亚里士多德（Aristole，前382—前322）等，都对人的心理现象进行了不同程度的反思和探索。德谟克利特是朴素的唯物主义者，他认为感觉是原子从物体表面发射出来并与感觉器官接触的结果。苏格拉底则是神学唯心主义者，他认为神为人"安排了灵魂"，而真理就存在于人的灵魂之中，人要寻求真理，就必须从自己的内心中探求。他还在教育上提出了"产婆术"理论，认为教师的任务类似于"产婆"，就是要把早已存在于学生灵魂之中的真理"接生"下来，这可以说是发现法教学思想的最早萌芽。柏拉图也是唯心主义者，他不承认物质世界的客观性和真实性。他提出两种世界——"现象世界"和"理念世界"，认为"现象世界"是不真实的、不稳定的，而“理念世界”才是真实的、永恒的。柏拉图认为认识不是对物质世界的感受，而是对理念世界的回忆。亚里士多德写的《论灵魂》，探讨肉体和灵魂的关系，这可以说是最古老的一本“心理学”专著。

总之，无论是国内还是国外，自古就有关于心理学方面的论述，因此从这个意义上说，心理学有一个悠久的过去；但由于心理学一直缺乏实验的论证，因而还未独立成为一门系统的科学。直到1879年，德国心理学家冯特（W. Wundt，1832—1920）在德国莱比锡大学建立了世界上第一个心理学实验室，这才标志着科学心理学的诞生，标志着心理学从哲学中分化出来成为一门独立的科学。因此，从这个意义上说，心理学只有一段短暂的历史。

科学心理学虽然只有一百多年的历史，但由于社会的需要而获得了长足的发展。最初从事心理学研究的人员只限于德国、英国、奥地利等少数几个国家，但1980年出版的《国际心理学家名录》里，已收录了来自当代一百多个国家的10 000名著名的心理学家。有关心理学及相关学科的期刊在世界上已达1 300种，每年发表30 000篇心理学文献。在美国，心理学会成为仅次于物理学会的全国第二大学会，心理学被视为科学的七大部类之一；全美3 000所大学几乎都开设心理学课程，每年培养心理学博士生3 000多人，主修和选修心理学的人数超过300万。在我国，自1917年陈大齐教授在北京大学创立第一个心理学实验室以来，虽几经起落，但从20世纪70年代后期开始，心理学也进入空前的繁荣时期，已形成从全国性到地方性的各级心理科学研究所、学会网络，每年有近十种心理学专业刊物、几百种教育类刊物和大学学报发表上千篇心理学文献。各种心理学书籍更如雨后春笋，不断涌现。现在不仅师范类的大学和一些综合性的大学开设了各种心理学课程，一些重点师范大学和重点综合性大学还设置了心理学院（系），培养本科生、硕士生和博士生。各种心理学培训班已从学校扩散到社会，从课堂教学发展到电视教学。教育部于1995年成立了我国高等学校（理科）心理学教学指导委员会，还在杭州大学、北京师范大学、华东师范大学建立了我国心理学理科基地，并决定将在所有理工科和综合性大学开设面向全体大学生的心理学课程。

二、西方主要心理学流派

自从心理学成为独立的科学以来，心理学家们各自从不同的角度对心理的实质、心理学研究的对象和方法等问题提出了不同的观点，形成了不同的心理学流派。

（一）构造主义心理学

构造主义心理学产生于19世纪70年代，是心理学的第一个理论派别，创始人是冯特，代表人物是铁钦纳（E. B. Titchener，1867—1927）。冯特认为心理学是研究意识（经验）的科学。他把意识分为感觉、意象和激情状态三个基本元素。感觉是知觉的元素，意象是观念的元素，而激情状态是情绪、情感的元素，并认为所有复杂的心理活动都是由这些元素构成的。冯特还首创了实验内省法。

冯特的学生铁钦纳继承和发展了冯特的理论，并把这种心理学理论命名为“构造心理学”。构造主义心理学使心理学摆脱了思辨的桎梏，走上了科学研究的道路，成为一门独立的科学。但该学派的“纯内省”和“纯科学”的心理学分析法严重脱离了实际。

（二）机能主义心理学

机能主义心理学产生于19世纪末，创始人是美国心理学家詹姆士（W. James，1842—1910），代表人物有杜威、安吉尔、桑代克、卡尔等。机能主义心理学比较强调意识的作用和功能，但他们不把意识看成个别元素的集合，而是看成川流不息的过程，认为意识的作用使机体适应环境。这一观点推动了美国心理学面向实际生活的过程。20世纪以来，美国心理学一直比较重视心理学在教育及其他领域中的应用，这与机能主义思潮有着密切的关系。

（三）行为主义心理学

1913年美国心理学家华生（J. Watson，1878—1958）在《心理学评论》杂志上发表了《行为主义者心目中的心理学》一文，宣告了行为主义心理学的诞生。行为主义有两个重要的特点：一是反对心理学研究看不见、摸不着的意识，主张研究可以观察的事件，即行为；二是反对内省，主张用客观研究的方法，即实验的方法。

同时，行为主义心理学把刺激—反应（S—R）作为解释行为的基本原则。新行为主义者托尔曼曾试图在刺激与反应之间引进认知、期望、目的等作为中间变量，但斯金纳反对任何形式的内因论，拒绝中间变量，认为强化和改变行为的主要动力是有机体“操作”环境的效果。赫尔则力图从方法着手，抛弃“观察—归纳”法，采用“假设—演绎”法，以便把心理学建成近似几何学的演绎科学。

行为主义心理学极力主张客观研究的方法，使心理学的研究更加严谨、更加自然科学化。然而，由于完全否定了对人的心理意识的研究，以行为和生理反应代替心理现象，把人与动物等同起来，以及分析行为的机械主义观点，使得行为主义心理学对心理学的发展产生了消极的影响。

（四）格式塔心理学

格式塔心理学诞生于1912年的德国，后来在美国得到进一步发展。创始人是韦特海默（M. Wertheimer，1880—1943），代表人物有考夫卡（K. Koffka）、柯勒（W. Kohler）和勒温（K. Lewm）。

格式塔在德文中意为“完形”、“整体”。格式塔心理学反对把意识分解为元素，而强调心理作为一个整体、一种组织的意义。格式塔心理学认为：其一，整体不能还原为各个部分、各种元素的总和；其二，部分相加不等于整体；其三，整体先于部分而存在，并且制约着部分的性质和意义。

格式塔心理学很重视心理学实验，在知觉、学习、思维等方面开展了大量的实验研究，在思维问题上提出了“顿悟说”。

尽管格式塔心理学的理论基础是主观唯心论，但该学说强调的“整体”观点以及关于知觉的组织原则、学习和思维的研究成果等至今仍有积极意义。

（五）精神分析心理学

精神分析心理学始于20世纪初，创始人是奥地利精神病学家弗洛伊德（S. Freud，1856—1939）。与其他传统心理学派别不同，精神分析心理学不关心对意识经验和正常行为的研究，它强调心理学应研究无意识现象和异常行为。该学派的理论根据来自对精神病患者诊断治疗的临床经验。

弗洛伊德认为，人类的一切个体或社会的行为，都根源于心灵深处的某种欲望或动机，特别是性欲的冲动。欲望以无意识的形式支配人，并且表现在人的正常和异常的行为中。欲望或动机受到压抑是导致精神病的重要原因。所谓精神分析是一种临床技术，它通过对梦的解析和自由联想等手段，发现病人潜在的动机，使精神得到宣泄，从而达到治疗的目的。

弗洛伊德认为，人格是由本我、自我和超我构成的系统。一个人的精神状态是人格的这三种力量相互矛盾冲突的结果。意识是人的整个精神活动中的一小部分，处于心理表层。无意识才是人的精神活动的主体，处于心理的深层，它是被压抑的或未变成意识的本能冲动。欲望则是人的所有本能冲动中持续时间最长、冲动力最强、对人的精神活动影响最大的本能。

弗洛伊德对心理学的重要贡献在于把心理区分为意识和无意识，并关注需要、动机等心理动力因素。但他把人的一切行为都看成是被压抑的性欲的表现，认为无意识决定意识甚至决定社会发展，则是不科学的。

（六）人本主义心理学

人本主义学派于20世纪五六十年代在美国兴起，代表人物是美国心理学家马斯洛（A. H. Maslow，1908—1970）、罗杰斯（C. Rogers，1902—1987）等。人本主义心理学家反对精神分析和行为主义学派对心理学研究的窄化及偏颇，认为人的本质是好的、善良的，人不是受无意识欲望的驱使并为这些欲望而挣扎的动物。人有自由意志，有自我实现的需要。只要有适当的环境，人们就会力争达到某些积极的社会目标。人本主义心理学主张心理学应关心人的价值与尊严，研究人自身发展的潜能，强调心理学应当研究自我的纯意识，着重探讨个体的自我知觉和自我对事件的解释，并认为人在充分发展自我潜能时，力争实现自我的各种需要，从而建立完善的自我，最终达到自我实现。

人本主义心理学反对行为主义只相信可以观察到的刺激与反应，而认为正是人的思想、欲望和情感这些内部过程和内部经验，才使人成为各不相同的个体。人本主义还坚信，人都是单独存在的，心理学应该对人进行单个的测量，而不要把他们合并在不同的范畴之内。

应该看到，人本主义心理学自身存在着不足之处，即错误地理解了人的本质，把人看成是人性的人，而不是社会关系的总和，因此对人的内心世界的某些描述常常是从个人出发的。此外，人本主义心理学的许多主张还带有纲领性质，所使用的名词缺乏明确的定义，也没有具体说明所采用的研究方法，这使得学派的理论难以得到检验。但是，人本主义心理学的研究理念淡化了心理学的纯科学色彩，成为最近几十年来心理学发展的新趋势之一。

（七）认知心理学

认知学派心理学源于对行为主义的反对。20 世纪 50 年代以后，信息论、系统论、控制论及计算机科学的发展，对认知心理学的发展产生了深远的影响。20 世纪 60 年代初，心理学界涌现出一股研究认知过程的潮流，在知觉、记忆、言语和问题解决等领域出现了一些新的理论。这些理论认为人不是被动的刺激接受者，人脑中进行着积极的对所接受的信息进行加工的过程，这个过程就是认知过程。这种理论把人看成是一种信息加工者，一种具有丰富的内在资源并能利用这些资源与周围环境发生相互作用的、积极的有机体。环境的因素不再是说明行为的最突出因素了，环境提供的信息固然重要，但它是通过支配外部行为的认知过程而加以编码、存储和操作，并进而影响人类行为的。

一般认为，美国心理学家纳塞尔 1967 年出版《认知心理学》一书，标志着现代认知心理学的诞生。他在书中指出，认知是感觉输入受到转换、简约、加工、存储、提取和使用的全部过程，其主要理论是信息加工理论。

（八）神经心理学

神经心理学是从生理心理学分化出来的一个专门研究大脑神经生理功能与个体行为及心理过程关系的科学。神经心理学的研究目的主要是了解大脑的整体及其不同部位，在个体表现某种行为或从事某种心理活动时，会发生怎样的变化，从而揭示心理活动的神经生理机制。它不仅是一种研究心理学的新的技术，更是一种解释行为与心理过程的神经心理学理论，有很重要的理论和应用意义。

三、心理学的主要分支学科

现代心理学的研究范围不断扩大，已涉及人们生产、生活的各个方面，可以说有人类的地方就有心理学。据学者统计，心理学的分支学科目前已有一百多个。总的来说，这些分支学科可以分为两类：一类是基本理论的研究分支，主要是从深度上对心理学的基本理论问题进行更深入细致的研究；另一类是应用心理学分支，主要是从广度上研究各个社会领域的心理规律。

（一）基础领域的研究

基础领域的心理学研究主要关注心理科学中与各分支心理学有关的基础理论与基本方法学的问题，以及生理发生与发展的基本问题。它主要包括普通心理学、发展心理学、生理心理学、比较心理学和实验心理学。下面简要介绍其中四个分支学科。

1. 普通心理学

它是研究正常人心理活动的一般规律和心理学的基本理论的学科，按不同专题内容可进一步细分为感觉心理学、记忆心理学、思维心理学、情感心理学、意志心理学和个性心理学。

2. 发展心理学

它是研究一个人生命过程中心理发生、发展规律的学科，按不同的年龄段又可进一步细分为婴幼儿心理学、儿童心理学、青年心理学、成年心理学和老年心理学。

3. 比较心理学

它研究不同种类的动物心理发生、发展规律，并与人的心理进行比较，探索心理现象的演化发展规律，其中包括动物心理和人类心理的比较以及动物心理之间的比较。动物心理学是比较心理学的更细分支。

4. 实验心理学

它是用自然科学的方法研究心理现象和规律的心理学分支。人们运用实验方法研究感知、记忆、思维、情绪、人格等问题，试图用科学、定量的方法和手段认识人类心理活动的规律。实验心理学既是心理学的重要分支，又是其他心理学分支的基础。

（二）应用领域的研究

应用领域的研究注重把基础心理学所揭示出的一些基本规律应用于人类实践的各个方面，并进一步探索在各实践领域中心理活动的具体规律问题。由于人类实践活动都涉及人的心理问题，因而应用心理学分支尤多，主要包括教育心理学、管理心理学、运动心理学、医学心理学、司法心理学、军事心理学等。下面简要介绍其中四个分支学科。

1. 教育心理学

它是研究教与学过程中有关教师如何教、学生怎样学、教与学互动的心理活动规律的学科。它主要探讨理解和掌握知识、形成技能、发展智力和个性、培养道德品质的心理规律等，包括学习心理学、教学心理学、学科心理学、德育心理学和教师心理学等。

2. 管理心理学

它是研究管理活动中心理活动规律的学科，并按不同的管理领域可进一步细分为行政管理心理学、教育管理心理学、学校管理心理学、企业管理心理学、领导心理学等。

3. 医学心理学

它是研究病人的心理活动，探讨心理因素在疾病发生、发展、诊断、治疗及预防中的作用的学科，包括病理心理学、临床心理学、心理咨询与治疗、心理预防和心理卫生。

4. 军事心理学

它是研究军事活动中人的心理活动规律的学科，主要研究战斗时人的行动、指挥员与下属的相互关系、士气、心理战，以及掌握军事技术等方面的心理学问题，并为提高部队战斗力服务。其包括指挥员心理学、战士心理学、军事工程心理学等。

第三节　心理学的任务和意义

一、心理学的任务

心理学的基本任务是揭示心理现象的本质及其发生、发展的规律，应用心理学理论为社会实践服务。心理学的任务具体包括以下三个方面：

1. 描述心理事实

这主要是从科学心理学的角度对各种心理现象进行科学界定，以建立和发展心理学中有关心理现象的一个完整的、科学的概念体系，大到对整个心理现象，小至对某一心理现象的概念内涵和外延的确定。

2. 揭示心理规律

这主要是研究在各种具体的实践活动中人的心理活动特征和规律，探讨如何利用心理学规律提高实践活动的效率。

3. 指导实践应用

这主要是研究如何发挥人的潜能，如何充分调动人的主观能动性，如何预防和矫正各种心理偏常、心理疾患，以维护心理健康。

二、研究心理学的意义

心理学作为一门科学，既有理论上的意义，又有实践上的意义。

（一）理论意义

科学的心理学能够正确地解释心理现象，对破除迷信，形成科学的世界观和人生观有重要的意义。正确地描述人的心理现象的实质和起源并不是一件容易的事。例如，古代人们认为人的灵魂和肉体是分开的。人在睡眠时，人的灵魂会离开肉体，醒来后，灵魂又会回到肉体。这种解释使人相信，人死后灵魂仍然存在，因此有神、有鬼、有地狱、有天堂。这种观点和解释显然是不正确的，所以学习科学的心理学能帮助我们破除迷信的思想。

（二）实践意义

科学的心理学能揭示心理现象的规律，能帮助人们运用这些规律去预测和控制心理现象的发生及发展，从而为人类不同领域的实践服务，这是心理学的更为重要的任务。

科学研究的重要作用在于预测和控制。人们掌握了心理现象的规律，就能根据社会实践的需要去预测和控制各种心理现象。例如，你的朋友很害羞，我们可以预测他在与一名陌生人交谈时会感到不舒服；是什么原因导致人们吸烟，我们能否找到产生这种行为的原因以及矫正的方法等。

三、师范生学习心理学的意义

心理学是师范院校的一门重要的必修课，它与教育学、学科教育学、班主任工作技能、教师职业技能等共同构成师范院校的师范生课程，是师范院校师范性的重要体现。师范生通过学习心理学系统地掌握心理学的基本理论和基本技能，既可以为自我教育、自我完善服务，又可以了解青少年心理活动规律及教育活动中的心理规律，为将来更好地胜任教育教学工作打下良好的基础。具体来讲，师范生学习心理学具有以下三个方面的意义。

1. 学习心理学的知识，有助于师范生进行自我教育

教育者必须进行自我教育，这已经成为教育界的共识。师范生作为在校求学的学生，正处于个人身心发展的重要时期，师范生的健康成长离不开个人的自我教育。而心理学恰恰是关于人类自身的科学，它的一个重要意义就是对人的自我教育有很大作用。

师范院校开设心理学课程的一个目的就是使学生成为未来合格的人民教师，明白学生心理形成、发展和变化的规律。师范生要真正运用心理学知识为自己未来的教学服务，就必须先将心理学的知识内化为自己的东西，必须树立利用心理学知识为自己未来的教学服务的思想。因为，教师要想让学生有高尚的学习动机、健全的情感、顽强的意志、完美的人格、正确的自我意识、科学的学习方法等，那么他自

己必须先具备这些品质；否则，他的教育就会流于教条，起不到实质作用。学习心理学对于学习者自我教育的意义表现在以下三个方面：

首先，学习心理学知识有助于我们确立科学的、正确的世界观和人生观。心理现象是人世间最复杂的现象之一，心理科学揭示了人的心理的实质。这就有利于我们树立正确的人生观、世界观，同样也有利于我们正确地对待算命、相面、求神拜佛等迷信活动。

其次，学习心理学的知识有助于我们更好地了解自己，进而使我们能够有的放矢地发展自己、教育自己、完善自己。例如，心理学中有关需要、动机、兴趣等各种个性倾向性的理论，心理学所阐明的关于气质、能力、性格的论断等，都会对人的自我教育和自我完善起到启发与指导作用。

最后，学习心理学的知识可以使我们学到一些学习的策略、与人相处的策略、心理调节的策略等，从而更好地增强学习效果、改进人际关系和提高心理健康水平。

总之，学习心理学有利于学习者综合素质，尤其是心理素质的提高。

2. 学习心理学的知识，有助于掌握各种心理现象形成和发展的规律，了解青少年心理活动的特点，利用心理学的应用技能，提高教育和教学工作的质量

师范生学习心理学知识有助于提高教学工作的针对性，避免盲目性和主观性。同时，师范生可以从心理学课中学习心理测量、心理诊断、心理咨询和心理调控等多种具体技能技巧，这些技能可以广泛应用于对个别或团体学生进行心理干预，帮助学生消除心理障碍，减少消极心理，提高心理健康水平。

3. 学习心理学的知识，可以为学习其他师范性课程打好基础

心理学是其他各门师范性课程的基础。教育活动的实质是一种师生双方的交往活动，是一种以心理活动为主的人际作用过程。因此，心理学的基本理论是教育理论的基础，学好心理学是学好教育学及学科教育学等其他师范性课程的前提。

四、生活中的心理学

在生活中我们每天都会遇到各种各样的心理现象。例如，我们看人时为什么总“戴着有色眼镜”？为什么会有“远亲不如近邻”的说法？为什么恋人相处时会看不到对方的缺点？为什么我们购物或消费时总是受广告的影响……。下面介绍四种人们在日常生活中经常遇到的心理现象。

（一）定势思维（thinking set）

定势是心理活动的一种准备状态，这种准备状态容易影响人对刺激情境以某种习惯的方式进行反应。定势对解决问题有积极作用，也有消极影响。人们在生活中要利用定势的积极作用，而克服其消极的影响。

有这样一个问题：一位公安局长在路边与一位老人谈话，这时跑过来一位小孩，急促地对公安局长说："你爸爸和我爸爸吵起来了！"老人问："这孩子是你什么人？"公安局长说："是我儿子。"请回答这两个吵架的人和公安局长是什么关系？

这一问题，在100名被试中只有两人答对！后来对一个三口之家问这个问题，父母没答对，孩子却很快答了出来："局长是个女的，吵架的一个是局长的丈夫，另一个是局长的爸爸，就是孩子的外公。"为什么那么多成年人对如此简单的问答反而不如孩子呢？

这就是由心理思维定势效应造成的。按照成人的经验，公安局长应该是男的，从男局长这个心理定势去推想，自然找不到答案；而小孩子没有这方面的经验，也就没有心理定势的限制，因而马上就找到了正确答案。

心理定势具有两方面的作用：一方面是积极作用。定势效应能使人在客观事物、客观环境相对不变的情况下，对人和事物的知觉更加迅速、更为有效。例如，古人说"见月晕而知风，见基润而知雨"；警察能一眼辨认出小偷、逃犯、走私分子，能从蛛丝马迹中察觉多方面的具体情况，这就是定势效应的积极作用。另一方面是消极作用。例如，"刻舟求剑"就是这种错误思维方式的比喻。俗话说"老眼光看人"、"想当然"、"按老皇历办事"，讲的是定势效应的消极作用。

在学习、工作和生活中，我们应该有意识地克服思维定势，使思维更开阔、更深刻、更灵活、更敏捷。

（二）逆反心理

逆反心理，也称逆向心理和对抗心理，是指人们彼此间为了维护尊严，而对对方的要求采取相反态度和言行的一种心理状态。例如，有些人处理问题常持有"你不让我这样，我偏要这样做"的态度，这种与常理背道而驰，以反常的心理状态来处理问题的行为，就来自逆反心理。

产生逆反心理的原因有以下三种：

1. 自我价值保护逆反

人的自我价值有一个热爱生活、追求生活意义的心理根基，任何一个人都不能接受自己无价值的保护，在态度或行为上抗拒外界的劝导和说教。这种逆反心理称为"自我价值保护逆反"。

很多父母在家庭教育中之所以失败，就是因为不顾及孩子的自尊心，不管在什么场合，只要看到孩子有什么不对，就劈头盖脸地一顿训斥。在这种情况下，即使你的批评是对的，也会让孩子感到丢"面子"，自我形象和自我价值受到贬低与损害，久而久之，就会使孩子形成逆反心理。

大家都知道罗密欧与朱丽叶的故事，他们的爱情也恰恰因为是被禁止的，所以才会更加强烈和牢固。

2. 超限逆反

超限逆反是机体在过度接受某种刺激之后所作出的逃避反应，也是人本能的一种自我保护的心理反应。任何人接受某种刺激都是有限度的，如果刺激过多、过强或作用时间过长，就会引起心理极度烦躁或逆反心理。

逆反心理在家庭教育中时常发生。例如，当孩子考试没考好时，父母会一次、两次，甚至三番五次地对这件事作同样的批评，使孩子从内疚到不耐烦，最后反感、讨厌。被“逼急”了，孩子就会出现“我偏要这样”的反抗心理和行为。因为孩子一旦受到批评，总需要一段时间才能恢复心理平衡。受到重复批评时，他心里会想：“怎么总是这样对我?”孩子挨批评的心情就无法恢复平静，反抗心理就高亢起来。可见，家长对孩子的批评不能超过限度，应对孩子“犯一次错，只批评一次”。如果非要再次批评，那也不应简单地重复，要换一个角度，换一种说法。这样，孩子才不会觉得同样的错误被“揪住不放”，厌烦心理、逆反心理也会随之减轻。

3. 禁果逆反

禁果逆反是指理由不充分的禁止反而会激发人们产生更强烈的探究欲望。从圣经故事中引申出来的“禁果”，就是指因被禁而更想得到的东西。

人们在生活中常常会遇到这样的情况：你越是想把一些事情或信息隐瞒不让他人知道，就越会引起他人更大的兴趣和关注，导致他人对你隐瞒的东西充满好奇和窥探的欲望，千方百计试图得到这些信息。

很多专家逐渐认识到，由于禁果效应的存在，关于性的知识不应该对青少年讳莫如深，这样反而使他们对性充满好奇心，从而不能正确地理解性。

（三）首因效应

首因效应在心理学上又称第一印象，指两个素不相识的人第一次见面时所获得的对彼此的印象。

生活中，人们总是比较重视第一印象。例如，到一个新的单位工作时，会有人告诫你“注意你给别人的第一印象”；初次约会的青年男女，大多彬彬有礼；“新官上任三把火”等。

所以，在生活中要利用第一印象的积极作用，克服其消极影响。例如，在交往中我们一定要注意自己的“登场亮相”，争取让自己的第一印象为自己加分。而我们在对别人的判断上，则要防备首因效应，不要为对方的第一印象所迷惑，造成认知的偏差。俗话说：“路遥知马力，日久见人心。”第一印象并不是完全可靠的，还应在继续交往中冷静、细致、全面地分析对方，这样才能作出更准确的判断。

（四）晕轮效应

晕轮是指月亮周围有时出现的朦胧圆圈，心理学上借此概念来说明人认知中的心理现象，即以点带面、以偏概全。也就是人们在认知中，观察对象时，对象的某个特点、品质特别突出就会掩盖我们对对象的其他品质和特点的正确理解，被突出的这一点起了类似晕轮的作用，导致观察失误。例如，成语“爱屋及乌”就是鲜明的例子。

教师也常常犯这样的错误。如某学生数学考试不及格，他的数学老师就推断这个学生一定是贪玩的学生，学习不努力，天资不聪慧，将来也不会有大作为等，从而对这个学生不太关心和过问了；而对于一个数学成绩好的学生，数学老师往往认为这个学生学习努力、认真，天资聪慧，将来必有出息，在与该生的频繁互动中也会自觉不自觉地关注他的进步，并及时给予鼓励。

“晕轮效应”的根源在于绝对化看人的方法，把人的某一部分不适当地延伸并掩盖其他部分。以这种态度和方法看人，把本来复杂、丰富的人群分为两大类：完人和一无是处的人。实际上，人都是有优点和缺点的。

年轻人中的追星族，就是晕轮效应的突出表现。许多年轻人在明星的演唱会上如痴如醉，对偶像崇拜得五体投地，甚至有的人因为偶像结婚而绝望自杀。这就是把偶像神化了，已严重脱离现实，是自欺欺人。

晕轮效应告诉我们：在看人、评价人时要一分为二，既不要要求别人是完人，也不要取其一点，不及其余；对己要一分为二，不要自封完人，也不要妄自菲薄，这样就会客观一些、全面一点。

以上就是人们在日常生活中常遇到的心理现象，除此之外还有很多，如投射效应、邻里效应、身体语言、近因效应、酸葡萄和甜柠檬效应等。

第四节　心理学的研究方法

研究方法对于一门学科具有重要的意义，对心理学也是这样。心理学之所以能成为一门独立的科学，就在于它运用了科学的研究方法。

一、心理学研究的基本原则

进行心理学研究，必须以辩证唯物主义和历史唯物主义作为方法论基础，遵循科学的原则。

（一）客观性原则

遵循客观性原则就是遵循实事求是的原则，即根据心理现象的本来面貌来研究心理的本质、规律、机制、事实。客观地研究人的心理现象是完全可能的，因为任何心理现象都是由客观刺激所引起的，并通过个体内部的一系列生理、心理的变化而表现在行为上。通过对刺激变量、机体变量和反应变量三者之间内在关系的考察，就可能客观地研究各种心理现象。

（二）发展性原则

人的心理的发展与其他事物的发展一样，也是矛盾运动的结果。作为对客观事物反映的心理是发展变化的。遵循发展性原则，就是将人的心理活动看成是一个变化发展的过程，在发展中研究个体在不同年龄阶段上心理的发生和发展。以发展的观点研究心理活动时，不仅要阐明人已经形成的心理品质，而且还要阐明那些正在发生并处于形成状态的心理品质。

（三）系统性原则

对心理现象的研究必须在各种因素的前后联系和相互作用的关系中去进行，要研究各种心理过程、心理状态、心理特征之间的相互联系及相互制约的关系，而不能把心理现象看成是孤立存在的。

（四）教育性原则

研究人的心理现象，必须保证研究的选题有利于社会和人的发展，所使用的方法和程序不能仅仅考虑对所研究的问题是否有利，还必须考虑对被研究者的身心是否会产生不良的影响。任何研究都不能损害被研究者的身心健康发展。

二、心理学的主要研究方法

（一）观察法

观察法是指在自然条件下，对表现心理现象的外部活动进行有系统、有计划的观察，从中发现心理现象产生和发展的规律性的方法。

观察法一般在下列情况下使用：一是对所研究的对象无法加以控制；二是在控制条件下可能影响某种行为的出现；三是由于社会道德的要求，不能对某种现象进行控制。

观察法有着不同的种类。根据观察时间的不同，观察法可分为长期观察和定期观察。长期观察是指在比较长的日期内连续进行观察。例如，科学儿童心理学的奠基人普莱尔（W. Preyer，1842—897）3 年里对其儿子每天进行 3 次观察并最后写成《儿童心理》一书，就是这类观察研究的典型。定期观察是按一定时期进行的观察，如每周观察一两次，每次几小时。

根据观察内容的不同，观察法可分为全面观察和重点观察。全面观察是观察被试在一定时期内全部的心理表现，如上述普莱尔的观察从内容上看就属于这种类型。重点观察是侧重观察被试某一方面的心理表现，如观察教师和学生在上课时的情感交流。

根据观察者身份的不同，可以分为参与性观察和非参与性观察。前者是观察者主动参与被试活动，以被试身份进行观察。后者是观察者不参与被试活动，以参观者身份进行观察。

从观察的场所上划分，观察法可以分为自然场所的观察和人为场所的情景观察。自然场所的观察是观察者在自然场所里对被试的日常活动进行的观察，人为场所的情景观察是观察者在人为安排的场所里对被试活动进行的观察。

观察法的优点是所观察的行为发生在自然环境中，被观察者的行为比较自然。尤其当需要了解行为的自然状态或对一些隐秘的行为进行研究时，其他方法难以取代观察法。

但观察法也存在着不足，如观察者处于被动状态，只能消极地等待被观察者的某些行为的出现，而且观察积累的资料只能说明“是什么”，不能解释“为什么”。

（二）实验法

实验法是在控制或创设的条件下对某种心理现象进行观察的方法。应用实验法进行研究时需要考虑三个变量：一是自变量，即实验者安排的刺激情境和实验情境，它由实验者主动操纵以引起被试反应发生变化；二是因变量，即随自变量的变化而产生的现象或变化结果，是实验者预定要观察、测量和记录的被试的各种反应或变化；三是无关变量，指自变量以外的一切可能影响实验结果的因素。

实验法可以分为实验室实验法和自然实验法。实验室实验法是指在特定的实验室中，借助各种仪器设备，在严格控制各种因素的条件下进行实验，以研究人的心理的方法。它的优点是实验中的各种因素控制严格，实验结果比较可靠，能够精确地测量自变量与因变量的关系。这种方法的缺点在于研究情境的人为因素比较大，往往离实际情况较远，影响了研究结果在实践中的应用。自然实验法是指在日常生活条件下，对某些因素加以控制或改变去研究人的心理的方法。该方法可以研究各种心理过程和心理特征，是心理学研究中常用的方法。它的优点是实验者利用实际的生活情境来研究心理现象的规律，被试处于自然状态，在一定程度上避免了人为的因素的影响，所得的结果比较切合实际，可以有效地应用于实践。但不足之处在于实验情境不易控制，常受无关变量的影响。

（三）测验法

测验法是指用预先经过标准化的问卷或量表来测量某种心理品质的方法。

测验法的优点在于能够数量化地反映出人的心理发展水平和特点。它不仅能够作为一种研究方法，使研究更趋精确、科学，而且还能为因材施教、人才选拔、职业指导、心理诊断和咨询提供客观资料。但测验法的有效性在很大程度上取决于测验量表的可靠性，而各种测验量表尚在完善之中，对其结果不能视之绝对。同时，该方法对主持者的要求也比较高，必须经过专门训练，解释结果要谨慎、全面，不可偏颇、妄断。

（四）调查法

调查法是以提出问题的形式搜集被试各种有关材料来研究心理的一种方法。

调查法通常可分为谈话法和问卷法。谈话法，也称访谈调查，是研究者根据事先拟好的问题向被调查者提问，借以了解被试的某些心理特点。为了保证谈话的效果，首先，研究者要创设一种宽松、坦诚、信任的良好气氛；其次，应做好充分的准备，尽量使谈话标准化，记录保持一致，以便对记录的资料进行客观的分析处理。问卷法是根据研究目的，以书面形式将所要搜集的材料列成明确的问题，控制被试回答的范围或将答案框定在问卷上，要求被试作出选择，然后对回答结果进行分析研究。

心理学的研究方法除上述介绍以外，还有内省法（自我观察法）、思辨法、教育经验总结法等。值得注意的是，各种研究方法各有所长，也各有不足，应根据实际情况加以综合运用，才能更好地取长补短。

思考题：

一、选择题

1. 心理学是研究人（　　）的科学。

A. 心理过程　　B. 认识过程　　C. 心理现象　　D. 心理特征

2. 人的心理现象包括（　　）两部分。

A. 认识过程与意志过程　　B. 意志过程与情感过程

C. 心理过程和个性过程　　D. 认识过程和情感过程

3. 个性倾向性主要包括（　　）。

A. 感知、记忆、思维和想象　　B. 道德感、美感、理智感

C. 能力、气质、性格　　D. 需要、动机、兴趣、爱好

4. 人的心理反应的最高级形式是（　　）。

A. 表象　　B. 想象　　C. 思维　　D. 意识

5. 心理学家（　　）在德国莱比锡大学建立了世界上第一个心理学实验室，标志着科学心理学的诞生。

A. 冯特　　B. 华生　　C. 弗洛伊德　　D. 韦特海默

二、问答题

1. 试述心理学的研究对象。
2. 简述西方心理学流派及其主要观点。
3. 典型的“脑功能说”有哪些？
4. 研究心理学的意义是什么？
5. 心理学的基本任务是什么？
6. 简述心理学的主要研究方法。

第二章 感知觉与记忆

本章要点

●感觉和知觉概述
○感觉与知觉的概念
○感知觉的生理机制
○感受性及其特点
○感觉的种类
○知觉的类型及特性
●记忆
○记忆的概述
○记忆过程及其规律

人是怎样认识世界的？这是一个古老的关于哲学和心理学的问题。人类对世界的认识是从感觉开始的。感觉为机体提供了内外环境的信息，保持机体与环境的信息平衡。人们不仅要认识事物的个别属性，还要认识事物整体，这就是知觉。知觉是在感觉的基础上形成的。在本章第一节中，我们首先讨论什么是感觉和知觉、感觉与知觉的关系、感觉的生理机制等；其次，讨论感受性及其特点，包括感受性和感觉阈限、感受性的影响因素等；再次，讨论感觉的种类，包括视觉、听觉、皮肤感觉、嗅觉、味觉、运动感觉、平衡感觉等；最后探讨知觉的类型和特性，包括形状知觉、深度知觉、时间知觉、运动知觉，以及知觉的选择性、整体性、理解性和恒常性等。记忆是过去经历过的事物在大脑留下的痕迹，只不过这种痕迹在形式和内容上要复杂得多。本章第二节我们将讨论记忆这种复杂而有趣的心理现象。首先讨论什么是记忆，记忆有什么作用，记忆的生理机制，记忆的信息加工机制及记忆的主要方法；接着讨论记忆的过程及规律，包括识记、保持与遗忘、再认和回忆。

第一节　感觉和知觉概述

一、感觉与知觉的概念

（一）感觉的概念

感觉（sensation）是人类认识过程的最初阶段，是人脑对直接作用于感觉器官的事物的个别属性的认识。[①] 例如，在我们面前有一个橘子，我们是如何认识它的呢？我们用眼睛去看，可见它有黄的颜色，圆的形状；拿在鼻子边嗅，可闻到酸涩的气味；拿在手里一掂，感到它有一定重量；把它剥开放在嘴里，知道它是酸甜的。这里，黄、圆、酸涩、重量和酸甜都是橘子的一些个别属性。当然，感觉并不是同时只反映事物的一种属性，如我们看到一个橘子，还同时看到颜色和形状等属性。可见，我们可以同时反映许多种属性，但各个属性之间既无组织也无界限，我们的头脑同时加工了这些属性，进而认识了这些属性，这一过程就是感觉。

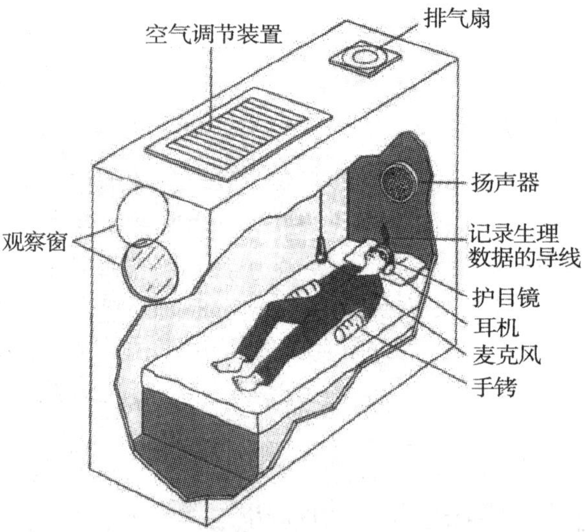

图 2－1　感觉剥夺实验

［资料来源：彭聃龄．普通心理学（第三版）．北京：北京师范大学出版社，2004. 79.］

① 彭聃龄．普通心理学（第三版）．北京：北京师范大学出版社，2004. 78.

感觉概念反映三个基本特征：①感觉反映的是当前直接作用于感觉器官的事物，而不是反映过去的或间接的事物；②感觉反映的是事物的个别属性，而不反映事物的整体属性；③只有接受刺激的感官健全，才能产生正常的感觉。

感觉虽然简单，但却是非常重要的，它在人们的日常生活、学习和工作中具有重要的意义。

贝克斯顿、赫伦和斯克特（Bexton，Heron & Scott，1954）曾做了这样一个感觉剥夺的实验。在实验中，研究者要求自愿者安静地躺在实验室里的一张舒适的床上。实验室内一片漆黑，什么也看不见，环境十分安静，听不到任何声音；自愿者双手戴上了手套，并用纸卡住。自愿者的吃喝由研究者事先安排好，用不着自愿者移动手脚。总之，对于自愿者来讲，来自外界环境的一切刺激几乎都被“剥夺”了。实验刚开始时，自愿者还能安静地躺着，但随后，他们开始失眠、烦躁、急切地寻求刺激、唱歌、自言自语、双手相互敲打。尽管这个实验给予自愿者一定的报酬，但也很难让他们在实验室里坚持2~3天以上。这个实验说明，人的感觉一旦被剥夺，人的日常生存就将受到严重损害。

（二）知觉的概念

知觉（perception）是对直接作用于感觉器官的客观事物的整体的反映，即人脑对直接作用于感觉器官的客观事物的各个部分和属性的整体的反映。人们通过感官得到内部和外部环境的信息，这些信息经过头脑的加工（即整合和解释），产生了对事物的整体认识，这就是知觉过程。知觉是在感觉的基础上产生的，是对感觉信息的整合和解释。客观事物的信息一般是以孤立、片面的形式作用于人体的感觉器官的，但人并不是以孤立、片面的方式去认识客观事物，而是以有组织、有系统、有界限的整体的方式认识客观事物。例如，看到各种植物、听到鸟叫声、闻到花香、尝到各种美味食物等，这些都是常见的知觉现象。

与感觉一样，知觉也是人脑对当前客观事物的直接反映。心理学把知觉解释为“知觉是人脑对直接作用于感觉器官的事物的各种不同属性、各个不同部分及其相互关系的综合反映”。由此可见，知觉与感觉相比，具有以下本质特征：①知觉反映的是事物的意义，知觉的目的是解释作用于人们感官的事物是什么，并尝试着用词去标示它，所以知觉是一种对事物进行解释的过程；②知觉是对感觉属性的概括，是对不同感觉通道的信息进行综合加工的结果，所以知觉是一种整合过程；③知觉有思维因素。

知觉要根据感觉信息和个体主观经验来共同决定反映的结果：①按照最大可能性的原则提出“是什么事物”的假设，即知觉到事物的存在，而不知道它是什么；②在头脑中对感知的事物进行匹配、核对，即对一个事物或其属性与另一个事物或其属性进行区分、对照；③作出判断。从这个意义上讲，知觉是人主动地对感觉信息进行加工、推论和理解的过程，即利用当前获得的信息与已有的知识经验，确定知觉到的对象是什么并将其命名，然后纳入一定的范畴的过程。

（三）感觉与知觉的关系

感觉和知觉是既有区别又有联系的两个概念。

1. 感觉与知觉的区别

感觉与知觉虽然同属于感性认识过程，但两者之间有着明显区别，具体表现如下：

（1）感觉与知觉反映的客观事物的属性不同。感觉是对客观事物的个别属性的孤立的、无界限的反映；知觉是对客观事物的各种属性和各个部分及其关系的有组织、有界限的整体的反映。

（2）感觉仅依赖于个别感觉器官对事物的个别属性的反映活动；知觉则依赖于多个感觉器官对事物的整体属性的联合反映活动。

（3）感觉的产生主要是由刺激物的性质决定，感觉在没有经验的情况下也可以发生；知觉除了受刺激物的性质制约外，还必须依赖于其他心理成分的参与，如动机、需要、兴趣、思维等，即知觉在很大程度上依赖于个体的知识经验。

2. 感觉与知觉的联系

感觉反映的是客观事物的个别属性，知觉反映的是客观事物的整体属性。由于客观事物的个别属性和整体属性是不可分的，因此，感觉与知觉的关系十分密切。

（1）感觉是知觉的基础，知觉是感觉的进一步发展。但知觉并不是个别感觉信息的简单相加，它比个别感觉的简单相加要复杂得多，因为它是按一定方式来整合个别感觉信息，形成一定的结构，并借助个体已有的知识经验来解释由感觉通道提供的信息。通过感觉，人们只能了解客观事物的个别属性；只有通过知觉，人们才能对客观事物形成一个完整的映象，知道它是什么，了解它的意义。但由于客观事物是由多种属性所组成的，不了解它的个别属性，也不可能了解其整体属性。对客观事物的个别属性了解得越充分，对其知觉就越完整、越准确。

（2）感觉与知觉是联系在一起的，很难分开。在日常生活中，人很少有孤立的感觉存在，如人们看到的某种颜色，总是有一定的主体，听到的声音也是同样的道理，这些颜色或声音等属性都与一定的客体相联系，并具有一定意义。在人们生活的世界上，不与任何具体事物相联系且完全没有客体意义的感觉几乎是不存在的。通常感觉和知觉融为一体，因此，我们常把感觉和知觉合称为感知觉。

二、感知觉的生理机制

（一）感觉的生理机制

感觉的生理机制是指能够引起和产生感觉的生理结构与机能。这种生理机制被称为分析器。分析器就是分析刺激的器官，它由感受器、传入神经和大脑的神经中枢三部分组成。分析器在内外环境影响下产生的神经过程是各种感觉产生的生理基础。

感受器是直接接受刺激产生神经冲动的装置，主要是感觉细胞或神经末梢，例如，耳朵接受外界声波刺激并产生神经冲动的是内耳柯蒂氏器上的毛细胞。因此，感受器将各种不同的刺激物能量转换成神经系统可以传导的生物电能——神经冲动。传导神经的功能就是把感受器与神经中枢连接起来。当前，人们认为传导神经可以进行信息加工，可构成复杂的网络，实现对输入信息的初级加工。一般外界的信息在大脑皮层及皮层下代表区进行复杂的分析与综合，相应地产生对刺激的感觉经验。

感觉的产生主要由两个因素造成：①有机体内外环境中不断变化的事物形成了刺激；②有机体对刺激作出反应。从神经生理学的角度分析，可以发现感觉的产生将经历这样过程：①有机体内外环境的刺激直接作用于感觉器官，刺激能量经感觉器官转变为神经脉冲；②经由传入神经，把神经脉冲传递到神经中枢；③在大脑皮层的相应感觉投射中枢产生特定的感觉。根据巴甫洛夫的解释，感觉是整个分析器对刺激物个别属性进行分析与综合的结果，是人脑对单一刺激物所形成的条件反射。

（二）知觉的生理机制

俄国著名的生理学家巴甫洛夫认为，知觉的生理基础是条件反射，是客观事物作用于感受器时在大脑皮层上形成的暂时神经联系，而分析器的皮层对知觉刺激进行复杂的分析与综合，在此基础上完成事物特征的整合。在 20 世纪 50 年代以后，随着认知神经科学的兴起与发展，研究者逐渐认为知觉的分析与综合发生在神经系统的不同水平上。

在神经系统的微观水平上，存在各种特征觉察器，在对刺激进行特征觉察的同时，神经系统也在不同水平和不同层次上实现对刺激的整合，实现"特征捆绑"的过程。

在神经系统的宏观水平上，大脑的不同区域执行不同的分析与综合。例如，大脑皮层一级区主要负责对外部刺激进行初步的分析与综合；皮层二级区主要负责更高层次的整合，这个区域受伤会失去对刺激的辨别能力；皮层三级区主要负责整合各种感觉，这个区域受伤会导致复杂的、同时性综合能力的损坏。

已有研究发现，除了皮层感觉区以外，额叶在人们的知觉活动中起着重要作用。例如，额叶受到损伤会使人失去主动知觉的意图，不能对知觉客体作出合理的假设，不能对知觉的结果进行正确的评定。在人的视觉系统中存在两个功能不同的子系统：①what（是什么）系统，主要负责处理物体是什么的信息，由枕叶到颞叶的通路组成；②where（位置）系统，主要负责处理物体放在哪里的信息，是由枕叶到顶叶的通路组成的。

知觉是由多种分析器协同活动实现的。知觉的产生具有以下几种情况：

（1）当事物的属性、成分同时或先后作用于同一分析器时，会引起该分析器内的神经兴奋，这时经过大脑的分析综合活动，就形成了对事物的整体反映。

（2）事物的各种属性相互联系、相互依存，构成复合刺激物，通常作用于不同的分析器。当复合刺激物作用于人们的感官时，引起大脑皮层不同区域的神经兴奋，这时兴奋区域相互沟通，在各个分析器之间建立起暂时的神经联系；同时，大脑通过分析，把事物的关键属性从背景中区分出来并通过一系列的神经过程进行分析综合活动，实现对感觉信息的加工，从而形成事物的整体映象。

（3）复合刺激物的各个成分以及复合刺激物之间都可以形成各种不同的相互关系，这些关系反映在大脑中就形成了关系反射。当复合刺激物的各种成分以不同的关系相互联系、组合时，大脑就反映出不同的知觉整体。在复合刺激物的各成分中，起决定作用的是其关键性的成分。只要关键性的成分保留，即使其他成分改变了或丧失了，仍然不会破坏已存在的“关系”。

三、感受性及其特点

（一）感受性和感觉阈限

感觉总是由刺激物直接作用于感官引起的，产生感觉的刺激除了是适宜的刺激外，还必须使这种适宜刺激保持在一定的强度范围内。个体对适宜刺激的感觉灵敏程度就是感觉能力，这种感觉能力称为感受性（sensitivity）。感受性可用感觉阈限来测量。感觉阈限（sensory threshold）是指能引起感觉持续一定时间的刺激量，它是个体感到某个刺激存在或刺激发生变化所需刺激强度的临界值。

1. 差别感受性与差别感觉阈限

差别感受性（difference sensitivity）是指觉察到刺激物之间微弱差别的能力。差别感觉阈限（difference threshold）又称最小可觉差（just noticeable difference，简称JND），是指那种刚刚能引起差别感觉的刺激物之间的最小差异量。[①] 差别感受性越高的人，引起差别感觉所需要的刺激差别就越小，即差别感觉阈限越低。

描述觉察刺激的微弱变化所需变化量与原有刺激之间关系的规律，是由19世纪德国生理学家韦伯（E. H. Weber，1834）在研究感觉的差别阈限时发现的，即对刺激的差别感觉，不取决于刺激物增加的绝对重量，而主要取决于刺激物增量与标准刺激量的比值。如果标准刺激强度较大，则需要较大的变化量才能觉察出与标准刺激的差别；反之，则需较小的变化量就可觉察与标准刺激的差别。这种刺激增量与标准刺激量之间的关系，可用公式表示：

$$K = \triangle I/I$$

① 彭聃龄．普通心理学（第三版）．北京：北京师范大学出版社，2004. 83.

其中，I 为原刺激强度，ΔI 为此时的差别阈限，K 为常数，即韦伯常数。这个公式也称为韦伯定律（Weber's law）。韦伯定律指出，在一个刺激能量上发现一个最小可觉察的感觉差异所需要的刺激变化量与刺激量的大小有固定的比例关系。这个固定比例对不同感觉是不同的，用 K 表示，常称为韦伯常数。韦伯分数只适用于中等强度的刺激。

1860 年，德国心理学家费希纳（G. T. Fechner，1801—1887）在韦伯定律的基础上，通过实验测量了刺激的物理量和它所引起的心理量之间的关系，结果发现，心理量和刺激的物理量之间并不是一一对应的关系，并不是刺激的物理量增加一个单位时，它所引起的心理强度也增加一个单位，因此不能用物理量的变化单位作为心理量变化的单位。费希纳受韦伯定律的启发，运用积分运算，在韦伯定律的基础上推导出一个表示感觉大小与刺激强度之间关系的公式：

$$P = \mathrm{K}\lg I$$

这就是费希纳的对数定律（logarithmic law）。其中，P 表示感觉量，lg 表示以 10 为底的对数，I 代表刺激量，K 是常数，不同感觉通道的 K 值是不同的。这个公式表明，感觉大小和刺激强度的对数成正比，刺激强度按几何级数增长时，它所引起的心理强度却只按算术级数增长。费希纳定律也只适用于中等强度的刺激。

2. 绝对感受性和绝对感觉阈限

人并不是对所有的刺激都会有相应的感觉，如在空气中人们很难感受到落在皮肤上的尘埃，人要对刺激有所感觉，这个刺激要达到一定的强度。绝对感觉阈限（absolute sensory threshold）是指那种刚刚能引起感觉的最小刺激强度。绝对感受性（absolute sensitivity）是指人的感官觉察这种最小刺激量的能力。绝对感受性可用绝对感觉阈限来衡量。绝对感觉阈限越低，绝对感受性越高；绝对感觉阈限越大，绝对感受性越低，两者存在反比的关系。

绝对感受性与绝对感觉阈限的关系可用公式来表示：

$$E = 1/R$$

在公式中，E 表示绝对感受性，R 表示绝对感觉阈限。

一般来讲，人的各种感觉的阈限值都很低。早期心理物理学家研究总结出人的各种感觉的绝对感觉阈限，具体见表 2－1。

表 2－1　人的各种感觉的绝对感觉阈限

视觉	48 公里以外的一道烛光
听觉	安静环境中 6 米以外的手表滴答声
味觉	两加仑水中的一匙白糖
嗅觉	弥散于 6 个房间中的一滴香水
触觉	从 1 厘米距离之处落到你脸上的一个苍蝇的翅膀

（二）影响感受性的因素

人的绝对感觉阈限不是一个固定值，即感受性是变化的。因此，在不同的条件下，同一感觉的绝对感觉阈限可能不同。它受到刺激物性质、人的活动性质、刺激物强度与持续时间、机体状况、人的态度、人的性别和年龄等因素的影响。

四、感觉的种类

（一）视觉

视觉（vision）是人类最重要的一种感觉，主要由光刺激作用于人眼所产生。在人类获得的外界信息中，有 80% 来自视觉。

1. 视觉的适宜刺激

视觉的适宜刺激就是光。光是电磁波，人们可以看到的光只是整个电磁波谱中很小的一部分，光波的波长分布范围大约在 380 ~ 780 纳米（nm）之间。

能够产生光的物体称为光源。太阳是主要的光源，此外还有电灯、蜡烛等。日光通过三棱镜折射原理产生由红到紫的不同光谱，这就是人眼的可见光谱。人眼所接受的光主要是来自日光及其照射在物体上而被反射出来的光。

光波有三种物理属性，即强度、波长（或频率）和纯度。它们分别决定了人的视觉的明度（非彩色的黑白程度）、色调（颜色）、饱和度（颜色的鲜艳程度）。

2. 视觉分析器与神经过程

眼睛是人的视觉器官，是视觉的外周感受器。当光进入眼睛时，依次通过角膜、前房中的房水、水晶体、玻璃体，这些构造形成了一个完整而精巧的光路系统，负责对入射光进行适当折射，使外界的物像清晰地聚焦在视网膜上。视网膜位于眼底，是入射光的最后归宿。视网膜由多层细胞构成，主要包括感光细胞、双极细胞和神经节细胞。

感光细胞是视觉的感受器。它主要有两种：一种是视锥细胞（cone cell），又称锥体细胞。视锥细胞分布于网膜中央，主要机能特点是：①神经节细胞只与较少视锥细胞相连，因此，具有对物体细节精细辨别的能力。②含有昼视觉所必需的视紫质，能够分辨颜色，因此，是昼视觉和颜色视觉的器官。另一种感光细胞是视杆细胞（rod cell），又称棒体细胞。视杆细胞主要分布于网膜的周边，主要机能特点是：①多个视杆细胞通过双极细胞与一个神经节细胞相连接，由于空间积累效应，能起到光放大作用，使视觉对光敏感。②含有夜视觉所必需的视紫红质，因此，是夜视器官，但不能分辨颜色。

网膜感光细胞的机制：当光经过折射系统抵达视网膜时，引起感光细胞中色素（如视紫质和视紫红质）的变化而产生光化学反应，将光能转化为化学能；光化学反应引起神经细胞的兴奋，化学能转化为神经电能，产生神经电脉冲，并沿着神经节细胞形成的视神经，离开眼睛上行传入大脑。

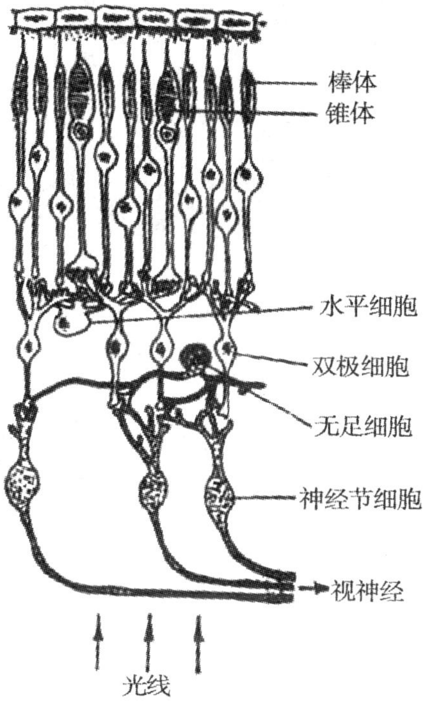

图2－2 视网膜的组织结构

［资料来源：彭聃龄．普通心理学（第三版）．北京：北京师范大学出版社，2004. 90.］

在眼底网膜中央有一块不大的碟形区域，称为中央窝。中央窝含有大量密集的视锥细胞，因此，有敏锐的视觉，颜色和空间细节的辨别主要由它承担。在偏离中央窝15度左右的区域，有一小块无视觉区，由于神经节细胞在此处聚集成束，形成视神经而进入大脑，这个迂曲称为盲点。

两只眼睛各自的视神经离开眼睛后，分成两支。其中，来自眼睛鼻内侧的一部分交叉到脑的另一侧，形成视交叉，此后仍形成两条分离的上行通路。上行不久，又有一部分神经连向脑干的四叠体上丘，这块神经核团是原始的视觉中枢，其机能主要是负责处理有关客体位置的信息，但不能说明客体是什么。大部分上行神经进入丘脑的外侧膝状体，随后又形成视放射线，投射到大脑皮层两侧的枕叶视觉区，在这里对来自两眼的信息进行加工，产生完整、丰富的视觉。

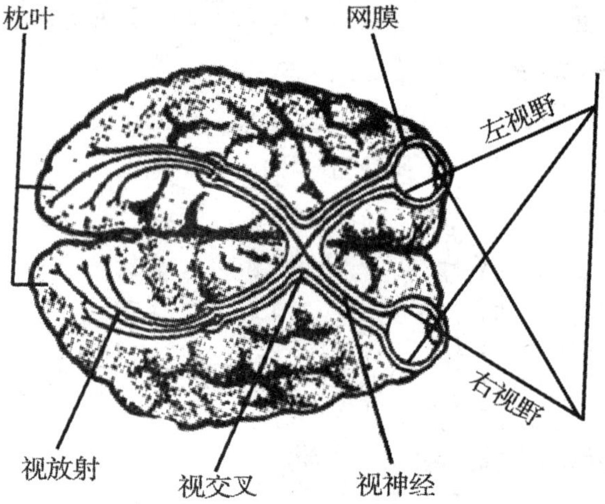

图 2－3　人的视觉通道模式图

［资料来源：彭聃龄．普通心理学（第三版）．北京：北京师范大学出版社，2004. 92. ］

3. 视觉现象

（1）彩色视觉。

彩色的感觉是由视觉刺激所具有的光线波长来决定的。人眼大约能分辨 150 多种光波，产生多种彩色感觉，其中主要有红、橙、黄、绿、蓝、紫这七种彩色感觉。

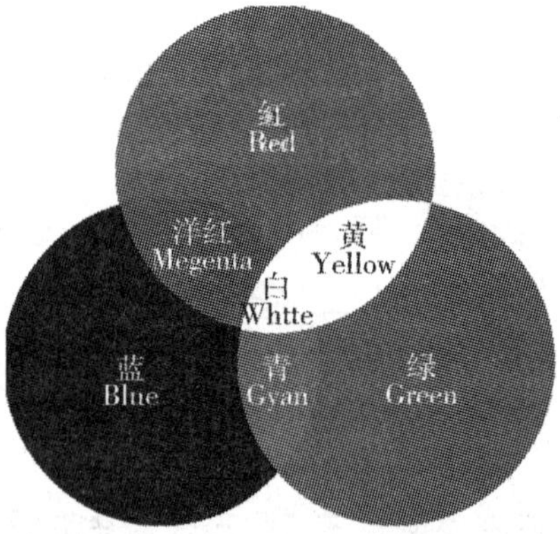

图 2－4　七种主要的彩色

人们生活中所看到的光大多是含有各种波长的混合光，像彩虹那样被分解的单色光在自然界中是很少见的。色光混合造成的视觉现象有一定的规律，具体表现在：①互补律，即如果两种色光混合产生白色或灰色，那么这两种色光互为补色；②间色律，即两种非互补色相混合，会产生一种中间色，其色调需根据原有两种颜色的比例来定，哪种颜色所占的比例大，就接近哪种颜色，如红、黄混合生成橙色；

③替代律，即以任何方式混合生成颜色相同的混合色，可以互相替代，而不受原有被混合颜色的具体光谱成分的影响，如黄色可以由红色和绿色的混合替代。

（2）色觉理论。

关于色觉的理论，主要有“三色说”和“四色说”。

英国学者托马斯·杨（T. Young，1807）假设，在视网膜上存在三种不同的颜色感受器，它们分别含有对红、绿、蓝敏感的视色素。每种感受器只对光谱上的特定波长最敏感，红色感受器对长波最敏感，绿色感受器对中波最敏感，蓝色感受器对短波最敏感。当某种光刺激作用于感受器时，它所引起的兴奋程度不同，从而产生相应的颜色感觉。各种颜色感觉就是各感受器相应的、有比例活动的结果，若红色感受器的兴奋活动占优势，则产生红色感觉。当三个感受器兴奋程度相同时，则产生白色的感觉。这种观点被称为“三色说”（trichromatic theory）。

黑林（E. Hering，1874）提出了“四色说”，又称“拮抗说”。该学说假设在视网膜上存在着三对感光视素，它们是黑—白视素、红—绿视素和黄—蓝视素。这三对视素在光刺激作用下会表现出对抗的过程。例如，光刺激下，黑—白视素分解，产生白色感觉；无光刺激时，黑—白视素合成，产生黑色感觉。同样，红光刺激时，红—绿视素分解，产生红色感觉；绿光刺激时，红—绿视素合成，产生绿色感觉。

（3）视敏度。

视敏度（visual acuity）是指视觉系统分辨最小物体或物体细节的能力。[①] 视敏度的大小常用视角大小表示。视角是指物体通过眼睛节点所形成的夹角。视角大小取决于物体的大小及物体离眼睛的距离。

当人们能够看清一个物体或物体间的距离时，所对视角越大，则视力越差，视角越小，则视力越好。通常用“C”或“E”形视标测定视敏度。最小视角为1分（即1/60度）时，视力则定为1.0，这是正常眼的视敏度。当眼睛正视物体时，光线落在中央窝处，此处锥体细胞密集并且直径很小，所以视角最小，视敏度最高。光线落在周围部分，则视敏度大大降低。

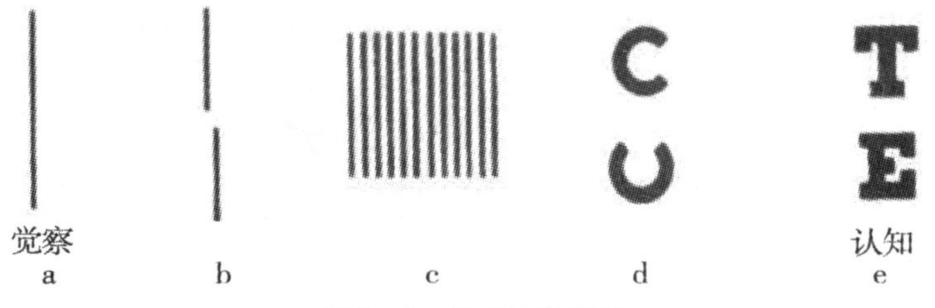

图2-5 视敏度的测定

［资料来源：彭聃龄. 普通心理学（第三版）. 北京：北京师范大学出版社，2004. 106.］

---

① 彭聃龄. 普通心理学（第三版）. 北京：北京师范大学出版社，2004. 105.

（4）后像和闪光融合。

后像（afterimage）是一种刺激物对感受器的作用停止以后，感觉现象并不会立刻消失，它能保留一段短暂的时间的现象。后像可分为正后像和负后像。前者是指后像的品质与刺激物相同；后者是指后像的品质与刺激物相反。例如，在注视电灯的灯光之后，闭上眼睛，眼前会出现一个灯的光亮形象，位于黑色背景之上，这是正后像；以后可能看到一个黑色形象，出现在光亮背景之上，这是负后像。①

闪光融合是一种断续的闪光由于频率增加，人们会得到融合的感觉的现象。例如，日光灯的光线每秒闪动 100 次，人们看不出它在闪动，这是闪光融合的结果。闪光融合临界频率，又称闪烁临界频率，是指刚刚能够引起融合感觉的刺激的最小频率。它表明视觉系统分辨时间能力的极限。

（5）视觉适应。

适应是由于刺激对感受器的持续作用而使感受性发生变化的现象。视觉系统对明度的适应（光适应）可分为暗适应和明适应。

暗适应（dark adaptation）是指从亮处转入暗处或照明停止时，视觉系统光感受性提高的过程。在由明处来到暗处，刚开始什么都看不清楚，过一段时间，周围的东西就可逐渐看清轮廓了。视网膜上的棒体细胞和锥体细胞都参与暗适应过程，但它们产生作用的阶段和作用大小不同。

明适应（bright adaptation）是指从暗处转入亮处或照明开始时，视觉系统光感受性降低的过程。在由暗处来到亮处，特别是在强光下，最初一瞬间感到耀眼，几乎看不清外界物体，但很快就恢复正常状态。

（6）视觉对比。

对比是指同一感受器接受不同刺激而使感受性发生变化的现象。视觉中的对比可分为同时性对比和继时性对比。前者是指两个刺激同时作用于同一感受器所引起的感觉对比现象。例如，灰色纸在白色背景下显得更暗，而在黑色背景下显得更亮。继时性对比是指两个刺激先后作用于同一感受器所引起的感觉对比现象。例如，看一块放在白纸上的黑纸半分钟以后，再看一张灰纸，就会在这张灰纸上看到一个与原来那块黑纸大小、形状相同的浅灰色的影子。

（二）听觉

除了视觉以外，人的另一种重要感觉就是听觉（hearing）。

1. 听觉的适宜刺激

听觉的适宜刺激是声波。声波是由物体振动时，对周围的音媒产生压力，使其分子产生疏密相间的运动，并在音媒中传播开来而产生的。它是由物体振动所产生的 16～20 000Hz 的机械波。16Hz 以下称为次声波，20 000Hz 以上称为超声波。一

① 彭聃龄．普通心理学（第三版）．北京：北京师范大学出版社，2004. 108.

般来讲，人听不到次声波和超声波。声波传递到人耳，从而产生听觉。

声音有三种物理属性：频率、振幅和波形。与声音的三种物理属性相对应的，是听觉的三个基本特性：音高、响度和音色。

音高是一种主要由声波频率决定的听觉特性。一般说来，声波的频率越高，音高就越高；反之，声波的频率越低，音高也就越低。音乐的声波频率一般在50～5 000Hz之间。人在1 000～4 000Hz的声波最敏感。

响度是人对声音大小强弱的主观感受，它与声波的振幅密切相关。一般说来，一个纯音声波的振幅越大，响度越强；反之，振幅越小，响度越弱。

音色是对声音品质的主观感受，它由声波的波形决定。不同发音体发出的声波都有自己的特异性。例如，用长笛、小提琴、单簧管演奏同一乐曲，尽管频率、振幅大体相同，但由于三者波形相差很大，因此，听起来三者并不相同，这就是音色上的差异。

2. 听觉感受器与刺激过程

耳朵是人的听觉器官，由外耳、中耳、内耳组成。

外耳包括耳廓和外耳道，主要起收集声波的作用。

中耳由鼓膜、听小骨、卵圆窗和正圆窗组成。听道内接鼓膜，传入的声波会引起它的振动。鼓膜后面是由锤骨、砧骨、镫骨组成的听小骨系统，镫骨与中耳另一端的隔膜——卵圆窗相接。整个中耳构造巧妙，听小骨系统就像一副特殊的杠杆，两端连接的鼓膜和卵圆窗面积相差很大，从而起到将声波振动放大（约20～30倍）的作用。

卵圆窗将声波传导到后面的内耳，内耳由前庭器官和耳蜗组成。前庭是平衡觉的器官。耳蜗是一个螺旋状骨组织，耳蜗内充满了液体，其中部有一层膜，是基底膜，将耳蜗分成两部分。卵圆窗将振动传入耳蜗内的液体，液体中压力的变化引起基底膜的位移。基底膜是由许多不同长短的横纤维组成的隔膜，其厚度自耳蜗底部至顶部逐渐增大。基底膜上分布着许多听觉感受器——科蒂氏器官，它由支持细胞和末端有细毛的毛细胞组成，听神经由此发出。听神经的兴奋是由基底膜的位移刺激毛细胞产生的；兴奋向大脑传导，最后达到皮层颞叶的听觉中枢，在听觉中枢产生听觉。

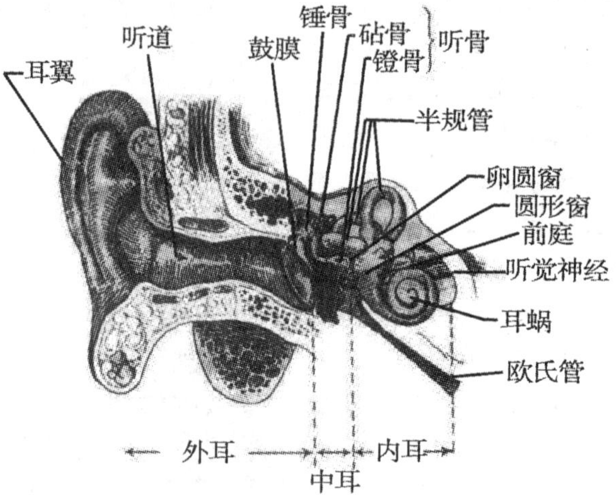

图 2-6　人耳的结构

［资料来源：彭聃龄．普通心理学（第三版）．北京：北京师范大学出版社，2004. 111.］

3. 听觉现象

（1）听觉适应与听觉疲劳。

听觉适应所需时间很短，恢复也很快。听觉适应具有选择性，即仅对作用于耳朵的那一频率的声音发生适应，而对其他未作用的声音并不产生适应现象。

听觉疲劳是指如果声音较长时间持续作用，则会引起听觉感受性显著降低的现象。听觉疲劳和听觉适应不同，它在声音停止作用后还需很长一段时间才能恢复。如果这种疲劳经常发生，则会造成听力减退甚至耳聋。如果只是对小部分频率的声音丧失听觉，则称为音隙。若对较大一部分声音丧失听觉，则称为音岛。再严重的就会引起失聪。

（2）声音的混合与掩蔽。

两个声音同时到达耳朵相混合时，由于两个声音的频率、振幅不同，混合的结果也不同。

如果两个声音强度大致相同，频率相差较大，就会产生混合音。但如果两个声音强度相差不大，频率也很接近，就会听到以两个声音频率的差数为频率的声音起伏状现象，称为拍音。例如，两个声音的频率分别为 222HZ 和 223HZ，它们混合将产生每秒一次的声音起伏感觉。

如果两个声音强度相差较大，就只能感受到其中较强的一个声音，这种现象称为声音的掩蔽。声音的掩蔽受到频率和强度的影响。如果掩蔽音和被掩蔽音均为纯音，则会产生这样的规律，即两个声音频率越接近，掩蔽作用越大；低频音对高频音的掩蔽作用比高频音对低频音的掩蔽作用大。掩蔽音强度提高，掩蔽作用增加；掩蔽音强度减小，掩蔽作用覆盖的频率范围也缩小，而强度增加时，掩蔽作用覆盖的频率范围也扩大。

（三）其他感觉

人的感觉通道除视、听之外，还有肤觉、嗅觉、味觉以及机体内部感觉。人通过这些感觉，不断获得有机体内外环境的信息，以适应环境的变化。

1. 皮肤感觉

皮肤感觉（skin sense），又称肤觉，是指刺激物作用于皮肤引起的各种感觉，主要包括触觉、冷觉、温觉和痛觉。肤觉感受器在皮肤上呈点状分布。刺激物接触到皮肤表面时的感觉为触觉。当刺激加强，使皮肤引起明显形变，就引起压觉。触觉感受器分布于真皮之中，如迈斯纳触觉小体、巴西尼氏环层小体等。身体不同部位的触压觉感受性相差很大。一般活动性高的部位感受性高，如额头、眼皮、舌头、指尖等的感受性高，而躯干、胸腹部感受性低。温觉包括冷觉与热觉。皮肤表面温度称为生理零度，低于生理零度的刺激作用于皮肤，就产生冷觉，而高于生理零度的刺激作用于皮肤，就产生热觉。温度感受器是罗佛尼氏小体（热感受器）和克劳斯氏球（冷感受器）。身体的不同部位，温觉的感受性不同。例如，用热水洗脸时，手试水温合适的，但洗到脸上时却觉得烫。一般面部皮肤感受性高，下肢皮肤感受性低。痛觉有不同于其他感觉的特点，不论是机械的、化学的、电的等不同刺激，只要达到一定的强度，就会产生痛觉。痛觉没有一定的适宜刺激，因此能对有机体起保护作用。痛觉的感受性在身体上的各个部位各不相同，背部和面颊感受性最高，手的感受性较差。痛觉常不能精确定位，痛觉的适应性也很差。

2. 嗅觉

嗅觉（sense of smell）是指由挥发性物质的分子作用于嗅觉器官的感受细胞而引起的一种感觉。作为嗅觉感受器的嗅细胞位于鼻腔上部两侧的粘膜中。嗅觉的感受性受许多因素的影响，如环境条件（空气的清洁度）、湿度以及机体健康状况（感冒）等。嗅觉的适应性很快，如“入芝兰之室，久而不闻其香；入鲍鱼之肆，久而不闻其臭”。

关于嗅觉的产生机制，有研究者提出了嗅觉的立体化学说，认为气味主要有七种：樟脑气味、麝香气味、花香气味、胡椒气味、腐烂气味、醚气味和烟气味。这些不同气味分子的立体形状不同，分别感受这些不同气味分子的嗅觉细胞有相应的立体形状的槽模，从而能够一一对应地激发出神经冲动。

3. 味觉

味觉（sense of taste）的适宜刺激是能溶于水的化学物质，其感受器是分布在舌表面、咽喉粘膜以及软腭等处的味蕾。味觉常与其他感觉相混合，如嗅觉和味觉就常混合在一起。人的基本味觉有酸、甜、苦、咸四种，它们按不同比例混合可产生其他味觉。这四种基本味觉有各自的感受器味蕾，并且在舌头上的分布也不同。舌尖上甜感受器分布最丰富，所以对甜味最敏感；舌中、舌两侧及舌后部分别对咸、酸、苦最敏感。味觉感受性受温度影响较大。另外，对食物的需求状态及饥饿与否都会影响味觉的感受性。味觉的适应性很快。

味觉的传导机制是味蕾中的味觉细胞受兴奋后，冲动沿着颜面神经、舌咽神经和迷走神经经弧束核以及丘脑弓状核至皮层后回的底部，产生味觉。可见，味觉没有单独专用的味神经。味觉在大脑皮层上也没有精确的定位。

4. 运动感觉

运动感觉又称动觉，是对身体各部分的位置及相应运动进行反应的感觉，其感受器为肌梭、腱梭和关节小体，位于肌肉组织、肌腱、韧带和关节中。当机体运动时，肌梭、腱梭和关节小体兴奋，冲动沿着脊后索上传，经丘脑至中央皮层前回，产生动觉。人在活动时，不断有冲动传至中央前回，产生动觉。皮层对所有冲动进行分析综合，再下传冲动对肌肉进行控制调节。正是由于这样的传导过程，人的活动才能动作协调、精密准确，并完成复杂的动作。

动觉常常与其他感觉联合行动，其他感觉器官，如眼等都离不开运动器官的配合。特别是触觉，经常和动觉一起发生，形成触摸觉。在昏暗的地方，人们常会伸出手摸索前进，以触摸觉补偿视觉。

5. 平衡感觉

平衡感觉又称静觉，是对人体作直线加速、减速运动或作旋转运动进行反映的感觉。平衡感觉的感受器位于内耳的半规管和前庭。半规管反映人的旋转运动，而前庭反映人的直线加速或减速运动。前庭与小脑关系密切，对保持身体平衡有重要作用。前庭感受性高的人易眩晕，如容易晕车的人。平衡感觉常常与视觉、内脏感觉有联系。经过练习可以改变前庭器官的感受性。例如，对于从事航海或航空工作的人需进行这方面的检查，以便发现个体前庭感受性特点，通过练习去适应工作条件。

6. 内脏感觉

内脏感觉又称机体觉，是对机体饥、渴、痛、温等状态的感觉。内脏感觉的感受器处于脏器壁上。它们将内脏的活动及变化信息传入中枢。当人体各内部器官工作正常时，各种感觉便融合形成人的自我感觉。通常情况下，内部感受器的冲动传至大脑皮层，即被外部感受器的冲动掩蔽了，没能在言语系统中得以反映。只有当内部器官受到特别强烈的刺激，内部感受器发放的冲动很强时，机体觉才变得鲜明，处于优势。

五、知觉的类型及特性

（一）知觉的类型

知觉的类型很多，可从不同角度对知觉进行分类。根据知觉时起主导作用的分析器的特征，可把知觉分为视知觉、听知觉、触知觉、嗅知觉、味知觉、运动知觉和平衡知觉等。例如，对一首乐曲的声音方向、节奏、音律的知觉，听觉器官起主导作用，因此，属于听知觉。根据被反映事物的特性，知觉可分为空间知觉（如形状知觉、深度知觉、大小知觉、方位知觉）、时间知觉、运动知觉等。下面将介绍几种主要的知觉类型。

1. 形状知觉

物体无论规则或不规则，都有一定的形状。形状知觉是指物体的形状特征在人脑中的反映。

形状知觉的产生是视觉、触摸觉和运动觉协同活动的结果。视网膜上的物体呈现的形状，眼球沿着物体的轮廓扫描，以及手触摸物体的表面，这些连续的动觉刺激会向大脑发送物体的形状信号，经过大脑分析、综合，就产生了对物体形状的知觉。

在形状知觉中，视觉具有极其重要的作用，知觉对象的轮廓具有重要意义。在知觉过程中，只要抓住事物的主要轮廓，就能知觉物体形状的足够信息。即使某些时候物体的轮廓不明显，人们也能正确知觉物体的形状，这种现象称为主观轮廓(subjective contour)，如图 2－7 所示。

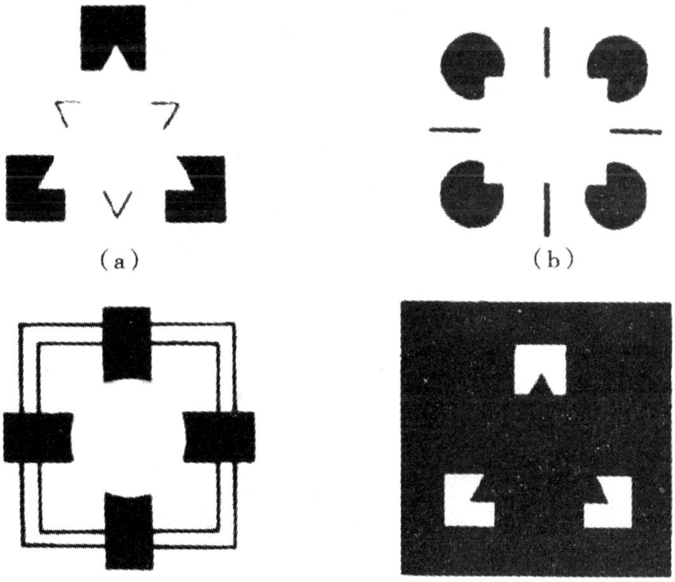

（a）　（b）　（c）　（d）

图 2－7　几种主观轮廓

［资料来源：彭聃龄．普通心理学（第三版）．北京：北京师范大学出版社，2004. 144.］

根据格式塔学派及其他心理学家的研究发现，在形状知觉中，构成整体形状的知觉具有一些基本原理和规律：

（1）接近性原则，即其他条件相同时，凡是接近的部分就容易组成图形。

（2）封闭性原则，即倾向于封闭的部分容易形成图形。

（3）相似性原则，即相似的部分容易形成图形。

（4）良好连续性原则，即形成一个连续轮廓的元素容易组成图形。

（5）对称性原则，即对称部分容易组成图形。

（6）简单性原则，即具有简单结构的图形，容易被看成平面图形而不是立方体。

2. 深度知觉

深度知觉是指人脑对物体的空间距离及立体特性的反映。它是多种分析器的协同活动的结果，其中，视觉具有重要的作用。单眼线索是指用一只眼睛感受深度的线索，它只能对有限的距离产生效应。双眼线索是指用两只眼睛感受深度的线索，它既可以提供距离信息，也是产生立体知觉的主要机制。

影响深度知觉的因素有很多。单眼线索包括以下几种：

（1）对象重叠。判断物体前后关系的重要条件是物体相互遮挡，即相互重叠的物体，被遮挡物体就被知觉得远些，而挡者被知觉得近些，如图 2－8 所示。

图 2－8　对象重叠

［资料来源：彭聃龄．普通心理学（第三版）．北京：北京师范大学出版社，2004. 151.］

（2）线条透视。两个或两列线条状的物体，由近处向远处伸展，近处的对象所占的视角大，知觉就显得大些；远处的对象所占的视角小，知觉就显得小些，如图 2－9 所示。

图 2-9 线条透视

［资料来源：彭聃龄. 普通心理学（第三版）. 北京：北京师范大学出版社，2004. 152.］

（3）空气透视。由于空气中夹杂尘埃、水蒸气等，越远的地方，被尘埃、水蒸气挡住的机会越多，因此从远处看显得模糊，从近处看显得清晰，如图 2-10 所示。

图 2-10 空气透视

［资料来源：彭聃龄. 普通心理学（第三版）. 北京：北京师范大学出版社，2004. 153.］

（4）相对高度。在其他条件相等时，两个物体相对位置较高的那一个就显得远些，位置矮的那个显得近些，如图 2-11 所示。

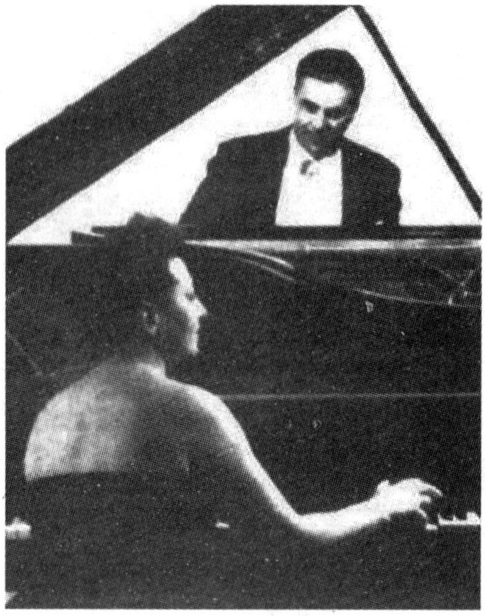

图 2-11　相对高度

［资料来源：彭聃龄．普通心理学（第三版）．北京：北京师范大学出版社，2004. 153.］

（5）纹理梯度。视野中的物体在视网膜上的投射大小和投影密度发生层次的变化，使得远处物体在视网膜上的投影较小，而投影密度较大；近处物体在视网膜上的投影较大，而投影密度较小，如图 2-12 所示。

图 2-12 纹理梯度

［资料来源：彭聃龄．普通心理学（第三版）．北京：北京师范大学出版社，2004. 153.］

（6）运动视差。当不同距离的物体与主体相对运动时，因视角在速度和方向上的差异，使得近处物体看上去移动得快些，方向相反；而远处物体移动得较慢些，方向相同。

双眼线索包括以下两种：

（1）双眼视轴的辐合。当注视某一物体时，两眼视轴向注视对象靠拢。看近处物体时，视轴趋于集中；看远处物体时，视轴趋于分散。当物体渐远时，视轴逐渐趋向平行。

（2）双眼视差。它是指人们知觉物体的距离与深度，主要依赖于两只眼睛所提供的线索。双眼视差所获得的深度知觉能力受距离影响，双眼视差只对500米以内的物体知觉起作用。

3. 时间知觉

时间和空间一样，都是物质存在的基本形式。人不仅在一定的空间内活动，也在一定的时间中活动。时间知觉（temporal perception）是人脑对客观事物的延续性和顺序性的反映。例如，一粒种子从播种、发芽、开花到结果这几个过程，都是系列连续变化的。多种感觉都能对时间进行估计，在精确性方面，听觉的能力最强，最高达到0.01秒，触觉最高为0.025秒，视觉最高约为0.1～0.05秒。

对时间进行知觉需要借助各种媒介间接地进行。

（1）自然界的周期现象。例如，日出日落、昼夜交替、四季变化、月亮圆缺等周期性出现的自然现象。

（2）有机体的生理节律。人体的生理活动，许多是具有周期性和节律性的。例如，人在正常情况下的呼吸频率为每分钟17次；心跳为每分钟60～70次；从进食到饥饿，每个周期是4～6小时左右。人们依据身体这些节律性活动，能估计事件持续的时间。例如，根据饥饿程度，估计吃饭时间；根据身体困倦的程度，判断深夜的时刻。有机体的这些节律性活动，称为生物钟，它给人们提供了时间信息。

（3）计时工具。人们在古时候就设计了计时工具来知觉时间。从古代的“干支”计时、点香、水或沙的滴漏等到现在的日历、时钟、手表等。借助这些计时工具，人们不仅可以准确地估计诸如世纪、年、月这样较长的时间，也可以精确地记录短暂的时间。

（4）周期性的社会活动。人的许多活动都是具有周期性的。例如，城市闹市区的活动规律是晨起、午闹、夜稀等。

时间知觉不仅受上述客观参照物的影响，而且还受人自身主观因素的影响。这些主观因素具体如下：

（1）时间间隔的长短。一般来讲，人对1秒钟左右的时间估计得最准确；对短于1秒钟的时间间隔，人倾向于高估；而对长于1秒的时间间隔，人倾向于低估。

（2）刺激的物理性质。例如，对较弱的刺激比较强的刺激时间估计得更短些；对熟悉性刺激的呈现时间比不熟悉性刺激的呈现时间估计得更短些。

（3）兴趣、态度和情绪。对于有兴趣的事情，感觉时间似乎飞驰而过；对于无趣的事情，感觉时间似乎无比冗长。引人入胜的表演总会使人忘却时间流逝，而冗长乏味的报告简直让人度日如年。热切期待中的事，总会使人感到姗姗来迟；而为人所厌烦的事情，又是不期而至。欢乐时，觉得时间过得快；痛苦时，觉得时间过得慢。

（4）个人的知识经验。由于每个人的知识经验不同，因此在时间的估计和知觉上，有明显的个体差异。对时间的估计也是在实践中发展起来的。随着年龄的增长，实践活动的增加，个体会逐渐减少误差，接近准确。成年人在时间估计的准确性和精确性方面远优于儿童。

4. 运动知觉

运动知觉（motion perception）是人脑对物体的运动特性（如鸟儿在飞、鱼在游、车在行驶、河水在流动等）的反映。它对动物和人的适应性行为具有重要的意义。

运动知觉的产生依赖一些主客观条件，主要包括：①物体的运动速度。②主体与运动物体的距离，即在速度一定的前提下，运动物体距离主体近，会感觉速度很快；反之，距离主体远，会感觉速度很慢。③主体自身处在静止状态还是在运动状态，是运动物体的参照系统。

运动知觉有着不同的种类，具体表现在：①真动，是指物体按照特定的速度，在空间和位置上发生连续性的变化，如看到快速转动的电扇叶片。②似动，是指在一定的条件下，人把客观上静止的物体看成是运动的，或把客观上不连续的位移看成是连续运动的现象。③诱动，是指一个物体的运动使其相邻的另一个静止的物体产生运动的现象，如你坐在一列正靠站停下来的火车里，如果旁边的另一列火车已开始启动，你会觉得自己所坐的火车在运动。④自动，是指人在暗室中注视一个静止的光点，过一段时间会发现这个光点在运动，但实际上这一光点是静止的。

（二）知觉的特性

1. 知觉的选择性

知觉的选择性（perceptual selection）是指人在知觉时，会将少数事物作为知觉的对象，而将其他事物作为知觉的背景，以便清晰地感知一定的事物与对象。从某种意义上讲，知觉过程就是从背景中区分出对象的过程。这一过程与选择性注意有关。当注意指向某种事物时，这种事物就成了对象，而其他事物就成了知觉的背景；当注意从一个对象转向另一个对象时，原来的对象和背景也跟着转移。如图 2－13 所示。

图 2－13 双歧图形

影响知觉选择性的因素很多。一般来讲，强度较大、色彩鲜明、运动、变化的刺激物容易成为知觉的对象，组合较为规律的刺激物（如良好图形）容易成为知觉的对象。此外，知觉对象的特点，及知觉者自身的主观因素，如兴趣、态度、爱好、情绪、知识经验、观察能力等，也都会对知觉的选择性产生影响。

值得注意的是，知觉的对象与背景之间不但可以互相转化，而且互相依赖。知觉的对象与背景的关系，不但仅存在于空间的刺激组合中，而且存在于时间系列中。对一个物体的知觉，往往受到前后相继出现的物体的影响。发生在前面的知觉直接影响到后来的知觉，产生了对后续知觉的准备，这种现象叫知觉定势（perceptual set）[①]，见图 2－14。

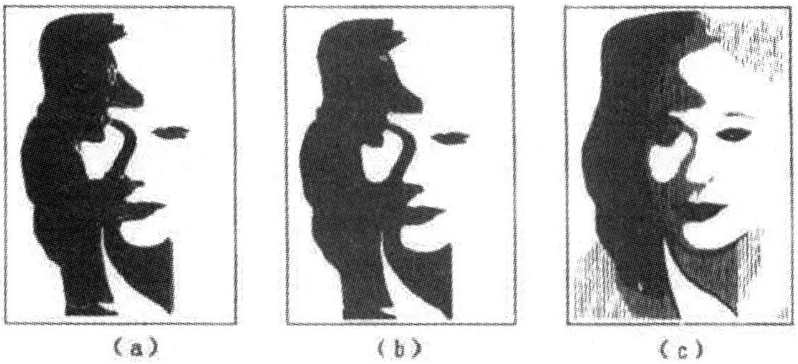

图 2－14 知觉定势

［资料来源：彭聃龄主编．普通心理学（第三版）．北京：北京师范大学出版社，2004. 133.］

① 彭聃龄．普通心理学（第三版）．北京：北京师范大学出版社，2004. 133.

2. 知觉的整体性

知觉的整体性是指对客体的知觉总是以自己过去的经验来补充当时获得的感觉信息，使其形成具有一定结构的整体。① 人的知觉系统具有把个别属性综合成整体的能力。当然，知觉的这种整合作用离不开那些构成整体的各成分的特点。例如，图 2－15 所示的点子图，尽管这些点子并没有用线连接起来，但人们还是能看到一个三角形和一个正方形。

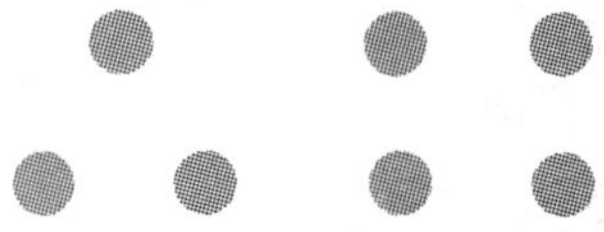

图 2－15　点子图

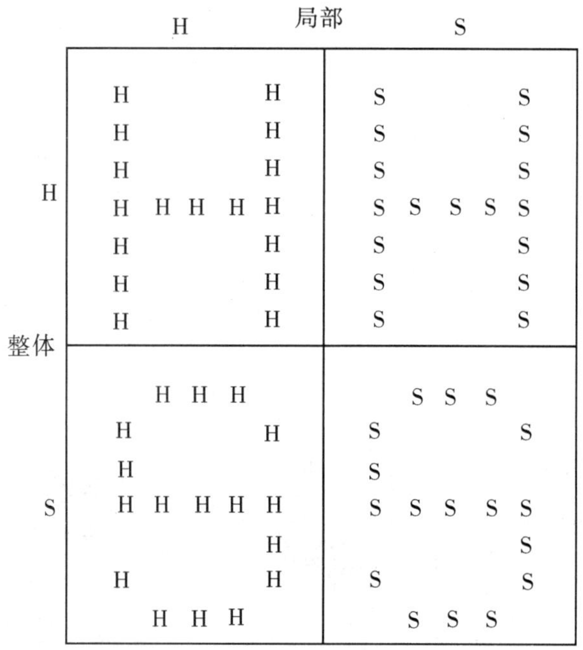

图 2－16　部分对整体的依赖关系图

在知觉活动中，人对整体的知觉还可能优先于对构成整体的部分的知觉。例如，纳温（Navon，1977）在实验中给被试呈现由许多小字母构成的一个大字母，如由小字母“H”和“S”组成的大字母“H”与“S”（见图 2－16），要求被试作局部反应和整体反应。在局部反应里，要求被试对小字母作判断；在整体反应里，要求

① 章志光．心理学（第三版）．北京：人民教育出版社，2002. 131.

被试对大字母作判断。结果发现，对整体特征的知觉快于对局部特征的知觉，当人们有意识地去注意整体特征时，知觉加工不受局部特征的影响。这一结果表明了整体特征是先于局部特征被知觉的，整体加工是处于局部分析之前的一个必要知觉阶段，即知觉是从整体到部分的。

3. 知觉的理解性

知觉的理解性（perceptual understanding）是指在感知事物时，人总是依据过去的知识经验来判断和解释，并将该事物归入一定的事物系统中，从而能够更深刻地感知（如图 2－17 所示）。人在知觉过程中总是依据知觉对象所提供的线索信息，提出相应的假设，并验证这一假设，最后获得符合逻辑的解释。因此，知觉的过程可以看成是一个假设检验的过程。

图 2－17 不完整的图形

影响知觉的理解性的条件概括起来有以下几个方面：

（1）言语的作用。人的知觉是在两种信号系统的协同活动中实现的，词的作用有助于对知觉对象的理解，使知觉更迅速、更完整。例如，天空中漂浮着的云彩，自然界中的各种奇景，在感知它们时附加词和言语的指导，会使人很快地知觉。

（2）活动任务的明确性。当有着明确的活动任务时，知觉将服从于当前的活动任务，这时所知觉的对象就比较清晰和深刻。

（3）对知觉对象的态度。如果对知觉对象持有消极态度，则不能深刻地感知客观事物；只有对知觉对象产生兴趣，持有积极的态度时才能加深对它的理解。

知觉的理解性与知觉的选择性、整体性有着密切的关系：

（1）知觉的理解性有助于知觉的选择性，即理解帮助知觉对象从背景中分离出来。

（2）知觉的理解性有助于知觉的整体性。人们对于自己熟悉的东西，容易将其视为一个整体来感知，但在面对不熟悉的东西时，知觉的整体性常常是受到破坏的，正是由于理解的存在才帮助人们把缺失部分补充起来。

4. 知觉的恒常性

知觉的恒常性（perceptual constancy）是指当知觉的条件在一定范围内发生改变时，知觉的映象仍然保持相对不变。例如，对过去认识的人，不会因为他的发型、服饰的改变而变得让人不认识；一首熟悉的歌曲，不会因为它高了八度或低了八度而感到生疏等。

在视觉范围内，知觉恒常性的种类主要有大小恒常性、形状恒常性、方向恒常性、明度恒常性和颜色恒常性等。

（1）大小恒常性。大小恒常性是指在一定的范围内，个体对物体大小的知觉不会随着距离变化而变化，也不会随着视网膜上视像大小的变化而变化，其知觉映象仍按物体的实际大小加以知觉的特征。

根据光学原理，同样一个物体，在视网膜上成像的大小随观察者距离的改变而变化。距离越远，物体在视网膜上的成像越小；距离越近，物体在视网膜上的成像就越大。然而，人在知觉物体的大小时，尽管观察距离不同，但形成的知觉大小都与物体的实际大小接近。这是由人的过去经验以及对观察距离等刺激条件的主观加工造成的，也是学习和实践的结果。在知觉物体大小时，人们学会了把物体与观察者的距离因素考虑在内，当自己处于不同距离位置去知觉同一物体大小时，知觉的结果经常是一致的。

（2）形状恒常性。形状恒常性是指当从不同角度观察同一物体时，物体在视网膜上投射的形状是不断变化的，但人们知觉到的物体形状并没有发生明显的变化。例如，在观察一本书时，不管从正上方看还是从斜上方看，看起来它都是长方形的。如图 2－18 所示，从不同角度观察一扇门时，无论门是完全关闭，还是完全打开，人们看上去它都是长方形的。

图 2－18 形状恒常性

［资料来源：彭聃龄主编．普通心理学（第三版）．北京：北京师范大学出版社．2004. 138.］

（3）方向恒常性。方向恒常性是指个体不随身体部位或视像方向改变而感知物体实际方位的知觉特征。个体身体各部位的相对位置时刻都是在发生变化的，如弯腰时、侧卧时、侧头时、倒立时等，当身体部位发生改变，与之相应的环境中的事物的关系也随之变化，但人对环境中对象方位的知觉仍然保持相对稳定，不会因为身体部位的改变而变化。

方向恒常性与个体的已有知识经验有着密切关系。例如，在熟悉的环境中，个体已有的知识经验会提供某一物体朝向的附加信息；如果遇到自己不熟悉的，或复杂的环境，如进入茂密树林中时，就不容易辨别方向了。

（4）明度恒常性。明度恒常性是指当照明条件发生改变时，个体知觉到的物体相对明度仍然保持不变的知觉特征。例如，将黑、白两块布，一半放在亮处，一半放在暗处，虽然每块布的两半部分亮度存在差异，但个体仍然会把它知觉为一块黑布或一块白布，而不会把它知觉成两段明暗不同的布料。

（5）颜色恒常性。颜色恒常性是指个体对熟悉的物体，当其颜色由于照明等条件的变化而改变时，颜色知觉不会因为色光的改变而改变，而是趋向于保持相对不变的知觉特征。例如，室内的家具，在不同色光照明下，对其颜色的知觉仍保持相对不变。从物理特性和生理角度来看，当色光照射到物体表面时，由于色光混合原理的作用，其色调会发生变化，但由于人对物体颜色的知觉不受照射到物体表面色光的影响，因此，仍然把物体知觉为其固有的颜色。

总之，知觉的恒常性对于人们的正常生活、工作和学习具有重要意义。如果知觉随着客观条件的变化而变化，则要想获得任何确定的知识都是不可能的。

第二节 记 忆

一、记忆的概述

（一）记忆的概念

记忆（memory）是人脑对经历过的事物的反映，包括识记、保持、回忆或再认几个环节。这里所谓的经历过的事物，主要是指那些过去曾感知过的事物、思考过的问题、做过的事情以及体验过的情感。这些经历过的事物都会在人的头脑中留下不同程度的痕迹，随着时间的推移，这些痕迹有些会被强化，有些则会趋于减弱、消退。在一定条件的诱发下，那些仍然保持在人脑中的痕迹会被重新激活、恢复。这些经历过的事物的痕迹的形成、保持及激活都是记忆。

根据反映论的观点，记忆是人脑对外界客观事物的反映。记忆与感知觉不同：一方面，感知觉反映的是当前作用于感觉器官的事物，而记忆反映的是过去所经历的事物；另一方面，感知觉属于感性认识，而记忆兼有感性认识和理性认识的特点。

根据信息加工的观点，记忆是人脑对外界输入的信息进行编码、储存和提取的过程。识记过程是对信息进行编码，保持过程是对信息进行储存，回忆或再认过程是对信息进行提取。

（二）记忆的作用

记忆是一种基本的心理过程，它对人们的生活、工作和学习具有十分重要的作用。离开了记忆，人通过感知觉从外界环境获得的信息就不能保留，也就不可能获得知识、经验，不能进一步形成概念进行诸如判断和推理等复杂的心理活动，人们就不能很好地适应复杂多变的客观环境。没有记忆能力，人的个性心理活动将不能正常发展。记忆把人的心理活动的过去、现在和将来联结成一个整体，保证了人的心理活动在时间上的持续性，进而实现人的心理发展、知识积累和个性形成。

（三）记忆的生理机制

记忆是脑的机能。巴甫洛夫的条件反射学说认为，记忆是大脑皮层暂时神经联系的形成、巩固和恢复的过程，遗忘是暂时神经联系的消退和被干扰的结果。暂时神经联系的建立是识记过程；经过复习和强化，暂时神经联系被巩固是保持过程；再认和回忆是在刺激影响下，暂时神经联系又再次恢复。随着科学的进步，人们对记忆的心理机制进行了大量多学科、跨学科的实验研究，提出了一些新的观点。

1. 记忆脑学说

（1）整合论。

美国心理学家拉胥里（K. Lashley）提出了记忆的非定位理论，又称整合论。该理论认为，记忆是整个大脑皮层活动的结果，与脑的各部分均有联系，而不是大脑皮层上的某个特殊部位的机能。这种理论得到了“细胞集合”理论的支持。“细胞集合”理论认为，大量的神经细胞之间形成一个复杂而庞大的神经通路系统，任何一个神经细胞都不能离开细胞群而单独活动。记忆“痕迹”并不依靠某一固定的神经通路，它涉及成千上万神经细胞的相互联系。

（2）定位论。

法国医生布洛卡（P. Broca）提出了脑机能的定位说。该学说认为，脑的机能，包括记忆，都是由大脑的一些特定区域负责的。已有的大量研究发现，记忆和大脑的一些特定区域有着密切关系。例如，潘菲尔德（W. Penfield）在治疗严重的癫痫病人时进行了开颅手术，他利用微电极刺激病人的大脑皮层颞叶，引起了病人对过往事情的鲜明回忆。鲁利亚的研究也发现，如果病人的丘脑下部组织及部分边缘系统受损伤，那么他们的短时记忆会表现出明显的障碍。

（3）记忆的 SPI 理论。

图灵（A. M. Tulving）提出 SPI 理论解释记忆系统之间的相互关系。该理论假定，记忆系统主要存在五种形式，即程序记忆系统、知觉表征系统、语义记忆系统、初级记忆系统和情景记忆系统，它们在加工过程中存在着一定的关系。该理论还假设，这五个系统在编码上是串行的（serial，简称 S），即一个系统的输出为另一个系统的输入提供了前提；系统的信息存储方式是并行的（parallel，简称 P），即信息的一次编码会在多个记忆系统中产生效应，并保存在不同的脑区内；系统的信息提取方式是独立的（independent，简称 I），即从一个记忆系统中提取出来的信息可以不受其他记忆系统的影响。近年来，一些基于认知神经科学的研究揭示出了不同记忆系统之间的脑机制。例如，斯奎瑞（Squire）的研究发现，陈述性记忆主要依赖于内侧颞叶/间脑结构，其中内侧颞叶包括海马、旁海马皮层等；非陈述性记忆系统主要依赖于新皮层、纹状体、杏仁核、小脑等。

2. 记忆脑细胞机制

（1）反响回路。

反响回路（reverberatory circuit）是指神经系统中皮层和皮层下组织之间存在的某种闭合的神经环路。当外界刺激作用于神经环路的某一部分时，回路会产生神经冲动，当刺激停止后，冲动并不会立刻停止，而是继续在回路中往返传递，并持续一段短暂的时间。[①] 已有的大量脑电和神经结构的研究表明，反响回路可能是短时记忆的生理基础。

---

① 彭聃龄．普通心理学（第三版）．北京：北京师范大学出版社，2001. 208.

（2）突触结构。

神经生理学家莱斯（Lynch，1986）认为，人类的长时记忆神经基础包含着神经元突触的持久性变化，这种变化往往是由那些特异的神经冲动造成的。[①] 近来的神经生理学和认知神经科学的大量研究表明，神经元和突触结构的改变是短时记忆转化为长时记忆的生理机制。这种改变主要包括相邻神经元突触结构的变化、神经元胶质细胞的增加及神经元间突触连接数量的增加。

（3）长时程增强作用。

波利斯和莱梦（Bliss & Lemo，1973）的研究发现，海马的神经元具有塑造长时记忆所需的能力。在海马内的一种神经通路中，存在着一系列的短暂的高频动作电位，能使该通路的突触强度增加，研究者称之为长时程增强（long－term potentiation，简称 LTP）作用。这种长时程增强具有一定的专一性，它只对那些受到刺激的通路起作用。此外，海马还是长时记忆进行暂时性存储的场所。利用长时程增强的这种机制，海马能对新获得的信息进行较长的加工（如数小时或数周），之后再将这种信息输入到大脑皮层中的一些相关部位做更长时间的存储。因此，如果海马的结构受到损伤，那么新的记忆储存将会出现困难。

（四）记忆信息的三级加工模型

信息加工理论认为，人的记忆是一个信息加工系统。在记忆过程中，根据信息从输入到提取的时间过程及信息的编码方式，可以把记忆分为三个阶段，即感觉记忆、短时记忆和长时记忆。记忆信息的这种三级加工模型可用图 2－19 表示。

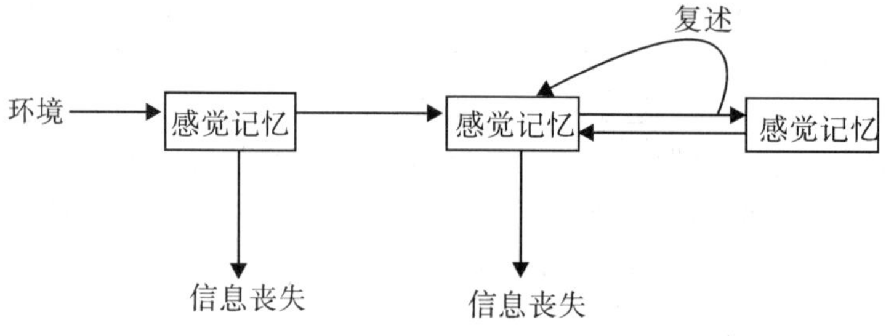

图 2－19　记忆信息的三级加工模型

由图 2－19 可看出，外界环境的信息通过感觉器官中的通道进入感觉记忆，一旦这些信息被注意，则进入短时记忆中，否则将很快消失。在短时记忆系统中，个体根据已有的知识经验来改组和利用这些信息，并作出反应。有些时候，个体为了分析当前的短时记忆信息，也会从长时记忆中调出相关的知识。如果短时记忆中的

① Lynch G. Synapses，*circuits and the beginnings of memory*. Cambridge，MA：MIT Press，1986.

信息需要进一步保存，则需要被复述，这样就进入了长时记忆而被储存。

第一阶段是感觉记忆（sensory memory），又称瞬时记忆，是记忆系统的开始阶段，是一种原始的感觉形式，是记忆系统对外界信息进行深入加工之前的暂时性登记。由于感觉记忆中的信息编码形式主要依赖于外界信息的物理特性，因此，它具有鲜明的形象性。感觉记忆的信息保持是非常短暂的，一般只有几百毫秒到几秒。在感觉记忆中，被注意的一些信息将获得意义，继续进入下一阶段的加工活动，而那些不被注意或编码的信息则会很快地减弱、消失。进入到感觉记忆系统中的外界信息主要是以图像和声像的形式被储存，但保存时间很短。图像记忆大约保持 1 秒，声像记忆的保持虽超过 1 秒，但也不会超过 4 秒。此外，在短时记忆中，信息保持时间的长短取决于刺激的强度（如亮度），视觉刺激的强度越大，则图像消失得越慢。

美国学者斯波林（G. Sperling，1960）用部分报告法实验证明了感觉记忆系统的存在。他在实验中用速示器在短时间内向被试呈现数字或字母卡，刺激终止后，让被试把每次所看到的数字或字母尽可能多地报告出来，以此来计算被试的记忆成绩。在实验中，研究者改变了实验程序使被试的报告与他们所看到的刺激加以区分。实验时，事先告诉被试，每张字母卡以 50 毫秒时间呈现，当终止时，给出高、中、低 3 种音调中的一个，高音出现立即报告第一行字母，中音出现报告第二行，低音出现报告第三行，声音信号的出现是随机的。结果发现，被试能准确报告出任何一个指定行字母中的 3 个。被试并不知道要求他报告的是哪一行，但实际上，他们头脑中必须保持全部 3 行字母。由此推算，他们脑中保持每张卡片的字母数有 9 个之多，说明他们图像记忆的容量为 9 个以上项目。

为了弄明白图像记忆保持的时间，斯波林又进行了另一个实验，该实验仍然采用部分报告法。实验程序与前一个实验稍微不同，即每张字母卡以 50 毫秒呈现后，声音信号并不立即出现，而是延迟在 10 ~ 1 000 毫秒不等的时间后出现，要求被试根据信号音的指示报告出某一行的字母。结果表明，回忆的成绩随信号音延迟出现的时间的增加而下降，当延迟 1 秒钟后，回忆成绩与全部报告法所得结果相同。这一实验证明了视觉刺激消失后，图像信息在头脑中的保持随信号音的延缓出现而衰退，大约保持 1 秒钟。根据以上两个实验的结果，斯波林认为感觉记忆是存在的，且具有相当大的容量，但它的信息保持时间十分短暂。

第二阶段是短时记忆（short - term memory），是对信息保持时间在 1 分钟左右的记忆，是信息从感觉记忆向长时记忆过渡的中间阶段。短时记忆中的信息如果得到复述，则可以继续保存。复述的作用就在于保证信息的延缓消失。短时记忆中的信息主要以听觉代码和视觉代码的方式存储。例如，在康拉德（R. Conrad，1964）的一项经典实验研究中选用 10 个字母（如 B、C、P、T、V、F、M、N、S、X）为记忆材料，从中随机取出 6 个组成字母序列，以视觉的方式逐一呈现给被试，并要求他们记住。然后，让被试严格地按字母呈现的顺序进行回忆，并对回忆中出现的差错进行分析。实验结果发现，被试回忆时出现的错误主要表现为声音发生混淆，即发音近似的字母混淆程度较高，如会将 B 误为 P，将 V 误为 B，而发音不接近的字母之间发生混淆的概率较小。该实验结果表明，即便刺激材料是以无声视觉形式呈现的，短时记忆的信息编码仍具有听觉的性质。

短时记忆的一个突出特点是它的容量有限性，成年人的短时记忆容量范围在5～9之间。短时记忆的单位是组块（chunk）。组块是指人们最熟悉的认知单元，是人们在对信息进行编码的过程中，将几种不同水平的代码归并成一个更高水平的单一代码的过程。组块可以是一个数字、单词、字母、短语、成语或无意义音节等。组块取决于个体已有的知识经验及对材料的熟悉程度。因此，组块的大小范围是可变的，如果能够将更多的项目组成一个有意义的组块，则可以大幅度地提高短时记忆的广度。

此外，短时记忆中的信息保持时间也是有限的。如果信息得不到复述，则会很快消失。彼德森等（L. R. Peterson & M. J. Peterson，1959）的实验证明了这一点。他们在实验中要求被试记住由 3 个辅音字母组成的无意义音节，18 秒钟后进行回忆。在正常情况下，被试正确完成这项任务是很容易的。但是，在刺激呈现以后，立即呈现一个 3 位数的数字，要求被试以这个数字为起点，进行连续减 3 的倒数数任务，持续到 18 秒为止。这时再让被试回忆字母，回忆成绩不足 20%。因此，可以认为倒数数的任务阻止了被试对识记材料的复述。

第三阶段是长时记忆（long－term memory），是对信息存储时间在 1 分钟以上的记忆。长时记忆中的信息在头脑中存储的时间长，容量没有限制。长时记忆的信息大多是来自对短时记忆内容的加工，将短时记忆内容转为长时记忆信息的一个重要途径就是要进行精细复述，即将当前加工的信息与已有的知识经验联系起来，赋予一定意义，并对信息进行组织。事实上，也有些信息似乎是不需要意识努力就可自动编码进入长时记忆中。

长时记忆的编码形式主要有语义编码和视觉编码：①语义编码是指在对语词概念材料进行记忆时，倾向于将这些材料按语义关系组成一定的系统进行归类，是加工水平相对较深的编码方式。为了做到深度加工，人们会忽略刺激的物理特征或其他细节，而集中在信息的意义方面，即在长时记忆中，人们更多地是对一般意义或一般的事实编码，而不是去记住事物的细节。②视觉编码是指在对刺激材料进行记忆中，倾向于将这些材料以视觉表象的形式编入长时记忆。例如，自然界美丽的山水情景，人们能容易地记住，这是因为此情景具有许多鲜明特征，容易吸引注意，进而被接收和编码。

（五）记忆的方法

记忆的方法很多，下面介绍主要的几种。

1. 回忆法

回忆法是指当原识记材料不在面前时，要求被试再现原识记材料的方法。这种记忆方法有以下三种类型：

（1）系列回忆法。

系列回忆法，又称“学习时间（遍数）法”，是测量被试达到某种标准所需的学习时间或学习遍数。该方法的具体操作过程是：在实验过程中，实验者首先根据材料特点确定“标准”，要求被试背诵材料，直到符合“标准”为止。为了达到“标准”，被试需要一定时间或经过多次“尝试”，根据时间或遍数确定被试的回忆水平。

（2）对偶回忆法。

对偶回忆法，又称“成对联合法”。对偶回忆法的操作程序有两种：一是预期法，即第一步先单独呈现刺激，要求被试努力预想对应的反应项目；第二步将刺激项目和反应项目成对呈现。刺激材料全部呈现完毕后，实验者改变顺序做第二轮。每出现一次刺激项目就要求被试尝试报告反应项目，无论被试能否报告，间隔时间一过就同时呈现刺激项目和反应项目，这样一轮接一轮，直到被试全部记住为止。二是检验法，与预期法不同，被试首先学习所有刺激和对应的反应项目，然后进行检验。实验者以限定的时间呈现学习项目（如每次 3 秒），检验时只呈现刺激项目，要求被试报告反应项目。检验程序也是一轮接一轮进行，直到被试全部通过为止。每一轮实验结束需要改变刺激项目和反应项目的呈现顺序。

（3）自由回忆法。

这种方法可以让被试随意回忆，而不必按照刺激呈现的顺序回忆。被试的无顺序回忆有三条规律：第一，表现出系列位置效应，即近因效应（recency effect）和首因效应（primacy effect）。前者表明最后呈现的刺激材料回忆成绩最好，后者表明最先呈现的刺激材料回忆成绩较好。第二，表现出一定结构。鲍斯菲尔德以随机的方式向被试呈现四类名词（如动物、人名、职业、蔬菜）共 60 个，结果被试是分类回忆的。1962 年，图尔文选取一系列假设互不相关的 16 个单词作为刺激材料，以不同顺序呈现 16 次，分析被试每次的自由回忆。结果发现，各次反应的顺序与最后一次的反应顺序均有联系。图尔文把这种现象称为“主体组织”。第三，未耗尽全部有关记忆。

2. 重建法

重建法是让被试复现刺激项目的次序或排列。该方法的实验程序是先由实验者向被试呈现有一定次序或位置的刺激系列，然后将原刺激系列打乱，让被试按照刺激呈现的次序或位置复原。记分时，以重构顺序的错误数或正确数评估回忆的水平。

3. 再学法

再学法，又称节省法，是要求被试学习一种材料，达到一定标准后，经过一段时间，再以同样的程序重新学习这些材料，以达到初次学习的标准为止。再次学习与最初学习这两次所需要的练习次数之差，即表示最初学习之后所保持的记忆。节省的百分数 =（初学时诵读次数 - 再学时诵读次数）/初学时诵读次数 ×100，节省的百分数是测量保持量的一个有效指标。

4. 再认法

再认法是指把识记过的材料（如旧材料）和未识记过的材料（如新材料）混合在一起，要求被试把两种材料区分开。实验前，先向被试呈现一系列刺激项目，接着呈现先前呈现的刺激（即识记过的材料，称为有关刺激）和未识记过的材料（称为无关刺激）。例如，有关刺激 20 项，无关刺激 30 项，合起来就有 50 项。刺激呈现后，要求被试逐项判断并作“是”或“否”的反应，“是”的反应表示判定该刺激在第一次呈现中曾经看到过。采用这种实验程序有两种计算方法：

（1）当“有关刺激数”不等于“无关刺激数”时，再认分数 = 正确再认的百分数 - 错误再认的百分数；

（2）当“有关刺激数”等于“无关刺激数”时，再认分数 =（正确再认数 - 错误再认数）/（有关刺激数 + 无关刺激数）。

5. 部分报告法

部分报告法是由斯波林（G. Sperling）设计的。该方法运用随机原理，使报告分段进行，这样可有效地控制报告时引起的误差。实验程序是将全部刺激项目排成矩阵，每个刺激呈现 500ms，在刺激消失时，随即出现一信号，被试根据约定信号的种类（例如，高音——第一行，中音——第二行，低音——第三行）报告相应的刺激行项目。根据被试报告的准确率就能计算出被试的记忆量。例如，对每行有 4 个字符的刺激进行反应，被试的平均报告量是 3.05 个，则准确率为 76%；又如，刺激项目的总字符是 12 个，那么被试的瞬时记忆量为 9。

6. 记忆广度法

记忆广度法是研究记忆材料呈现一次后能够最大量记忆的方法。该方法的实验程序是：主试事先准备一系列的刺激材料，各项目分别是 3 ~ 12 左右的数字符号。实验时，主试口述或用速示器向被试呈现某个刺激项目，刺激消失后要求被试按照同样的次序说出刺激的内容。刺激内容可以是数字、符号或单词等。为了避免误差，一般得准备多套等价的材料。该方法的记分有两种：①每种刺激长度为 4 个，每一个完全记住的项目给 1/4 分；②被试做对了 8 个数目的刺激，没有通过 9 位数刺激，则他的“广度”至少是 8，但还不到 9，于是取两个数的中点记分，即 8.5 分。

7. 其他方法

（1）系列再认法。

该方法的实验程序是：主试准备两套或两套以上刺激系列，分别呈现，然后混合所有的刺激项目并逐项再呈现，要求被试报告呈现的刺激项目属于哪一系列。

（2）容量保持法。

该方法是设计一套刺激材料，一般是文字的，各项（如单词）可分为几类，各类量相等，并预置负荷量标准。实验时先从低负荷量做起，主试呈现3个项目，问一个问题，被试根据先前阅读过的内容选择适当的回答。等被试回答完毕后，主试补充一项刺激使被试的负荷量不变。

二、记忆过程及其规律

人类的记忆是一个复杂的过程，从“记”到“忆”包括识记、保持、再认或回忆的基本过程。这几个基本过程之间相互联系、相互制约，构成一个完整、统一、动态的过程。下面对这几个基本的记忆过程分别作具体的分析。

（一）识记

识记（memorization）是记忆过程的开端，是指通过对事物反复感知而获得事物的信息和编码，并在头脑中留下印象的过程。[①]

1. 识记的种类

（1）无意识记和有意识记。

根据个体在识记时是否有目的和是否需要意志努力，可将识记分为无意识记和有意识记。

无意识记，又称不随意识记，是指事先没有明确的目的和任务，不需要意志努力和使用任何策略或方法的识记。

无意识记在人们的生活中有着重要作用。人们在每天的生活中都会经历很多事情，如看电影、听歌曲、与朋友聊天等，人们在进行这些活动的过程中并没有为自己提出明确的识记任务和目的，也没有付出识记努力和采用特殊识记方法，但这些活动的某些内容情节和信息却自然而然地储存在人们的头脑之中，并留下一些清晰、深刻的印象。无意识记在儿童的早期教育中具有重要作用，因为年龄较小的儿童行为的目的性和意志力较差。因此，通过“潜移默化”和“耳濡目染”的无意识记学习方式能够使儿童在成长过程中形成一些经验和习得一些行为。但由于无意识记的内容具有片面性和零散性，使个体难以获得系统的科学知识。

无意识记具有选择性。进入无意识记的内容具有两个特征：第一，作用于人的感觉器官的刺激能够引起注意或有着重大意义，如人们对那些新异刺激的事物会过目不忘；第二，那些符合人的需要、兴趣及能够产生较为深刻情绪体验的内容。

有意识记，又称随意识记，是指事先有明确的记忆目的，为了达到这一记忆目的，采取相应的方法和步骤，必要时付出一定意志努力的识记。例如，教师要求学生记住英文单词、历史事件、物理定律、化学公式等，学生在明确目的的前提下，经过一定的意志努力，并采用一些有效的记忆方法进行识记，这样才能完成老师提

① 章志光．心理学（第三版）．北京：人民教育出版社，2002. 150.

出的任务。在人们的学习生活实践中，有意识记比无意识记更为重要，这是因为有意识记是个体获得系统的科学知识、完成特定学习任务和积累经验的主要记忆形式。

总之，有意识记是在识记目的的支配下进行的。识记的目的性也决定了有意识记过程是对识记内容的一种富有主动性的编码过程。这种编码过程包括："识记什么"，即确定识记的方向和内容；"怎样识记"，即采取什么方法才能更好地记住所要识记的内容。

（2）意义识记与机械识记。

根据识记材料的性质和对识记材料意义的理解程度的不同，可将识记分为意义识记和机械识记。

意义识记是指通过理解材料的意义来把握材料内容的识记。这是一种在对材料本身的内涵、意义及材料间的内在联系反复领会、深入理解的基础上进行的识记。意义识记的基本条件是理解。人们意义识记的全面性、精确性、牢固性及有效性，主要是依赖于主体对识记材料的理解程度。例如，弄清一个科学概念的含义、推导一个化学公式、演算一个数学习题、分析一篇语文课文等都是理解。

机械识记是指根据材料的外部联系和特点，采取简单重复的机械方式进行的识记。也就是说，机械识记是基本上不去理解材料的意义及材料之间的关系，只是按照材料呈现的时间、空间顺序进行逐字逐句地识记。

从学习的效果看，机械识记不如意义识记，但机械识记在人们的日常生活、工作和学习中又是必不可少的，这是因为学习过程中总有些材料对个人来说是很少有意义的，只能先采用机械识记。有时候材料本身是有意义的，但由于学习者一时难以理解，只能先进行机械识记，之后随着知识经验的丰富和积累再逐渐地加以理解。

总之，意义识记与机械识记各有所长、相互依存、相互补充。人们在进行意义识记时那些需要准确记住的内容要依靠机械识记的作用；而在进行机械识记时也可利用意义识记的特点获得帮助。对于一些无意义的识记材料，可人为地使其有意义，从而取得更好的识记效果。例如，日本富士山的高度为 12 365 英尺，可有意义地表达为"12 个月有 365 天"。

2. 影响识记的因素

识记效果受到许多因素的影响，其中识记的目的、学习者的态度、材料的数量和性质、对材料的理解程度以及学习方法等对识记的效果影响较大。

（1）识记的目的。

学习者是否有明确的识记目的、强烈的学习愿望和动机，对识记效果有重要作用。如果学习者的识记目的明确、学习动机强烈，则会增加其识记活动的自觉性、主动性和计划性，把精力关注于识记内容，积极调整大脑的兴奋性，这样能够在头脑中留下深刻而牢固的印象。如果学习者缺乏识记的目的性，随意地阅览知识，则难以在头脑中留下清晰的痕迹，所获得的知识显得杂乱无章，这样不易产生良好的识记效果。

（2）识记材料的意义。

识记材料的意义是指识记材料所包含的事物的内在联系及其与学习者知识经验的联系。一般来讲，这种联系越多，说明识记材料的意义性越强，识记效果就会越好。

（3）学习者已有的知识经验。

学习者已有的知识经验也会影响材料的识记效果。具有丰富知识经验的个体对新的学习材料的理解能力要强些，识记效果也会好些。新学习材料的接受程度受不同知识类型与特点的制约。例如，文科学生学习理工课程时会感到难以理解，这是因为其已有的知识结构系统中缺少相应的内容，难以使用已有的知识经验来解释和接纳新内容。

（4）识记材料的性质和数量。

识记效果在一定程度上受识记材料的性质制约。识记材料按性质不同可分为直观识记材料（如实物、模型、图片等）和描述事物现象的文字识记材料。对于这些材料的识记效果受个体发展因素的影响。一般来说，成人对文字材料的识记效果较好，而儿童对直观材料的识记效果常好于文字材料。

识记材料的数量对识记效果也有较大影响。一般来说，要想达到同等的识记水平，则识记材料越多，所需要使用的时间也越多。

（5）识记材料的位置。

如果多个项目是连续呈现的，则各项目在序列中的位置将会影响识记的效果。一般来说，最先呈现的项目，即排在序列首部的项目最易记住，这种现象被称为"首因效应"。最后呈现的项目，即排在序列尾部的项目也较容易记住，这种现象被称为"近因效应"。而那些排在序列中部的项目相对最难记住。

（6）识记时的情绪状态。

识记时的情绪状态会对个体的识记效果产生影响。一般来说，人心情好的时候，识记效率高；而心情不好时，识记效率低。

（二）保持和遗忘

1. 保持

保持（retention）是识记的材料（经验）和获得的信息在人脑中得到巩固与储存的过程。[①] 作为记忆过程的第二个环节，保持是以识记为前提的。保持的效果在回忆及再认中得以体现和验证。

保持是记忆的重要标志，也是回忆和再认的重要条件。那些经过识记后被储存的经验和信息是有一定秩序、层次的，不能简单地理解为像将文件储放在保险柜里那样一成不变。保持不是消极、被动的储存过程，随着时间的推移，保持的内容会

① 章志光．心理学（第三版）．北京：人民教育出版社，2002. 152.

发生“量”和“质”的变化。这些变化体现了人脑对识记材料有选择性、主动性的加工特点。

保持内容的变化主要体现在“质”的变异和“量”的增减上。“质”的变异可能会有以下三种情况：①较之于原有的识记材料，保持的内容更为简约、概括；②较之于原有的识记材料，保持的内容更为详细、具体、完整、合理；③对原有的识记材料进行改造，会对其中的某些典型特征进行夸张、突出甚至是歪曲。

保持内容在“量”上的变化具有以下两种情况：①总的来讲，随着时间的推移，识记材料的保持量呈现出减少的趋势，即个体对其所经历的事情会随着时间的推移而逐渐淡忘；②记忆回涨（reminiscence），又称记忆恢复，是学习两天后所测得的保持量比学习后立即测得的保持量更高的现象。该现象是巴拉德（P. B. Ballard，1913）和彼德森（M. J. Peterson，1916）在研究中所发现的。

2. 遗忘

与保持相对立的心理过程就是遗忘。遗忘（forgetting）是对识记过的材料不能回忆或再认，或是错误地回忆或再认。用信息加工的观点来说，遗忘就是记忆信息不能被提取出来，或者提取出错。遗忘是一种正常、合理的心理现象。

（1）遗忘的种类。

根据遗忘内容的多少，可将其分为部分遗忘和全部遗忘。部分遗忘是指对识记材料部分内容的遗忘，如对材料细节的遗忘。全部遗忘是指对识记材料全部内容的遗忘。

根据遗忘时间的长短，可将其分为暂时性遗忘和永久性遗忘。暂时性遗忘是指遗忘的发生是暂时的，一段时间后还能重新回忆的遗忘现象。例如，见到熟人，一时想不出对方的名字，但过后又能想起；考试时，一些问题明明是以前遇到并解决过的，但就是答不出来，等出了考场后又马上想了起来。永久性遗忘是指如果不经过重新学习，记忆的内容就不能恢复的遗忘现象。

（2）遗忘的原因。

关于遗忘的解释，主要有以下四种影响较大的假说：记忆痕迹衰退说、干扰说、压抑说和提取失败说。

记忆痕迹衰退说（decay theory）认为，遗忘是由于记忆痕迹得不到强化而逐渐减弱、消退导致的。这一假说被很多人所接受，因为它与生活中的一些经验，或科学界中的一些现象相类似。例如，人们日常生活中所说的“用进废退”，一些物理的或化学的痕迹会随着时间的推移而逐渐衰退、消失。记忆痕迹衰退说对遗忘的解释符合一些常识性规律，这是因为任何事物都有其发生、发展直至衰亡的过程，但它不能说明所有的事实，也不能得到实验结果的证实。例如，童年时期的一些经历即使已经事隔几十年，仍然会记忆犹新；几天前才学过的英语单词，却怎么也想不起来。因此，可以认为，时间推移并不一定都会导致记忆痕迹的衰退，并不是导致遗忘的唯一原因。

干扰说（interference theory）认为，遗忘是由于在学习和回忆之间受到其他刺激干扰的结果，一旦排除了这些干扰，记忆就能够恢复。该假说最初用来研究睡眠对记忆的影响。詹金斯和达伦巴希（J. G. Jenkings & K. M. Dallenbach）在一项研究中，让两名被试识记无意义音节字表，要求能达到正确回忆的程度。然后让一名被试睡觉，而另一名被试则继续进行日常的活动；分别在 1、2、4、8 小时后，让被试回忆这些学习过的材料。结果发现睡眠被试的回忆成绩比继续活动被试的好。这个研究说明，遗忘不是由于时间延长而自然衰退的，而是在清醒状态下，大脑的继续活动（即日常活动）干扰了对先前学习材料的回忆。

干扰说最直接的证据是前摄抑制和倒摄抑制。前摄抑制（proactive inhibition）是指先前学习的材料对后学习材料的回忆的干扰作用。安德伍德的一项实验结果发现，那些在学习无意义音节字表之前有过大量练习的人，在 24 小时后进行回忆测验，只记住所学会字表的 25%；而那些之前没有经过练习的人，则能记住同一字表的 70%。这一结果说明，之前进行的活动对当前的学习产生了很强的干扰。斯拉墨卡（N. J. Slamecka）以大学生为被试，采用 4 个难度相当的句子作为学习材料，每个句子均由 20 个字组成，且句子内容较相似，以此来探讨学习有连贯意义散文时前摄抑制的作用。结果发现，前摄抑制作用的程度随着先前学习材料的数量增加而增强，也随着保持时间的增加而增强。

倒摄抑制（retroactive inhibition）是指后学习的材料对先前学习材料的干扰作用。许多研究发现，倒摄抑制干扰作用的强度受到前后学习材料的性质、难度、时间安排以及识记的巩固程度等条件的制约。如果前后所学习的材料相同，则后学习是复习，不会产生倒摄抑制。如果前后学习的材料完全不同，则倒摄抑制的作用最小。如果前后所学习的材料相似但又不同，则最容易发生混淆，这时倒摄抑制的作用最大。先学习材料的巩固程度越高，倒摄抑制的干扰越小；反之，则其干扰作用越大。

一般来讲，前摄抑制和倒摄抑制是在学习两种不同的但又彼此相似的材料时产生的。有时候在学习一种材料的过程中也会同时出现这两种抑制现象。例如，学习一篇较长的文章，文章的首尾部分总是记得较好，不易遗忘，而中间部分则较难识记，容易遗忘。这是因为起始部分没有受到前摄抑制的影响，结尾部分没有受到倒摄抑制的影响，而中间部分则受到了两种抑制的影响。

压抑说（suppression theory）认为，遗忘是由于情绪或动机受到压抑导致的，如果这种压抑被解除，则记忆就能恢复。弗洛伊德在给精神病人进行催眠时发现，很多病人能够回忆起早年生活中的许多事情，而这些事情在平时是回忆不起来的。弗洛伊德认为，这些经验之所以早时不能被回忆，是因为回忆它们会使人产生痛苦、不愉快和忧愁的情绪体验，因此，被无意识动机压抑。该假说强调个体需要、动机、情绪、欲望等在记忆中的作用，是对前两种假说的补充。但该假说没有得到实验材料的支持，也不能解释一般的遗忘现象。

提取失败说（retrival failure theroy）认为，遗忘是由于一时间失去线索或线索错误，导致难以即时提取所需要的信息①。这是一种暂时性信息检索失败的现象。如果一旦获得线索，经检索后，所需要的信息还是能被提取出来的。例如，人们常常有这样的经验，一位多年不见的朋友出现在面前，觉得很熟悉但就是说不出名字来，但几分钟后就想起来了。

（3）遗忘的规律。

心理学关于记忆的研究表明，遗忘是有规律的。

德国著名的心理学家艾宾浩斯（H. Ebbinghaus，1885）最早对遗忘现象进行了较为系统的研究。在研究中，艾宾浩斯采用无意义音节作为记忆材料。这种材料是由两端各一个辅音、中间一个元音构成的音节，如 GEB、XUQ 等。他以自己为被试，采用机械重复法对词表进行系列识记学习，当达到刚能一次背诵的程度时就停止。然后间隔一段时间后再测量自己还能记住多少。在测量记忆保持量方面，艾宾浩斯采用重学法，又称节省法，即学习材料到刚能背诵的程度时，间隔一段时间后再重新学习，达到同样能背诵的程度，之后比较两次学习所用的时间和背诵次数，这样就可以得到一个绝对节省值。节省百分数可用下列公式表示：

节省百分数 =（初学时间 − 重学时间）/初学时间 × 100%

艾宾浩斯采用这种方法测量到遗忘的进程，结果表明在学习材料成诵后，20 分钟之后的遗忘达到 41.8%，1 天之后的遗忘达到 55.8%，6 天之后的遗忘达到 74.6%，31 天之后的遗忘达到 78.9%。他将实验结果绘制成曲线，即著名的艾宾浩斯遗忘曲线（the curve of forgetting），见图 2 − 20。之后很多研究者重复了他的实验，所得到的结果与艾宾浩斯的遗忘曲线情况基本一致。

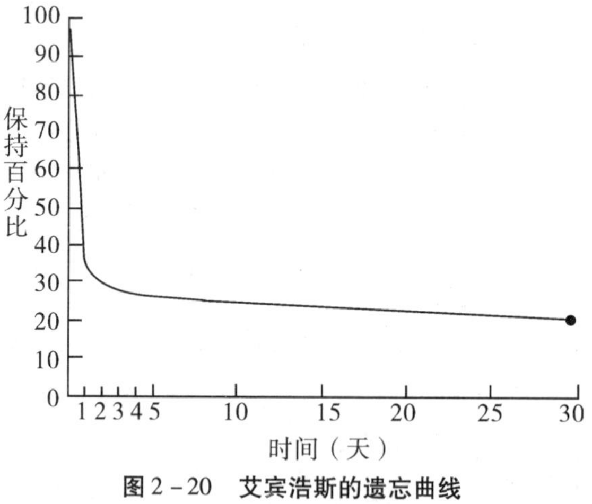

图 2 − 20　艾宾浩斯的遗忘曲线

［资料来源：彭聃龄．普通心理学（第三版）．北京：北京师范大学出版社，2001. 230.］

---

① 章志光．心理学（第三版）．北京：人民教育出版社，2002. 156.

从图2－20可以看出，遗忘是在学习之后就立即开始了，遗忘的总趋势是最初很快，忘得多，之后逐渐缓慢，忘得少，即遗忘是先快后慢。

（4）复习。

复习在保持中具有很重要的作用。根据遗忘进程的发展规律，组织识记后的复习应注意以下三个方面：

第一，要及时进行复习。遗忘进程的规律清楚地表明，识记材料后的最初一段时间是遗忘最快、最多的，因为刚学习的材料并没有在头脑中留下深刻、清晰的痕迹，容易自然消退。俄国著名的教育家乌申斯基曾指出："记忆就像建筑物，我们应该巩固建筑物，而不是修补已经崩溃了的建筑物。"在遗忘最快、最多的时间里，及时进行复习可以重新强化那些即将消失的微弱痕迹，使已习得的信息在头脑中得以巩固，这比完全忘记后再去恢复的效果要更好。

第二，合理、正确地分配复习时间。合理、正确地分配复习时间是复习获得良好效果的重要条件。复习可以分为集中复习（即连续不间断地进行复习）和分散复习（即复习之间有一定的时间间隔）。复习时间的分配要适中，但没有一个统一的模式，主要取决于材料的性质、数量、识记已达到的程度等因素。例如，识记有意义材料时，最初的识记时间应相对集中，之后间隔识记可逐渐延长。对于机械识记的材料和技能学习，分散复习就优于集中复习。对感兴趣的学习材料，应采用集中学习；相反，在学习材料难度大、缺乏兴趣及容易引起疲劳的情况下，则应采用分散复习。

第三，充分利用外部记忆手段。有时人们可以采用一些外部记忆手段，如记笔记、写备忘录、编写提纲、在计算机上存入需要保持的信息等方式来帮助更好地保持记忆的内容。

（三）再认

1. 再认的概念

再认（recognition）是指人们对经历过的事物，当它再次出现时，仍然能够认识的心理过程。

再认过程可认为是知觉分析和记忆检索连续加工的统一体。人在识别某一事物时，不仅要对它进行知觉分析，同时还要利用个体已有的知识经验，对知觉到的事物的各种特征进行比较，经过多层次连续检验，最后才能够完成再认。这种通过逐层检验最终达到对事物再认的程序，称为"初级知觉和记忆程序"（elementary perceive and memorizer program，简称EPAM程序）。由此可见，再认过程包含了一系列诸如知觉、回忆、比较、推理等的认知活动。

再认有时是会出现错误的，如认错了对象或对原本熟悉的事物不能立即认识等。产生错误再认的原因很多。例如，所接受的信息不正确、情绪紧张等。

2. 再认的影响因素

是否能迅速、准确地对识记信息进行再认，受到多方面因素的影响。这些因素主要有以下几个方面：

（1）识记材料的性质。识记的材料越相似，则越容易在再认时产生混淆。

（2）再认的时间间隔。再认效果随着再认时间间隔的变化而变化，时间间隔越长，再认效果就越差。

（3）识记材料的巩固程度。对识记材料的保持越巩固，则越容易再认；反之，则越困难。

（4）个体思维活动的积极性。在对不熟悉的识记材料进行再认时，个体的积极思维活动有利于进行知觉、检索、比较、推理等，从而提高再认的效果。

（5）个体的经验、定势和期待。这些主观因素对再认的速度和准确性有很大的影响。

3. 再认的种类

根据再认时是否有目的和需要意志努力，可将再认分为无意再认和有意再认。无意再认是指当再认的事物明确、清晰、完整或与经验中所保持的内容相一致时，能够在较短的时间内无意识地、自动地确认。有意再认是指当再认的事物不明确、不清晰、不完整或与经验中所保持的内容不相符时，需要通过意志努力来进行的确认。

根据再认内容的范围与程度，可将再认分为完全再认和部分再认。完全再认是指当经历过的事物再次出现时，能够全面认识的心理过程。部分再认是指当经历过的事物再次出现时，只能部分认识的心理过程。部分再认达不到完全再认的程度和范围。

（四）回忆

1. 回忆的概念

回忆（recall）又称重现，是指人们过去经历过的事物（形象或概念）在人脑中重新出现的过程。回忆与再认没有本质区别，但比再认更复杂、难度更大，因为回忆过程需要对信息进行多种形式的提取和检索。

2. 回忆的策略

在回忆的过程中，人们总是需要采取一定的策略。采取什么样的策略将影响回忆的效果和进程。回忆的基础是联想。联想具有以下几个规律：

（1）接近律，是指在时间、空间上相接近的事物容易让人产生联想。例如，春、夏、秋、冬的联想是在时间上接近的；东、南、西、北的联想是在空间上接近的。

（2）相似律，是指特征相似和性质相似的事物容易让人产生联想。例如，人们容易将“鸟”和“飞机”、“鱼”和“潜水艇”联想在一起等。

（3）对比律，是指事物之间的相反关系和特征容易让人产生联想。例如，人们可能由好想到坏，由胖想到瘦等。

（4）因果率，是指事物之间的因果关系容易让人产生联想。例如，人们会想到骄兵必败、勤能补拙等。

3. 回忆的影响因素

回忆的速度和准确性主要受到下列因素的影响：

（1）回忆材料的数量。一般来讲，回忆材料的数量越多，则需要提取和检索的时间就越长，速度就越慢。

（2）回忆时的情绪状态。愉快的情绪会促进识记材料的回忆，而不愉快的情绪则会干扰识记材料的回忆。

（3）思维定势。思维定势是个体的心理准备状态，由于每个人的心理准备状态不同，同一刺激物可使人产生不同内容的回忆。

（4）对识记材料的组织。对识记材料的组织将影响信息的提取和检索过程，已有研究表明，识记有顺序呈现的材料，正确回忆率为 65%，而识记随机呈现的材料，正确回忆率仅为 19%。

4. 回忆的种类

根据回忆时是否有预定目的和任务，可将回忆分为无意回忆和有意回忆。无意回忆是指事先没有预定目的和任务，自然而然发生的回忆，如人们常出现的触景生情或浮想联翩。这种回忆往往受到个人的兴趣、职业、生活习惯、性格特征的制约，所以回忆内容是不连贯、不系统的。有意回忆是指事先有明确的回忆目的和任务，自觉、主动地进行回溯活动的心理过程。例如，警务人员要求相关证人回忆案发现场的情景或回忆与犯罪嫌疑人有关的事情等。

根据回忆时是否借助必要线索或中介，可将回忆分为直接回忆和间接回忆。直接回忆是指不借助任何中介物或线索提示，就能直接唤起已有经验的回忆。例如，问："昨天中午你在干什么？"你会很快回答出来，不需要多加考虑。间接回忆是指需要借助一定的中介物或线索提示，并通过联想和追溯才能逐渐回忆起所需要的内容。例如，问："2012 年 1 月 5 日下午，你去了哪里？"你可能一时很难回答，需要借助日历、日记或课程表等中介物来进行回忆。

思考题：

一、选择题

1.（　　）是人脑对直接作用于感觉器官的事物的个别属性的认识。

A. 感觉　　B. 知觉　　C. 记忆　　D. 思维

2.（　　）是对直接作用于感觉器官的客观事物的整体的反映。

A. 感觉　　B. 知觉　　C. 记忆　　D. 思维

3. 那种刚刚能引起差别感觉的刺激物之间的最小差异量是（　　）。

A. 差别感受性　　B. 差别感觉阈限　C. 绝对感受性　　D. 绝对感觉阈限

4. 一种断续的闪光由于频率增加，人们会得到融合的感觉的现象是（　　）。

A. 闪光融合　　B. 明适应　　C. 暗适应　　D. 视觉对比

5. （　　）对客体的知觉总是以自己的过去经验来补充当时获得的感觉信息，使其形成具有一定结构的整体。

A. 知觉的选择性　B. 知觉的整体性　C. 知觉的理解性　D. 知觉的恒常性

6. 短时记忆的一个突出特点是它的容量有限性，成年人的短时记忆容量范围在（　　）之间。

A. 1 ~ 4　　B. 5 ~ 9　　C. 10 ~ 15　　D. 16 ~ 20

7. （　　）是记忆过程的开端，是通过对事物反复感知而获得事物的信息和编码，并在头脑中留下印象的过程。

A. 识记　　B. 保持　　C. 再认　　D. 回忆

二、问答题

1. 什么是感觉？感觉在人的生活和工作中有什么作用？

2. 什么是知觉？知觉有哪些本质特征？

3. 简述感觉阈限与感受性的关系。

4. 简述视觉的“三色说”和“四色说”理论。

5. 什么是时间知觉？影响时间知觉的因素有哪些？

6. 什么是记忆？记忆在人的生活和工作中有什么作用？

7. 简述记忆的基本过程。

第三章　思维与想象

本章要点

●思维概述
○思维的概念及特征
○思维的种类
●概念的获得与教学
○概念的定义和分类
○概念的获得与教学
●问题解决
○问题和问题解决
○问题解决的思维过程
○问题解决的策略
○影响问题解决的因素
●想象
○想象的概念
○想象的种类
○想象的形成方式
●青少年思维的特点及创造性思维的培养
○青少年思维的特点
○青少年创造性思维的培养

此刻，你在想什么？对这个问题的思考足以表现出人类与其他动物显著不同的能力。恩格斯曾说："地球上最美的花朵——思维着的精神。"子曰："学而不思则罔。"人类智慧集中体现在人的思维上。人不仅能够感觉、知觉和记忆，更重要的是还能够进行思维。思维伴随着我们的日常生活，我们用它学习知识、形成概念；我们用它进行推理、解决问题；我们用它辨别真伪、作出决策。由于思维的重要性，在心理科学诞生之前，许多哲学家就开始对思维的本质进行思考，他们把理解思维

作为理解人类自身存在的关键。现代心理学产生之后，许多心理学家采用实验的方法对思维的本质进行了进一步考察，取得了可喜的成就，使我们对思维过程有了更全面、更深入的认识。本章将简要介绍思维的概念、特征和种类，概念的获得与教学，问题解决，青少年思维特点及创造性思维的培养。思维和想象有十分密切的联系，本章也将对想象的概念、种类和形成方式作简略的介绍。

第一节　思维概述

一、思维的概念及特征

思维（thinking）是人们借助语言、表象、动作等媒介对客观事物的概括和间接的反映，主要表现在概念形成、问题解决、推理、判断、决策等心理活动中，是认识的一种高级形式。思维不同于感觉和知觉。感觉和知觉是直接接受外界刺激的信息输入，仅仅是对信息的初步加工。思维则是对输入的刺激进行深层次的信息加工，揭示事物的本质特征和内部联系，从而解决人们面临的各种问题。但思维又与感知觉密切相关。人们只有在感知觉所提供的信息的基础上，在记忆的帮助下，才能够进行推理、判断、决策和解决问题，从而揭示感知觉所不能够揭示的事物和现象的内在联系及客观规律。

思维活动具有以下特征：

第一，思维是对客观现实概括的反映。思维的概括性，是指思维是在大量感性材料的基础上，对同一类事物的共同本质进行抽取后加以概括，从而反映客观现实的内在规律。例如，谚语“河有两岸，事有两面”就是人们在大量的社会活动基础上对经验的概括反映。一个人的概括水平在一定程度上反映了其思维水平。概括力是随人们认识水平的深入而不断发展的，对事物的认识水平越高，对事物的概括水平也就越高。

第二，思维是对客观现实间接的反映。思维的间接性，是指思维通过其他事物作为媒介来获得对事物的认识。例如，教师通过观察学生的日常行为来了解学生的性格特点；医生通过病人的生理、生化指标来了解病人的病因；心理咨询老师通过来访学生的言语和行为表情来了解其存在的心理问题。人们是在对事物概括的基础上才使间接反映成为可能。

第三，人的思维受社会实践活动水平制约。实践是个人思维活动的基础，人的思维是在实践活动中产生的。人类的实践活动为思维提供了感性材料，也为思维提供了课题任务。同时，社会实践制约了人的思维发展水平。

第四，思维是脑的机能。当代心理学家通过研究脑损伤患者的认知损害状况并运用技术手段（如事件相关电位、脑功能成像）来考察人类思维活动的大脑基础，以揭示思维与脑的关系。例如，Goel（2000）等人[①]通过一项真实的建筑设计任务对57名右前额叶损伤的男性建造师进行了研究，结果表明，与心智正常的、年龄和受教育程度相当的建筑师相比，这些建筑师表现出更差的问题解决能力。

第五，思维与记忆、语言、意志、情绪、气质等其他心理现象联系密切。例如，卢家楣等人的实验研究表明[②]，学生在愉快情绪状态下的创造性问题解决水平显著高于难过情绪状态，主要体现在流畅性和变通性两个方面。

二、思维的种类

（一）动作思维、形象思维和逻辑思维

根据思维过程中的凭借物和思维形态，可将思维划分为动作思维、形象思维和逻辑思维。

动作思维（action thinking），是指个体面临的思维任务具有直观的形式，解决问题的方式直接依赖于实际的动作。例如，卡车出了毛病，不能开了，那么问题出在哪里？人们必须通过检查卡车的各个部件，找出故障后再进行修理。婴幼儿早期主要靠感知动作来思考，体现的是动作智慧，基本上属于直观动作思维，一旦动作停止了，他们的思维也就停止了。

形象思维（image thinking），是指人们利用头脑中事物的具体形象（表象）来解决问题。例如，想要去某个城市的著名景点旅游，我们会事先在头脑中想出可能的前往目的地的方式，是坐火车还是坐飞机，经过分析和比较，最后作出决策。这一决策过程就是形象思维。形象思维在问题解决中有重要的意义。科学技术的发明，首先是从形象思维开始的。例如，古代发明家鲁班，因为手被带齿的小草刺破而发明了锯子；著名科学家瓦特看到水壶里的水煮开后，蒸气能掀动水壶的盖，从而发明了蒸汽机。作家、画家、设计师等职业人群则更多地运用形象思维进行工作。形象思维实质上就是以表象为基础，进行联想与想象，最后达到问题解决和创造发明的目的。

逻辑思维（logical thinking），亦称抽象思维，是指利用概念、判断和推理来认识事物和解决问题的思维形式。其根本特征是抽象性，摆脱了对知觉和表象的直接依赖性，主要应用语言文字或符号中的抽象概念进行操作。例如，学生学习各种科学知识，研究人员进行科学研究都需要逻辑思维的帮助。逻辑思维是在个体发展中

---

① Goel V, Grafman J. Role of the right prefrontal cortex in ill – structured planning. *Conitive Neuropsychology*, 2000, 17 (5): 415 –436.

② 卢家楣，刘伟，贺雯，卢盛华．情绪状态对学生创造性的影响．心理学报，2002，34（4）：381～386.

出现得较晚但更高级的思维形式，它也常常需要形象思维的帮助。

（二）辐合思维和发散思维

根据探索答案的方向，可将思维划分为辐合思维和发散思维。

辐合思维（convergent thinking），亦称求同思维，是指把问题提供的各种信息聚合起来，利用熟悉的规则解决问题。它是一种利用已有的知识经验或传统方法来解决问题的一种有方向、有范围、有组织、有条理的思维形式。例如，学生从书本上的知识点中寻找解决问题的答案；甲 > 乙，乙 > 丙，其必然结果是甲 > 丙。

发散思维（divergent thinking），亦称求异思维，是指人们根据问题所提供的信息，沿着不同的方向和途径思考，从而获得大量、独特的答案的思维形式。例如，怎样才能达到休息的目的？回答这个问题就可以从不同的方向进行思考，想出诸如参加体育运动、听音乐、睡觉、和朋友聊天、旅游、肌肉放松等方法。在实现目的和解决问题的过程中，个体已有的信息不一定能够提供有效的解决方式，发散思维就可以找出解决问题的新途径。所以发散思维是体现个体创造性的一个重要方面。这种思维方式在解决问题时，可以产生多种答案，但究竟哪种答案最好，则需要经过实践检验。发散思维较少受知识、经验和逻辑的约束，它是一种态度、一种习惯。[①] 只要一个人在想问题的时候，希望想出别出心裁的主意，他就可以产生发散思维，长此以往就会形成习惯。

（三）直觉思维和分析思维

根据思维时是否遵循明确的逻辑形式和逻辑规则，可将思维划分为直觉思维和分析思维。

直觉思维（intuitive thinking），是指人们面临新的问题时，不经过有条理的逻辑思考，而是依靠灵感或顿悟就能够迅速地理解和作出判断的思维活动，具有直接性、突发性、敏捷性、跳跃性等特点。在科学发明和创造活动中，直觉思维起着重要作用。研究人员常常凭借直觉能力，在创造活动中作出预见或在问题解决活动中出现顿悟。例如，魏格纳在看地图时突然闪现出“大陆漂流”的观念。良好的直觉能力来源于个人渊博的学识和丰富的经验。

（四）常规思维和创造思维

根据思维的主动性和创造性的不同，可将思维划分为常规思维和创造思维。

常规思维（conventional thinking），是指人们在思维惯性的作用下运用已有的知识经验和现成程序直接解决问题。例如，学生运用已学会的解题方法解决同一类型的问题。

---

① 邵志芳．思维心理学（第二版）．上海：华东师范大学出版社，2007. 150.

创造思维（creative thinking），是指重新组织已有的知识经验，提出新的问题解决方案和程序，创造出新的思维成果。创造思维是思维的最高形态，是产生一切发明成果的思维方法。与常规性思维相比，创造性思维具有新颖性、独创性和突破性的特点。创造思维是辐合思维和发散思维、直觉思维和分析思维的综合表现，是它们相互促进、互为补充的结果。创造性思维主要体现在发散思维中，心理学家常常通过编制发散思维测验来测量个体的创造性思维能力，如“南加利福尼亚大学测验”（University of Southern California Testing）、“芝加哥大学创造力测验”（Chicago University Test of Creativity）等。

第二节　概念的获得与教学

概念是人类思维的基本单位，是问题解决、判断、决策等其他思维形式的前提，而且概念本身就简化了我们的思维过程，提高了我们的思维能力。所以，学科教学的一个主要目标就是使学生掌握该学科的基本概念，如心理学这门课程就要求掌握神经元、经典条件作用、遗忘曲线等概念。学生只有有效地掌握了某门学科的基本概念，才能运用这些概念进行正确的推理和解决问题。

一、概念的定义和分类

（一）概念的定义

概念（concept）是人脑对客观事物本质特征的认识，是对具有共同特性的事物的抽象概括。事物的本质特征决定事物的性质，使一事物区别于其他事物。非本质特征则是对事物不具有决定意义的特征。例如，“鸟”这个概念，它的本质特征是有羽毛、无齿有喙的动物，而毛色、大小、是否会飞、生活地区则是非本质的特征。一个概念就是一种心理类别。例如，“教师”这个概念指的是在学校教书育人的这一类人，不管他们是在幼儿园还是在中学或大学，是男性还是女性，是教语文还是教数学，都是教师。“教师”和“学生”这两个概念分别代表两类不同的心理类别。人们掌握了概念，就能透过事物的表面现象，认识事物的本质。

每一个概念都包括内涵和外延两个方面。概念的内涵，指的是概念的本质特征。概念的外延，指的是属于这一概念的所有事物。例如，“人”这一概念的内涵指能制造工具、能掌握和使用语言并借以进行抽象思维的高等动物。它的外延就是古今中外的一切人。如果概念的内涵增加，外延就会变小，比如，“中国人”这一概念就比“人”这一概念的内涵更多，它是指具有中国国籍的那部分人。

（二）概念的分类

按照不同的分类方式可以将概念作不同的划分。

（1）根据抽象与概括的程度不同，概念可分为具体概念和抽象概念。按事物的指认属性形成的概念称为具体概念，如电脑、梨子、房子、狗等概念；按事物的本质属性形成的概念称为抽象概念，如质量、正义、幸福感等概念。

（2）根据学习的方式不同，概念可分为日常概念和科学概念。没有经过专门的学习，由个体在日常生活中通过辨别学习、积累经验而掌握的概念，称为日常概念；在教学过程中通过揭示概念的内涵而形成的概念，称为科学概念。日常概念因受个体狭隘的知识和经验范围的限制，常常容易发生错误。例如，在日常生活中，我们会形成“火是热的，冰是冷的”这样的日常概念，但在科学概念里，冰也包含着热量。日常概念往往不能反映事物的本质特征。

（3）根据研究的方法，概念可分为自然概念（natural concept）和人工概念（artificial concept）。自然概念是指在人类历史发展过程中自然形成的概念，例如，哲学、太阳、公平、科学家等概念。人工概念是在实验室条件下，通过模拟自然概念的形成过程而人为制造的概念。例如，赫尔首次用汉字的偏旁部首作概念，用无意义音节给它们命名，如用“ser”代表“歹”，“ta”代表“弓”，“deg”代表“石”等。人工概念的研究可以帮助我们理解自然概念的形成过程。

二、概念的教学

个体主要通过两种方式掌握概念。第一，在日常生活中通过与物体和情境的直接接触，或者通过观察和语言模仿而获得概念。通过这种方式获得的概念常常是一些日常概念。例如，儿童对于“玩具”概念的获得，通常就是他们直接接触了一些玩具后，其他人将这些东西叫做“玩具”，他们也称之为“玩具”。同样，通过观察和体验，儿童会学习到更为抽象的概念，比如“爱”、“调皮”、“痛苦”、“喜欢”等。日常概念的获得常常受个人经验的限制，它的内涵和外延往往不够明确，甚至带有错误和歪曲的性质。例如，一般人认为鲸鱼是鱼类，鱼类都是用鳃呼吸的，但是鲸鱼靠肺呼吸，属于哺乳动物。第二，在学校教育中通过与那些代表或象征事物的符号的接触，认识概念的内涵和外延而获得概念。这类概念一般属于科学概念。例如，“蔬菜”的概念。如果学习这个概念只根据我们的经验和亲身观察到的几十种蔬菜，那我们得到的“蔬菜”概念往往是不准确或不清晰的。例如，如果只靠我们的经验，就很难辨别哈密瓜和冬瓜哪一种是水果，哪一种是蔬菜。科学概念是通过下定义的方式来表达的，科学概念的学习是其他知识学习的基础，在学生学习中具有重要的意义。

教师在教学中常常通过两种方式来教授概念。一种是“例子—定义”的教学方式，即教师先引导学生观察、分析、比较某一概念的正例和反例，然后从属于同一概念的事物概括出一般的本质特征，最后阐明定义。另一种是“定义—例子”的教学方式，即教师首先给出一个概念的定义，弄清属于这一概念事物的一般本质特征，然后将它运用到识别特殊的、个别的事物上。在实际教学中，将这两种方式结合起来，采用“例子—定义—例子”的教学方式更有利于学生掌握概念。

关于概念学习的理论和研究对于学科概念教学具有重要的启发意义。下面这些建议是理论研究成果的应用，教师可以根据教学实际采用相应的概念教学方式，以收到事半功倍的效果。①

（1）用明晰确切的语言定义概念。定义概念时，必须明确规定这个概念的所有定义特征及概念规则，并且与学生熟悉的其他概念同时呈现。

（2）区分定义性特征和特异性特征。定义性特征是定义一个概念所必须具备的特征，相当于概念的本质特征。特异性特征是具有描述功能的特征，相当于概念的非本质特征。在概念教学中只反映一类事物的定义性特征是不够的，教师还应该引导学生能够明确区分定义性特征和特异性特征。否则，学生在掌握概念时容易产生混淆。

（3）应用变式。刚开始教学概念时举一个“最佳”的例子有利于学生理解概念，例如“麻雀”就是“鸟”这个概念的“最佳”例子之一。但是，为使学生更好地掌握概念的定义性特征和特异性特征，教师应应用变式举一些更复杂的例子。所谓变式是指在形成概念时提供的肯定样例在非本质特性方面的变化。例如，学习“鸟”这个概念时，除了举出“麻雀”、“燕子”、“鸽子”等较典型的例子外，还需举出“鸡”、“鸭”、“企鹅”等非典型的例子。通过这些变式的比较，学生才能够更深刻地理解“有羽毛”、“无齿有喙的动物”是鸟的定义性特征，而“会飞”、“能游泳”只是特异性特征。

（4）举反例。举反例有助于界定概念的界限，防止外延的扩大。例如，教“鸟”的概念时，可以把“蝙蝠”、“蝴蝶”、“蜻蜓”这些很容易被看成是“鸟”的例子作为反例，这样可以加深学生对鸟“有羽毛”这一定义性特征的认识。

（5）多用图片、表格、实物等直观形象的材料来突显概念的特征。心理学的研究表明，个体对直观形象的事物更容易记忆与掌握，所以概念学习时应多呈现直观形象的材料。

（6）应用概念于实际。学生在各种具体情境中对概念的准确应用，是衡量其掌握概念程度的指标之一。学生在实践中应用概念可以进一步丰富和深化概念，熟悉概念，从而有利于更有效地发挥判断、决策、问题解决等其他思维形式。

---

① 章志光．心理学（第三版）．北京：人民教育出版社，2002. 189 ~ 191.

第三节　问题解决

一、问题和问题解决

人们在日常生活中会遇到各种各样的问题。例如，学生会面临着如何有效地学习、如何缓解压力、如何处理人际关系等方面的问题。问题解决（problem solving）是指由一定的问题情境引起，按照一定的目标，经过一系列的认知操作而达到目的的心理过程。例如，证明几何问题就是一个典型的问题解决的过程。几何问题中的已知条件和求证结果构成了问题解决的情景，而要证明结果，就必须应用已知的条件进行一系列认知操作。一旦问题得到解决，人们就学会了解决这类问题的方法（高级规则），这种方法在以后完成类似任务时会起指导作用。高级规则积累得越多，人们解决问题的能力就越强。

一般来说，所有的问题都包含三个基本成分。第一，条件，即问题的最初状态，是已知的关于问题的描述。第二，目标，即问题的目标状态，是关于结论的描述。第三，障碍，即问题的中间状态，是由最初状态转变为目标状态的一系列认知操作。例如，有这样一个关于硬币的思维游戏："有 10 个硬币，每次可以拿 1 ~3 个，两人轮流拿，谁拿到最后一个就输了，所有钱归对方。采用哪种顺序拿硬币能保证赢?"这个问题的初始状态是"10 个硬币，两个人可以轮流拿 1 ~3 个"，目标状态是"谁拿到最后一个就输"。

按照不同的分类方法，可以将问题分为不同的种类。第一，界定清晰的问题和界定含糊的问题。界定清晰的问题，是指初始状态、目标状态和由初始状态如何达到目标状态的一系列过程都很清楚的问题。例如"平行四边形的内角和等于多少度"就是一个界定清晰的问题。界定含糊的问题，是指对问题的初始状态和目标状态没有清楚的说明，这些问题具有很大的不确定性。例如"如何提高一个人的自信心"。第二，对抗性问题和非对抗性问题。对抗性问题，是指在这类问题的解决过程中，人们如何解决问题要受对手解决问题的能力和方式的影响。例如围棋、军棋、篮球、乒乓球等竞赛活动都属于对抗性问题。非对抗性问题，是指在解决问题时没有对手参与的问题。例如，解决数学问题、解决工程技术中的难题等，都属于非对抗性的问题。第三，语义丰富的问题和语义贫乏的问题。语义丰富的问题，是指问题解决者对所要解决的问题具有很多相关的知识。例如，有几十年行医经验的专业医生解决病人的问题。语义贫乏的问题，是指问题解决者对要解决的问题没有相关的经验或经验很少。例如，实习医生解决病人的问题。当然，种类的划分是相对的。例如，下围棋属于对抗性的问题，对于围棋专家来说，它是语义丰富的问题；对于初学者来说，却是语义贫乏的问题。

二、问题解决的思维过程

由于问题解决过程的复杂性、个体知识经验的差异性等方面的原因，人们解决问题的思维活动呈现出不同的特点。虽然解决问题的思维过程千差万别，但一般都遵循着这样一个共同的模式：提出问题、分析问题、提出假设和验证假设。这个模式表现出一定的阶段性。

（一）提出问题

提出问题是问题解决的起点。问题广泛存在于人们日常生活的各个方面。有的问题是别人提出来的，如学生解的各种习题。这些问题比较明确，只需要人们寻找解决问题的方法。但许多问题是比较隐蔽的，不容易被人们提出。能不能提出良好的问题直接影响到人们能否解决现实生活中的各种矛盾。爱因斯坦曾说，发现一个问题比解决一个问题更重要，因为后者仅仅是方法和实验的过程，而发现问题则要找到问题的要素。善于发现问题是人类思维发展水平的重要标志。心理学研究表明，能否有效地发现问题主要取决于三个因素：一是主体活动的主动性；二是主体的兴趣和求知欲望；三是主体的知识经验。

（二）分析问题

提出问题以后，必须对问题进行全面深入的分析，使问题变得明确具体。任何问题都包含要求与约束两个方面，所以，分析问题归根到底就是要分析问题的要求和约束条件，找出它们之间的联系和关系，把握问题的本质，确定问题解决的方向。分析问题的方式是多种多样的，包括表格、图形、意象等，这些方式的有效使用有利于人们发现要求与约束之间的关系，从而促进问题的解决。

（三）提出假设

提出假设是问题解决的关键。假设是问题解决者预期的问题解决方案。但解决问题的方案有时不是很容易确定的，而要通过假设的形式慢慢形成。侦探人员提出破案方案，科研人员提出实验具体计划，教师提出改善学生不良行为的措施都是提出假设。没有假设，问题就无法解决。要有效地提出解决问题的假设，一方面，依赖于个体在该领域的知识经验。知识经验越丰富，就越容易提出假设。另一方面，依赖于个体思维的灵活性，个体的思维越灵活，就越容易提出有效的问题解决方案。例如，要解决“用六根火柴棒摆出四个完全相等的等边三角形”这个问题，如果个体只将思考局限在二维平面上，就不能解决。个体必须打破习惯的思维方式，灵活地提出其他可能的解决方案，比如说，在三维平面上解决这个问题。

（四）验证假设

验证假设是指通过一定的方式来考察假设中提出的方案是否可行，是否符合实际，是否符合科学规律。验证假设主要有两种方式：一是直接检验，即将假设中的方案付诸实施。如果问题得到解决了，假设中提出的方案就是正确的；反之，原来的假设就是完全错误的或存在某种不足。二是间接检验，即通过思维去推理论证。通过逻辑推理，保留正确、合理的假设，选择最佳的假设。例如，工程设计、对学生的教育措施等问题只能靠间接检验。但间接检验归根到底还得靠实践。如果假设没有被证实，则应从新的角度、以新的观点对问题作进一步分析，从而提出新的假设，直到找出正确的解决方案和答案。

问题解决的四阶段模式有一定的顺序性，但也不是绝对的，而是反复的、交错的，并可能会出现多次循环。如验证假设时，发现原有的方案不能够使问题得到顺利解决，就要重新提出假设，甚至重新分析问题。在解决比较复杂的问题时，则可以将问题划分为几个小问题来分别加以解决，这些小问题也按照这个模式所区分的四个阶段去思考，这将有助于提高问题解决的能力。

三、问题解决的策略

问题解决的策略，是指提出和选择解决问题新方案的原则、程序和方法。总的来讲，问题解决的策略可以概括为两大类，即算法式策略和启发式策略。

（一）算法式策略

算法式策略（algorithm strategy）是指把所有可能的途径都找出来，逐一加以尝试，直到找出问题的解决方法。这种方法的优点是只要一个问题有解题规则，那么按照解题规则进行认知操作，问题就能够解决。例如，在英语字谜游戏中，已知三个英文字母 A、M、R，要求把它们组合成一个单词。按照算法式策略，人们一一列出每一种组合，就比较容易找到 ARM 这个英文单词。虽然运用算法式策略能够保证问题的解决，但有时也会碰到困难，其原因主要有两个方面：一是有时解题规则很难找到；二是有些问题过于烦琐，如果采用算法式策略，将费时费力，导致在实践中无法真正用这种策略来解决问题。仍以英语字谜游戏为例，已知 10 个英文字母 S、P、L、O、Y、O、C、H、Y、G，要求把它们组成一个单词。如果采用算法式策略，要找到 PSYCHOLOGY 这个英文单词将是十分困难的，因为由这 10 个字母组成的字母串有 907 208 种可能的组合！所以人们在现实生活中更多的是采用启发式策略。

（二）启发式策略

启发式策略（heuristic strategy），也称发现法、探究法、直观推断法，指人们根据某些原理、凭借个人经验、利用有关的信息解决问题，而不必如算法式策略那样进行大量的尝试或系统的探求。这种策略的优点是可以缩小问题空间，省时、省力而且效率较高，但它不能够保证问题一定得到解决。常用的启发式策略的具体方法包括手段—目的分析法、选择性搜索和逆向推理法。

1. 手段—目的分析法

手段—目的分析法（means - end analysis）是赫伯特·西蒙（H. A. Simon）和艾伦·纽厄尔（A. Newell）于1959年提出的关于问题解决的一种启发式策略，是人工智能研究领域里采用计算机进行问题解决时控制搜索的常用技术手段。它是指把要解决的问题分成一系列的子问题，通过这些子问题的解决而逐渐导致问题的最终解决。目的指的是问题的目标状态，手段是指达到目标状态的途径与方法。手段—目的分析法就是通过逐渐缩小初始状态和目标状态的差异，直至最后问题解决。例如，纽厄尔和西蒙曾描述了一个采用手段—目的分析法的例子：我想送我的儿子到幼儿园。我目前的状态和我的目标状态之间存在什么差别？地理距离。什么东西能消除这种距离？汽车。我的汽车现在坏了，开不动了。修车需要什么？一组新的电池。什么地方有新电池？汽车修理铺。我想去修理铺换一个新电池，但修理铺并不知道我的需要。困难在哪里？在于通讯。什么东西可以通讯？电话。如此等等。在现实生活中，有许多问题都是可以进行目标分解的，它可以使困难的问题变得容易解决。

2. 选择性搜索

选择性搜索（selective search），是指根据已知的信息和某些有关的规则，从选择的可能性最少而又获得最多的环节开始搜索解决问题的方法和途径。下面以纽厄尔密码算术题为例，如图 3 - 1 所示①：

```
   D O N A L D
 + G E R A L D
 -------------
   R O B E R T
```

图 3 - 1　纽厄尔密码算术题

上述加法算式中的字母 A、B、D、E、G、L、N、O、R、T 各自代表 0 ~ 9 中的一个不同的阿拉伯数字。已知条件是 D = 5，那么其他各个字母代表的数字是多少时，这个加法算式才是成立的？根据已知的信息，可以作如下的选择性搜索：算式的右边限制性最多，那么需要尝试的可能性最少，又已知 D = 5，所以 T 只有一种可能，即 T = 0；再看第五列，O + E = O，只有 E 等于 0 或 9 时才可能，已知 T = 0，所

① 彭聃龄. 普通心理学（第三版）. 北京：北京师范大学出版社，2004. 271.

以E必定是9；再看第三列，A+A=E，已知E=9，A必将是4或9，E已是9，A必定是4。以上列举的部分搜索步骤是非常有效的，它显示该密码问题很有可能通过选择性搜索得到解决。选择性搜索可以缩小问题空间，使问题变得容易解决，使人们在实际问题解决中少走弯路。

3. 逆向推理法

逆向推理法（contrary inference），是指人们在解决问题时，从最终要达到的目标出发逆向推理，直至达到最初状态为止，然后再由最初状态沿着反推路线逐步达到问题解决的策略。在日常生活中，常规思维难以解决的问题，却可以通过逆向思维轻松破解。例如，“孙膑智胜魏惠王”的故事就是采用逆向推理法使问题得到解决的成功案例。孙膑是战国时著名兵法家，到魏国求职，魏惠王妒其才华，故意刁难，对孙膑说：“听说你挺有才能，如果你能使我从座位上走下来，我就任用你为将军。”魏惠王心想：我就是不起来，你又奈我何？孙膑想：魏惠王赖在座位上，我不能强行把他拉下来，把他拉下来是死罪。怎么办呢？孙膑想了想，然后对魏惠王说：“我确实没有办法使大王从宝座上走下来，但是我却有办法使您坐到宝座上。”魏惠王心想：这还不是一回事，我就是不坐下，你又奈我何？他便乐呵呵地从座位上走下来。孙膑马上说：“我现在虽然没有办法使您坐回去，但我已经使您从座位上走下来了。”魏惠王方知上当，只好任用他为将军。在数学上求解几何证明题时，逆向推理法也是一种特别有效的探索方法。在实际的问题解决中，有时将手段—目的分析法与逆向推理法结合应用会使问题变得更容易解决。

四、影响问题解决的因素

人们进行问题解决时会遇到很多的障碍，这些障碍有来自主观方面的，比如个体的知识经验、智力水平、使用的策略、心理定势、动机状态等，也有来自客观方面的，比如问题情境。人们了解这些障碍有助于更好地理解问题解决的过程，从而在实践中促进问题的解决。

（一）知识经验

知识经验丰富与否会影响人们解决问题的能力。在日常生活中，我们遇到困难时会倾向于找某一方面的专家来解决。实际情况也是这样，专家（如医学专家、数学家、气象学家、心理学家等）在解决他们所属领域的问题时比新手容易得多。那么，是什么原因使得专家在解决问题时会更容易呢？心理学研究表明，专家和新手在解决问题效率上的差异，主要是由专家和新手在知识数量上的差异与知识的组织方式上的不同造成的。

蔡斯和西蒙[①]在一项实验研究中，把有25个棋子的国际象棋向国际象棋大师和一般棋手呈现5秒钟。实验分为两种条件：第一种是把象棋好手下到一半的真实棋盘布局呈现给专家和新手，第二种是在棋盘上随机摆上25个棋子的布局呈现给专家和新手。呈现的棋盘撤走后，要求被试把刚才看到过的棋盘布局在另一棋盘上摆出来。实验结果发现，对于真实的棋盘布局（第一种情况），象棋大师能恢复25个棋子中的23个，而一般棋手只能恢复6个左右；对于随机排列的布局（第二种情况），象棋大师和一般棋手能恢复的数量是相等的，都是6个。研究者解释：之所以专家在恢复真实棋盘上的成绩大大好于新手，是因为专家在看有规律的25个棋子时，并不是看25个孤立的棋子，而是以组块为单位，加上组块之间的联系来看棋盘的。专家由于储存有大量的知识以及把这些知识运用于各种不同情况的丰富经验，所以他们能够熟练地解决本领域所遇到的各种问题。蔡斯和西蒙还估算出在一个领域内善于解决问题的专家必须储存有5~10万个组块的知识，要获得这些知识不得少于10年。

作为教师，具有渊博的知识、很好地储存大量的专业知识是很有必要的。同时，也应清醒地认识到，虽然大量的知识能够使问题解决变得容易，但也可能使思维僵化，以同一种方式来看待和解决问题，不利于创造性思维的发挥，阻碍自己成为一名优秀的教师。

（二）问题情境

问题情境（problem situation），是指人们所要解决问题的客观情境或刺激模式，比如特定空间位置的配置、时间的先后顺序、距离等，也就是问题中材料的组织方式。问题的难易常常是和刺激模式的特点有关。当刺激模式直接提供了人们解决问题的线索，人们就容易找到问题解决的方法；当刺激模式掩蔽或干扰解决问题的线索，就会增加问题解决的难度。例如，9点连线问题（见图3-2）：如何用四根直线将九个点连接起来，且四根直线能够一笔画成。人们常常受问题情境的限制，只在9个黑点所包含的空间内想办法，这时问题就很难解决。如果人们突破问题情境的束缚，而将思维转向9点图形的外部，问题就容易解决了。

① W. G. Chase, H. A. Simon. Perception in chess. *Cognitive Psychology*, 1973, 4: 55-81.

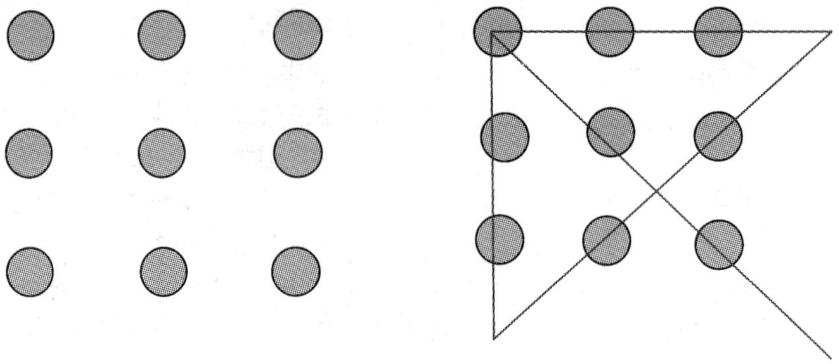

图 3 - 2　九点连线问题

再如，让小学生解决这样一个问题（见图 3 - 3）：已知一个正方形的内切圆的半径为 2cm，求这个正方形的面积。该问题给出的两个示意图，都标出了内切圆的半径。在（a）图中，很难看出圆的半径与正方形边长之间的关系，因而问题的解决较为困难；在（b）图中，很容易看出圆的半径与正方形边长之间的关系，所以问题的解决就较为容易。

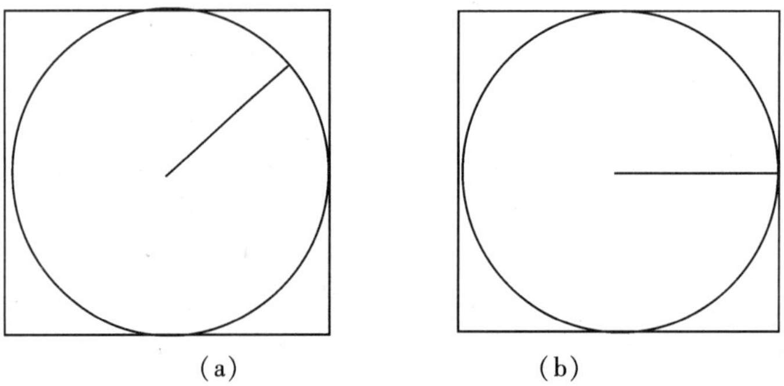

图 3 - 3　同一问题的不同组织形式

问题情境的改变可以阻碍或促进问题的解决，所以教师在教学中可以教授学生通过改变问题的表征方式来易化问题的解决，比如让学生将只有文字描述的问题转化为示意图。

（三）定势

定势（set），也称心向，指由先前的心理活动所形成的准备状态对同类后继心理活动的影响。它使人们按照一种固定的倾向去反映现实。定势对问题解决既有积极的作用，也有消极的影响。

定势的积极方面反映出心理活动的稳定性和前后一致性，从而促进问题的解决。

例如，迈尔在一项问题解决的实验中，对实验组的被试，用对解决问题有指向性的指导语进行暗示，而对控制组不加以暗示。研究结果发现，实验组问题解决的成绩大大好于控制组。

定势的消极方面在于妨碍思维的灵活性，阻碍问题的有效解决，或使问题解决变得复杂。例如，著名的卢钦斯（A. S. Luchins）量杯实验就揭示了思维定势对问题解决的阻碍作用（见表3－1）。[①] 在实验中，研究者要求被试用三个大小不同的杯子量出一定量的水。实验组做1～7题，控制组只做6、7题。研究结果发现，实验组中的大部分人采用了B－A－2C的方法完成量水任务，在解6、7题时只有少数人用A－C和A＋C这样两种相对简单的方法。而控制组被试解6、7题全部采用了A－C和A＋C这样两种相对简单的方法来完成量水任务。实验结果表明，实验组大多数学生之所以在解6、7题时没有采用更为简便的方法，是由于他们受到在解1～5题时形成的思维定势的影响。定势使问题解决的思维活动刻板化，缺乏灵活性。

表3－1　卢钦斯的思维定势实验

题号	水罐容量			所求水量
	A	B	C	D
1	21	127	3	100
2	14	163	25	99
3	18	43	10	5
4	9	42	6	21
5	20	59	4	31
6	23	49	3	20
7	28	76	3	25

（四）功能固着

功能固着（functional fixedness）是一种特殊类型的定势。它是指个体在解决问题时只看到某事物通常的功能，而看不到事物所具有的其他方面功能的现象。例如，人们一般会认为发卡是女同学用来卡头发的，不能想到它可以充当螺丝刀拧螺丝钉；只想到尺子是用来测量物体长度的，不能想到它还可以做教鞭和指挥棒。这种思维僵化的现象是由德国心理学家邓克尔（K. Duncker）首先发现并加以实验验证的。[②] 在实验中，邓克尔让被试在一张垂直于地面的墙上立起一根燃烧的蜡烛。实验材料

① 彭聃龄．普通心理学（第三版）．北京：北京师范大学出版社，2004. 279.

② K. Duncker. On problem solving. *Psychological Monographs*, 1945, 58 (5): 270.

包括一个开口的纸盒、盒内的图钉、一盒火柴和一支蜡烛。被试分为两个组，给一组被试提供材料时，将图钉、火柴和蜡烛分别装在开口的盒子里；给另一组被试提供材料时，图钉、火柴和蜡烛都散放在桌上。研究结果发现，虽然两组被试最后都能解决问题，都会利用图钉将纸盒钉在墙上，在纸盒上面点燃蜡烛，但是“散放材料”组所用的时间明显少于“盒装材料”组。这是因为“盒装材料”组强化了盒子的容器功能，而该问题的解决却要打破盒子只能作为容器的一般印象，盒子还可以作为支撑物，所以“盒装材料”组受功能固着的影响，妨碍了问题的解决，花了更多的时间。

思维定势和功能固着都是思维活动的刻板化现象。有时人们在问题解决的过程中需要突破思维的刻板性，问一问自己：“我能以其他方式解决这些问题吗?”如果你放开去想各种可能的解决办法，也许突然间所有零散的思绪就会汇聚在一起，使我们最终领悟到问题的根结所在，从而找到问题的解决办法。心理学家称这种突然的灵感为顿悟。顿悟是创造性思维的一种体现，思维定势和功能固着会妨碍顿悟的产生。

（五）情绪和动机状态

人的情绪状态对问题解决有一定的影响。乐观、愉快、平静等积极的情绪将有助于问题的解决；而紧张、烦躁、苦闷、悲观等消极的情绪往往会妨碍问题的解决，降低问题解决的速度。例如，人们参加面试时，情绪过分紧张将会使其思路阻塞，导致在回答考官的问题时思维混乱、答非所问。

人们对活动的态度不但能成为发现问题的强烈动机，而且会影响问题解决的效果。心理学研究表明，动机强度适中是解决问题的最佳状态，而动机过强或过弱都不利于问题解决。谚语“欲速则不达”就是表达动机过强对问题解决的不利影响，因为动机过强会使人的情绪过于紧张，阻塞思路。例如，在竞赛场上，常常由于非常希望成功，造成心慌、出汗、手脚发抖等情绪紧张现象，反而影响竞赛成绩。但动机太弱，对问题解决漠不关心，自然不能调动个体问题解决的积极性，不利于充分活跃个体的思维活动，影响人的能力的发挥，从而产生畏难、退缩行为。

第四节　想　象

人们在问题解决的活动中，经常会伴有感性的直观形象（表象），这些直观的形象是思维活动的基础，是思维活动顺利进行的条件。人类劳动与动物本能的最重要的区别之一是人能够借助想象力产生他所预期的劳动成果的表象。马克思在《资本论》中形象地表达了这种区别：“蜘蛛的活动与织工的活动相似，蜜蜂建筑蜂房的本领使人间的许多建筑师感到惭愧。但是，最蹩脚的建筑师从一开始就比最灵巧的蜜蜂高明的地方，是他在用蜂蜡建筑蜂房以前，已经在自己的头脑中把它建成了。”科学家的发现和发明、作家的人物塑造、艺术家的艺术创作、学生的学习，所有这些活动都离不开人的想象。伟大的科学家爱因斯坦曾说：“想象力比知识更重要。”

一、想象的概念

在心理学上，想象（imagination）是指人脑在已有表象的基础上进行加工改造，产生新事物形象的过程。例如，在现实生活中我们看到过船的形象，通过科技书籍的介绍我们就可以在头脑中形成“宇宙飞船”这一新的形象。想象产生的新形象不仅是自己未曾感知过的，如尚未去过的城市、尚未见过的新老师、尚未正式结识的新朋友等，还可能是现实中并不存在的，如龙、鬼、美人鱼、孙悟空、牛郎织女等。想象中的形象大都是未曾有过的新形象，它往往是超乎现实的，但想象并不是凭空产生的。比如作家创作出的典型人物形象（如鲁迅小说《阿Q正传》里的阿Q形象）就是取材于现实生活；从未看到过船的形象的人，很难通过书籍的介绍想象“宇宙飞船”的形象。

想象是在表象的基础上进行的。表象是指人们在头脑中出现的关于事物的形象，比如说想起母亲的笑脸（视觉表象），想起曾经听到过的一段音乐（听觉表象），想起曾经学过的打篮球的动作（运动表象）。从信息加工的角度来讲，表象是物体或事件的一种知识表征，具有鲜明的形象性。人们的思维活动不仅要借助概念来进行，也要借助表象来进行。

想象与思维有着密切的联系。想象和思维都属于人的高级心理过程，都是在人们探索新的问题解决方法的情境中产生的。人们在面对问题情境时，常常会在头脑中出现问题得到解决的情境，这种情境是对现实的一种超前反映，是对未来的预见。这种预见常常以两种方式进行：想象的预见是以具体形象的形式，而思维的预见是以概念的形式。这两种预见系统是相互联系、协同活动的。例如，建筑师根据建筑的原理、使用的要求、美观的原则设计一栋新的图书馆，而想象则帮助勾画出这座图书馆的形象。当然，由于问题情境具有不同程度的确定性，在具体的思维活动中两种预见系统所起的作用是不一样的。

二、想象的种类

按照产生想象时有无目的，可以把想象划分为无意想象和有意想象两大类。

（一）无意想象

无意想象是一种没有预定目的、不自觉地产生的想象。它是最简单、最初级形式的想象。例如，在天气晴朗的时候，人们仰看天空浮动的白云，头脑中会不由自主地想象出各种动物的形象。梦是无意想象的极端形式。梦的内容具有生动形象性，这些形象往往又不是感知过的事物的再现，而是一种在头脑中对已有的表象进行加工而创造新形象的想象活动。总体来讲，当人们的意识减弱时，在某种刺激的作用下，就会产生无意想象。

（二）有意想象

有意想象是一种有预定目的、自觉进行的想象。例如，科学家提出的各种想象模型，作家在头脑中构思的人物形象，都是有意想象的结果。根据想象的创新程度和形成方式的不同，可以把有意想象分为再造想象和创造想象。

1. 再造想象（reproduced imagination）

再造想象是根据言语的描述或图形的示意，在头脑中形成新形象的过程。例如，当读到唐代诗人李白的《蜀道难》时，头脑中就会浮现出一幅川蜀道路悬崖峭壁、危峰兀立的画面；公安侦查人员根据目击者的描述想象犯罪嫌疑人的肖像；建筑工人根据设计图纸想象出建筑物的形象。根据他人的描述进行的再造想象虽然有一定的创造性，但创造水平较低。

个体的感性经验越丰富，再造想象的形象也越完善。同时，再造想象也离不开词语思维的组织作用。可以说，再造想象是在词语指导下进行的形象思维的过程。再造想象是人们接受知识、理解教材内容必不可少的条件，所以教师应培养和发展学生的再造想象能力。首先，要扩大学生头脑中记忆表象的数量，丰富学生的感性经验。然后，还要求学生掌握好语言和各种符号的意义。这样才能够在需要的时候通过语言描述和其他的符号标记激发出想象。

2. 创造想象（creative imagination）

创造想象是在创造活动中，根据一定的目的或任务，在人脑中独立地创造新形象的心理过程。例如，科学发现、技术发明、文学和艺术创作等活动中的想象。独立性、新颖性和首创性是创造想象的基本特点。创造想象所形成的新形象是现实生活中没有的或是从未见过的，所以它比再造想象要复杂得多。创造想象在人类的实践活动中起着重要的作用，尤其是在创造性的活动中。魏晋时期数学家刘徽从研究圆内接正六边形开始，逐步增加内接正多边形的边数，通过这种割圆的方法第一次求得圆周率数值为 3. 141 6。如果刘徽缺乏关于圆内边数逐步增加的圆内接多边形的形象变化的思想，他是无法求出圆周率数值的。

幻想是创造想象的一种特殊形式。幻想是指向未来，并与个人愿望相联系的想象。科学幻想中的想象，各种宗教中的形象，各种神话、童话中的形象都是属于幻想。幻想有积极和消极的区别。积极的幻想，亦称为理想，是以客观现实的发展为依据，实现的可能性很大。例如，学生根据对自己实际情况的分析，想象自己将来进入某高一级学校深造的情景。理想是一种积极的想象，能够激发人们向往未来，是鼓舞人们前进的重要精神支柱。消极的幻想，亦称为空想，是一种没有可能实现的想象。它不以事物的客观规律为依据，对人们的精神起着瓦解和销蚀的作用。完全陷入空想的境地，只能使人脱离现实生活，导致挫折和失败。所以，教师在教育教学过程中应注意帮助学生树立远大的理想，及时发现、纠正和消除学生不切实际的空想。

三、想象的形成方式

想象是人脑对已有的表象加工改造而产生新形象的过程。那么，人脑对表象进行加工改造有哪些方式？归纳起来，主要有以下四种方式。

（一）黏合

黏合是把各种事物原本不相关联的属性、特征部分结合在一起而形成新形象的过程。例如，猪八戒的形象就是把猪和人的某些特征黏合在一起形成的新形象；神话故事中美人鱼的形象，就是把美丽少女的容貌和鱼的身子黏合在一起形成的新形象。这种方式对科技发明、新科技产品的研制和开发等都具有重要的作用。例如，水陆两用飞机就是把飞机与船的某些特征组合在一起而发明的。

（二）夸张

夸张是指改变客观事物的正常特征，突出某些特点，从而在头脑中形成新形象的过程。例如，人们创造的九头鸟、小人国、千手观音、三头六臂神等形象都是运用想象过程的夸张方式而产生的新形象。夸张也是文学中常用的修辞手法之一。汉语中有许多常用的成语和经久传诵的诗句就是想象过程中通过夸张的方式而产生的，如“日月如梭”、“一字千金”、“一步登天”、“白发三千丈，缘愁似个长”、“危楼高百尺，手可摘星辰”。

（三）拟人化

拟人化是把人类的形象和特征加在外界客观事物上，使之人格化的过程。古典名著中的许多形象都是采用拟人化想象的创作手法，例如，《西游记》、《聊斋志异》、《封神演义》中的许多人物形象。许多现代科技产品也是采用拟人化想象的方式发明的，例如，电脑软件程序就是模拟人的逻辑思维过程。

（四）典型化

典型化是指根据一类事物的共同特征创造新形象的过程。这种方式首先要对某一典型的事物进行分析、比较，找出其共同的具有典型化、代表性的特征，然后在某一对象上生动、具体并集中地表现出来。典型化的方式是文学作品中创造典型人物常用的手段，例如张飞、关羽、林黛玉、骆驼祥子等人物形象。高尔基在谈艺术创造时就指出："主人翁的性格是由他的社会集团中，众多人的许多特征构成的，为了能近乎真实地描写一个工人、和尚和小商人的肖像，就必须观察一百个其他的工人、和尚和小商人"。所以，这种方式能够使作品的形象更逼真、更加类化、更能够打动人心，具有普遍的教育意义。

第五节　青少年思维的特点及创造性思维的培养

一、青少年思维的特点

思维作为一种心理特征，随着个体年龄的增长也呈现出有规律性的发展，表现出一定的阶段性。了解青少年思维的特点，根据青少年思维发展的规律进行教育教学，使教育不"超前"，也不"滞后"，对于青少年的健康成长具有重要的意义。下面主要结合思维的品质来论述青少年思维发展的特点。

（一）青少年思维的广阔性和深刻性品质的发展特点

思维的广阔性，指思路开阔，能从多个角度思考事物各方面的联系和关系，善于全面思考和分析问题。思维的深刻性，指善于深入地钻研和思考问题，不被事物的表面现象所蒙蔽，善于区分本质和非本质特征，能够抓住事物的主要矛盾和矛盾的主要方面。

一般而言，初一学生仍然依赖直观经验对概念进行理解。到了初二以后，学生可以掌握较为复杂的概念系统，能够将事物的本质属性与非本质属性区别开。例如，在语文学习中，学生能够领会寓言、格言等的隐义和转义，能够分析作品中人物的内心状态。总体来讲，初中生常常容易被具体的事实材料所吸引，思维的广阔性和深刻性有待进一步发展。在高中阶段，学生不再容易被事物的表面现象所迷惑，能自觉、全面地从本质上看问题，能够用理论把各种材料贯穿起来。总之，从高中阶段开始，个体的思维开始从经验型向理论型急剧转化，思维的广阔性和深刻性逐步深入发展。

（二）青少年思维的独立性和批判性品质的发展特点

思维的独立性，指个体善于独立地发现问题、思考问题、处理与解决问题，不依赖、不盲从。思维的批判性，指个体善于有主见地分析评论事物，不轻信、不迷信"权威"的意见，不易受情绪和个人偏爱的影响。

幼儿和小学阶段，儿童通常对老师和家长的要求百依百顺，相信甚至迷信"权威”，思维活动较少具有独立性和批判性。进入初中之后，青少年就开始喜欢怀疑、争论、辩驳。他们已经不轻信教师、家长或书本上的权威意见，常常独立地、批判地对待和探讨一切，初步显露出思维的独立性和批判性。但在少年期，学生思维活动的独立性和批判性还较盲目，容易产生片面性与表面性。例如，初中生有时会进行毫无根据的争论，会孤立、偏激地看问题，好走极端。到高中阶段，高中生的独立性和批判性开始成熟。例如，高中生在提出争论的观点时，往往会进行具有一定说服力的逻辑论证。当然，高中生的思维活动易受情绪左右，仍带一定的片面性和主观性。

（三）青少年思维逻辑性品质的发展特点

思维的逻辑性，指考虑和解决问题时思路鲜明、条理清晰，严格遵循逻辑规律。提出的问题明确，解决问题时推理严谨、层次分明、论证充分，结论有证据支持。

在小学阶段，儿童的具体形象思维占主导地位，可以进行逻辑运算，但需要具体实物的支持。例如，问儿童这样一个问题：“小张的头发比小王淡些，小张的头发比小李的头发黑些，三个中谁的头发最黑。”这个问题如果是以语言的形式出现，小学阶段儿童常常难以正确回答。但如果拿三个头发黑白程度不同的布娃娃，分别命名为小张、小李、小王，然后按题目的顺序两两拿出来给儿童看，儿童看过之后，提问者将布娃娃收藏起来，再让儿童判断谁的头发最黑，他们会毫无困难地指出小王的头发最黑。

从初中阶段开始，青少年的抽象逻辑思维日益占主导地位。初中生已逐步能使自己的判断恰当，推理合乎逻辑，但有时也会出现瞎猜乱碰或违反逻辑的情况。到高中阶段，学生那种自觉而又恰当的、合乎逻辑的推理能力才逐渐地发展起来。高中生已经能够较好地掌握归纳和演绎的推理形式。

（四）青少年思维的灵活性和敏捷性品质的发展特点

思维的灵活性指思考和解决问题时，思路灵活、不囿于习惯程序、善于发散思维、随机应变。思维的敏捷性指思路来得很快、解决问题迅速、当机立断、不轻率从事、不优柔寡断。

青少年思维的灵活性随着年龄的增大而发展。例如，研究表明，在初中二年级，大约有 30% 的学生具有思维的灵活性。而到高中阶段，具有思维灵活性的学生达到 40% 。到高中之后，中学生思维的灵活性差异渐趋稳定。中学生思维的敏捷性在个体之间差异也很大。从初中二年级开始，这种差异开始更为显著地表现出来。到高中阶段，思维灵活性的个体差异基本定型。

二、青少年创造性思维的培养

21 世纪是知识经济时代，这意味着知识在不断地更新，新技术、新发明日新月异，以科技创新为先导的综合国力的竞争日趋激烈。时代要求我们必须培养创造性人才，开展创造性教育，营造自由创新的氛围。创造性思维并不是与生俱来的，而是在一般思维的基础上经过后天的培养、教育和训练发展起来的。教师不仅要传授知识，还要在学科教学中开展创新教育，发展学生的创造性思维能力。在教学过程中，培养学生的创造性思维可以通过以下几个方面进行。

（一）创设有利于创造性思维发挥的环境

民主、自由、宽松的环境，能激发个体的创造性思维。心理学研究表明，许多富有创造性的成果，往往不是在紧张思索、高压力的情况下产生的，而是在经过一段时间放松休息后产生的。创造性思维的培养有赖于长期的感染与熏陶，民主而又自由的学校、家庭和社会环境能够更好地促进创造性思维的产生。鲁迅在一次演讲中曾说："在要求天才的产生之前，应该先要求可以使天才生长的民众。譬如想有乔木、想看好花，一定要有好土，没有土就没有花木了；所以土实在较花木还重要。"所以，在学校教育中，从教师的角度来讲，应大力鼓励学生的创造性行为，尊重学生意见，营造有利于学生发挥创造性的课堂氛围和行为环境。美国创造力研究专家托兰斯（E. P. Torrance）就教师如何尊重学生意见、培养学生创造性思维提出了几点建议：尊重学生提出的任何幼稚甚至荒唐的问题；欣赏学生表示出的具有想象与创造性的观念；多夸奖学生提出的意见；对学生的意见有所批评时应解释理由。

（二）培养学生创造性的人格

个体创造性思维能力不仅与智力因素有关，也和个体的人格特质有关。自信、独立性强、强烈的好奇心、坚持不懈、不墨守成规是高创造性个体显著的人格特征。好奇心是创造性思维的动机基础。富有创造性的人经常会对日常生活中被他人忽视的问题感到好奇。许多著名的科学家如牛顿、爱因斯坦、袁隆平等，也是因为他们始终对某个问题保持着强烈的好奇心、求知欲，才驱使他们克服重重困难，坚持不懈，最终取得了举世瞩目的成就。为了激发学生的好奇心，教师可以在课堂教学中采用启发性教学，创设恰当的问题情境，调动学生的兴趣，使学习由被动接受变为主动的探索过程。有位老师在讲"阿基米德定律"时，先向学生提出一个问题："木块放在水里为什么总是浮在水面上？铁块放在水里为什么总是下沉？"学生说："因为铁重。"教师接着问："那么一斤重的铁和一斤重的木块都放在水里，为什么铁块沉下去了，而木块却浮在水面上呢？""钢铁造的巨轮很重，为什么能浮在水面上呢？"这一问，学生就对"因为铁重而下沉"产生了怀疑。教师在讲"阿基米德定律”之前，通过提出恰当的问题，使学生产生了疑问，激发了学生的好奇心和求知欲，使学习更为积极主动，有利于学生创造性思维的发挥。

（三）培养多种思维形式

1. 培养发散思维能力

创造性思维是发散思维和聚合思维相结合的产物，其中发散思维是创造性思维的最主要特点，所以在教学过程中应注意发散思维的培养。教师可以在学科教学过程中经常为学生提供发散思维的机会，善于启发学生从不同的角度对同一问题进行思考，鼓励学生尽可能多地想出问题解决的方法。具体来讲，可以进行一题多解、一题多问的练习；可以进行扩写、改写训练，将同一题名写成多种题材的文章或进行以同一问题、同一素材表现不同主题的训练等。教师也可以通过组织趣味活动来培养学生的发散思维能力，如开展“异想天开”活动、猜谜语活动等。

2. 培养逆向思维能力

逆向思维是指违背常规的思维方向，从其对立面去寻找解决问题的办法。我们常讲的“唱反调”、“从反面想一想”，就是逆向思维方法在现实生活中的体现。一般来讲，人们在解决问题时习惯于从因到果进行“顺推”，但是，有时候这样得到的解决方法很复杂或根本就找不到解决方法。其实事物之间常常互为因果，具有可逆性，所以，利用逆向思维有时能够摆脱习惯思维的限制，创造性地解决问题。例如，20 世纪初被称为电子时代，为了得到高纯度的单晶硅，材料科学家们投入了巨大的人力和物力，一直想尽量消除晶体材料中的杂质，但效果不理想。有一次，日本的江崎玲于奈在思考这个问题时，他的助手突发奇想：“能不能试一试相反的做法，向晶体材料中加进一些杂质呢?”这一逆向思维的结果是发现了“隧道效应”，在此基础上发明了隧道二极管，对半导体工业的发展起到了重要的推动作用。

3. 培养批判性思维能力

批判性思维能力是指个体用批判的眼光来看待、分析和评价所接收到的信息，并采取合理行动的思维过程。为创造性地解决问题，我们采用发散思维可能得到一个问题的几个不同答案或解决方案。那么，我们就需要比较、分析和判断各种方案，最终选择一个最佳或最能接受的答案或方案。这种选择和判断的能力是批判性思维的重要组成部分。识别虚假的或具有误导性的广告、考察有争议的证据、辨析争辩双方观点的潜在假设或谬论等，都需要批判性思维。例如，一则减肥用品的广告，它提供了许多证明其具有良好减肥效果的数据，而且还提供了一些案例。具有批判性思维的人就会想：这些数据可信吗？这些数据提供的机构是权威机构吗？广告上提供的个案是通过科学抽样而来还是特别选取的？这些案例真实吗？难道这个产品就没有丝毫缺陷？通过这样的批判性思维，我们才会正确地决定是否该相信这个广告。否则，我们就容易受广告词误导，可能犯错误。批判性思维是创造性地解决问题的重要手段。教师应结合自己的课程，采用多种方法，鼓励学生的批判性思维，培养学生的批判性思维能力，从而提高创造性思维能力。培养批判性思维能力，首先应建立“结论需要有效证据支持”的观念。支持某一结论的证据可以是个人经验，也可是从权威或书本上获得的，但只有通过科学方法获得的知识或结论才是有效的证据。

（四）采取创造性思维训练策略

1. 头脑风暴法

头脑风暴法（brainstorming）是指将少数人（一般 5 ~ 10 人）召集在一起以会议的形式，对某个问题进行自由地思考和联想，提出各自的设想和问题解决方案，主持人和与会人员不立即作任何评价，是一种集体式创造性解决问题的方法。正所谓：“石本无火，相击方现灵光；水尚无华，相荡方现涟漪。”头脑风暴法的目的就在于相互激活彼此的大脑细胞，充分发挥人的想象力，从而激发创造性思维的产生。其核心思想是将产生想法和评价想法区分开。奥斯本（Osborn）于 1938 年首次提出头脑风暴法，直至目前，这种方法被广泛用于教学、企业管理和科研工作中。一些研究者还根据奥斯本提出的头脑风暴法改良成其他一些思维训练方法，例如，默写式激励法（635 法）、CBS 法等。[①] 采用头脑风暴法时应该遵循以下一些基本原则[②]：提倡自由思考，鼓励“异想天开”，不得附加任何约束性的条件，不限制任何奇谈怪论；严禁评论与批评，即使对幼稚甚至荒诞的想法，也不得讥笑或批评；重量不重质，即为了获得更多的创意，任何一种构想都可以被接纳；鼓励与会人员改进他人的创意，通过思维加工把几个创意结合在一起形成更好的创意；不得谋求权威，即不论是会议主持者还是与会者，也不论他们原来的职务与身份，在会议上是一律平等的，任何人不得谋求权威，不得阻挠和打断他人的发言。教师在教学过程中可以使用头脑风暴法来培养学生的创造性思维。教师先提出问题，然后鼓励学生寻找尽可能的答案，学生不必考虑答案是否正确，教师也不作评价，一直到所有可能想到的答案都提出来为止，最后才对这些想法进行评价。

2. 吉尔福特的创造性思维训练策略

吉尔福特（J. P. Guilford）在总结了大量有关创造思维的文献和实验的基础上，提出了一整套有序的培养创造性思维的策略。他提出的基本策略主要包括以下几个方面：第一，拓宽问题。例如，我们不应该问“我们如何改进灭蚊器”，而是应该问“我们怎样才能消灭蚊子”，这样就为寻找更多、更好的解决办法打开了大门。第二，分解问题。问题越具体、越明确，就越有可能为我们提供解决问题的线索，从而增加创造性解决问题的机会。例如，“如何缓解压力”这一问题就可以分解为“如何进行时间管理”、“如何学会放松”、“如何处理人际关系”等更为具体的问

① 张庆林，邱江．思维心理学．重庆：西南师范大学出版社，2007. 230 ~ 235.

② 刘道玉．创造思维方法训练．武汉：武汉大学出版社，2009. 72 ~ 78.

题。第三，常设疑问。创造性思维的一个特征是在问题解决的过程中能够不断地对自己发问。在问题解决的不同阶段提出不同特征的问题有利于创造性思维的产生。第四，快速联想和终止评判。这实际上可以看成就是“头脑风暴法”。第五，延长努力。因为观念产生的速度是刚开始最快，然后随着时间的推移而减慢，由于后面形成的观念质量会更高一些，所以产生观念的努力不应过快地终止。第六，列举属性。也就是对事物进行重新归类，从而使它们更便于利用，更适用于不同的场合。第七，形成远距离联系。大量有价值的创造性成果就是科学家将似乎完全不同的事物联系了起来，所以形成远距离联系是产生创造性思维的一种可能的途径。第八，尝试灵感。对某一困难的问题工作一段时间后，停顿下来休息一会儿或做其他的事情，但仍然保持解决问题的愿望和动机，这样有利于问题的解决。当然，灵感的产生是建立在勤奋学习和善于思考的基础之上的。

思考题

一、选择题

1. 思维的基本特征有（　　）。

A. 间接性　　B. 目的性　　C. 概括性　　D. 形象性

2. （　　）是客观事物的本质属性在人脑中的反映，它是思维的形式。

A. 概括　　B. 概念　　C. 推理　　D. 抽象

3. 学生解题能够“一题多解”，说明他的（　　）能力强。

A. 再现思维　　B. 求同思维　　C. 辐合思维　　D. 发散思维

4. 在学校学习中，剖析题目的起始状态和目标状态，即确定问题的本质和问题之间的联系的过程，是解决问题的（　　）阶段。

A. 发现问题　　B. 分析问题　　C. 提出假设　　D. 验证假设

5. 鲁迅在《阿Q正传》中塑造的阿Q形象，是一种（　　）。

A. 再造想象　　B. 创造想象　　C. 幻想　　D. 无意想象

6. 幻想是想象的特殊形式，它（　　）。

A. 与生活愿望有关　　B. 指向于未来

C. 是再造想象　　D. 是创造想象

二、问答题

1. 简述思维的概念与特征。

2. 怎样才能使学生更好地掌握各种概念？

3. 问题解决过程中可采用哪些策略？

4. 试分析在日常生活中，有哪些因素影响问题解决？

5. 简要叙述青少年思维的发展特点，并谈谈对实际教学有何启示。

6. 培养学生创造性思维能力对教育改革有什么意义？如何培养学生的创造性思维？

7. 某教师在教学过程中让学生“列举曲别针的用途”。学生小王的回答是“夹卷子、夹纽扣、夹相片、夹报纸”；学生小张的回答是“夹纸张、缝衣服、做鱼钩、可导电”。请根据小王和小张的回答推测他们分别使用了哪种思维形式？你更欣赏哪种回答？为什么？

第四章 注意与意识

本章要点

●注意概述
○注意的概念
○注意的基本特征
○注意的种类
○注意的品质
●意识概述
○意识的概念
○意识水平
○注意与意识
●睡眠节律
○睡眠过程
●意识的特殊现象
○催眠
○幻觉
○药物

"注意是我们心灵的唯一的门户，意识中的一切，必然都要经过它才能进来。"

——乌申斯基

【故事一】会走路的"黑板"

物理学家安培，一天傍晚在街上散步，忽然脑子里想起一道题，就向前面一块"黑板"走去，他随手从口袋里掏出粉笔头，在"黑板"上演算起来。可是，"黑板"一下子挪动了，而安培的演算题还没有算完，他不知不觉地追在黑板后面计算。"黑板"越走越快，安培觉得追不上了，这时他看见街上的人都朝他哈哈大笑，他才发现，原来那块会走动的"黑板"是一辆黑色马车车厢的后背。

【故事二】香喷喷的大馍蘸墨

古时候有一个人酷爱书法，传说有一次书童唤他吃饭，可是几次都没有唤动，那书童干脆将一盘大馍和一碟蘸馍吃的蒜泥端到他的写字台上，又催他吃。而他是越写越过瘾，嘴上“嗯嗯”地答应着书童，手仍然挥毫不停，书童无奈，只好禀告夫人。夫人来到书房，只见他站在那里，右手执笔写字，左手抓着大馍，蘸着墨汁，吃得津津有味，还连连称赞夫人的厨艺：“好吃，好吃!”——他就是东晋的“书圣”王羲之。

第一节　注意概述

外面的世界如此丰富多彩，各种原始的感觉信息从眼、耳、鼻、皮肤等众多器官进入我们体内，每天我们都要持续不断地接收许多种输入的信息。但是，如果要对所有输入的信息进行加工，那将是非常困难也是非常痛苦的一件事，甚至会是生活中的一道障碍。可见，人是没有能力同时处理这么多信息的。那么我们是如何筛选这些信息的？如何做到忽略某些信息，而重点加工处理另一部分信息？在分配这些“工作”的时候，我们是如何实现、如何控制的？这些都需要注意的参与。就像我们在看书学习时，对当前所看的书——获取的事物信息，暂时赋予额外的重要性，而对其他信息则暂时不予以重要加工。如果你仍感觉难以明白，那你可以试着环顾一下四周，你看到了什么？或许是相片、家人朋友、窗外鸟叫、明媚的太阳……无论你看到何种事物，你都在做着一项分配注意力的工作，尽管只是非常短的一瞬间。

一、注意的概念

早在1890年，心理学家威廉·詹姆士（W. James）在《心理学原理》一书中指出：“每个人都知道何为注意。”在明确注意的定义之前，可先对注意作些说明，看看它是如何操作的。

注意可抽象地理解为“心理活动对一特定对象有选择地集中”。可见，注意并不是一种独立存在的心理过程，而是心理过程的一种共同特征。这种特征就是“专心致志”、“聚精会神”、“一心一意”。因此，可以认为注意是心理活动的一项重要特性，但不是独立的心理过程。在生活中，人们通常所说的“注意黑板”、“注意这段音乐”是“注意（看）黑板”和“注意（听）这段音乐”的意思。没有人能单独地“注意”，而只能在看、听、记忆、思考等基础上集中注意。因此，“注意”更像是一个形容词，用来描述某心理过程的特性。人在同一时间内不能感知很多对象，只能感知环境中的少数对象。要获得对事物的清晰、深刻和完整的反映，就需要使心理活动有选择地指向有关的对象。人在清醒的时候，每一瞬间总在注意着某种事物。

我国古代思想家荀子曾说：“心不在焉，则黑白在前而目不见，雷鼓在侧而耳不闻。”（《荀子·解蔽》）通常所谓“没有注意”，只不过是对当前所应当指向的事物没有注意，而注意了其他无关的事物。注意作为一种心理活动或“心理动作”，可以通过人的外部行为表现出来，并伴随某些特殊的动作。

综上所述，我们可以这样定义“注意”（通常是指选择性注意），即注意是有选择地加工某些刺激而忽视其他刺激的倾向。它是人的感觉（视觉、听觉、味觉等）和知觉（意识、思维等）同时对一定对象的选择指向和集中（对其他因素的排除）。人的任何心理过程离开了注意都将无法进行。在教学活动中，学生在进行认知信息加工的同时，也发生着意向活动，注意作为意向活动之一，调节着他们的认知信息加工过程，使之朝着加工对象发生作用，并直接影响了各种认知信息加工的效果和效率。

二、注意的基本特征

注意有两个基本特征：一是指向性，即在某一瞬间，人的心理活动或意识选择了某个对象而忽略了另一些对象。例如，在看小说时，你的心理活动就指向了小说中的故事情节，对周围发生的一切往往熟视无睹。注意的指向性不同，人们从周围环境中获得的信息就不同。二是集中性，即人的心理活动或意识保持在一定的对象上，并深入下去，保持一定的强度或紧张度，以使事物得到清晰的反映，同时抑制无关动作，对无关事物或活动反映模糊甚至不能反映。例如，急匆匆赶路的人，会对路边的花草视而不见。注意的集中性还体现在任何外界事物都可以成为注意的对象，如天上的繁星、路边的野花或潺潺的溪水。自己所思所感的内部活动也可以成为注意的对象，如自己做过的决定、体验过的情感或对未来的憧憬。通常人在集中注意时，有关的感觉器官会不由自主地朝向被注意的对象，其肢体的血管收缩，头部的血管舒张，身体其他运动暂时停止，呼吸变得轻微而缓慢，吸气愈加短暂，呼气则愈加延长。在注意高度紧张时，还会出现“屏住呼吸”这样的呼吸暂停的现象。

事实上，指向和集中是同一注意状态上的两个方面，两者是不可分割的。例如，学生上课听讲，他的心理活动不是指向教室里的一切事物，而是有选择地指向教师的讲课内容，并且比较长久地保持在听课活动上，同时忽视一切与听课无关的事物，并且对妨碍听课的活动加以抑制，这样才能对教师的讲课有清晰、完善的反映。

今天的儿童是在电视机旁成长的一代，各种各样电视节目的“过度刺激”对他们会有怎样的影响呢？心理学家通过实验发现，过多观看电视会缩小儿童的注意范围，降低儿童的阅读能力。电视节目节奏过快是导致注意范围缩小的主要原因，摄影机和焦距不停地变化使得收看者的注视点每秒都在改变，久而久之注意的范围便会缩小。学前教育心理学家科恩（D. Cohen）认为，那些周围环境中充满狂乱节奏和电视速度的儿童，也是易受干扰的儿童，对他们来说，集中注意是一个严峻的考验。①

【资料一】与注意有关的网络广告

注意是一种心理资源。注意力这一心理资源是有限的，网络用户在某一给定时间只能主动加工有限的信息。网络广告喧宾夺主，强占优先地位，让你难以寻觅。牛皮癣广告强行插入本该不需要用户注意的内容，霸占用户的注意资源。部分网络广告信息设计非常不合理，反而会增加用户的心理负担，浪费用户的注意力资源。如图4-1所示，这样的下载界面经常会看到，让用户无法分辨真正应该点击的链接在何处。建议把需要用户注意的信息加亮、加大，把不需要用户注意的信息暂时弱化。尽量减少其弹出窗口，减少界面的跳转、刷新，让用户有控制感。

图4-1　网络下载界面

三、注意的种类

根据产生和保持注意时有无目的以及意志努力程度的不同，可将注意分为无意注意、有意注意和有意后注意。

（一）无意注意

无意注意是指事先没有预定的目的，也不需要作意志努力的注意。例如，在安静的教室里，突然一位同学的铅笔盒掉在地上，大家都会不由自主地向他望去；一个人正在看书时，突然窗外有人大声争吵，这个人的注意力就会从书转移到窗外的

① 卢家楣，魏庆安，李其维．心理学：基础理论及其教育应用（修订版）．上海：上海人民出版社，2004. 267.

争吵上。无意注意的引起和维持，既没有明确的认识任务，也不依靠意志的努力，主要取决于刺激物本身的性质和强度。从这个意义上说，无意注意是消极被动的注意，是注意的初级形式。但从另一角度讲，正因为无意注意不需要意志努力，因此它具有的优点是消耗的精力比较少，不易使个体产生疲劳。引起无意注意的因素主要有刺激物的特点和人本身的状态。

1. 刺激物的特点

具体包括：①刺激的强度（包括绝对强度和相对强度）。刺激的强度越大，越易引起无意注意。一声巨响、一道强光或一股浓烈的气味，都容易引起人的无意注意。所谓“酒香不怕巷子深”，说明刺激物的绝对强度导致无意注意的产生。②刺激之间的差异程度。差异越显著，越易引起无意注意。刺激物在形状、大小、颜色和持续时间等方面与周围环境和其他刺激物对比强烈、差异显著时，很容易引起无意注意，如“绿叶中的红花”、“鹤立鸡群”等。③刺激的变化。运动的刺激比静止的刺激更易引起无意注意。例如，都市夜晚闪烁的霓虹灯、音乐演出中乐团指挥的手势、大道上疾驰而过的车辆都容易引起人们的无意注意。④刺激物的新异性。新异的刺激比熟知的刺激更易引起无意注意。例如，对于一个新设计的外星人模型，人们很容易注意到它。此外，各种已熟悉的刺激物的独特组合也是引起无意注意的因素。在一次新科技展览会上，一只背上长着人耳的老鼠吸引了众多人的目光，这是刺激物的相对新异性在起作用。

因此，教师应该注意减少教室外环境对课堂的干扰，冬天风雪大的时候应关紧门窗，夏天日晒的时候要拉上窗帘，如果有噪音、视觉干扰或不良气体侵入，应该尽快排除。此外，还应注意教室内的环境，如地面是否干净、桌椅排列是否整齐、教室的布置和装饰是否简洁朴素等。过于华丽、繁杂的室内布置，有时会成为课堂教学的“污染源”，使学生注意力分散。

2. 人本身的状态

人的需要、情绪、生理心理状态、过去知识经验都会影响无意注意。凡是能满足一个人的某种需要和兴趣的事物，都容易引起无意注意，因为这些事物对他具有独特的吸引。例如，人们天天看报，但注意的消息往往有所不同：从事文教工作的人，总是更多地注意文教方面的报导；从事体育工作的人，总是更多地注意体育方面的新闻。

凡能激起某种情绪的刺激物也容易引起人们的无意注意。此外，当一个人心胸开朗、心情愉快时，平常不太容易引起注意的事物，这时也很容易引起他的注意；当一个人无精打采或过于疲劳时，平常容易引起注意的事物，这时也不会引起他的注意。

个人已有的知识经验对保持注意有着巨大的意义。新异刺激物容易引起无意注意，但这种注意的保持程度则与一个人的知识经验密切相关。因为新异刺激物固然能引起人们不由自主的注意，但如果人对它一点儿也不理解，即使能一时引起注意，也会很快失效。如果人对新异的刺激物有一些理解，但又不完全理解，为了求得进一步的理解，人就会长时间注意这种刺激物。

无意注意是注意的初级形式，不仅人有，动物也有。在个体的发展过程中，最初产生的是无意注意，之后才产生有意注意。

（二）有意注意

有意注意是指有预定目的，需要做一定努力的注意。引起有意注意的条件和方法主要包括以下三个方面。

（1）加深对活动目的、任务的理解。例如，一个学生在学习英语的过程中，感觉背单词、记语法的过程单调而枯燥，想要知难而退，但当他意识到掌握英语后可以开阔视野、增进交流、增加就业机会，他就会积极投入到英语学习中。2010 年获感动中国人物奖的钱伟长一生致力于科学研究，被喻为“国家利益重于一切的科学泰斗”。钱伟长用 98 年的人生，研究了一门他认为最重要的科学：爱国。许多科学家选择一生从事某一学科研究，一开始并非其兴趣所在，但为了使国家富强、科技腾飞，他们总能兢兢业业、全身心地投入到学习和工作中。

（2）对活动的间接兴趣。直接兴趣是指对活动过程的兴趣。例如，有的同学想象力丰富，富于创造性，喜欢制作各种模型，在制作过程中，全神贯注，表现出浓厚的兴趣。间接兴趣主要指对活动过程所产生的结果的兴趣。例如，有的同学业余爱好是绘画，每当完成一幅画，他都会对自己取得的成果表现出极大兴趣。没有间接兴趣的支持，就没有目标，过程就很难持久。著名的英国动物学家珍妮·古道尔二十多岁的时候就来到非洲原始森林，为了观察黑猩猩，她度过了 38 年的野外生涯。这种坚持正是源于她对自然界特别是动物界的无限热爱和了解，以及对黑猩猩和灵长类动物的无限喜爱。

（3）合理地组织活动。例如，有经验的教师为增强学生的注意力，提高课堂效率，总是在变换教学活动的时候数三声数，要求学生在“一、二、三”结束时，就转入新的学习活动。教学活动的合理组织有助于学生产生有意注意，教师也可以采用劳逸结合的方法帮助学生完成注意的转换。

（三）有意后注意

有意后注意是指有自觉的目的，但不需要意志努力的注意，也称为随意后注意，通常是由有意注意转化而成的。例如，在刚开始做一项工作的时候，人们往往需要一定的努力才能把自己的注意保持在这项工作上，但在对工作产生了兴趣以后，就可以不需要意志努力而继续保持注意了，而这种注意仍是自觉的和有目的的。

与注意的其他类型相比，有意后注意是一种高级的注意。有意后注意事先有预定目的，自觉性较好，具有高度稳定性，可以长时间坚持。人在有意后注意状态下消耗精力较少，不容易疲劳，工作效率高，正如前面提到的安培和王羲之。因此，有意后注意是一种非常理想的学习和工作状态，体现了一种专注精神，是一种全身投入。“众里寻她千百度，蓦然回首，那人却在灯火阑珊处”这句流传千古的名句之所以引起大家的共鸣，就是因为它表现了“有意后注意”这种比较普遍的心理现象。类似的句子还有“踏破铁鞋无觅处，得来全不费工夫”等，它们都体现了“有意后注意”的特点，即有预定的目的，但不需要意志努力。

四、注意的品质

（一）注意的范围

注意的范围，又称注意的广度，是指在一瞬间（0.1 秒）人的意识所能指向并集中的客体（注意对象）的数量。心理学家汉密尔顿早在 1859 年就做了这方面的实验。他在地上撒了一把石子儿，发现人们很难在一瞬间同时看到六颗以上的石子儿。如果把石子儿两个、三个或五个组成一堆，人们能同时看到的堆数和单个的数目一样多。视觉注意的范围可以用速视器来确定。在不超过十分之一秒的时间内，在速视器上呈现一些印有数字、图形或字母的卡片，由于呈现时间很短，人来不及眼动扫描，受试者对刺激物的视知觉几乎是同时进行的。结果表明，成人一般能注意到 8 ~9 个黑色的圆点或 4 ~6 个没有联系的外文字母，能同时把握 4 ~6 个没有意义联系的符号或 8 ~9 个排列不规则的黑色圆点。

人的注意广度并不是固定不变的，而是随主客体特点的不同而变化。影响个体注意广度的因素主要有以下四个方面：①对象的特点。知觉的对象越集中，排列得越规律，注意的广度就越大。例如，图 4 –2 选用了三名教师讲解心理学的研究对象时制作的课件，比比看哪一张课件更好？②个体的经验。知识经验丰富的人善于把所感知的对象组织成一个整体来感知，因而其注意广度也就较大。例如，经常阅读报纸的人，对报纸的段落编排非常熟悉，其注意广度和阅读速度也高于他人。③活动任务的特点。活动任务越多、越复杂，其注意广度就越小。④个体的情绪状态。情绪越紧张，注意广度越小。

注意的范围也会影响人们工作的效率，注意范围随着活动任务和个人知识经验的不同而有所不同。例如，只要求知觉字母的数量比要求指出哪个字母有错误时注意广度大，精通外文的人比刚学外文的人阅读外文时的注意广度大，特别是裁判员、驾驶员、校稿员等在工作时需要较大的注意范围。注意范围的大小直接关系到学习效率。在学习过程中，注意的广度越大，阅读的速度就越快。

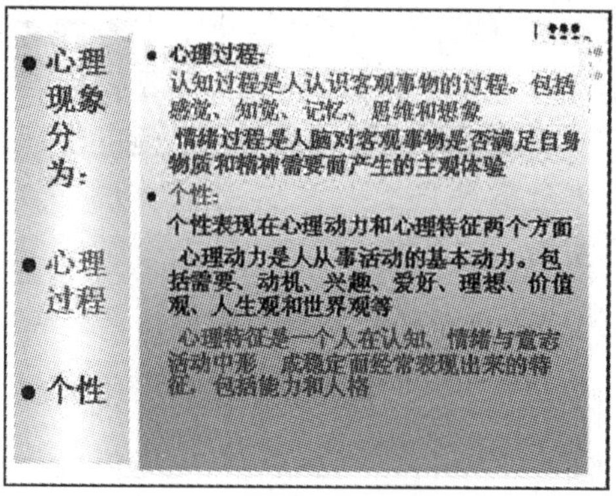

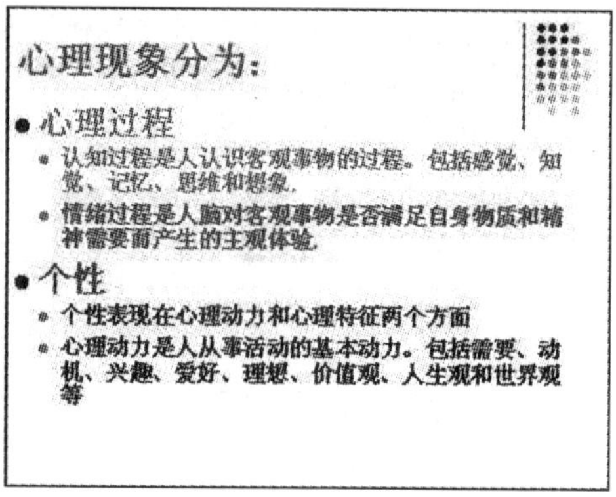

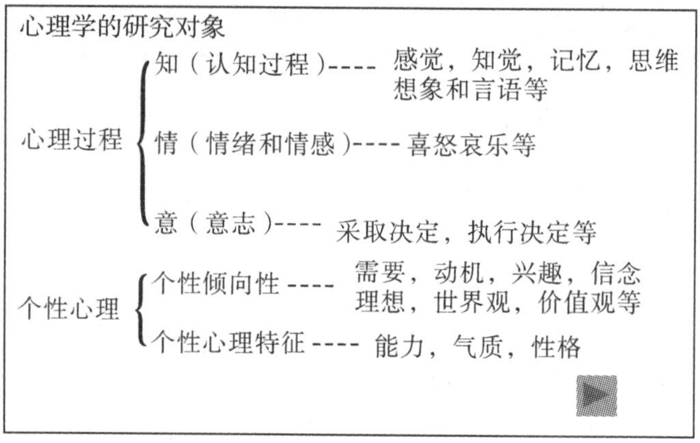

图 4－2　比一比这三张幻灯片哪个能引起更广泛的注意

【资料二】关注学生的注意广度

第一周教学的内容是“大数的读写”，遇到的数从五位数到十几位数。既要求学生能正确流利地读出多位数，又要求能把用文字书写的多位数写出来。以前在教读数时，教师会强调先分级再读数，并注意每级读完后适度停顿，效果不错。而在写数时，学生经常会漏写、多写某一级的数字，或将相邻数位上的数字搞混。例如，一千二百零四万二千一百九十五，写成 120 042 195，或 12 042 115，12 042 190 等。分析其原因：不是不懂写数的方法，而是因为文字叙述比较长，不能首尾兼顾，所以出错。尤其是语言文字感知能力欠缺的学生，如果遇到带有亿级的数，文字叙述会更长，错误率相应更高。

仔细翻阅新教材，发现在书上初次出现的习题中，类似一千二百零四万二千一百九十五中的“万”字以红色凸显（老教材没有），编者的意图肯定是希望引起学生的注意，并降低难度。于是，我在教写数时，顺应教材的编排意图，同样要求学生先分级，即在“万”字后以虚线或逗号分隔，再逐级写数。这样一来，关注的范围几乎一分为二，正确率明显提高。

从心理学的角度来看，这种做法的根据是人的注意广度的有限性。注意的广度也就是注意的范围，是指人们对于所注意的事物在一瞬间内清楚地察觉或认识的对象的数量。例如，有研究表明在1秒钟内，一般人可以注意到4~6个相互间没有联系的字母，5~7个相互间没有联系的数字，3或4个相互间没有联系的几何图形。对于四年级的学生，注意的范围更加有限，要在短时间内关注到十个以上的字节，难度不小。而采用分级的方式，则一次只需关注7个以下的文字，难度大大降低。

（二）注意的稳定性

注意的稳定性是指在较长时间内，人服从某个目的把注意指向并集中在某一种活动或对象上的特性。这是注意品质在时间上的特征。例如，学生在上课的45分钟内，使自己的注意保持在与教学活动有关的对象上。

注意的稳定性有广义与狭义之分。狭义的注意稳定性是指维持在同一对象上的时间。课堂上，我们要求每位学生都能全神贯注地听讲，从道理上讲是对的，但实际上许多学生往往难以做到这一点，其原因之一就是注意的起伏所致。注意这种周期性的加强或减弱叫做注意的起伏现象。注意的起伏周期一般为2.3~12秒。以听觉为例，人们可以试着拿一只怀表，离被试耳朵有一定的距离，使他刚能隐约地听到表的滴答声。这时被试会一时听到表的声音，一时又听不到，或者感到表的声音一时强，一时弱。在视觉方面，注意的起伏现象可以用图4-3演示出来，眼睛盯着图看，我们会感觉平面的图片一时凹进，一时凸起。

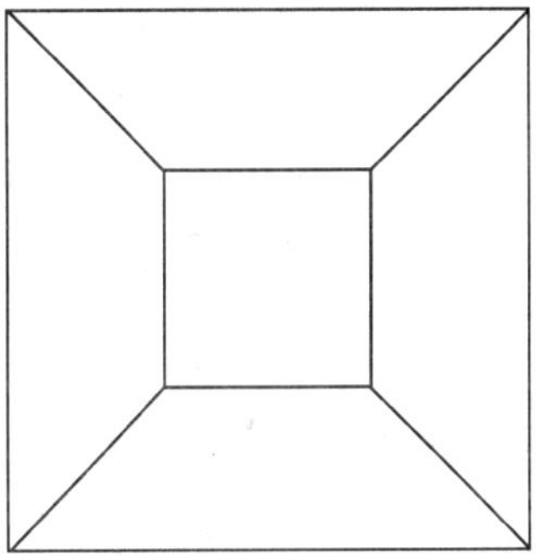

图4-3 视觉方面注意的起伏

广义的注意稳定性是指注意保持在一定的活动中，并随着活动的进行变换注意的具体对象。例如，学生在听课的时候，跟随教师的教学活动，一会儿看黑板，一会儿记笔记，一会儿读课文，虽然注意的对象不断变换，但都服从于听课这一总任务。在学习和工作中，我们都强调广义的注意的稳定性，与之相反的品质是注意的分散。

在工作中明确规定所要解决的总任务是什么，布置每一步骤所要解决的局部任务，并且积极地尝试去解决它们，是保持稳定的注意的最重要条件之一。另外，要保持稳定的注意，应该使所进行的活动多样化。要长时间地进行单调的活动是困难的，如果使活动交替进行，并且不断出现新的内容，提出新的问题，就可以保持稳定的注意。有计划地组织自己的活动对于保持稳定的注意也是很重要的。

（三）注意的分配

注意的分配是指在同一时间内，把注意同时指向两种甚至两种以上活动或对象中去的能力，也就是通常所说的“一心二用”。在现实生活中，许多活动要求人们同时做两种以上的事情。例如，教师在讲课时，一边讲授，一边板书或操作电脑，一边要观察学生的情况并及时调整教学活动；司机需要一边驾车，一边观察路况；学生在学习电脑打字时，一边敲击键盘，一边看屏幕显示；钢琴师在弹钢琴时，眼看琴谱、耳听琴音、脚踩踏板，大脑则要分析、判断音乐的节奏。学会“分配”自己的注意力就能很好地应付这些任务。事实证明，注意的分配是可行的，人们在生活中可以做到“一心二用”，甚至“一心多用”。有史料记载，一位法国学者能当众表演边朗诵诗歌边做数学运算。

注意的分配是有条件的。通常来说，人是很难同时完成两项要求注意力高度集中的事情。人们能否实现注意的分配取决于以下两个方面：①活动的熟练程度。如果同时进行的多项活动中只有一种是不熟悉的，其余活动都已达到“自动化”或“半自动化”时，注意就能较好地分配到这几项活动中。②使同时进行的几种活动之间建立一定的联系，或通过训练使复杂的活动形成一定的反应系统，这样注意分配也就比较容易了。[①] 试一试你大声地连续背诵李白的《静夜思》，同时用纸笔计算随机百位数间的乘法，如 $345 \times 678 = ?$ 看看你的答案对不对。想一想，你可以用什么方法让你成功地完成这个任务。

不同种类的刺激严格地同时作用于两个感官的时候，注意分配相当困难。注意的分配其实与注意的转移是密切联系的，注意的分配过程需要人根据既定目的，主动地把注意从一个对象转移到另一个对象上。而当这个往返转移的速度要求太快，超过了注意转移的能力，那么注意的分配也就难以实现。早在 1 400 多年前，中国北齐的刘昼就设计了考察注意分配的测验，结果表明，“使左手画方，右手画圆，无一时俱成”。

【资料三】注意的分配

在眼科手术中，为了不让病人双手闲着，并把注意力转移到某些物体上，大多数眼科医师都会提供填充玩具，让您在手术过程中抓着。如利萨·沃尔夫在进行激光重塑角膜手术时，手里握着一只填充青蛙。

（四）注意的转移

注意的转移是指根据新任务的要求，有意识地把注意从一种活动或对象转移指向另一种活动或对象上的特性。

---

① 曹日昌．普通心理学．北京：人民教育出版社，1979. 223.

在需要注意转移时，明确的信号提示可促使个体的大脑处于兴奋和唤醒状态，灵活迅速地转换注意对象。文艺演出中报幕员的角色，其实也发挥着这方面的作用。这种提示信号，既可以是物理刺激（如铃声、号角），也可以是他人的言语命令，甚至是自己的内部言语的提醒。正如有意注意中提到的，有经验的小学教师数三声数，要求学生在“一、二、三”结束时就转入新的学习活动中。

【故事三】1993 年 4 月 6 日南方航空波音 757 劫机事件

1993 年 4 月，由深圳飞往北京的客机被两名持枪的青年劫持到台北。新落成的深圳黄田机场配有国际水平的保安设备。其中一个劫机者说，他们将手枪藏在巧克力盒内。上面放一层巧克力，巧克力下放一个手枪型打火机，再在打火机下面藏两支真手枪。在通过机场的安检系统时，金属感应器发现盒内有金属，他们打开巧克力盒子，告诉检查员是打火机。检查员将打火机没收后让他们上机。

劫机者知道，要躲过世界一流设备的检测很难，只能从“软件”入手。他们利用的心理骗术被称为“紧张缓和或注意力转移”：在达到眼前的目的时，人们很容易忘却了更重要的使命。一个人认为自己完成任务时，心情就会松懈下来。检查员看到打火机时，认为已经找到了报警的原因，完成了任务，因而放松了警惕。（引自中国民航信息网）

第二节　意识概述

一、意识的概念

定义意识这一概念，有必要将其与精神、理性、真理等概念区分清楚。在心理学领域，通常将意识定义为“人所特有的一种对客观现实的高级心理反映形式”。在哲学领域，通常将意识定义为“一种与物质相对立的精神实体意识，一个充满神秘色彩的难以解释的谜”。在哲学领域，意识这一词通常等同于心理。而在心理学中，意识与心理是两个不同的概念，意识属于心理范畴。约翰·希尔勒通俗地将其解释成：“从无梦的睡眠醒来之后，除非再次入睡或进入无意识状态，否则在白天持续进行的知觉、感觉或觉察的状态。”现在，意识概念中最容易被纳入科学研究的正是觉察方面。因此，意识就是人们的觉知状态，即对个体自身、外界的环境事件以及自己与外界环境事件关系的觉知状态。例如，某人觉察到了自我、某人觉察到了他人。“觉察”也成为“意识”的同义词。这两个词之间甚至可以相互替换。我们可以觉知到自身的生理感受（如饥渴、疼痛和愉悦）、记忆、思维、需求、焦虑、低落或眩晕等种种内部经验和行为，可以觉知到外界的声、光、气味、天气冷暖、人群、流行歌曲等环境事件，也可以觉知到我的花园、我的汽车、我的同学、我的老师、我的父母等自己和外界环境事件的关系。个体所觉察的关于自我的部分，即自我意识，是指个体对自己的身心状况、自己与周围世界关系的认知和情感以及由此而产生的意向。

二、意识水平

信息的加工可以在不同的觉知水平上进行，意识也是多水平化的。下面就介绍几种不同的意识水平。

（一）焦点意识

人们总是忽略一些刺激，选择一些刺激并拒斥一些刺激，焦点意识是指个体特别地将注意停留在以某一物体为中心上的状态。这种焦点意识就像是当下你的觉察或觉知。例如，你正在教室里看着书上当下的这段文字信息；在上课时，通过集中注意听老师的讲授而获得的对某一知识点的意识。人们的一切有目的的行为活动都是在焦点意识水平上进行的，并且人们对活动目标的意义越明确，或对活动越感兴趣，那么人们所期待的目标意识也就越明晰。个人处于焦点意识水平时，需要投入较多的心理资源。因此，焦点意识也是在觉知水平最高的情况下产生的意识状态。

（二）下意识

下意识是指人们在没有特别的感知记忆、往往在较大的场合范围下，无法对客体清晰地认识，只能大概感觉。生活中有许许多多的刺激在冲击着我们的机体，在特定时刻，我们只能把注意集中在其中很少一部分刺激上。不在焦点意识中的物体或事件仍会对我们产生某些影响。当你在集中注意看书中的一个短语时，它周围的词语或图表是不清楚的，处于你的边缘意识水平上。许多研究表明，这些未被注意的信息也是被登记和评估的。这些未被注意的信息是在觉知的下意识水平上起作用的，但这些信息对个体能起到的作用是有限的，产生的作用也是一种不自觉的行为趋向。[①]

（三）前意识

人们头脑中许多当前不能被意识到的心理活动，但在集中精力努力回忆和经过提醒后，能被带入到意识中。这些事件或事实曾经是意识关注的焦点，只是此刻可能没有意识到，但如果想回忆这些记忆的话，还是可以把它们回忆起来的，此时这些记忆便成为意识中清晰的组成部分。如果不去回忆，那么这些记忆就潜伏于心理背景之中，刚刚不超出意识的边界，直到有需要的时候被提取。在精神分析理论中，

① 黄希庭．心理学导论（第二版）．北京：人民教育出版社，2007. 265.

前意识（preconscious）是介于意识与潜意识之间的一种意识层面。潜意识层面下所压抑的一些欲望或冲动，在浮现到意识层面之前，必先经过前意识。在这一过程中，前意识在一定意义上充当了稽查者的角色，其作用是除去不为意识层面所接受的潜意识内容，并把它们压抑到潜意识中去。

（四）潜意识

潜意识是弗洛伊德创造出的一个概念，也称为“被压抑的无意识”。这个词可以理解成没有意识，就像某人昏厥或被麻醉时的状态。但潜意识还有另一层意思，即不为意识所知的认知，不知不觉、无法言语的。意识是内心的推理和思考，它会分析各种资讯和数据。但潜意识不会思考和推理，它只会本能地对基本情绪作出反应。弗洛伊德认为，某些痛苦记忆是被压抑的，即被转为潜意识并继续影响人们的行为，尽管当事人并未意识到这些记忆的存在。被压抑到潜意识中的思想和冲动虽然不能进入意识但它们却会以间接或伪装的方式（如通过梦、非理性行为、怪癖、口误等）影响着人们。弗洛伊德还认为，潜意识欲望和冲动是大多数精神疾病产生的原因。他用精神分析的方法，将被压抑的心理内容召至意识中来治疗患者。现在，大多数心理学家认为有一些记忆和心理是内省所不能达到的，这些心理现象可以称为潜意识。但学者们对弗洛伊德过分强调潜意识的情感痛苦方面而忽视潜意识的其他方面提出了强烈的批评。心理学家在实验室环境下使用启动的方法证明这种潜意识过程的存在。例如，请你在下面空格填写一个字，使其与之前的那个字构成一个词：“压____”。在这个例子中，答案可以有很多，如压榨、压迫、压力、压强、压抑、压缩、压价、压腿等。虽然无法确切知道你会回答什么，但由于前一段文字中使用了“压抑”这个词语，因此，你写下“压抑”的概率会增大。

三、注意与意识

过去人们一直认为注意与意识是两个交叉的，甚至是相同的概念。但后来学者们发现，注意与意识是两个不同的概念。注意是以清晰鲜明的形式让数个同时作用于人们的刺激依次通达人们的意识。可以用这样一个比喻来说明：注意像选择一个电视频道，而意识像显示在屏幕上的视觉图像；注意像一个可变焦距的聚光灯，意识像该光柱所照到的区域内的图像。注意机制控制着信息通达到意识的数量。①

从对注意与意识的研究设计上来看，心理学家所探讨的主要因变量是不同的。对注意有两种研究取向，即集中注意与分配注意。这两种研究取向，在探讨注意时都同时向被试呈现两种刺激输入。前者要求被试加工某一输入而忽略其他输入；后者则要求被试尽力加工这两种刺激，并对这两种输入都要作出恰当的反应。前者可

① ［美］巴尔斯，盖奇．认知、脑与意识——认知神经科学导论．北京：科学出版社，2008. 200.

以使人们了解到在何种程度上，人们会选择某一输入而忽略另一输入；后者可以使人们了解到注意在加工容量方面的信息。在这两种研究取向中所测量的主要因变量是一些作业成绩，它反映了操纵注意所引起的效应。而在意识经验的研究中，主要的因变量是被试经验的口头报告。

第三节　生物节律、睡眠与梦

一、人的生物节律

生物节律是指生命现象中的节律性变化。在生命过程中，从分子、细胞到机体、群体，各个层次上都有明显的时间周期现象，其周期从几秒、几天直到几月、几年。广泛存在的节律使生物能更好地适应外界环境。

在日常生活中，几乎每个人都有这么一种感觉：有时体力充沛、情绪饱满、精神焕发，而有时却又感到浑身疲乏、情绪低落、精神萎靡。迥然不同的两种情况是怎么在同一个人身上发生的呢？科学家们经过长期研究表明，对人的自我感觉影响最大的三个因素是体力、情绪和智力，而且体力、情绪和智力的变化是有规律的。人从出生之日起，到离开世界为止，这个规律自始至终不会有丝毫变化，不受任何后天影响，这个规律就是人的“生物节律”，又称“生物三节律”，即“体力节律、情绪节律、智力节律”。

二、睡眠

睡眠是人和高等动物共有的一种生理现象。无论人们是习惯“早起”还是习惯“晚睡”，每个人都会进入睡眠状态。人一生约有三分之一的时间是在睡眠中度过的。人们无论年龄大小，当困意袭来时睡眠都是不可抵挡的。如果一个人能活到90岁，那么他有将近30年的时间是在睡眠中度过的。虽然看上去人们似乎失去了三分之一的生命活动时间，但睡眠往往是一种无意识的愉快状态。睡眠曾经是精神分析学者、预言家和通灵人的最爱，现在也成了科学研究的领域。与觉醒状态相比，睡眠时人与周围的接触停止，自觉意识消失，不再能控制自己说什么或做什么。处在睡眠状态的人肌肉放松，神经反射减弱，体温下降，心跳减慢，血压轻度下降，新陈代谢的速度减慢，胃肠道的蠕动也明显减弱。睡眠为身体提供了暂停的机会，从而使身体能够恢复白天损失的体力。

对于多数人而言，清醒时间比睡眠时间长些。在没有任务时间线索的环境下，一个正常的睡眠和清醒周期大约为25小时。勇敢的实验人员曾经亲自在地下没有任何时间线索的环境中生活一个月，结果一个月后，助手打开门，他还以为实验被提前结束。任何与人们生物钟不合拍的活动都会影响人的情绪和行为。为了考试而“开夜车”的人会发现第二天不管如何休息，总会感到疲劳和无法抗拒的困倦。同样，跨时区飞行会造成时差反应，这是因为体内的昼夜节律被新的时区环境所打乱。当人的身体已经感觉是凌晨1点，但身边的人还觉得是下午1点，那么个体就必须消耗体力和精力来适应环境。

大部分人一天的睡眠时间在7~8小时之间，平均约7.5小时，但这并不等于说睡眠一定是7.5小时或8小时。每天需要睡多少时间在同龄人中存在很大的个体差异。至今尚未有一个研究资料能确切地表明，人究竟睡几个小时才最合适。但一般认为，凡是能使人们第二天达到精力旺盛的状态所需的时间就是合适的睡眠时间。世界上有许多人每天睡3~4小时就够了，如爱迪生、拿破仑、撒切尔夫人等，这些人被称为短睡者；也有每天睡9~11小时的人，如爱因斯坦等，他们被称为长睡者。人群中这两者比例不多，只占人口总数的1%~3%。长睡者和短睡者虽然总睡眠时间相差很多，但他们的睡眠质量（深度睡眠时间）和普通睡眠者是一样的，甚至短睡者的熟睡时间之和占总睡眠时间的百分比还多一些，睡眠质量更高一些。

三、睡眠过程

睡眠世界一直是个谜，似乎只有入睡的人才知道究竟发生了什么。1952年的一个深夜，尤金·阿瑟林斯基决定记录自己熟睡儿子的脑波和眼球肌肉运动以揭开睡眠的神秘面纱。尤金发现儿子开始入睡时非常安静，脑电波也是正常的睡眠慢波。但突然儿子的眼球开始飞快地来回移动，就好像在看一幅快速变化的图画，脑波似乎也显示儿子已经醒了。但当尤金进入房间时，他发现儿子仍静静地躺在床上熟睡，眼睛也是闭着的。感兴趣的同学可以试着观察同学的入睡过程，你会发现每个人睡觉的时候都会有基本相同的周期性行为模式。通过精确测量这些脑电的变化并绘成相应的脑电图（EEG），能够很好地了解和揭示睡眠的本质。

脑电图中有六条曲线，除第一条表示清醒状态之外，从第二条曲线往下，代表睡眠的五个阶段，如图4-4所示。在清醒状态下，脑电波呈不规则、快速放电状态。阶段1是睡眠的开始，脑波曲线频率明显减慢，振幅渐小，这时人会感到昏昏欲睡，处于朦胧状态。睡眠习惯正常的人，阶段1只维持几分钟时间。

到阶段2人就慢慢睡着了，开始正式睡眠，脑波渐呈不规律进行，频率与振幅忽大忽小，属于浅睡阶段。偶尔会出现被称为“睡眠锭”的高频、大波幅脑波，还有被称为“K结”的低频、很大波幅脑波。这是浅睡期的标志，此时若稍有响动，人便会惊醒。

经历阶段3与阶段4后，人就进入沉睡阶段。此时脑波形态改变很大，频率较慢，振幅增大。睡眠进入到这两个阶段，个体不易被叫醒。这四个阶段的睡眠共要经过约 30～45 分钟，被称为非快速眼动睡眠，或“正相睡眠”。之后，睡眠者通常会有翻身的动作，并很容易惊醒。此时，人们的呼吸变深、变慢、变均匀，心率也变慢，眼睛是闭拢的，如轻轻扳开眼皮可以发现眼球轻微向上呈静止状态。这时血压比清醒时下降，全身肌肉松弛，但肌肉仍保持一定的紧张度。

接下来，按照相反的顺序 4—3—2 再次经历这三个阶段，70～90 分钟后，会有一些特殊的事情发生，进入阶段 5“快速动眼睡眠”（REM sleep）。这时大脑爆发出一种快而无序的脑电波，并且这种脑电波持续时间比较长。这时人体的各种感觉功能比在正相睡眠时期更进一步减退，肌肉也更加松弛，肌腱反射亦随之消失，这些都说明睡眠程度更进一步变深。但这个时期的血压却较之慢波睡眠时升高，呼吸也变得快一些且不规则，体温和心率也较前阶段升高和加快。身体上有些部分的肌肉，如面肌、口角肌及四肢的一些肌肉群，可出现轻微的抽动。这个阶段被称为“异相睡眠”。如果此时将个体唤醒，大多（80%）报告说正在做梦。一个异相睡眠的完整周期较短，一般只有 10～30 分钟。

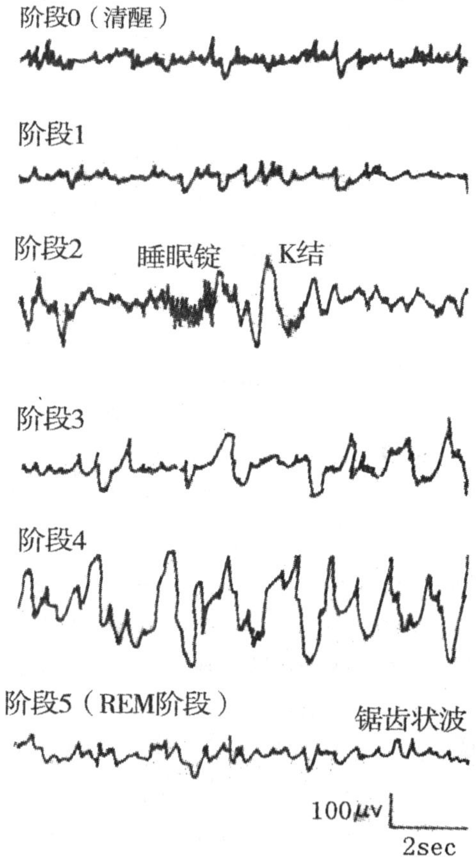

图 4－4　正常睡眠阶段的 EEG 模式

正相睡眠和异相睡眠两种周期在一夜之间，各穿插进行约4~5次。其时间的长短和次数的多少会因人而异，即使同一个人，也会随其疲劳程度、健康状况或情绪的好坏而变化。随着夜晚慢慢过去，周期会逐渐改变。属于沉睡期的第4阶段所占时间在前半夜要远多于后半夜，快速动眼睡眠在周期中持续的时间则越来越长，最后一次可以长达1个小时。因此，大多数的梦是发生在一夜的后半期。通常儿童（特别是婴幼儿）正相睡眠期长，其中阶段3、4占的时间特别长，睡眠质量也高。随着年龄的增长，3、4阶段的时间会逐渐缩短，及至老年，阶段4常常缺乏，不仅睡眠较浅，而且中间会多次醒来。一些神经衰弱的人，正相睡眠周期明显缩短而异相睡眠周期明显加长，所以常常通宵噩梦不断、醒后精神恍惚疲劳。

四、失眠

失眠是最常见的睡眠障碍现象。失眠主要有三种表现：一是上床后很难入睡；二是时睡时醒无法进入沉睡阶段，自觉不能修复疲劳；三是晨醒过早，醒后很难再度入睡。在生活节奏快、压力大的当今社会，失眠现象相当普遍。在失眠的成年人中，女性的比率远远大于男性。失眠会引起人的疲劳感、不安、全身不适、无精打采、反应迟缓、头痛、注意力不集中等症状。失眠的最大影响是精神方面的，严重的会导致精神分裂、抑郁症、焦虑症、植物神经功能紊乱等功能性疾病，以及各个系统疾病，如心血管系统、消化系统等。

偶尔一次失眠是正常的，特别是当人们心中有令人忧虑或令人兴奋的事情时，对睡眠而言，这些让人睡不着的事情本身没有太大危险。造成失眠的原因是多方面的，主要有躯体原因（如关节病的疼痛、心源性或肺源性气急、甲状腺机能亢进的心悸等）、环境原因（如工作或生活上的变化、寝室中的亮光、噪音等）、精神原因（兴奋、焦虑、抑郁等）、个体原因（不良的生活作息习惯）和药物原因（如服用苯内胺、咖啡碱、麻黄素等）等。

五、梦

俗话说，“日有所思，夜有所梦”，这似乎成了人们对梦与现实联系的一种质朴解释。几乎人人都做过梦，有人说梦是很玄的东西。在心理学上，梦是睡眠中在某一阶段意识状态下产生的一种自发性的心理活动。在我国的民间文化中，有关梦的故事非常多，例如庄周梦蝶、黄粱一梦、梦笔生花、江郎才尽、南柯一梦等，都是历来为人津津乐道的关于梦的故事。不过我国与西方在对梦的观念上，似乎自古以来就有所不同。希腊哲人柏拉图曾说：“好人做梦，坏人作恶。”而我国古代的先人却相信“至人无梦”。至人者，圣人也；意指圣人无妄念，所以不会做梦。事实上，古时中西对梦的看法是有很多误解的，因为不分好人坏人，也无论圣贤愚鲁，人人都会做梦，甚至连动物也会做梦。

由正相睡眠和异相睡眠两种周期我们可以大概推断，在一个典型的夜睡过程中，一般人的第一个梦，大约出现在入睡后的90分钟。梦境的持续时间约为5～15分钟（平均约为10分钟），整夜的睡眠时间内，梦在睡眠的各个阶段循环出现，而在一夜内大约要做4～6个梦，总共大约有1～2小时的睡眠时间是在梦中度过的。梦境有两种分类：一是美感梦（如及时赶上火车、飞机等交通工具）和恶感梦（如赶到时，火车刚开走或飞机刚起飞）；二是显性梦境（是当事人醒来后所能记忆的梦境）和潜性梦境（是梦境深处不为当事人所了解的部分，属于潜意识层面的梦）。显性梦境多半与我们清醒时的生活有关。你可能会有这种感觉，噩梦往往与那些你生活中的压力有关。例如，现实生活中电脑出了问题，你可能会做电脑被偷的梦；正在努力准备考研的学生，晚上可能会梦到去考场却忘记带准考证。

【资料四】梦游与梦话

梦游是睡眠中自行下床行动，而后再回到床上继续睡眠的怪异现象。此现象虽称为梦游，但事实上与做梦无关。据脑电图显示，梦游时患者的脑波正处在睡眠的阶段3与阶段4，正值沉睡的阶段，而沉睡阶段是不会做梦的。因此，把梦游称为“睡中行走”较为符合事实。梦游者眼睛张开，让人误以为是清醒的，而且可以回答一些简单的问题或命令。三分之一的梦游者行为有侵略性，醒后不能记得自己曾经下床。大部分梦游时间在几分钟到一小时不等。梦游者多为儿童，年龄多在6～12岁之间。梦游并非严重病态，也与情绪困扰无关，多数到成年后不治而愈。

梦话是指睡眠中说话的现象。根据心理学家的研究，梦话也根本与做梦无关。因为几乎所有的说梦话现象也都是在沉睡阶段发生的。因此，梦话也应称为“睡话”才名副其实。

第四节　意识的特殊现象

一、催眠

催眠（hypnosis），源自于希腊神话中睡神Hypnos的名字，是用各种不同技术引发的一种特殊的意识状态。进入催眠状态，人高度放松，非常易于被暗示，注意力调试集中。虽然催眠很像睡眠，但睡眠在催眠中是不扮演任何角色的，因为如果人要是真的睡着了，对任何的暗示都不会有反应了。脑电图显示催眠状态不同于睡眠状态，本身没有独特的标志。“催眠”这个名字是带有一定误导性的。其实催眠已有数千年的历史，在五千多年前的埃及，以及中国古老的道术，或是其他民族的巫术都有迹可寻，西方将其定名为“催眠”，约有两百多年的历史。后来，英国曼彻斯特的外科医生詹姆士·布雷德（J. Braid）将这种降低病患痛苦的医疗方式定义为催眠。

催眠是通过对人进行诱导（如放松、单调刺激、集中注意、想象等）从而引起的一种特殊的类似睡眠又非睡眠的意识恍惚的心理状态。它的特点是被催眠者自主判断、自主意愿行动减弱或丧失，感觉、知觉发生歪曲或丧失。在催眠过程中，被催眠者遵从催眠师的暗示或指示，并作出反应。催眠的深度因个体的催眠感受性、催眠师的威信与技巧等的差异而不同。以一定程序的诱导被催眠者进入催眠状态的方法称为催眠术。催眠包括催眠药物和催眠术。当催眠体验结束时，人们通常会报告说他们非常自觉地听从催眠师的暗示，他们会觉得自己的行为不需要意识的努力，在不经意之间就完成了。

事实上，每个人都有被催眠的能力，只是由于每个人的易受性各不相同，所以进入催眠的速度、深度以及接受催眠的建议也都各不相同。其实，人每天都生活在自我暗示或他人暗示之中，这种受暗示性每个人每一天都在进行着，只不过一般人在受到暗示时却不以为是，就像在看电视时看到的广告一样。有些具有高度易受暗示性（可催眠性）的人，能够非常容易地被催眠师用暗示的方法进行催眠。这些人不但容易受到别人的暗示而进入催眠状态，而且进行自我催眠的能力也会很强。总之，每个人都可以进行自我催眠，人类的每一个想法及意识都可视为一种自我催眠。高度易受暗示性可被看做是一种生来就具有的属性（天赋），也可以经过后天的专业训练来培养。

催眠除了能够在舞台上进行表演以外，还有什么用处呢？催眠在心理治疗上常被使用。例如，催眠可以让患有恐惧症的人对那些恐惧来源变得不那么敏感；催眠可以帮助消除某些不良行为，如吸烟，通过催眠的暗示来削弱对烟草的依赖。常见的催眠应用是催眠疗法，这是一种用催眠的方法使求治者的意识范围变得极度狭窄，借助暗示性语言，以消除病理心理和躯体障碍的心埋治疗方法。通过催眠，诱导人进入一种特殊的意识状态，将医生的言语或动作整合入患者的思维和情感，从而产生治疗效果。催眠被认为能够很好地推动人的潜在能力。现在一些催眠疗法已运用于治疗忧郁症、肥胖、创伤症候群（如美国卫生部对伊拉克战场的回国士兵进行创伤性治疗辅导）、恐惧症状（如幽闭空间恐惧症、飞行恐惧症、演讲恐惧症）和强迫症（如戒除强迫性行为、协助戒烟），以解除心理压力，改善睚眠质量，重建信心。

二、幻觉

幻觉是指在没有客观刺激作用于相应感官的条件下，而产生的一种真实、生动的知觉。相对地，错觉是指具有真正的外在刺激，但反应错误的认知。幻觉是知觉障碍的一种，主要分为幻听、幻视、幻嗅、幻味、幻触等。幻觉常出现在精神病状态下。有时正常人在紧张、疲劳、高烧、入睡前、睡醒后等情况下也会出现，但时间较为短暂。如果个体反复出现幻觉，或幻觉持续时间很长，应视为病理现象。

幻听是临床上最常见的一种幻觉。幻听内容是多种多样的，听到的是各种不同种类和不同性质的声音，例如讲话声、唱歌声、无线电广播声。最常见的是言语性幻听。这种幻听听到的声音常比较清晰，能够清楚辨别声音是男是女，是熟识的或陌生的，以及能明确指出声音所在地点。

幻视是病人可见到空中有奇形怪状的人像，或一闭上眼就看到红绿光等。幻视也较常见，内容丰富多样，形象清晰、鲜明和具体，但有时也比较模糊。幻视中所出现的形象可以从单调的光色到人物、景色、场面等。景象有时比实物大（视物显大性幻视），有时则又比实物小（视物显小性幻视）。按幻象是否活动或内容是否改变，可将幻视分为“稳定性幻觉”和“舞台样幻觉”，前者形象不活动，而后者则像舞台和电影形象那样活动且多变。

幻嗅是病人可闻到奇臭难闻的气味或难以描述的怪气味，如血腥等。一些病人认为有毒气而整天用毛巾捂着鼻子。少数病人可闻到异香气味。

幻味常与幻嗅同时存在。一些病人只要一尝到饭菜或水，会觉得其中有某种怪味，认为饭菜或水中有毒而拒绝进食、进水。

幻触是病人感到皮肤粘膜上有触摸感、虫爬感、针刺感、触电感、烧灼、湿润、抽筋等异常感觉。

除此之外，还有前庭幻觉、运动幻觉和内脏幻觉等各种各样的幻觉。

幻觉是一种严重的病理性感知觉，是精神病态的表现。当出现幻觉时，应及时去精神病院诊治。

三、药物

（一）兴奋剂

兴奋剂原是指能够刺激人体中枢神经系统，使人产生兴奋从而提高机能状态的药物。后泛指能作用于人体机能，有助于运动员提高成绩的药物。目前，社会上使用的危害最大的兴奋剂主要有苯丙胺类、可卡因、咖啡因和其他黄嘌呤类。兴奋剂能够让多动症患儿注意力更加集中，进而减少多动的症状。对于嗜睡症患者，兴奋剂也被用来防止患者突然睡眠发作。

兴奋剂一方面能够给服用者带来强烈的愉悦感，增强自信心，精力充沛，让人觉得非常快乐。特别是可卡因（cocaine），在所有毒品中，它给人们带来的快感最为强烈。“快克”（crack）是一种特别容易使人上瘾的可卡因，能够迅速产生愉悦的高潮，但它的作用很快会消退。安非他命以及相关的药物与可卡因有着类似的效果。亚甲基双氧甲基苯丙胺（摇头丸）也是一种兴奋剂，这种药物能够产生一种快感，能够让年轻人狂舞数小时，有时甚至导致脱水、痉挛以及其他不良后果，且摇头丸还会损害记忆。①

兴奋剂的危险是巨大的，过量使用安非他命和可卡因的人会产生恐惧的幻觉和偏执的错觉。此外，兴奋剂还会引起中毒症状，包括心跳过速、瞳孔扩大、血压升高、反射亢进、出汗、寒战、恶心或呕吐及异常行为，如斗殴、夸大、过度警觉、激越和判断力受损。长期使用会导致人格改变，如冲动、攻击、易激惹和猜疑，也会导致妄想性精神病。长期或大量使用后停用，可产生戒断综合征，表现为抑郁心境、疲劳、睡眠障碍和多梦。

（二）尼古丁

烟碱（Nicotine），俗名尼古丁，是一种存在于茄科植物（茄属）中的生物碱，也是烟草的重要成分。尼古丁会使人上瘾或产生依赖性。重复使用尼古丁会导致心跳加速、血压升高并降低食欲。大剂量的尼古丁会引起恶心甚至呕吐，严重时会致人死亡。烟草中通常会含有尼古丁，这是许多吸烟者无法戒掉烟瘾的重要原因。尼古丁是一种难闻、味苦、无色透明的油质液体，挥发性强，在空气中极易氧化成暗灰色，能迅速溶于水及酒精中，通过口鼻支气管粘膜很容易被机体吸收。粘在皮肤表面的尼古丁亦可被吸收渗入体内。尼古丁进入人体后，会产生许多作用，如四肢末梢血管收缩、心跳加快、血压上升、呼吸变快、精神状况改变，并促进血小板凝集，是造成心脏血管阻塞、高血压、中风等心脏血管性疾病的主要诱因。

微量的尼古丁并不直接对人体造成危害。目前已有临床研究证明，尼古丁有望成为治疗老年痴呆症、帕金森症、抑郁症的有效药物。同时，尼古丁不仅存在于烟叶之中，也存在于多种茄科植物的果实之中，如存在于番茄、枸杞子等植物中。而这些蔬菜和药材却被公认为是对人体有益的食物。正因为如此，世界卫生组织早在20世纪90年代就在全球大力推广“尼古丁替代疗法”进行戒烟，取代了以往从香烟中获得的尼古丁，帮助人们在生理和心理上克服对香烟的依赖，使戒烟的成功机会提高1倍以上。

（三）抑制剂

抑制剂属精神类药物，常见的抑制剂包括酒精、鸦片、巴比妥酸盐和安定药。这些药物的效果十分相似。巴比妥酸盐（barbiturates）和安定药有时被称为“固体酒精”。它们能抑制或减少中枢神经系统中神经冲动的传递，从而压抑（减缓）心

---

① ［美］津巴多，约翰逊，韦伯．普通心理学（第五版）．王佳艺译．北京：中国人民大学出版社，2008. 104～105.

理和躯体活动。酒精的摄取量不同，作用效果也不同。可能的反应有行为迟钝、喧闹、多话、骂人、行为暴力，最后完全抑郁。当服用量较少时，有放松和改善反应速度的作用。人体每小时只能分解大约31克酒精，否则会对中枢神经系统带来消极作用，影响思维、记忆、判断，并导致情绪失常和动作失调。鸦片（opiate）是指从罂粟未成熟的种子荚的包浆里提炼出的物质，包括可待因（codeine）和吗啡（morphine）。这种药物的作用是导致深度睡眠、止痛、抑制呼吸、降低血压、丧失性功能。从鸦片里提炼的另一种药物是海洛因（heroin），它可以驱除退行性症状，服用时引起一阵突然的温热，减退性欲，也可引起困盹、乏力和恍惚。巴比妥酸盐与酒精一样有致醉效果。小剂量服用可减少焦虑，使人感到平静，减少肌肉震颤；大剂量服用会引起睡眠，但会减少REM睡眠的时间，严重时可引起心理错乱、丧失感觉、陷入麻木，甚至死亡。玛丽莲·梦露和其他一些著名人物即死于过量使用巴比妥酸盐。[①]

（四）致幻剂

致幻剂又称拟精神病药物。人们对致幻剂的认识和使用可以追溯到古代。早在3 500年以前，一种被称为毒蝇伞的蘑菇就已成为印度传说中“醉人植物”的来源。这种植物曾被古人在举行宗教仪式时使用，而且人们还用它作为医疗、巫术、魔术以及犯罪的麻醉剂。在世界西半球发现的各种致幻植物也非常多，至今已有120多种。21世纪初，人们已有能力对某些植物的主要成分进行提取和化学分析，从而开创了致幻剂使用的现代史。致幻剂会导致生理和心理上的效应。

1. 生理效应

瞳孔扩大，面色潮红，结膜充血，流泪流涎，肢体震颤，反射增强及轻微的运动失调，脉搏加快，血压上升，体温升高。

2. 心理效应

（1）情绪改变：早期表现为欣快或焦虑。欣快感为占优势的症状，有时发展为一种心醉神迷的感觉，继之可出现突然情绪低落、抑郁、惊慌或深沉的凄惨感觉。症状的不同表现可能与患者的病前性格、生活经历及服用物质当时的处境有关。

（2）感知觉紊乱：知觉紊乱，错觉与幻觉主要涉及视觉，但也可涉及所有的感知觉。视力显得模糊或有明显的增进和鲜明感。听力变得迟钝或者过敏。协同感觉（感官功能“错位”）有时颇为明显，常常染上一些神秘的色彩，感觉可由一种形式转换为另一种形式，如看到了声音，嗅到了光线。最常见的幻觉是视幻觉，可以是有形的，如复杂的动物或人，也可以是无形的，如色彩瑰丽多变的光环。

（3）人格解体与现实解体：体像障碍较常见，由于自我体像障碍，患者出现离

---

① ［美］库恩．心理学导论——思想与行为的认识之路（第九版）．郑钢等译．北京：中国轻工业出版社，2004. 285.

奇的感觉。患者会认为自己是椅子的一部分，或认为自己已融合为其他人躯体的一部分，或变成一个死人的肢体。患者有时有强烈的躯体不适感，如觉得被绞榨、被碾碎、被牵拉等，也可进一步发展到对自己的外形辨认不清，对自己在镜中的形象视若路人。患者常感到时间变慢了，停滞了，周围既现实又虚幻，像一个神奇的天国、全新的乐园，给自己带来了灵感与狂喜。

思考题

一、选择题

1. （　　）是人的感觉与知觉同时对一定对象的选择指向和集中。

A. 意识　　B. 注意　　C. 想象　　D. 潜意识

2. 下列哪项不属于意识的水平。（　　）

A. 前意识　　B. 后意识　　C. 无意识　　D. 潜意识

3. 人在高度注意时注意指向的范围（　　）。

A. 缩小　　B. 增大　　C. 没有变化　　D. 变化不明显

4. 学生在听课的同时还可以做笔记，这属于注意的（　　）。

A. 范围　　B. 转移　　C. 分散　　D. 分配

5. 排除无关刺激的干扰，是维持（　　）的重要因素。

A. 无意注意　　B. 有意注意　　C. 有意后注意

二、问答题

1. 引起有意注意的条件和方法。
2. 引起无意注意的原因。
3. 注意范围的影响因素主要有哪些?
4. 注意分配的条件。
5. 注意与意识的区别。

第五章　智力与创造力

本章要点

● 智力与创造力概述
○ 智力的含义
○ 智力与知识、非智力因素的关系
○ 创造力的含义
○ 智力与创造力的关系
● 智力的测量
○ 智力测验
○ 智力水平的表示方法
● 智力理论
○ 智力的因素理论
○ 智力的结构理论
○ 智力的信息加工理论
● 智力的差异
○ 智力的水平差异
○ 智力的表现早晚差异
○ 智力的性别差异
● 创造力理论
○ 创造力的结构
○ 创造的过程
○ 影响创造力的因素
● 创造力培养
○ 创造力培养的基本原则
○ 创造力培养的内容
○ 创造性思维的训练

第一节 智力与创造力概述

一、能力概述

（一）能力的含义

能力是指人成功地完成某种活动所必需的个性心理特征。

从事任何一项活动，都需要具备一定的能力。以教师的教学活动为例，上好一堂课除了具备一些基本的心理素质之外，还需要有良好的口头表达能力、记忆能力、管理能力、板书能力、行为控制能力等，这些能力是完成这项任务的基础。

能力有两种含义：一是指实际能力，即个人已经具备并表现出来的能力；二是指潜在能力，即个人可能发展出来的能力。实际能力和潜在能力密切地联系着，潜在能力是实际能力的基础和前提，而实际能力是潜在能力的展现，两者不可分割。

（二）能力的种类

人的能力是多种多样的，可以根据不同的标准对能力进行分类。

1. 一般能力和特殊能力

根据能力的特殊性可划分为一般能力和特殊能力。

一般能力是指人成功地完成各种活动所必需的，在不同种类的活动中表现出来的能力。例如，在学习活动中需要记忆力，在从事绘画、音乐、舞蹈等活动时需要记忆来记住大量的形象材料，因此记忆力是一种一般能力。此外，观察力、想象力、抽象概括能力等都属于一般能力。一般能力的综合体就是通常所说的智力。

特殊能力是指在某种专业活动中表现出来的能力，它是人成功地完成某种专门活动所必需的。例如绘画能力、音乐能力、写作能力、运动能力等。

一般能力和特殊能力关系十分密切，两者共同存在于每一项活动中。例如，绘画能力是一种特殊能力，但要画好一幅画，还离不开观察力、记忆力、想象力等一般能力。一般能力是一切特殊能力的基础，一般能力的发展为特殊能力的发展与发挥创造了有利条件；而特殊能力的发展也促进了一般能力的发展。

2. 再造能力和创造能力

根据参与活动的能力的创造性程度可划分为再造能力和创造能力。

再造能力是指能顺利地掌握前人积累的知识和技能，善于按照原有模式进行活动和解决问题的能力。

模仿能力即属于再造能力。模仿能力是指仿效他人的言行举止而引起的与之相类似的行为活动的能力。美国心理学家班杜拉（A. Bandura）认为，人的模仿能力是学习所必备的一种能力，人的许多行为是由模仿获得的。儿童的模仿能力相对较强，尤其对成人权威的模仿更多。他们常常模仿老师、家长的言行举止，因此，有时从孩子身上可以见到父母的影子。到了青春期，由于逆反心理、自我中心等的作用，他们往往更多地模仿同龄人，歌星、影星等成为他们模仿的对象，成为“追星族”。模仿能力使人有意或无意地从被模仿者那里学会如何应付生活事件，为独立或创造性地处理问题打下基础。

创造能力是指产生新思想、新发现和创造新事物的能力。人类正是由于具有创造能力，才能在模仿的基础上有所突破，人类的生活方式和生活内容也随之丰富起来。

3. 认知能力和元认知能力

认知能力是指个体接受、加工和运用信息的能力，它表现在人对客观世界的认识活动中。

元认知能力则是指个体对自己的认知过程进行认知的能力，它表现为人对内心正在发生的认知活动的认识、体验和监控。因此，认知能力的活动对象是认知信息，而元认知能力的活动对象是认知活动本身。心理学家分析认为，元认知能力包括个人怎样评价自己的认知活动，怎样从已知的可能性中选择出解决问题的确切方法，怎样集中注意力，怎样及时决定停止做一项困难的工作，怎样判断目标是否与自己的能力相一致等。

二、智力概述

（一）智力的定义

智力也称智能或智慧。智力是心理学家普遍关注的概念，对它有各种不同的解释，至今没有统一的定义。在西方心理学中主要有以下四种观点。

（1）智力是抽象思维能力。

智力高的人善于抽象思维，善于判断和推理。例如，法国心理学家比奈（A. Binet）把智力理解为正确地判断，透彻地理解，适当地推理的能力。美国心理学家推孟（L. Terman）认为，一个人的智力与他的抽象思维能力成正比。

（2）智力是学习能力，学习成绩就代表智力水平。

智力高的学生，学习快，掌握的知识多；智力低的学生，学习慢，掌握的知识少。持这种观点的心理学家以迪尔伯斯（W. Dearbors）为代表。

（3）智力是适应新环境的能力。

例如，德国心理学家施腾（L. Stern）认为：“智力是个体有意识的以思维活动来适应新情境的一种潜力。”美国心理学家桑代克（E. L. Thorndike）认为：“智力是从事实和真理方面着眼的适当反应的能力。”瑞士心理学家皮亚杰（J. Piaget）也认为，智力的本质就是适应。

心理学家布朗（F. Brown）综合了上述三种观点，认为智力是学习、保持知识、推理和应付新情境的能力。

（4）采用具体性或操作性方法或程序来解释智力，对智力的内涵没有作出规定。

持这种观点的心理学家认为，智力是一个抽象的概念，离开了对智力的具体操作（如智力测验），几乎无法了解智力的含义。例如，心理学家弗里曼（F. Freeman）认为：“智力就是运用智力测验所测到的东西。”

在我国，较多的心理学家认为，智力是指个体认识方面的各种能力，即观察力、记忆力、思维能力、想象能力的综合，其中抽象逻辑思维能力是智力的核心，创造力是智力的高级表现。

（二）智力与知识的关系

智力与知识既有区别又有密切的联系。

智力和知识属于不同的范畴。智力是个体的一种心理特征，是人顺利完成某种活动所必需的认知因素的总和，以抽象逻辑思维能力为核心。而知识是人类社会历史经验的总结和概括，对个体而言，知识是个体心理活动的对象、内容和结果，是个体通过与环境相互作用后获得的信息，它包括陈述性知识和程序性知识。

同时，智力与知识又是密切联系的。一方面，智力以知识的获得为基础，智力是在掌握知识的过程中发展的。学生在掌握知识的同时，必然有一系列的心智操作（如观察、记忆、思维、想象等），在不同程度上发展着智力。另一方面，知识的获得必须以一定水平的智力为前提，知识越复杂、抽象，所需的智力水平也越高。个体的智力水平影响他掌握知识的快慢、难易、深浅和巩固程度。有的研究者认为，智力 = 神经系统的生理功能 + 程序性知识（包括策略性知识） + 陈述性知识，其中策略性知识是影响智力形成和发展的很活跃的因素。

知识掌握的多少和智力发展的水平表现在个体身上，两者可能一致，也可能不一致，比如“高分低能”现象。

（三）智力与非智力因素的关系

非智力因素是指智力因素以外的对智力的发挥与发展有影响的那些心理因素，主要包括动机、兴趣、情感、意志、性格等。有研究发现，学习态度、自我意识、开拓意识、人际关系、协调能力是最主要的几种非智力因素。在同等条件下，非智力因素水平的高低决定着智力操作结果的优劣。非智力因素主要有动力、定向、引导、维持、调节、强化的作用。

智力因素与非智力因素是一种相互作用的关系。一方面，在智力活动过程中，必然会对非智力因素提出一定的要求，因而会促进非智力因素的锻炼和提高；另一方面，良好的非智力因素又会推动智力活动向着积极主动、克服困难、坚持到底的品质发展。因此，在一定意义上，发展智力的过程也就是发展非智力因素的过程。

三、创造力的含义

就像智力一样，创造力也是一个多方面的、复杂的概念。创造力是表现在创造活动中的能力，即根据一定的目的和任务，产生出某种新颖、独特和具有社会或个人价值的产品的能力。创造力的核心是创造性思维。

创造是指独立地解决新问题、产生新颖独特产品的活动或现象。根据产品价值的不同，创造可分为真创造和类创造。真创造是一种产生了人类历史上具有首创性和社会价值的产品的活动，科学家发现新的定律、作家创作一部新作品、发明家的新发明等都是真创造。例如，伽利略为了揭示自亚里士多德以来两千多年里人们一直坚信的物体坠落速度与它的重量成正比这一定理的错误，于1590年亲自带领学生到比萨斜塔做实验，从而证实了物体坠落的速度与它的重量无关。类创造的产品在人类历史上并非首创，只是对个人而言有独创性质，具有个人价值，如学生发现一种独特的解题方法，也许不是首创，没有社会价值，但对学生的发展是有价值的。数学家高斯小时候做数字1到100的连加时，自己独立发现了一种简单方法，即用首尾相加变连加为乘法，这属于类创造。但不管是伽利略还是高斯，他们思维活动中所表现出来的创造力，在本质上都是相同的。

四、智力与创造力的关系

智力和创造力的关系一直是人们关心的问题。智力和创造力并不是一回事，两者之间也不是一种简单的线性关系。

吉尔福特综合以往学者研究的成果，总结出智力与创造力的关系，如下图5－1所示。

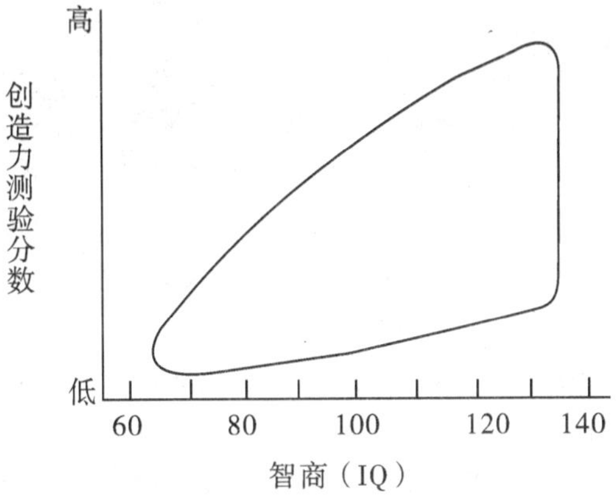

图 5－1 创造力测验分数与智商之间的关系

由图 5－1 可看出，创造力与智力之间有正相关的趋势，但智力越高，其与创造力相关的程度越低。这说明智力高者其创造力未必都高，但创造力高者必须具有中等水平以上的智力；智力水平过低，不可能有创造力。创造力还与人格特征有密切关系，高创造力者通常具有这样一些人格特征：兴趣广泛、具有幽默感、从众行为少、好独立行事、自信心强、喜欢研究抽象问题、生活范围较大、社交能力强、抱负水平高、态度直率、坦白、感情开放、不拘小节、给人以浪漫印象。因此，高智力是创造力的必要而非充分条件，还必须有其他优良的因素才能保证和促进创造力的充分发挥。

有研究表明，不同活动领域的智力与创造力的相关程度也有所不同。画家与雕刻家的智力高低和他们的创造力水平的相关较低，科学家和工程师的智力与创造力的相关程度居中，而作家与诗人的智力和创造力的相关则很高，具有创造性的作家，智商平均为 120～140，没有低于 120 的。

第二节 智力的测量

测量了解个体的智力水平，对于做好教育、医疗工作，合理地选拔任用人才，有重要意义。

一、智力测验

智力测验是通过测验的方法来衡量人的智力水平高低的一种科学方法。测量智力的工具称智力量表。在智力测验的发展史上，经典的、有影响的智力量表主要有以下几个。

（一）比奈—西蒙量表

世界上第一个智力量表是 1905 年法国心理学家比奈（A. Binet）和西蒙（T. Simon）编制的比奈—西蒙量表。当时被用来鉴别低能儿童。1905 年出版了第一个比奈—西蒙量表。它是一种个别测验式的量表，包括 30 个测量一般智力的项目，其中既有对较低级的感知觉方面的测量，也有对较高级的判断、推理、理解等方面的测量。

第二版的比奈—西蒙量表发表于 1908 年，它在前一个量表的基础上增加并修改了测验的项目，重要的是将全部项目按年龄水平分组，因而成为第一个年龄量表。智力测量由于引进了智龄这个数量化的标尺而很快得到推广。1911 年，比奈—西蒙量表再次获得修订，并将量表延伸到成人阶段。

（二）斯坦福—比奈量表

比奈—西蒙量表引起了全世界心理学家的广泛注意，很快被译成多种文字，不少人对其进行了修订。其中以美国斯坦福大学推孟（L. M. Terman）主持修订的斯坦福—比奈智力量表（简称 S－B）最为著名。它的第一个修订本于 1916 年问世，第一次将智商（IQ）概念运用到智力测验中。这个量表采用了德国斯特恩在 1914 年所提出的智力商数，而这个商数是以实足年龄除以心理年龄获得的，这样使智力分数能在不同年龄间比较，从而进一步发展和完善了比奈以智龄评定智力的方法。此后，斯坦福—比奈智力量表经过多次修订。

1937 年发表了第二个修订本，其中有两套等值的测验，即 L 型和 M 型。

1960 年在第三次修订中又将两个等值测验合并成一套，称 L－M 型。该量表将以前的比率智商换成了以均数为 100、标准差为 16 的离差智商。

（三）韦氏智力量表

美国心理学家韦克斯勒（D. Wechsler）编制的韦氏儿童智力量表是一组采用个别施测的方法，评估 6～16 岁儿童智力水平的智力测验工具。自 1939 年第一套韦氏智力量表诞生以来，各类韦氏智力量表逐渐问世，对心理评估和诊断产生了深远的影响。韦氏智力量表作为当今世界上使用最为广泛的智力测验工具，对临床心理学和学校心理学领域有着杰出的贡献。

韦氏智力测验共有三套，分成人（WAIS）、儿童（WISC）和幼儿（WPPSI）。韦氏成人智力量表包括十一个分量表，其中言语量表六个：常识、理解、算术、相似、背数、词汇；操作量表五个：填图、积木、图片排序、图形拼凑、译码，分别计算言语智商和操作智商。

韦克斯勒三套智力量表既各自独立，又相互衔接，适用于 4～74 岁的被试，尤其是成人被试，因而越来越受到人们的欢迎。韦氏智力量表是当代美国最为盛行的智力测验之一，不仅如此，世界上有20多个国家已经先后将韦氏智力量表改编，以适合于本国使用。

（四）瑞文推理测验

瑞文推理测验，简称瑞文测验，是由英国心理学家瑞文（J. C. Raven）于1938年设计的一种非文字智力测验。它可排除或尽量克服知识的影响，测验结果较少受特殊文化背景的影响，努力做到公平，这是比奈量表和韦氏量表所不能代替的，因此它是一个文化公平测验，在跨文化研究中经常用到。该测验以智力的二因素论为基础，主要测量一般因素中的推理能力（eductive），即个体作出理性判断的能力。瑞文测验既可以用于个别测验，也可以用于团体施测，适用于6岁以上的儿童和成人。

二、智力水平的表示方法

智力水平的表示方法经历了以下三个发展阶段。

（一）智龄

智龄也称心理年龄（MA），即受测者通过测验项目所属的年龄。相对实际年龄而言，它说明了个体的智力实际达到了哪个年龄水平。例如，一个6岁儿童完成了6岁年龄组的全部6个项目（代表6岁）和7岁组的2个项目（代表4个月），则其智龄为6岁4个月。如果一个儿童的智龄与其实际年龄相等，可以认为其智力平常；如果智龄高于其实际年龄，可以认为其智力优于普通儿童；如果智龄低于其实际年龄，则可以认为其智力低于平常。

智龄大小并不能确切比较不同个体的智力水平。例如，智龄相同的两个儿童，由于实际年龄不同，他们的智力水平是不一样的，但在智龄的数值上反映不出来。因此，为了便于将个体的智力水平与其他人比较，还必须考虑智龄与实际年龄的关系，于是出现了一种新的表示智力水平的方法——智商。

（二）智商

智商是智力商数的简称，常用IQ表示，是通过测验所得到的心理年龄除以实际年龄所得的商数，因此又叫比率智商。它代表了个体智龄与实际年龄的关系。其计算公式是：

$$IQ = [\text{智龄（MA）}/\text{实龄（CA）}] \times 100$$

心理年龄与实际年龄相等时，IQ等于100，表示智力中等；IQ值越大，表明智力水平越高，IQ值越小，表明智力水平越低。

比率智商比智龄优越，便于将不同年龄个体的智力水平进行比较。但它有一个明显的缺点，即人的实际年龄逐年在增加，但人的智力发展到一定年龄将稳定在一定水平，不再上升。这样，用比率智商来表示人的智力水平，智商将逐年下降，这和智力发展的实际情况是不相符的。因此，心理学家又创造了一种新的表示智力水平的方法——离差智商。

（三）离差智商

离差智商克服了比率智商的弊病，它用来确定受测者的智力在同龄人中的相对位置，因而不受个体年龄增长的影响。现在的智力测验一般都采用离差智商概念来表示智力高低。

计算离差智商先要进行大规模测试，以获得同龄团体的平均数（$\bar{X}$）和标准差（S）。假定人群总体的智商是平均数为 100 和标准差为 15 的正态分布，则离差智商的计算公式是：

$$IQ = 100 + 15 \times (X - \bar{X}) / S$$

其中，X 是个体的测验得分，$\bar{X}$ 是已知的受测者同龄团体的平均得分，S 是已知的该团体得分的标准差。很明显，离差智商并不是一个商数，之所以这样命名，是沿用了人们的习惯用法。

第三节　智力理论

分析智力的结构，探讨其组成因素及构成，对于深入理解智力的本质，合理设计智力测验，制定发展智力的策略都是必需的。

一、智力的因素理论

（一）单因素论

该理论认为，人的智力有高低，但只有一种；智力指一种总的能力。高尔顿（F. Galton）、比奈（A. Binet）、推孟（L. M. Terman）等人都认为，智力是单因素的，因此，他们编制的智力测验量表只提供单一分数（智商），只测量一种智力。

（二）二因素论

英国著名的心理学家、统计学家斯皮尔曼（C. E. Spearman）在因素分析的基础上首先提出了智力的二因素论。该理论认为，智力可以被分析为 G 因素（一般因素，general factor）和 S 因素（特殊因素，special factor）。G 因素是在不同情况下影响智力操作结果的诸因素中的共同因素，即“一般因素”。此外，每一种活动都还有一个特殊因素 S，即该活动所需要的专门的智力因素，如图 5 - 2 所示。因此，完成每项活动所需具备的智力因素就是 G + S1，G + S2，G + S3，…。G 因素和 S 因素相互关联，其中 G 因素是智力结构的关键和基础，智力测验的目的就是要通过广泛取样求得 G 因素。

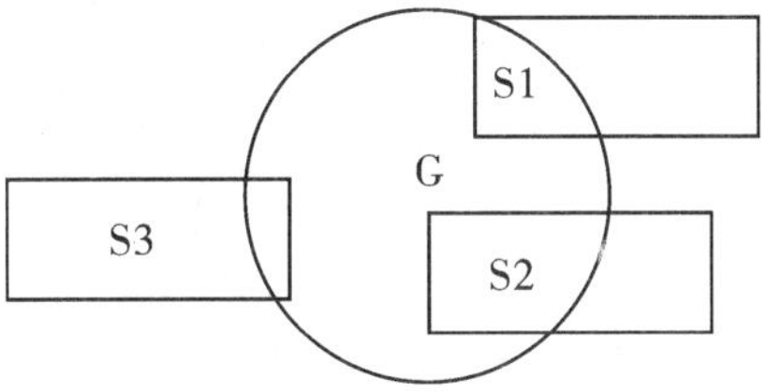

图 5 - 2 能力的二因素论

（三）瑟斯顿的群因素论

美国心理学家瑟斯顿（L. L. Thurstone）根据多因素分析方法提出，智力可能由七种独立的基本能力（七种因素）组成，分别是计算能力、言语理解能力、词的流畅性、记忆能力、演绎推理能力、空间知觉能力和知觉速度。为此，瑟斯顿设计了基本智力测验（PMA）来测量这七种因素，如图 5 - 3 所示。结果发现，这些因素之间都有不同程度的正相关，这说明各种能力并非是互相独立、彼此无关的。

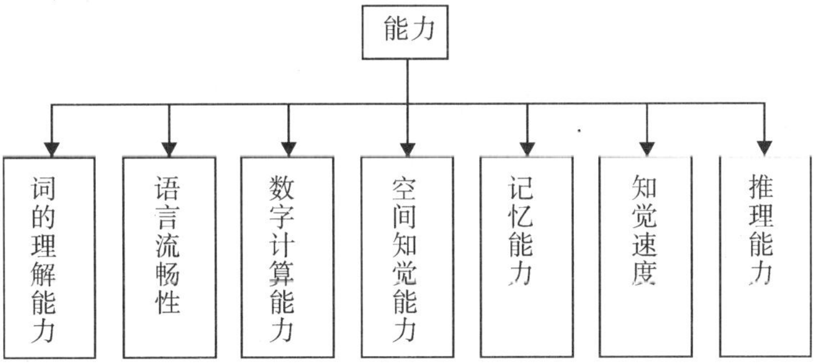

图 5 - 3 能力的群因素论

（四）加德纳的多元智力理论

加德纳（H. Gardner）在其《心智的结构》一书中，提出了关于智力结构的多元智力因素理论。他认为基本的智力因素至少应该包括：语言能力、逻辑—数学能力、音乐能力、空间能力、身体运动能力、人际交往能力、自我认识能力。每种智力因素都有其独特的解决问题的方法，其在每个人身上的组合方式也不同。他将音乐能力、身体运动能力、人际交往能力和自我认识能力等引入智力结构，拓展了智力的内涵。

二、智力的结构理论

（一）阜南的层次结构理论

美国心理学家阜南（P. E. Vernon）继承和发展了斯皮尔曼的二因素论，提出了智力的层次结构理论。他认为智力是按等级层次组织起来的。智力的最高层次是一般因素；第二层分两大因素群，即言语和教育方面的因素、机械和操作方面的因素；第三层分为几个小因素群；第四层是特殊因素。如图 5－4 所示。

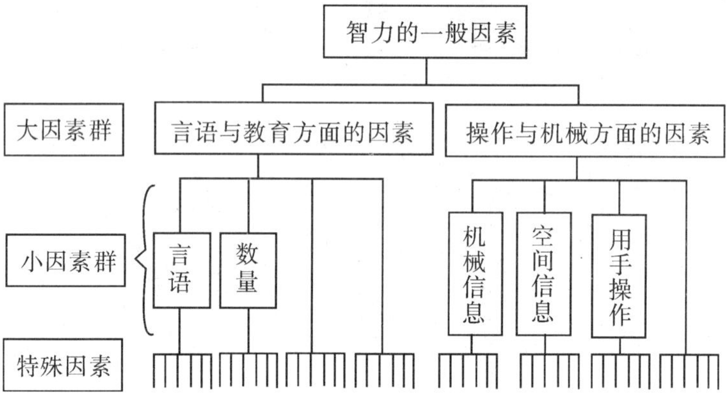

图 5－4　智力的层次结构模型

（二）吉尔福特的智力三维结构模型理论

美国心理学家吉尔福特（J. P. Guilford）设计了一种三维结构智力模型，把智力活动分为三个维度，即内容、操作和结果，如图 5－5 所示。智力活动就是人在头脑里加工（即操作）客观对象（即内容）产生知识（即结果）的过程。智力的操作过程包括认知、记忆、发散式思维、聚合式思维和评价；智力加工的内容可以是视觉、听觉、符号、语义或行为；智力加工的结果可能是单元、类别、关系、系统、转换或蕴涵。整个模型包括 150（5×5×6）种组合，也就是说智力在理论上有 150 种独特的因素。

该理论恰好符合通过小步子教学培养学生智力的假说；同时，考虑到了智力活动的内容、过程和产品，这有助于智力测验工作的进一步发展。但该理论过于烦琐，不利于人们的理解。

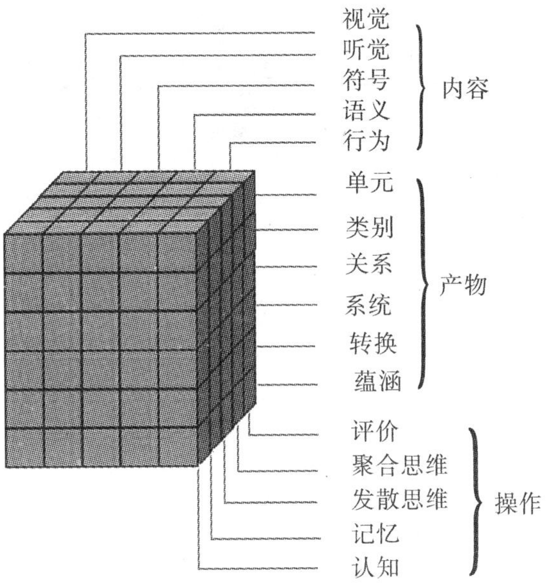

图5－5 智力的三维结构模型

（三）卡特尔的流体智力和晶体智力理论

美国心理学家卡特尔（R. B. Cattell）和霍恩（J. L. Horn）在因素分析中发现，一般智力因素不是一个，而是两个，即流体智力（fluid intelligence）和晶体智力（crystallized intelligence）。卡特尔认为，流体智力几乎可以参与到任何活动中，是与基本的心理过程有关的能力，如知觉、记忆、运算速度和推理能力等。大部分流体智力是先天的、依赖于大脑的神经解剖结构，并且不依赖于后天的学习和社会经验。晶体智力是经验的结晶，是流体智力运用的结果，是后天习得的能力，如知识的广度、判断力等。通常这两种智力同时包含在任何一种智力活动中，很难分开，流体智力是晶体智力的基础。两种智力有着不同的发展曲线，流体智力随生理成长而变化，在成年期达到顶峰后随着年龄的增大而逐步衰退。晶体智力则在人的一生中一直在发展，只是在成年后发展的速度逐渐平缓，如图5－6所示。

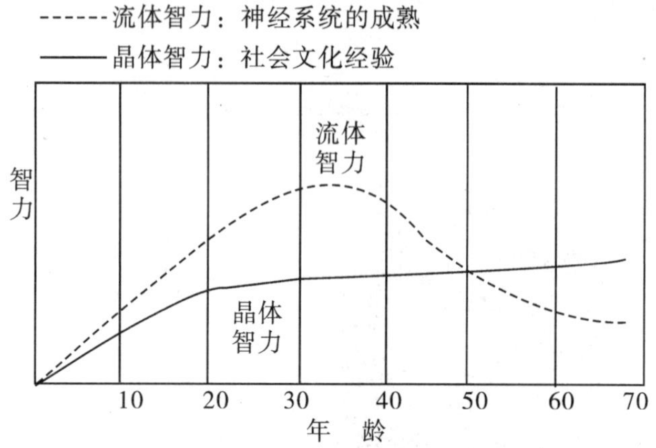

图 5－6　流体智力和晶体智力的年龄发展趋势

三、智力的信息加工理论

（一）斯滕伯格的三元智力理论

美国心理学家斯滕伯格（R. J. Sterberg）从信息加工心理学的角度出发，提出了智力的三元理论。该理论主要包括三个方面：情境理论、经验理论和成分理论。

情境理论说明主体所处的社会文化环境决定智力行为的内涵，即社会文化环境对智力具有制约作用。经验理论讨论个体对任务或情境的经验水平与智力行为之间的关系。成分理论是三元智力理论的核心部分，它描述了智力活动的内部成分结构。智力成分有三个层次：①元成分，即对活动进行计划、监控，并对结果进行评价；②操作成分，即执行元成分的指令，进行各种认知操作，并提出信息反馈；③知识习得成分，即学习选择解决问题的策略，学会如何解决新问题。

该理论突破了传统的智力特质描述，阐明了智力活动的过程。它与当代认知心理学的发展看法一致，使智力理论的研究不再局限于传统的因素分析方法，代表了智力理论的发展方向。

（二）PASS 模型

达斯（J. P. Das）和纳格利里（J. A. Naglieri）以认知心理学和神经心理学为基础，提出了智力的 PASS 模型。该理论认为，个体的智力活动由三个相互联系的认知功能系统组成，分别是注意—唤醒系统、编码系统和计划系统。编码系统是智力活动的主要执行系统，对信息进行同时性加工和继时性加工；注意—唤醒系统维持编码系统的活动；计划系统起监督和调节作用。三个系统同时受个体知识的影响。PASS 模型就是计划—注意—同时性加工—继时性加工模型（Planning—Attention—Simultaneous—Successive Processing Model）。

第四节 智力的差异及影响智力发展的因素

一、智力的差异

人与人之间在智力上存在着明显的个体差异。了解个体的智力差异，有助于教师掌握学生的智力特点，因材施教。智力的个体差异主要表现在以下几个方面：智力水平的差异、智力表现早晚的差异和智力的性别差异。

（一）智力水平的差异

个体之间在智力发展水平上存在着差异，即智力的发展有高有低。在总人口中智力水平基本呈常态分布，即智力发展水平特别好的人（高智商）和特别差的人（低智商）在总人口中所占的比例很小，而智力水平中等的人数量最多。

通常把智商大于130的人称为“智力超常”或“天才”。智力超常者一般会表现出观察力敏锐、全面、准确，注意力集中并易转换，善于合理分配，记忆力强、记忆快速而准确，思维广阔、深刻灵活、富于创造性。通常把智力发展缓慢、智商低于正常水平（一般低于70）的人称为“智力落后”。智力落后者一般表现为知觉速度缓慢、范围狭窄，注意力缺乏，记忆力差，语言发展迟缓、词汇量小且语言缺乏连贯性，生活自理能力差。

（二）智力表现早晚的差异

我国汉代哲学家王充曾说：“人才早成，亦有晚就。”人的智力成熟和能力的充分发挥有早有晚。能力的早期显露称为人才早熟。历史上不少卓有成就的人，年轻时就显露出过人的才能。例如，拿破仑26岁就当上法军首领，30岁时执政；项羽起兵时年仅18岁；霍去病也是18岁大败匈奴，被封为骠骑将军；牛顿23岁创立微积分；爱因斯坦26岁提出狭义相对论；美国小提琴家梅纽因7岁就参加旧金山交响乐团的演出，21岁被誉为“成熟的艺术家”。资料表明，早期成才的以从事音乐、绘画、体育和文学方面的人较多。能力早期显露的原因主要有：①良好的遗传素质基础；②早期的环境影响、良好的家庭教育；③个体的主观努力。超常儿童如果注意教育培养，有可能在将来取得成就；相反，人才早熟如不重视培养，成年后也可能一事无成。

中年期是人生的黄金时期，也是成才的最佳时期。有研究者对1500—1960年全世界1 249名杰出科学家和1 928项重大科研成果进行统计，结果发现科学创造的最佳年龄阶段是25~45岁，最佳峰值年龄在37岁左右。在对部分诺贝尔奖获得者的统计中，物理学家取得成果时的平均年龄为35岁，化学家取得成果时的平均年龄为39岁。

有些人才能表现、成功得较晚，被称为大器晚成。《三字经》中有“苏老泉，二十七，始发愤，读书籍”，说的是“三苏”之一的苏洵，27岁始知发愤读书，终成一代大家。挪威戏剧家易卜生51岁时才以《玩偶之家》享誉世界。美国遗传学家、基因学说的奠基人摩尔根67岁才获得诺贝尔奖。大器晚成并不是大器晚做，相反，他们在很早就已开始努力，不断地积累，最后终成大器。

（三）智力的性别差异

男女两性在智力上是存在差异的，但不是简单、固定、直线式的差异。生物因素、社会因素及主观努力的综合作用造成了能力的性别差异。

首先，男女两性在智力发展速度上表现出不同。在婴儿期男女两性几乎没有智力差异，幼儿期表现出女孩智力稍优于男孩，在学龄前女性智力明显优于男性，这种优势维持到青春期开始有所下降，下降趋势一直维持到女性青春发育高峰期。到了男性青春发育的高峰期，男性的智力才开始逐渐优于女性，并且随着年龄的增长，这种优势愈益明显，一直维持到整个青春发育期结束。

其次，男女两性在智力结构方面表现出明显差异。女性在知觉速度与语言理解上占优势，男性则在需要空间能力的数学、物理等领域内占优势。女性的观察比男性更细致、更全面，机械记忆能力明显优于男性，形象思维较好，言语表达流畅；男性则擅长抽象逻辑思维。女性解决问题时善于模仿和分类，联想丰富；男性喜欢用创造性的方法解决问题。

研究表明，男女两性在智力上各有优势，但在智力发展的总体水平上没有明显差别，那种认为男人比女人更聪明的观点是不正确的。

二、影响智力发展的因素

影响智力发展的因素是多种多样的，大致可以分为两大类：遗传因素和环境因素。遗传因素是指个体出生时受之于父母的生理结构特征与机能，环境因素是指影响个体智力发展的所有外部因素。两者对个体智力的发展起什么作用，哪一个才是起决定作用的因素，在心理学界一直存在争论，具有代表性的是遗传决定论和环境决定论。

遗传决定论主张，个体的智力特征由遗传决定。智力能够发展到什么水平，由遗传预先决定，环境和教育的作用甚微。这种观点的代表人物有英国心理学家、优生学的创始人高尔顿。他在《遗传的天才》一书中写道：“一个人的能力乃由遗传得来，其受遗传决定的程度如同机体的形态和组织之受遗传决定一样。”美国著名的心理学家霍尔也曾说：“一两的遗传胜过一吨的教育。”

环境决定论则认为，个体的智力发展主要受环境教育的影响，环境教育是智力发展水平的决定因素。这种理论的代表人物有行为主义的创始人华生。他曾说过："给我一打健康的婴儿，并在我自己设置的特定的环境中教育他们，那我保证，任意挑选一个婴儿，不管他的前辈的才能、爱好、倾向、能力、职业和种族情况如何，都可以把他训练成我所选定的任何一种专家：医生、律师、艺术家、富商，甚至乞丐和盗贼。"

无论是遗传决定论还是环境决定论，都是片面的。遗传和环境都是智力的发展过程中必然存在的影响因素，二者相互联系、相互影响。在不同的个体身上、不同的发展阶段，遗传与环境的作用也各不相同。

（一）遗传因素

遗传因素主要是指一个人的先天素质，或叫天赋，即个体生来具有的解剖生理特点，主要是感觉器官和运动器官的解剖生理特点，特别是神经系统和大脑的解剖生理特点。遗传素质是能力发展的基础和前提。

在遗传因素对智力发展影响的研究中，早期最有影响的是高尔顿进行的谱系研究。他考察了 977 位名人的谱系，结果发现这些名人的父子兄弟中有 322 人同样也是名人；而人数相等的普通人所构成的对照组，他们的父子兄弟中只有一个名人。高尔顿得出结论：遗传是智力发展的决定因素。但这种研究有一个明显的缺陷，家族不仅在遗传上有联系，而且在相当长时期是共处于相同的环境。因此，不能简单地把家族内智力的关联都归结为遗传的作用。

双生子研究和收养研究可以把遗传与环境对智力发展的影响分开来，更加有说服力。研究发现，同卵双生子之间的智商相关最高，无血缘关系者之间的智商相关最低；亲生父母与子女之间的智商比养父母与养子女之间的智商相关高，这是因为前者包括了遗传因素和环境因素的作用，而后者只包括共同的环境因素的作用。

这些结果说明，遗传对智力发展的影响是重要的，环境对智力发展的影响是存在的。遗传因素对智力的发展的确有一定的作用，但是，遗传素质不等于智力本身，也不能完全决定一个人的智力水平，它仅仅提供了智力发展的可能性。一个人即使有良好的遗传素质，但如果没有受到良好的教育、培养，智力也可能得不到应有的发展。

（二）环境和教育因素

遗传决定了智力发展的可能的范围或限度，而环境则决定了在遗传决定的范围内智力发展的具体程度。研究表明，遗传潜势不同的个体，在不同的环境中，其智力发展会有不同的情况。有这样一项研究，研究人员对生长在被剥夺的（如与世隔绝）、平常的或丰富的环境里的具有不同遗传潜势的个人进行了研究，以期探讨其智力可能具有的不同的发展范围。结果发现，丰富的环境可提高人的智商分数，而环境被剥夺的人，其智商分数变低。在正常情况下，具有中等或优越智力遗传潜势的个人，比智力迟钝或智力缺陷的人有更大的发展变化范围。遗传潜势优越的人最有能力去利用丰富的环境，而在被剥夺的环境条件下，他们的智商下降也最多。遗传潜势较好的人，智力发展的可塑范围大，环境的影响作用也大；遗传潜势差的人，他的遗传条件限制了他的智力发展的可能，环境能起的作用也较小。

围绕个体成长的环境包括家庭环境、学校教育环境、社会经济文化环境等。其中，家庭环境主要表现在个体成长的营养状况、早期经验和早期教育方面。

1. 营养状况

营养是影响智力发展的重要因素，特别是婴儿出生前后的营养水平，在智力发展中起重要作用。从出生前两三个月到出生后两岁之间被认为是大脑生长发育最快的时期。这一时期足够的营养是大脑健康发育的重要保证。有研究表明，营养不良的儿童，特别是蛋白质、磷、脂肪等物质的缺乏，会造成脑细胞数目比正常儿童少，脑细胞的发育也会受影响，进而影响智力的发展。另一项研究表明，缺乏营养的儿童，记忆力差，并且缺乏好奇心和探索精神。因此，有些营养学家强调，“在某种意义上说，智力是吃出来的”，“民族的命运取决于他们吃什么和怎么吃”。

2. 早期经验与早期教育

许多研究表明，个体智力的发展具有关键期，即最佳年龄阶段。这一关键期就是个体的生活早期，即从出生到青少年时期。早期经验的研究最初来自于动物习性学的研究。例如，洛伦兹（K. Z. Lorenz）的幼雏“尾随反应”的研究以及哈洛（H. F. Harlow）的恒河猴早期经验被剥夺的研究。他们认为，在动物早期发展过程中，某一反应或某一组反应在某一特定时期或阶段最容易获得，如果错过这个时期或阶段，则该反应很难获得，这个时期被称为关键期。这些动物研究的结果为研究人类行为的发展提供了启示。例如，对许多孤儿院孤儿的研究表明，儿童早期经验中的社会交往因素对儿童的智力、情感发展有重要作用。一些孤儿院的孤儿，虽然他们的物质生活条件不比正常儿童差，但由于缺乏成人的抚爱与交往，早期经验相对贫乏，导致这些孩子智力发育迟缓、语言能力及抽象概括能力差。“狼孩”的例子也证明了失去早期教育，对个体心理发展的不良影响几乎是不可弥补的。

美国心理学家布鲁姆通过研究提出关于智力发展速度的假说，他说：“以 17 岁测量的智力为标准，从胎儿期到 4 岁，个体发展了其成熟智力的 50%；4 ~ 8 岁，发展了 30%；8 ~ 17 岁，发展余下的 20%。”他认为 4 岁以前是儿童智力发展最快的时期，非常强调早期教育的重要性。我国古代教育专著《学记》中写到，“当其可谓之时”、“时过然后学，则勤学而难成”。北齐《颜氏家训 · 勉学》中写道：“人生小幼，精神专利，长成以后，思虑散逸，固须早教，勿失机也。”

古今中外的一些名人学者之所以能取得杰出的成就，除了优异的遗传素质外，自幼得到良好的教育也是一个重要的原因。胡适在两岁时，父亲就教他识字，时间不长就认了近一千字。他在后来写道：“我才满 3 岁零几个月，就在我四叔父介如先生的学堂里读书了。但我在学堂并不算最低级的学生，因为我在进学堂之前已认得近一千字了，因为我的程度并不算破蒙的学生，故我不需念《三字经》、《千字文》、《百家姓》、《神童诗》一类的书。”

由此可见，早期经验和早期教育对个体今后的智力发展起奠基作用，将决定个体智力发展的水平。但是，良好的早期教育不局限于早期识字和计算，也不等于越早越好，要注意适时而教、因势利导，着重发展儿童的智力；同时，也要注意健康教育和品德教育，否则将适得其反，影响儿童身心的健康发展。

3. 教育条件

教育在能力发展中起主导作用。如果不重视教育，一个人即使具有良好的遗传素质，能力也得不到应有的发展。宋代王安石在《伤仲永》一文中曾记载过一个神童方仲永，生来聪慧，五岁能诗，且意境超群，但后来疏于教育，成年后便“泯于众人”。

教育是有目的、有计划、有组织地对学生施加影响，教师按照一定的教育目的和学生的身心发展水平，确定教学内容，选择教学方法，从而使学生在学习和掌握知识的过程中发展能力。教师不仅要注意发展学生的智力，而且要注意培养学生的良好的非智力特质，使学生智力因素与非智力因素相互促进，同步增长。

（三）实践活动

环境和教育对能力的形成和发展具有重要作用，但这种作用是通过个体的实践活动才得以实现的。离开了实践活动，一个人即使有良好的素质和环境，能力也得不到发展。汉代王充提出“施用累能”的思想，意思是说能力是在使用的过程中积累起来的。

（四）主观努力

个体的主观努力是智力发展的内因和必不可少的条件。“宝剑锋从磨砺出，梅花香自苦寒来。”歌德曾说过，“天才就是勤奋”。智力的超常发展与个体的浓厚兴趣和坚强的毅力是分不开的。我国现代著名文学家鲁迅、郭沫若、茅盾等人，在青少年时代都博览群书、刻苦学习，成名以后也是笔耕不辍。科学巨匠牛顿终身勤奋，很少在午夜两三点钟以前睡觉。

综上所述，智力是在遗传素质的基础上，在环境和教育的影响下，通过人的实践活动和主观努力形成与发展起来的。

第五节　创造力理论

一、创造力的结构

到目前为止，创造力仍然没有一个严格的并为人们广泛接受的定义。正如安纳斯塔西（A. Anastasi）所说，创造力是一个将众多特性按某种关系组织起来的复合体。那么，这个复合体中的众多特性有哪些？或者说，创造力的结构怎样？包含哪些成分呢？

早期，人们偏重于列举出与创造性思维有关的能力以揭示创造力的结构。一般认为创造力主要包括如下的能力结构：敏锐的观察力、抽象概括能力、经验迁移能力、侧向思维能力、形象思维能力、联想能力、快速记忆力、思维灵活性、评价能力、预见能力等。

但是，早期研究并未将创造性思维作为一个独立的心理行为进行研究，因此没有深入到创造力的本质。科勒斯涅克（W. B. Kellsnic）在概括思维的不同形式时，提出了两种基本的思维模式，即聚合思维与发散思维。聚合思维，又称辐合思维，是指在思维过程中，针对待解决的问题，重新组织已有的知识并找出唯一正确的答案。这种思维在本质上和演绎推理是一回事。例如，解数学题，大多数情况下是根据条件推演结论，要求找出唯一正确的答案，是聚合思维的过程。发散思维是指在思维过程中，针对问题将已有的知识观念加以重新组合，从而找出两个或两个以上可能的答案、解决方案、结论、假说。

科勒斯涅克认为，发散思维在本质上和创造性思维是一回事，创造性思维的基础模式是发散思维。他指出，创造性思维区别于其他思维方式的特点在于它所包含的新颖性、独创性比其他思维方式要多得多；另外，它所具有的个人色彩、系统性和结构性也比其他思维方式要多得多。科勒斯涅克通过揭示创造力隐含的思维操作模式，认识到创造力的关键是发散思维，这比简单地列举创造力所包含的几种能力显得更有说服力。然而，他对发散思维这一操作模式的分析仍是不透彻的。

吉尔福特在研究智力三维结构模式时，对创造力的结构也进行了研究。根据他的研究，创造力最常用的操作方式是发散思维。发散思维强的人，创造力往往也较高。通过测量发散思维能力，在一定程度上可知其创造力的高低。发散思维这一操作方式与5种内容和6种结果相互组合时，即可得到30种智慧模式。这30种智慧模式，就是创造力的基本因素。

吉尔福特认为发散思维具有三个基本特征：流畅性、变通性和独特性。

流畅性，即观念的自由发挥，是指在尽可能短的时间内生成并表达出尽可能多的思想观念以及较快地适应、消化新的思想观念。机智与流畅性密切相关。流畅性反映的是发散思维的速度和数量特征。

变通性是克服人们头脑中某种自己设置的僵化的思维框架，按照某一新的方向来思索问题的过程。变通性需要借助横向类比、跨域转化、触类旁通，使发散思维沿着不同的方面和方向扩散，表现出极其丰富的多样性和多面性。

独特性是指人们在发散思维中作出不同寻常的、异于他人的新奇反应的能力。独特性是发散思维的最高目标。

二、创造的过程

创造性思维在解决问题的活动中，需要一定的过程。心理学家对这个过程也做过大量的研究。比较有代表性的是英国心理学家华莱士（G. Wallas）所提出的四阶段论和美国心理学家艾曼贝尔（T. Amabile）所提出的五阶段论。

华莱士认为，任何创造过程都包括准备阶段、酝酿阶段、豁朗阶段和验证阶段这四个阶段。

（一）准备阶段

准备阶段是创造性思维活动过程的第一个阶段。这个阶段是搜集信息，整理资料，做前期准备的阶段。由于对要解决的问题存在许多未知数，所以要搜集前人的知识经验，以对问题形成新的认识，从而为创造活动的下一个阶段做准备。例如，爱迪生为了发明电灯，光收集资料整理成的笔记就有两百多本，总计达四万多页。可见，任何发明创造都不是凭空杜撰，而是在日积月累、大量观察研究的基础上进行的。

（二）酝酿阶段

酝酿阶段主要对前一阶段所搜集的信息、资料进行消化和吸收，在此基础上，找出问题的关键点，以便考虑解决这个问题的各种策略。在这个过程中，有些问题由于一时难以找到有效的答案，通常会把它们暂时搁置。但思维活动并没有因此而停止，这些问题会时刻萦绕在头脑中，甚至转化为一种潜意识。这个过程容易让人产生狂热的状态，如“牛顿把手表当成鸡蛋煮”就是典型的例子。因此，在这个阶段，要注意有机结合思维的紧张与松弛，使其向更有利于问题解决的方向发展。

（三）豁朗阶段

豁朗阶段，即顿悟阶段。经过前两个阶段的准备和酝酿，思维已达到一个相当成熟的阶段，在解决问题的过程中，常常会进入一种豁然开朗的状态，获得灵感。例如，耐克公司的创始人鲍尔曼，有一天正在吃妻子做的威化饼，感觉特别舒服。

于是他被触动了：如果把跑鞋制成威化饼的样式，会有怎样的效果呢？于是，他就拿着妻子做威化饼的特制铁锅到办公室研究起来，之后，制成了第一双鞋样。这就是有名的耐克鞋的发明。

（四）验证阶段

验证阶段，又称实施阶段，主要是把前面三个阶段形成的方法、策略，进行检验，以求得到更合理的方案。这是一个否定—肯定—否定的循环过程。通过不断的实践检验，从而得出最恰当的创造性思维结果。

艾曼贝尔则从信息论的角度出发，认为创造活动过程由提出问题或任务、准备、产生反应、验证反应、结果五个阶段组成，并且可以循环运转。

三、影响创造力的因素

（一）大脑两半球的分工与合作

人的大脑由 140～160 亿个神经细胞（神经元）组成，是人的一切高级心理活动的物质基础。大脑分为左右两半球，大脑两半球之间的神经纤维叫连合，其中最主要的连合是胼胝体。胼胝体内的神经纤维联系大脑两半球，往返频繁地传递极为大量的信息。因此，在正常情况下一侧大脑半球任何皮质区进行的活动都能非常迅速而有效地传至同侧半球皮质区和对侧大脑半球。整个大脑是作为统一的整体而十分有效地进行活动。

为了治疗顽固性癫痫，医生用外科手术完全切断两半球之间的连合纤维，主要是胼胝体。手术后，病人两个半球各自对对侧半球所进行的活动全无所知，因而称为割裂脑（splitbrain）。对割裂脑病人的研究使人们了解到大脑两半球各自的优势功能及差异，也使人们对心理加工过程和创造力与智力的关系产生了新的认识。

最初人们认为，大脑左半球控制身体的右侧，是优势半球；大脑右半球控制身体的左侧，是从属半球。但现在的研究结果表明，左右脑各自具有不同的优势功能。左脑主要负责言语、记忆、书写、数学运算、逻辑推理、排列、分类、分析和聚合式思维等智力活动；右脑则主要控制知觉物体的空间关系、音乐、舞蹈、身体协调、直觉、综合、态度、情感和发散式思维等心理活动。左脑的功能具有连续、系列和有序的特征；右脑的功能则以整体、弥漫和渗透为特征。一般认为，智力测验的成绩与左脑的功能有关。

事实上，任何创造活动都是左右脑协同活动的结果，仅有左脑思维或右脑思维都很难完成一项创造性活动。左右脑的功能在创造性活动中具有不同的作用。在创造活动的第一和第四阶段（即准备期和验证期），主要运用逻辑推理、分析思维进行工作，所以左脑活动起主导作用。在创造活动的第二和第三阶段（即孕育期和明朗期），是新创意、新思想酝酿和形成的时期，也是创造过程的关键时期，新创意、新思想主要来自于直觉和灵感，此时右脑的活动起主导作用。因此，在创造活动中，有人形象地把左脑比作“聚光灯”，而将右脑比作“泛光灯”。

（二）知识经验与智力因素

知识经验是创造的基础和原料，创造往往是知识经验的重新组合，没有足够的知识储备难以进行创新活动。因此，广泛继承前人的知识经验，逐渐积累个人的经验财富是创造活动的基础。学生学习文理渗透，广泛涉及各学科的知识经验可以启发思路，有利于创造性地解决问题，而偏科则不利于创造性的发展。日本一项调查发现，学习过三个不同专业的人的创造性最高，具有两个专业基础的次之，而只学过一个专业的创造性最低。

但并不是知识经验越多就一定越有创造性，过于相信知识经验和教条，反而没有创造性。思维定势现象就表明已有知识经验形成了一种僵化思维趋向，妨碍了问题解决与创造性。著名发明家凯特林（C. Kettering）说：“发明家是一个对于所受的教育并不过分重视的人。”

智力因素与创造性的关系前面已论述过，此处不再重复。

（三）人格与动机因素

创造性既是一种创新的能力，又是一种重要的人格特征。创造性与人格的关系较之与智力的关系更密切。爱因斯坦在青年时代虽然学业成绩并不突出，但他很早就表现出极强的独立性，他对任何理论都抱以科学的怀疑态度，用独立思考进行审查。这种独立性就是他的创造性的人格品质。

富有创造性的人格特征概括为下面几个方面：

（1）有高度的自觉性和独立性；

（2）有旺盛的求知欲和强烈的好奇心；

（3）知识面广，善于观察；

（4）工作中讲求条理性、准确性与严格性；

（5）有丰富的想象力，直觉敏锐，喜好抽象思维，对智力活动与游戏有广泛的兴趣；

（6）富有幽默感，表现出卓越的文艺天赋；

（7）意志品质出众，能排除外界干扰，长时间地专注于某个感兴趣的问题之中。

研究表明，内部动机有利于创造性的发挥与发展，外部动机则有害于创造性。最主要的内部动机就是好奇心与求知欲，当人们被完成任务本身所获得的满足感和挑战感激发，而不是被外在的压力甚至奖励所激发时，才表现得最有创造力。

动机强度也会对创造性产生影响。中等强度的动机最有利于激发创造力。

（四）社会环境因素

创造性比智力受环境的影响更大。家庭、学校和社会等环境因素都会对个体创造性的发展产生极大的影响。家庭氛围、父母教养方式和家庭成员的榜样是影响创造性的主要因素。有利于儿童创造性发展的家庭因素有：

（1）家庭民主，父母对孩子不专制；

（2）家长对孩子好奇、探索的精神和行动给予积极的鼓励与支持；

（3）父母信任孩子的能力，给予引导并提供独立锻炼的机会；

（4）孩子在家与父母之间无拘无束，不怕犯错误，有安全感；

（5）父母本身具有独立性与创造性，孩子受到父母思想行为潜移默化的影响。

学校教育如果过分重视纪律和规范，学习中过分强调答案的正确与标准，也会影响儿童创造性的发展。教师是学校教育中最核心的因素，教师的人格、言行、知识结构、教学方式等都直接影响学生创造力的发展。

社会文化和管理体制也会影响儿童的创造性发展。民主、宽松、尊重个性的社会环境，有利于儿童创造性的形成；而在专制、强调服从的社会环境中，人的创造力则普遍贫乏。

第六节　创造力培养

教育要培养创造性人才，培养学生的创造力。怎样才能有效地培养学生的创造力呢？

一、创造力培养的基本原则

（一）托兰斯的创造力培养建议

托兰斯曾提出了创造力培养建议，具体如下：

（1）为创造提供大量机会。安排新颖的工作，提出要求用创造性思维才能解决的问题。

（2）重视独特的问题、想法和解决办法。创造性的学生会觉察到教师所忽视的关系，教师应对他们的答案予以反应，而不是轻率地忽略。

（3）向学生证明他们的想法是有价值的。倾听、考虑、验证并实践学生的想法，鼓励学生相互交流看法。

（4）营造一种非评价的、安全的气氛。教师经常性的评价会使学生害怕冒险和表达自己的想法，从而阻碍创造性的发挥。

(5) 避免同伴的品头论足。鼓励学生给予同伴创造性或富于建设性的评价，提出其他的可能性，而不是指责同伴的缺点。

(6) 提供感受环境刺激的经验。让学生描述通过视、听、嗅、味、触摸获得的感觉经验。

(7) 避免提供限制思维的例子或模式。给定的例子或模式常常会造成学生难以打破的心理定势，他们可能认为例子是“正确”的作品，不敢创新。

(8) 偶尔根据能力分组。与能力水平不齐的小组相比，能力水平均匀的小组表现出更少的混乱和更多的合作行为。

(9) 允许实践和课程安排的灵活性。过分强调在规定时间内完成规定的课程内容，将会妨碍教师利用学生们自然而然的想法。

(二) 注重潜移默化的隐性教育

培养学生的创造力，更多的是一种潜移默化的隐性教育，教师首先应在日常的教学活动中遵循一些原则，提高培养意识。

(1) 创造民主自由的氛围，鼓励学生的创造。

学校气氛和教育思想与学生创造性及发展直接相关。爱因斯坦 16 岁准备高考时在瑞士阿劳中学补习一年，但仅此一年却对他日后的思想产生了巨大的影响。在他为接受诺贝尔奖而撰写的只有 14 行字的自传里，他特别提到在阿劳中学的一年对他思想发展的意义。在他逝世前一个月写的回忆录中，他写道：“这个学校用它的自由精神和那些毫不仰赖外界权威的教师们的纯朴、热情给我留下了难忘的印象。”这所学校的自由精神培育了爱因斯坦狭义相对论的最初思想。

人本主义心理学家罗杰斯（C. Rogers）指出，创造活动的一般条件是“心理自由”和“心理安全”，对个人的接纳、赞许是促进心理安全的最重要因素。只有心理安全，才能产生心理自由，才能激发学生的创造性，而扼杀创造性的东西往往是经常性的批评指责。因此，只有当一个社会、一所学校能营造一种自由民主的氛围，能对创造活动进行鼓励，创造性才能最大限度地发挥。

要建立民主的教学环境，必须改变传统的教育观念，改变教师全能的观念，改变成绩评定的标准和方法。

(2) 提供实践的机会和创造的榜样。

培养创造力必须提供实践的机会。各种课外活动，第二课堂的科学、艺术小组或社会调查等，都是培养和发展学生创造性的有效途径。在这些实践活动中，学生与教师、有创造性的人及其他学生的相互交流是产生创造性的重要条件。

学生的模仿能力很强，在与有创造性的人的接触交流中，他们容易模仿这些人，受到他们的感染和启发。

教师本人对学生的影响最大，具有创造性的教师总能培养出具有创造性的学生，教师新思想的传播，教学方法的改革，对创新精神的鼓励，都会激发学生的创造性。

学校要发展教师的创造性，或者吸引一批才华横溢的有创造性的教师，这对学生来说也许是最重要的。

（3）长期性原则。

学生创造力的培养与训练应是长期的目标和任务，不是几次专门的训练就能奏效的，教师要持之以恒地对学生进行培养训练，使学生养成创新的意识、能力与习惯。

（4）综合性原则。

研究证明，专门的单项创造力训练的效果不如综合训练的效果。前者只是部分提高，后者则从整体上提高。教师可结合课堂教学有意识地进行创造力的综合训练。例如，课堂上的“发散式提问”、“结果的多项预测”、“多项求解”、“多角度作文”等，都是综合训练创造力的良好途径。

二、创造力培养的内容

（一）强化创造意识

创造意识是指创造的欲望与意愿，它是挖掘创造潜能、开发创造力的重要心理因素。每一个人都有创造的潜力，但并不是每个人都有创造的欲望与意识，进而激发创造活动。没有创造意识的人，在实践活动中只是按部就班地学习和工作，对事物和现象不感兴趣，没有求知的欲望，创造能力就相对较低。

创造意识的强化有赖于家长和教师的引导。每一个儿童都有天生的好奇心和求知欲，在探索世界的过程中，儿童会不断地表现出创造性，家长和教师应尽力给儿童提供一种宽松的环境，鼓励儿童发挥创造天性，动手制作一些新颖的东西。从小就强化创造意识，学会从普通现象中发现问题，尝试解决问题，培养创造能力，那么，随着个体的发育成熟和智力活动的提高，其创造力就会越来越强。

（二）发展创造性思维

创造性思维是指有创见的思维，是从事创造活动和取得创造成果的关键。吉尔福特认为发散思维能代表人的创造性思维。现在人们越来越倾向于认为创造性思维是多种思维的有机结合，它是辐合思维和发散思维的统一，是语词思维和形象思维的统一，是逻辑思维和直觉思维的统一。要发展创造性思维就应该让各种思维的发展并重。

抽象逻辑思维能力的发展是创造力的基础。抽象逻辑思维是指个体依据已有的知识和事实，遵循一定的法则，按照严密的步骤进行抽象、概括、判断、推理，从已知到未知，把握事物本质的思维。但是，良好的创造能力仅有抽象逻辑思维能力是不够的，直觉思维和形象思维在创造活动中也起着十分重要的作用。

直觉思维是不经过逐步的分析和推理，而迅速对问题的答案作出合理的猜测和设想的思维形式。历史上许多重大的科学发现和科技发明都来自直觉思维。首先进行假设，然后收集资料进行逻辑思维，证明猜想的正确与否，如著名的“哥德巴赫猜想”，地球板块的“大陆漂移说”，最初也就是一种猜想。直觉的创造功能表现在对事物的直观判断、猜测和预感上，它是以丰富的知识经验为基础的。一个人的经验越丰富，他的直觉就会越准确。教师应鼓励学生大胆猜测、大胆假设，培养思维的跳跃能力和联想能力。

形象思维是利用头脑中的具体形象来解决问题的思维过程，在创造性思维中具有重要作用。许多创造过程是依靠形象思维来实现的。表象是形象思维的基础，教师要引导学生学会观察，获得感性经验，丰富学生的表象系统。

（三）培养创造个性

创造力的发展不仅与智力因素有关，还与人的个性特征有密切关系。有作为的创造者，往往具有一些良好的个性品质。一般来说，独立、勤奋、自信、有恒、谦虚、细致、进取等个性特征，有利于创造力的发展；而怯懦、自卑、骄傲、粗心、安于现状、墨守成规等消极的性格，则会抑制创造力的发展。

三、创造性思维的训练

创造性思维是在一般思维的基础上发展起来的，是后天培养与训练的结果。卓别林曾说：“与拉提琴或弹钢琴相似，思考也是需要每天练习的。”因此，我们应有意识地培养自己的创造性思维。

（一）培养强烈的求知欲

古希腊哲学家柏拉图和亚里士多德都曾说过，哲学的起源乃是人类对自然界和人类自己所有存在的惊奇。他们认为，积极的创造性思维往往是在人们感到“惊奇”时，在情感上燃烧起对这个问题追根究底的强烈的探索兴趣开始的。因此，要激发自己创造性学习的欲望，首先就必须使自己具有强烈的求知欲。人的求知欲总是在需要的基础上产生的。没有精神上的需要，就没有求知欲。要有意识地为自己出难题，或者去“啃”前人遗留下的不解之谜，激发自己的求知欲。求知欲会促使人去探索科学，去进行创造性思维，而只有在探索过程中，才会不断地激起好奇心和求知欲，使之不枯不竭，永为活水。一个人，只有当他对学习的心理状态总处于“跃跃欲试”阶段的时候，他才能使自己的学习过程变成一个积极主动、“上下求索”的过程。这样的学习，就不仅能获得现有的知识和技能，而且还能进一步探索未知的新境界，发现未掌握的新知识，甚至创造前所未有的新见解、新事物。

（二）展开“幻想”的翅膀

想象力是人类运用储存在大脑中的信息进行综合分析、推断和设想的思维能力。在思维过程中，如果没有想象的参与，思考就会感到困难。特别是创造想象，它是由思维调节的。

爱因斯坦曾说过：“想象力比知识更重要，因为知识是有限的，而想象力概括着世界的一切，推动着进步，并且是知识进化的源泉。”爱因斯坦的“狭义相对论”就是从他幼时幻想人跟着光线跑，并能努力赶上它开始的。世界上第一架飞机，就是从人们幻想造出飞鸟的翅膀开始的。幻想不仅能引导我们发现新的事物，而且还能激发我们作出新的努力、探索，去进行创造性劳动。

青年人爱幻想，要珍惜自己的这一宝贵财富。幻想是构成创造性想象的准备阶段，今天还在你幻想中的东西，明天就可能出现在你创造性的构思中。

（三）培养发散思维

发散思维是指如果一个问题可能有多种答案，那就以这个问题为中心，思考的方向往外散发，找出适当的答案越多越好，而不是只找一个正确的答案。人在这种思维中，可左冲右突，在所适合的各种答案中充分表现出思维的创造性成分。1979年诺贝尔物理学奖获得者、美国科学家格拉肖说：“涉及多方面的学问可以开阔思路……对世界或人类社会的事物形象掌握得越多，越有助于抽象思维。”例如，我们思考“砖头有多少种用途”，可能会有以下各式各样的答案：造房子、砌院墙、铺路、刹住停在斜坡的车辆、作锤子、压纸头、代尺画线、垫东西、搏斗的武器……

（四）发展直觉思维

直觉思维是指不经过一步一步分析而突如其来的领悟或理解。很多心理学家认为它是创造性思维活跃的一种表现，是发明创造的先导，是百思不解之后突然获得的硕果，在创造发明的过程中具有重要的地位。例如，物理学上的“阿基米德定律”就是阿基米德在跳入澡缸的一瞬间，发现澡缸边缘溢出的水的体积与他自己身体入水部分的体积一样大，从而悟出了著名的比重定律。达尔文在观察到植物幼苗的顶端向太阳照射的方向弯曲的现象时，就想到了是幼苗的顶端因含有某种物质，在光照下跑向背光一侧的缘故。但在他有生之年都未能证明这是一种什么物质。后来许多科学家经过反复研究，终于在1933年找到了这种物质——植物生长素。

直觉思维在学习过程中，有时表现为提出怪问题，有时表现为大胆的猜想，有时表现为一种应急性的回答，有时表现为为解决一个问题设想出多种新奇的方法、方案等等。为了培养我们的创造性思维，当这些想象纷至沓来的时候，可千万别怠慢了它们。青年人感觉敏锐、记忆力好、想象极其活跃，在学习和工作中，在发现和解决问题时，可能会出现突如其来的新想法、新观念，要及时捕捉这种创造性思维的产物，要善于发展自己的直觉思维。

（五）培养思维的流畅性、灵活性和独创性

流畅性、灵活性、独创性是创造力的三个因素。流畅性是针对刺激能很流畅地作出反应的能力。灵活性是随机应变的能力。独创性是对刺激作出不寻常的反应，具有新奇的成分。这三个因素是构建在广泛知识的基础之上的。20 世纪 60 年代，美国心理学家曾采用“头脑风暴法”来训练大学生们思维的流畅性。训练时，要求学生像夏天的暴风雨一样，迅速地抛出一些观念，不容迟疑，也不要考虑质量的好坏或数量的多少，评价在结束后进行。速度愈快表示愈流畅，讲得越多表示流畅性越高。这种自由联想与迅速反应的训练，对于思维，无论是其质量还是流畅性，都有很大的帮助，可促进创造思维的发展。

【资料】头脑风暴法

头脑风暴法是由心理学家奥斯本（Osborn）于 1957 年提出的。头脑风暴（brain-storming）最早是精神病理学上的用语，指精神病患者的精神错乱状态。现在，转而为无限制的自由联想和讨论，其目的在于产生新观念或激发创新设想。

在群体决策中，群体成员由于心理相互作用，易屈于权威或大多数人的意见，形成所谓的“群体思维”。群体思维削弱了群体的批判精神和创造力，损害了决策的质量。为了保证群体决策的创造性，提高决策质量，管理上发展了一系列改善群体决策的方法，头脑风暴法是较为典型的一个。

头脑风暴何以能激发创造性思维？根据奥斯本本人及其他研究者的看法，主要有以下几点：

（1）联想反应。

联想是产生新观念的基本过程。在集体讨论问题的过程中，每提出一个新的观念，都能引发他人的联想，相继产生一连串的新观念，产生连锁反应，形成新观念堆，为创造性地解决问题提供了更多的可能性。

（2）热情感染。

在不受任何限制的情况下，集体讨论问题能激发人的热情。人人自由发言、相互影响、相互感染，能形成热潮，突破固有观念的束缚，最大限度地发挥创造性思维能力。

（3）竞争意识。

在有竞争意识的情况下，人人争先恐后，竞相发言，不断地开动思维机器，力求有独到见解、新奇观念。心理学的原理告诉我们，人类有争强好胜心理，在有竞争意识的情况下，人的心理活动效率可提高 50% 甚至更多。

（4）个人欲望。

在集体讨论解决问题的过程中，个人的欲望自由不受任何干扰和控制，是非常重要的。头脑风暴法有一条原则就是不得批评仓促的发言，甚至不许有任何怀疑的表情、动作、神色。这就能使每个人畅所欲言，提出大量的新观念。

头脑风暴法应遵守如下原则：

（1）庭外判决原则。对各种意见、方案的评判必须放到最后阶段，此前不能对别人的意见进行批评和评价。认真对待任何一种设想，而不管其是否适当和可行。

（2）欢迎各抒己见，自由鸣放。创造一种自由的气氛，激发参加者提出各种荒诞的想法。

（3）追求数量。意见越多，产生好意见的可能性就越大。

（4）取长补短和探索改进办法。除提出自己的意见外，鼓励参加者对他人已经提出的设想进行补充、改进和综合。

思考题

一、选择题

1. 智力的核心成分是（　　）。

A. 创造力　　B. 抽象概括能力　　C. 观察力　　D. 记忆力

2.（　　）提出了二因素的智力理论。

A. 瑟斯顿　　B. 加德纳　　C. 斯皮尔曼　　D. 斯腾伯格

3. 美国心理学家卡特尔将智力划分为（　　）。

A. 一般因素和特殊因素

B. 成分智力、背景智力、经验智力

C. 语言智力、数学逻辑智力、空间智力等

D. 晶体智力和流体智力

4. 斯腾伯格提出的智力三元理论的基本成分是（　　）。

A. 背景智力　　B. 空间智力　　C. 成分智力　　D. 经验智力

5. 世界上第一个智力测验量表是（　　）。

A. 斯坦福—比奈量表　　B. 比奈—西蒙量表

C. 韦克斯勒量表　　D. 瑞文测验

6. 采用了离差智商，能够更真实地反映出个体的智力状况的智力量表是(　　)。

A. 斯坦福—比纳智力量表　　B. 韦克斯勒智力量表

C. 比纳—西蒙量表　　D. 瑞文推理测验

7. 斯坦福—比奈量表智力测验中测得某实际年龄为 10 岁儿童的智力年龄为 11 岁，那么他的智商为（　　）。

A. 90　　B. 100　　C. 110　　D. 120

二、问答题

1. 什么是智力?
2. 什么是创造力?
3. 智力与创造力有什么关系?
4. 智力水平的表示方法有哪些?
5. 影响智力发展的因素是什么?
6. 创造的过程分为哪几个阶段?
7. 影响创造力的因素有哪些?如何培养创造力?

第六章　动机、情绪与意志

本章要点

●动机与人的行为
○动机的概念
○动机的功能
○动机的产生
○动机的种类
○动机的理论
○动机与人的行为
●情绪与情感
○情绪与情感的概述
○情绪与情感的功能
○情绪与情感的种类
○情绪的机体表现及其理论
○情绪与青少年心理健康
●意志
○意志的概念
○意志行动的特征
○意志品质

生活中，每个人都有自己的人生理想和抱负，正是因为有了这些理想和抱负，人们才有了奋斗的目标和能量，世界才变得色彩斑斓。然而，并非每个人实现目标的过程都是一帆风顺的，在这一过程中，有顺境也有逆境，有获得成功的喜悦和兴奋，也有失败后的失落和消沉。不管结果如何，只要在人生的道路上展现出了自己的意志和努力，人生的画板上就会展现出独特的亮丽风景。动机、情绪和意志，是人生道路上不可或缺的元素，动机指导着人们的目标和行动，意志保证人们行走的方向，情绪和情感则是人生这块画板的调色剂。那么，什么是动机、情绪和情感以

及意志？它们都有哪些功能和分类？它们在人们的心理过程中是如何运作的？人们通过什么样的手段可以激发自己的动机，调节自己的情绪和情感，维持自己的意志和努力？这都是本章要介绍的内容。

第一节　动机与人的行为

一、动机的概念

当你站在路边看到来往的行人行色匆匆时，你可能会想，他们是要到哪里去？他们是做什么的？他们要怎么做呢？当你正在思索这些问题时，你是在探索人们行为的原因，或者说是在寻找行为的动机。那么，什么是动机呢？动机（motive）是指人们行为的内在动力。例如，人们口渴的时候，就会去寻找水源，找水的行为背后就是动机。

在心理学中，对动机的概念有着不同的看法。心理学家一般认为，动机是指由目标或对象引导、激发和维持个体活动的一种内在心理过程或内部动力（Pintrich & Schunk，1996）。也就是说，动机是一种内部的心理过程，而不是个体心理活动的结果。

动机是一种内部的心理过程，无法直接观察到。人们只能通过任务的选择、努力程度、对活动的坚持性和言语表达等外在的行为变化来间接推测动机。各种动机理论都认为，动机是构成人类大部分行为的基础（B. Weiner，1985）。这个过程表现为当个体产生一个目标，并在对目标进行认知的过程中，由外部的诱因变成内部的需要后，就成为行为的动力，进而推动行为。因此，动机必须有目标，目标能引导行为的方向性，并提供原动力。动机作为行为过程的中介变量，在行为产生前就已存在，并以隐蔽的方式支配着行为的方向和强度。我们可以经常观察到由动机所驱动的行为，如好朋友经常在一起聚会、学习、讨论等行为，然而行为背后的交往动机是无法直接观察到的。

二、动机的功能

从动机与行为的关系上分析，动机具有激活、指向、维持和调节行为的功能。

（一）激活功能

动机是个体能动性的一个主要方面，它具有发动行为的作用，会推动人们产生某种活动，使个体从静止状态转化为活动状态。例如，为了消除口渴而引起寻找水源的行为，为了保持身体健康而引发锻炼的行为，为了获取优异的成绩而努力学习的行为，为了摆脱孤单而结交朋友的行为等。动机激活力量的大小是由动机的性质和强度决定的。一般认为，中等强度的动机有利于任务的完成。

（二）指向功能

动机不仅能激发行为，还能将行为指向一定的对象目标，即动机使个体进入活动状态之后，指引个体的行为指向一定的方向。例如，在成就动机支配下的人会积极地学习，主动选择有挑战性的任务。动机不同，个体行为的目标也不相同，这就是动机的方向性在起作用。例如，同样是努力学习，有的学生是为了获得教师和家长的赞赏，并不十分在意是否真的掌握了知识，而有的学生则是对所学的内容本身有浓厚的兴趣。由于动机的不同，导致了行为目标的差异性。可见，动机不一样，个体活动的方向和所追求的目标会有所差异。

（三）维持和调节功能

动机具有维持功能，表现为行为的坚持性。当动机激发个体的某种活动后，这种活动能否坚持下去，同样要受到动机的调节和支配。动机的维持作用是由个体的活动与他所预期的目标的一致程度来决定。当活动指向个体所追求的目标时，这种活动就会在相应动机的维持下继续下去；相反，当活动背离了个体所追求的目标时，进行这种活动的积极性就会降低，或者完全停止下来。人们在成功的机会很小时，也会坚持某种行为，这时人的长远信念起决定作用。①

三、动机的产生

动机的产生受内外两种因素的共同影响。个体内在的某种需要是动机产生的根本原因，而外在环境则作为诱因，引导个体趋向于特定的目标。当个体内在的某种需要没有得到满足时，它会推动人们去寻找满足需要的对象，从而产生活动的动机。因此，需要作为人的积极性的重要源泉，是激发人们进行各种活动的内部驱动力。

（一）需要

1. 需要的概念

需要（need）是有机体内部的不平衡状态，这种不平衡状态包括生理和心理的不平衡。需要表现在有机体对内部环境或外部生活条件的一种稳定的要求，它是有机体活动的动力和源泉。需要一旦产生就成为一种刺激，有机体便会想方设法采取某种行为以寻求满足，消除不平衡状态。例如，血液中水分流失，个体就会产生饮

① 彭聃龄．普通心理学（第三版）．北京：北京师范大学出版社，2004. 326.

水的需要，体内便会出现一系列生理不平衡状态，在这种不平衡状态的驱使下，个体便会四处寻找水源。此时，内在的生理需求成了个体寻求水源这一行为的直接推动力量。所以，动机是在需要的基础上产生的。

需要的产生是由个体对某种客观事物的要求而引起的。这种要求可能来自有机体的内部也可能来自其外界的环境。例如，人饿了需要吃饭，这种需要是由有机体的内部要求引起的；而父母出于“望子成龙”的心愿让孩子刻苦学习，这种需要则是由有机体外部的环境要求引起的。当有机体感受到这些要求，并引起个体内在的某种不平衡的状态时，要求便转化为某种需要。因此，需要总是指向那些能满足有机体解决当前需要的客体或事件，当追求某种客体或事件后，个体需要得到满足，此种不平衡状态暂时得到消除，当出现新的不平衡状态时，新的需要又会产生。

虽然动物和人类有一些共同的需要，但两者有着本质的区别。人类的需要对象和满足需要的方式受到具体的社会历史条件的制约，由人的社会性决定，因此人类的需要具有社会性；另一方面，人类需要的内容和满足需要的方式与动物不同，人具有意识能动性，所以人类的需要是受意识的调节与控制的。

2. 需要的结构

关于需要的结构，比较著名的是马斯洛（A. H. Maslow，1908—1970）的需要层次理论（hierarchical theory of needs）。该理论认为，人的需要是由以下五个等级构成的（图6－1）：

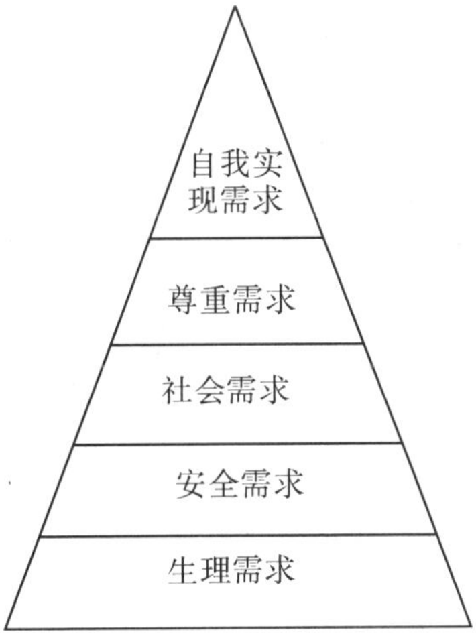

图6－1 人的需要层次

［资料来源：彭聃龄．普通心理学（第三版）．北京：北京师范大学出版社，2004. 329.］

（1）生理需要（physiological need）。这是人类最原始的也是最基本的需要，包括饥、渴、性和其他生理机能的需要，它是推动人们行为的最强大动力。只有在生理需要基本满足之后，高一层次的需要才会相继产生。

（2）安全需要（safety need）。当一个人的生理需要得到满足后，满足安全的需要就会产生。个人寻求生命、财产等使个人生活方面免于威胁、孤独、侵犯并得到保障的心理就是安全的需要。

（3）归属与爱的需要（belongingness and love need）。这是一种社会需要，包括与人往来，进行社会交际，获得伙伴、朋友之间的融洽关系或保持友谊和忠诚。人人都希望获得别人的爱、给予别人爱，并希望为团体与社会所接纳，成为其中的一员，得到支持与关照。

（4）尊重的需要（esteem need）。尊重的需要包括受人尊重与自我尊重两方面。前者是希求别人的重视，获得名誉、地位；后者是希求个人有价值，希望个人的能力、成就得到社会的承认。

（5）自我实现的需要（self actualization need）。自我实现的需要是指实现个人理想、抱负，最大限度地发挥个人的能力的需要，即获得精神层面的臻于真、善、美至高层次的人生境界的需要。马斯洛认为，为满足自我实现的需要所采取的途径是因人而异的。为了实现理想，有人的自我实现需求表现在体育或是音乐上，还有人的自我实现需求表现在绘画或发明创造上等。简而言之，自我实现的需要是指最大限度地发挥一个人的潜能的需要。

关于人类的需要层次，马斯洛是按照三条原则加以安排的。首先，人类基本的需要必先得到满足，然后才会进一步追求较高层次需要的满足。其次，人类需要与个体生长发展密切相关。人出生时，最主要是满足生理需要，然后逐渐考虑到安全、归属、自尊的需要，最后才是追求自我实现的需要。因此，个人的需要结构之发展过程是波浪式的演进，各种需要的优势由一级演进至另一级。最后，人类需要层次的高低与个体生存状态有关。马斯洛认为，一个理想的社会，除了应该满足人们基本的生理需要外，还要使人们满足较高层次的需要，并鼓励个人去追求自我实现。应当讲，一个人只有把个人的需要和国家的需要以及社会发展的需要联系起来，才能有永不衰竭的动力，才能充分发挥个人的潜能，达到最大限度的自我实现。

3. 需要的种类

人类的需要是多种多样的，根据需要的起源可分为自然需要和社会需要；根据需要对象的性质可分为物质需要和精神需要。

（1）自然需要和社会需要。自然需要也称生物学需要，主要是由有机体内部的某些生理不平衡状态引起的。自然需要对维持有机体生命、延续后代有重要的意义。它主要包括饮食、休息、睡眠、排泄、运动、配偶以及嗣后等的需要。社会需要是人类特有的需要，反映了人类社会的要求，对维系人类社会生活、推动社会进步有重要作用。它主要包括劳动的需要、交往的需要、成就的需要、社会赞许的需要以及求知的需要等。

（2）物质需要和精神需要。一般来讲，物质需要大多属于生理性需要，而精神需要基本是社会性需要。但有时物质需要既是生理需要，也包括社会需要的成分。

（二）需要与动机

动机是在需要的基础上产生的。当有机体某种需要没能得到满足时，它就会推动个体去寻找满足需要的对象，从而产生活动的动机。例如，当个体口渴时，内部的生理状态不平衡，个体就会产生喝水的需要。此时，需要会引起有机体自动调节机制的活动，但是它还不是行动的动机。只有当需要推动个体去活动，并把活动指向某一目标时，需要才成为动机。例如，口渴时寻找水源、饥饿时寻找食物等，这时需要就成为个体活动的动机。需要作为人的积极性的重要源泉，是激发人们进行各种活动的内部动力。

四、动机的种类

动机对活动的影响和作用有不同的方面，由此可对动机进行不同的分类。

（一）内在动机和外在动机

根据动机引发的原因，可将动机分为内在动机和外在动机。内在动机是由活动本身产生的快乐和满足所引起的，不需要外在条件的参与。个体追逐的奖励来自活动的内部，即活动成功本身就是对个体最好的奖励。例如，学生为了获得知识、充实自己而努力读书就属于内在动机。外在动机是由活动外部因素引起的，个体追逐的奖励来自动机活动的外部。例如，有的学生认真学习是为了获得教师和家长的赞扬等。内在动机的强度大，持续时间长；外在动机持续时间短，往往带有一定的强制性。事实上，这两种动机缺一不可，必须结合起来才能对个人行为产生更大的推动作用。

（二）主导性动机和辅助性动机

根据动机在活动中所起的作用不同，可将动机分为主导性动机与辅助性动机。主导性动机是指在活动中所起的作用较为强烈、稳定，处于支配地位的动机。辅助性动机是指在活动中所起的作用较弱、较不稳定，处于辅助性地位的动机。在个体的成长过程中，活动的主导性动机是不断变化与发展的。研究表明，只有当主导性动机与辅助性动机的关系较为一致时，活动动力才会加强；若彼此冲突，则活动动力会减弱。

（三）生理性动机和社会性动机

根据动机的起源，可将动机分为生理性动机和社会性动机。生理性动机是指与人的生理需要相联系、具有先天性的动机。人的生理性动机受社会生活条件所制约。社会性动机是指与人的社会性需要相联系、后天习得的动机，如交往动机、学习动机、成就动机等。

（四）近景动机和远景动机

根据动机行为与目标远近的关系，可将动机划分为近景动机和远景动机。近景动机是指与近期目标相联系的动机，远景动机是指与长远目标相联系的动机。例如，有的学生努力学习，其目标是为期末考试获得好成绩；而有的学生努力学习，其目标是为今后从事教育事业打基础。前者为近景动机，后者为远景动机。远景动机和近景动机具有相对性，在一定条件下，两者可以相互转化。远景目标可分解为许多近景目标，近景目标服从远景目标、体现远景目标。“千里之行，始于足下”是对近景与远景动机辩证关系的描述。

五、动机的理论

动机理论是研究者对动机概念所进行的理论与系统的解释，用以解释行为动机的本质及其产生机制。心理学家从不同角度提出了不同的动机理论。

（一）本能理论

动机最早是从本能（instinct）的概念引入心理学的。19 世纪末 20 世纪初，达尔文的进化论从生物发展上证明人和动物是连续的体系。在其研究的影响下，许多研究者相信人的大部分行为都是由本能控制的。本能是人类在进化过程中形成、由遗传固定下来的一种不学而能的行为模式，是人类行为的原动力。美国心理学家麦独孤（W. McDougall，1871—1938）是本能论的代表。他列举了人的 18 种本能，如逃避、拒绝、好奇心、好斗、获取、自信、生殖、合群性、自卑、建设等，系统地提出了动机的本能理论，认为人类所有行为都是以本能为基础的，本能是一切思想、行为的基本源泉和动力。

但到了 20 世纪 20 年代末，本能论开始受到批评与质疑。本能论对人类行为的解释是一种循环论证的过程，不能确切地解释人类行为的真正原因。例如，为什么人会有攻击性行为？本能论认为，这是因为人有攻击本能。如何知道人类有这种本能呢？本能论会认为，通过人的各种攻击行为就可以知道。

尽管本能论受到很大的批评，但它在一些研究领域仍占着统治地位。例如，弗洛伊德创立的精神分析理论就是建立在本能论基础上的。弗洛伊德认为人类有两种本能：一种是生的本能，如饮食和性等；另一种是死亡本能，如自杀等。它们是人类行为的两种基本动力。马斯洛的需要层次理论认为，人类行为是由生来固有的自我实现的潜能决定的。

（二）驱力理论

驱力（drive）是指个体由生理需要（如食物需要、性的需要、逃避痛苦的需要等）所引起的一种紧张状态，能激发或驱动个体行为以满足需要、消除紧张，从而恢复机体的平衡状态。驱力概念是 20 世纪 20 年代由武德沃斯（S. Woodworth，1869—1962）提出来的，用以代替本能的概念。

之后，赫尔（C. L. Hull，1884—1952）提出驱力减少理论（drive reduction theory）。该理论假定个体要生存就会有需要，需要产生驱力。驱力是一种动机结构，供给机体力量或能量，使需要得到满足，进而减少驱力。人类的行为主要是由习惯来支配的，而不是由生物驱力支配的。赫尔强调经验和学习在驱力形成中的作用，认为学习对机体适应环境有重要意义。驱力为行为提供能量，而习惯决定着行为的方向。有些驱力来自内部刺激，不需要习得，称为原始驱力；有些驱力来自外部刺激，是通过学习得到的，称为获得性驱力。

赫尔认为，个体的有效行为潜能（P）是由驱力（D）和习惯强度（H）共同决定的，其关系可用如下公式表示：

$$P = D \times H$$

（三）唤醒理论

在对人类行为的研究过程中，心理学家发现人类的活动常常不是为了减少驱力，而是要增加驱力，如努力探究新的环境、参加惊险比赛等，这些都是驱力理论所无法解释的。针对这一现象，赫布（D. O. Hebb，1949）和柏林（D. E. Berlyne，1960）等提出了唤醒理论（arousal theory）。

该理论认为，人们总是被唤醒，并维持着生理激活的最佳水平。对于唤醒水平的偏好是决定个体行为的一个因素。一般来说，个体偏好中等强度的刺激水平，因为它能引起最佳的唤醒水平，个体不喜欢过低或过高的刺激水平。

唤醒理论提出三个原理。第一个原理是人们偏好最佳的唤醒水平，表现为刺激水平和偏好之间的关系呈一条倒 U 形曲线，如图 6－2 所示：

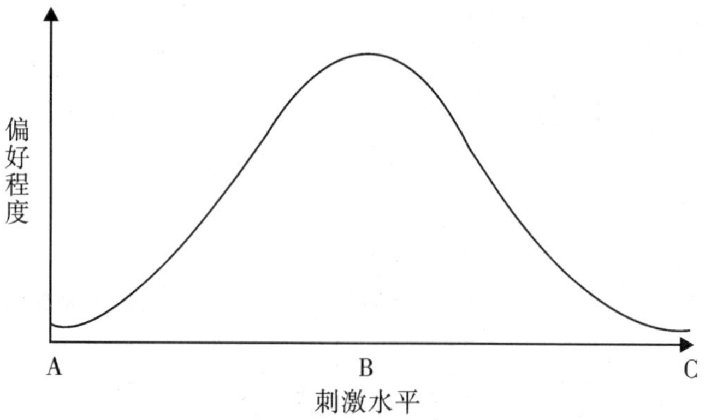

图 6-2 刺激水平与偏好的关系

[资料来源：彭聃龄．普通心理学（第三版）．北京：北京师范大学出版社，2004. 338.]

第二个原理是简化原理，指重复呈现的刺激会降低唤醒水平。例如，一个新的游戏，大家都很爱玩，此时它对个体的唤醒水平最佳。但经过多次重复，人们就会厌烦，由它引起的唤醒水平就降低了。

第三个原理是个人经验对于偏好的影响。经验可以帮助个体更好地组织刺激。例如，有篮球经验的个体在三步上篮时是一气呵成的，而初学者需要将其分解为多步进行学习。

（四）诱因理论

驱力理论强调个体的活动来自内在动力，忽略了外部刺激在唤起行为时也起到重要的作用，针对此种缺陷，心理学家提出了诱因这一概念。诱因（inducement）是指能满足个体需要的刺激物，具有激发或诱使个体朝向目标的作用。例如，诱人的美食激发人的进食欲望，漂亮的时装引起人的购买欲，挑战性的任务激发人的成就需要。诱因可以是物质的，如食物、时装等；也可以是复杂的事件和情境，如获得名誉、地位等。凡是人们希望得到的、有吸引力的刺激都可能成为诱因。诱因有积极和消极之分，有吸引力的刺激物是积极诱因，个体回避的刺激物称为消极诱因。①

诱因和驱力是分不开的。外在目标可视为诱因，只有当它变成个体内在的需要时，才能推动个体的行为，并具有持久的推动力。赫尔在其后的研究中，接受了诱因这一变量，将其作为行为的决定因素之一，增加诱因动机（K），修改了其公式，如下所示：

$$P = D \times H \times K$$

① 彭聃龄．普通心理学（第三版）．北京：北京师范大学出版社，2004. 339.

（五）动机的认知理论

近年来，动机的认知理论深受人们的重视。现在认知理论认为，个体对来自外界的信息要经过编码、存储、提取和输出等加工过程，进而在头脑中形成了各种不同的观念。这些观念在刺激和行为中间起着中介作用，既能引起行为，又能改变行为。因此，认知具有动机的功能。

1. 期待价值理论

动机的期待价值理论是早期的一种认知理论。该理论将达到目标的期待作为行为的决定因素。新行为主义者托尔曼（E. C. Tolman，1886－1959）在动物实验的基础上提出，行为的产生不是由于强化，而是由于个体对一个目标的期待。他将期待定义为刺激与反应的联系或反应与刺激的联系。期待对个体获得目标非常重要。

2. 归因论

20 世纪 60 年代，心理学家用因果关系推论的方法，从人们行为的结果寻求行为的内在动力因素，称为归因（attribution）。归因论最早是由海德（F. Heider，1958）在研究社会知觉中提出的。海德认为，当人们日常生活中体验到成功或失败时，总会寻找成功或失败的原因。一般来说，人会把行为的原因归结为内部和外部两种原因。前者是指存在于个体本身的因素，如能力、努力、兴趣、态度等；后者则是指环境因素，如任务难度、外部奖励、惩罚、运气等。

韦纳（B. Weiner，1971）发展了海德的理论，认为在分析他人行为的因果关系时，行为原因的稳定与不稳定、个体归因结果的控制性也是重要的问题。因此，韦纳提出了两维归因模式，如图 6－3 所示：

	内控	外控
稳定性	能力	任务难度
不稳定性	努力	运气

图 6－3　两维的归因模式

［资料来源：彭聃龄．普通心理学（第三版）．北京：北京师范大学出版社，2004. 340.］

根据韦纳等人的研究，因果维度与随后情感反应密切相关，稳定性维度与随后的期望相关，可控性维度与评价和人际判断有关。在成就情景中，个体会根据不同的结果，在这三个维度内归因。研究结果显示，一般来说，能力水平高的个体或团体，常会把内在原因看成是胜负的决定因素，如能力、努力等；经常失败者则常常把外在原因作为失败的理由，如运气、机会等；经常取得成功、偶尔失利者则把暂时失败归结于相对的不稳定因素，如自己没有努力、运气不佳等。

3. 自我决定论

自我决定论由美国心理学家德西（E. L. Deci）和瑞安（R. M. Ryan）于20世纪80年代提出，这种理论强调自我在动机过程中的能动作用，认为自我决定是一种涉及经验选择的人类机能品质，它组成内在的动机行为，并且证明了一些外在动机行为的存在。他们把自我决定看做是人的选择能力和进行这种选择的能力，而不是把强化序列、驱力、其他任何力量或压力看成是人们行为的决定因素。在德西看来，"自我决定不仅是个体的一种能力，还是个体的一种需要。人们拥有一种基本的内在自我决定的倾向性，这种倾向性引导人们从事感兴趣的、有益于能力发展的行为，以及形成与社会环境的灵活适应"。(Deci & Ryan，1985)

德西等指出，个体有一种天性，即相信他们是凭自己的意志力来作出行为反应的，这样做是因为他们想做，而不是因为他们不得不做（DeCharms，1976，1984；Deci，1975；Deci & Ryan，1985）。他们认为，个体形成了影响他们信息解释的不同的因果取向，即个人取向和非个人取向，因此可以分为两种：一种是个体把自己知觉作为他们自身行为的原因，即因果的内在点，又称自主取向；另一种是个体相信他们的行动是为了获得奖赏或取悦他人，是受到外部因素的影响，即因果的外部点，又称控制取向。当个体的因果点是内部而不是外部时，更可能被内在因素激发引起活动。一个人的因果取向形式决定结果行为是自我决定的或是非自我决定的。自我决定行为基于对人们的有机需要的认识，并且设计选择行为，这种行为在于满足人的需要。而非自我决定行为不包含真正的选择，可以说是自动的，它们受外在刺激和非整合的内在因素相互作用的控制，如替代需要、机体调节或压制人们的需要结构的驱力和情绪。由于非自我决定行为是控制决定的或者是无动机的，因而它不是德西的自我决定论研究的重点。这样，自我决定理论就把所有的人类行为区分为两大类：自我决定行为和非自我决定行为。

4. 自我功效论

自我功效论是由班杜拉（A. Bandura，1977）提出来的另一种动机认知理论。该理论认为，人对行为的决策是主动的，人的认知变量如期待、注意和评价等在行为决策中起着重要的作用。其中，期待是决定行为的先行因素，强化的效果存在于期待奖赏或惩罚中，是一种期待强化。他将期待划分为结果期待和效果期待两种。结果期待是指个体对自己行为结果的估计（或强化）。效果期待也就是自我效能感(self-efficacy)，是指"个体在执行某一操作行为之前对自己能够在什么水平上完成该行为活动所具有的信念、判断或主题感受"①。它包含两层意思：一是自我效能感是对能否达到某一水平的预期，它产生于行为发生之前；二是自我效能感是针对某一具体活动的能力的知觉，与能力的自我概念不同。②

---

① 高申春．自我效能理论评述．心理发展与教育，2000（1）：60~64.

② 姚便芳．评价的奥妙．成都：四川大学出版社，2010. 254.

若个体确信自己有能力进行或完成某一项活动，就属于高自我效能感；反之，则为低自我效能感。班杜拉认为自我效能感的高低直接决定个体进行某种活动时的水平。[①] 他还强调自我效能感是成就活动的一个重要维度。

5. 成就动机论

成就动机理论（achievement motivation theory）是由美国著名心理学家麦克利兰（D. McClelland）提出来的动机理论。麦克利兰把人的高层次需求归纳为对成就、权力以及亲和的需求，并对这三种需求，特别是成就需求作了深入的研究。

人在不同程度上由以下三种需要来影响其行为[②]：成就需要（need for achievement），即希望做得最好、争取成功的需要；权力需要（need for power），即不受他人控制、影响或控制他人的需要；亲和需要（need for affiliation），即建立友好亲密的人际关系的需要。

麦克利兰认为，针对以上三种需要可以分别施以不同的激励措施：为需要高度成就的现实主义者及时给予其工作绩效的明确反馈信息，使其了解自己是否有所进步，为其设立具有适度挑战性的目标，避免为其设置特别容易或特别难的任务；为权力需要者设立具有竞争性和体现较高地位的工作场合与情境；为亲和需要者设立合作而不是竞争的工作环境。

六、动机与人的行为

（一）动机与行为

总的来说，动机具有激发行为的作用，但动机和行为之间的关系却十分复杂。同一种行为可能由不同动机导致。以刻苦学习为例，就存在多种动机上的差异：有的学生是发自内心对知识渴望从而刻苦学习，有的是为了不辜负父母的期望，有的是为了能够获得老师的表扬，有的则是想通过学习出人头地。可见，同一行为可由不同的动机激发；反之，相同的动机也可由不同的行为来实现。例如，儿童为了能引起别人的注意，可能会采取不同的行为方式，有的儿童哭闹，有的听话乖巧，有的则是通过攻击行为来获取父母的注意。

在活动动机与效果的关系上，情况也非常复杂。所谓的“效果”是指行为的社会效果。一般来说，良好的动机应产生良好的行为效果；反之，不良动机则产生不良的行为效果。这就是动机与效果的统一。[③] 但在实际生活中，动机与效果不统一的情况也时有发生。例如，一个孩子想帮父母做家务，却不小心打碎了花瓶。从动

---

① 彭聃龄．普通心理学（第三版）．北京：北京师范大学出版社，2004. 341.

② Denhardt，B. Robert. *Managing human behavior in Public and Non-profit organizations.* California：SAGE Publications，Inc：151.

③ 彭聃龄．普通心理学（第三版）．北京：北京师范大学出版社，2004. 331.

机讲无可非议，但由于其他因素的影响，却产生了不好的行为效果。

因此，准确分析激发行为的动机是非常重要的。在教学活动中，对学生行为动机的把握能够帮助教师提高教学水平；在管理活动中，对动机的把握有助于为员工建立恰当的激励机制等。

（二）动机与工作效率

动机对于提高工作效率具有重要意义，动机与工作效率的关系主要表现在动机强度与工作效率上。通常人们会认为动机水平越强工作效率越高；反之，动机水平越弱，工作效率越低。但事与愿违，心理学研究证明，动机强度与工作效率之间不是线性关系，而是倒 U 形曲线关系。[①]

心理学家耶克斯和道德森（Yerkes & Dodson，1908）研究发现，任何任务都有其最佳的动机水平，动机过强或不足，都会使工作或学习效率降低，中等强度的动机最有利于发挥最佳工作效率。研究还提出著名的耶克斯—道德森定律（如图 6－4 所示），即动机的最佳水平随活动性质的不同而不同。在比较容易的活动中，工作效率随动机的提高而上升；随着活动难度的增加，动机的最佳水平有逐渐下降的趋势，即在难度较大的任务中，较低的动机水平反而更有利于任务的完成。

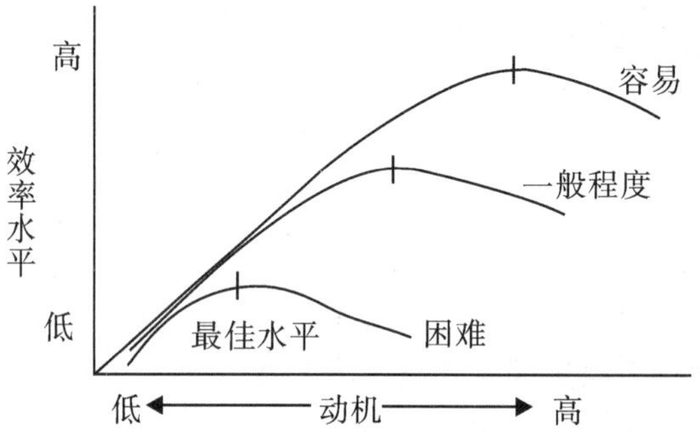

图 6－4　动机强度、课题类型与工作效率的关系

［资料来源：彭聃龄．普通心理学（第三版）．北京：北京师范大学出版社，2004. 332.］

第二节　情绪与情感

一、情绪与情感的概述

情绪（emotion）和情感（feeling）是个体以需要和愿望为中介的一种心理活

① 彭聃龄．普通心理学（第三版）．北京：北京师范大学出版社，2004. 332.

动，是有机体对客观事物和对象的一种态度体验。每个人都生活在特定的社会历史文化环境中，对周围的人和事都有着不同的态度。例如，一帆风顺的事业会使人感到心情舒畅，亲人的去世会使人感到悲伤，地震会使人产生恐惧等。所有这些喜、怒、哀、乐、忧等，都是人的一种态度体验，也是情绪和情感的不同表现形式。情绪和情感是以需要为中介的，需要是引发情绪不可或缺的心理因素。

情绪和情感都是一种态度体验，在现实生活中两者相互渗透，紧密联系在一起。情绪和情感具有共同的生理基础，都以脑中枢为机制。然而，两者之间也存在一些差异。首先，在反应上，情绪的表现可以用“疾风骤雨”来形容，具有明显的情境性、暂时性、表面性和外显性；而情感则可以用“绵绵细雨”来形容，其表现具有较强的稳定性、持久性、深刻性和内隐性。其次，从需要的层次来看，情绪更多的是与有机体的物质或生理需要相关联的态度体验，更多受生物学因素的制约；而情感多与人的精神需求和社会需求相联系，受社会性因素的影响较深。再者，从个体的发展来看，情绪比情感出现得更早。刚出生的婴儿用情绪表达着自己的饥饿和身体的不适，随着个体社会性的发展，人们逐渐获得了情感，如美感和道德感等。虽然情绪和情感之间存在着差异，但两者相互依存，缺一不可。稳定的情感是在情绪的基础上形成和发展起来的，情感的表达蕴涵于情绪之中，情绪的变化反映着情感的深度。

细想一下，如果面临某种难以抗拒的破坏力威胁，个体会产生恐惧的体验，同时，个体会感觉到自己呼吸和心跳加快、肌肉紧张，甚至身体会发抖。除了这些，还有我们所感受不到的有机体的内在变化，如肾上腺分泌增多、血液循环加快等。由此可见，情绪是由很多成分复合而成的心理过程，主要包括主观体验、表情和生理唤醒三种。

二、情绪与情感的功能

情绪和情感是人类进化过程中通过不断适应自然环境和社会环境而形成的心理过程，具有重要的生物学和社会学意义。

（一）适应功能

人类在漫长的进化过程中，情绪和情感已经成为有机体生存、发展和适应环境的重要手段。人们在生活中不断认识新事物，而对所接触过的新鲜事物都遵循着趋利避害的原则，积极情绪和消极情绪则是人们直接的外在表现。例如，恐惧使人逃避那些可能会对身体造成伤害的刺激，情感使人们过着群居的生活以更好地面对来自生活和自然的压力等。

情绪和情感的适应功能从根本上来讲，就是服务于改善人的生存和生活条件。刚出生的婴儿在成长过程中，其思维尚未成熟，还未能掌握语言，与外界的沟通往往是通过自身的表情和体语来进行的。例如，饥饿或遇到恐惧事物时，个体通常会通过哭来表达自己内心的感受，通过微笑来表达自己对某一场景或某一对象的喜爱，借由情绪来弥补语言功能的不足而达到趋利避害的目的，使自己更好地生存和发展。

（二）动机和唤醒功能

情绪和情感的动机功能主要表现在动机激发和放大内驱力信号上。生活中的许多事物并不会激发人们的需要和动机，但当人们对这些事物的价值有了一定的认识之后，或者对某项活动产生了兴趣之后，就会促使个体产生获得某件事物或参加某项活动的动机。同时，当人们因缺乏某件事物而产生需求时，动机就会形成，但这种需求往往不足以激发个体做出实际行动。当人们认识到由于缺乏某件事物而对其造成一定影响后，随之将产生一定的情绪反应，这种情绪反应往往具有放大内驱力信号的作用，激发个体产生相应的行为。

（三）认知功能

已有研究证明，情绪状态可以影响注意、学习、记忆、社会判断、推理和创造力等多种认知过程。[①] 个体的情绪状态往往会影响有机体的注意倾向。例如，在抑郁状态下，人们更容易注意到自己惨淡的一生，所回忆的内容也全是悲伤的画面；而在愉悦情绪状态下，人们更倾向于注意到生活中美好的场面。相关研究指出，人们在积极情绪状态下会产生趋近和探索新事物的倾向，积极情绪还可以增强认知灵活性、提高语言流畅性，有助于克服功能固着并优化问题的解决。同时，情绪还影响个体的认知策略和风格，积极情绪与启发式的加工策略相联系，而消极情绪与系统、精细的加工相联系。[②]

赫布（D. O. Hebb，1955）的研究指出，情绪唤醒水平和工作效绩之间存在倒 U 形曲线的关系。根据该理论，情绪过高或过低都会阻碍个体工作水平的发挥，只有处在中间某一特定的情绪状态下，工作才能取得最高成绩。如图 6－5 所示。

---

① 游旭群．普通心理学．北京：高等教育出版社，2011. 275.

② G. L. Clore，N. Schwarz，M. Conway. Affective causes and consequences of social information processing. In：R. S. Wyer & T. K. Srull（Eds.）. *Handbook of Social Cognition Hillsdale*. NJ：Erlbaum，1994，1（1）：323～417.

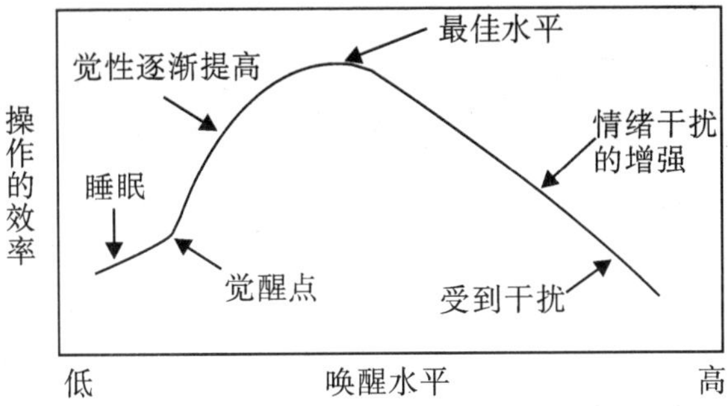

图 6－5 情绪唤醒与操作效率关系图

［资料来源：http：//www. eywedu. com/zhiyejiaoyuyanjiu/voer2008/voer20081096. html. ］

（四）社会功能

情绪的社会功能主要表现在人际交往方面。情绪无时无刻不在影响着人们的交往，它在人们的社会交往中的作用就如同一盏信号灯一样。例如，在一场鸡尾酒会上，我们更愿意与那些面带微笑、侃侃而谈的人交往，而很少去接触那些满面怒容的人。因为微笑代表着接纳，而严肃的或愤怒的表情代表着拒绝和攻击。同时，由于情感的强烈程度不同，人与人之间的距离也会不同。例如，爱情和亲情虽然都会拉近交往双方的距离，但其中的距离却并不相同。

（五）情绪影响个体的心理健康

情绪、情感具有两极性的品质和功能，具体表现为肯定性与否定性、增力性和减力性等方面。我们在生活中所体验到的就是积极情绪（情感）和消极情绪（情感）等。科学研究证明，长期处在悲伤、愤怒、焦虑、抑郁等消极情绪状态下，可能会导致精神分裂、高血压、心脏病及胃肠道不适等多种疾病。这些疾病在健康心理学中一般被称为心因性疾病。近年来，医学界也有不少患有绝症的病人，在积极的心理暗示下奇迹般地康复。同样，有人在临床上曾观察到这样的现象，在众多的伤员中，胜利者的伤口比失败者的伤口愈合得要快些。[①] 这些都说明了积极的情绪能够促使人体生理系统的和谐运转，促进身心健康发展。

① 高玉祥，程正方，郑日昌．心理学（第四版）．北京：北京师范大学出版社，2009. 166.

三、情绪与情感的种类

（一）情绪的基本形式

因为情绪是一个十分复杂的心理过程，其分类标准不一样，所以不同的学者提出了不同的观点。关于情绪的分类，我国古代思想著作中早有阐述。如《礼记》中记载，情绪可以分为七种：喜、怒、哀、惧、恶、乐、爱，即我们通常所说的“七情”。《中庸》将情绪分为“喜、怒、哀、乐”四种。《吕氏春秋·尽数》将情绪分为“喜、怒、忧、怨、哀”五种。现代心理学一般将情绪分为快乐、愤怒、悲哀、恐惧四种情绪。

（二）情绪状态的分类

情绪状态是指在某种事件或情景的影响下，个体在一定时间内所产生的某种情绪。通常可以概括为心境、激情和应激。

1. 心境

心境（mood）是一种持久而稳定的情绪状态，具有弥散性。当个体处于某一心境下时，所有的情绪状态都会受其感染而表现出相同的态度体验。心境可以持续数周，甚至更长时间。引发心境的原因很多，主要由重要的生活事件所引发。例如，工作环境的好坏、人际关系是否融洽、亲人的身体状况等都会使个体处于某一心境状态下。人的世界观、人生观和价值观等都会影响个体心境的倾向性。同时，心境状态又会对个体的生活、学习、工作和健康等方面产生影响，所以时刻保持良好的心境对个体的身心健康发展有着重要意义。

2. 激情

激情（intense emotion）是一种强烈而短促的情绪状态，具有爆发性，一般由对个体意义重大的生活事件所引发。例如，目睹一场车祸时人们惊恐的表情，惨遭失败后的绝望厌世，获得自己所期待已久的奖励时的欣喜若狂等。激情通常会伴随生理变化和明显的外部表现，如手舞足蹈、面红耳赤、呆若木鸡等。在激情状态下人们容易出现“意识狭窄”的现象，即人们往往将注意力不自觉地集中在某一激情的对象上，而较难注意到除此以外的其他方面的一种心理现象。在这种情况下，个体的理智分析能力会受到阻碍，自我控制能力减弱，容易发生一些鲁莽的行为而导致不良后果。所以，人们尽量不要在激情状态下作出决定。但是，激情并不总是消极的，它是随着人类发展逐渐延续下来的一种情绪状态，具有一定的激励功能。例如，获得成功后的高兴，激励人们获得更大的成就。

3. 应激

应激（stress）指人们面对某种意外的环境刺激而引发的适应性反应。例如，当个体面临某种突然的事变时，会迅速集中自己的注意力，运用自己的经验和智慧，以对突如其来的事件作出适应性的行为反应，在这一过程中人的身心通常处于高度紧张的状态。在应激状态下，有机体会发生一系列生理性反应。汉斯·塞里（H. Selye，1907—1982）指出，这是一种适应性综合征，主要包括三个阶段：动员、阻抗、衰竭。应激状态的产生和反应通常与个体所面临的事件有关，但在面临同样的事件时，不同个体的反应存在着较大的个体差异，这主要与个体对自己能力的评估以及个性特征有关。

（三）高级的社会情感

1. 道德感

道德感（moral feeling）是个体根据一定的道德标准在评价外界事物时所产生的主观体验。道德感的形成受社会规律所制约，不同时代背景、不同文化环境中道德标准各不相同。当个体的行为和思想符合一定的道德标准时会产生幸福感、成就感及和谐感，而不符合这种道德标准时会产生内疚、不安、自责等感觉。同样，在我们的生活中，如果他人的行为和思想符合一定的道德标准，人们会对他产生良好的道德感；反之，就会产生厌恶、反感或鄙视的体验。

2. 理智感

理智感（rational feeling）是个体在智力活动中，认识和评价事物时产生的情感体验。理智感是人们从事学习和科研等活动不可或缺的动力之一。理智感产生于认识活动，同时又推动人们的认识活动，推动思维任务的解决。当个体认识到事件的价值和意义，并感到这一事件是自己的兴趣之所在时，个体会利用自身的经验和智慧，克服一切艰难险阻实现自己的目标。在这一过程中，个体表现出了对事件的强烈的求知欲望、认识兴趣和好奇心。在问题解决过程中为追求目标而体验到的幸福和自豪，这些表现和体验就是理智感。

3. 美感

美感（aesthetic feeling）是人们在审美过程中对客观事物表现出的一种主观体验。根据马斯洛的需要层次理论，人们都有审美的需求，但对同一件事物人们往往会有不同的美感体验，这主要由于人们的审美标准不一。审美标准受事物的客观属性、个人的思想观点和价值观念的影响，与人们生活的文化背景、民族文化、阶级属性等方面息息相关。值得注意的是，虽然任何事物都有它的形式和内容，但美感的产生经常会表现出形式与内容的不一致性。例如，有些人身体有残疾，然而内在品质高尚，使人感觉到他是世界上最美的人。所以，美感虽然是由事物的感性特点激发，但也受内在品质的影响。美感与道德感是密切相关的。

四、情绪的机体表现及其理论

与其他心理过程一样，情绪也是人脑的机能。情绪和情感是人的大脑皮层及皮层下中枢共同作用的结果。

（一）情绪的机体反应

1. 机体的生理唤醒

个体情绪表达过程中，人体的内脏器官会发生一系列的变化，主要表现在呼吸系统、循环系统、消化系统及内分泌系统等方面，这都是有机体的一种适应性的生理反应。例如，个体在发怒时，呼吸会变得急促、肾上腺分泌增多、肌肉进入应急状态等。同时，人体的生物电（如皮电和脑电）等也会发生变化。当机体处于某一情绪状态时，生理上会产生相应的反应，如新陈代谢加快、汗腺分泌加快、汗液分泌增多等。汗液中含有大量的钠元素，导致皮肤表层的导电性发生变化，此时通过特殊的感受装置将皮肤的电信号转化到电脑上，通过皮肤电或脑电波的形式表现出来。人们在安静状态和激情状态时的生物电状态是不一样的，这也是生物反馈仪和测谎仪等仪器的设计原理。

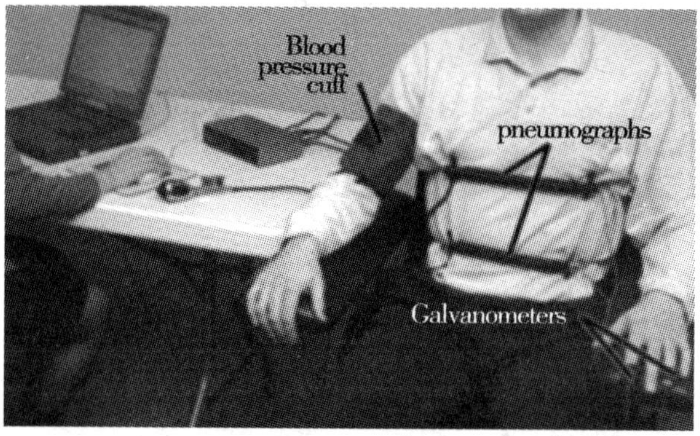

图 6－6　测谎仪

［资料来源：http：//www. xlzx. cn/html/mind_ article/xinlichangshi/2008/1106/11510. html. ］

2. 情绪和情感的外部表现

情绪和情感的外部表现主要通过表情来实现，通过观察他人的表情来了解对方的情绪状态是最直接的手段。生活当中人们的表情主要包括面部表情、身体表情和言语表情三个方面。

情绪、情感发生时，总会伴随着一定的面部表情。人体面部有 80 块肌肉，由不同肌肉通过精细的动作组合可以构成 7 000 余种不同的面部表情，其中眼睛和嘴部的肌肉变化最能表达人们的情绪状态。例如，欢笑时总是嘴角上扬、眼睛微眯；伤心时嘴角会微微下垂、眼神较为低迷；惊恐时整个面部肌肉成绷紧状态、眉间耸起；愤怒时鼻孔大张、牙关咬紧、怒目而视等，这些都是一个人面部表情的变化。

图 6－7 不同的面部表情

［资料来源：http：//www. chinabaike. com/article/316/327/2007/2007022052818. html. ］

除了面部表情外，人们在表达情绪和情感状态时通常会伴随着身体其他部位的活动。例如，高兴的时候，手舞足蹈、动作轻快；失败的时候，垂头丧气、动作缓慢；愤怒时身体挺起、双拳紧握等。身体动作可以渲染面部表情，使情绪表达得淋漓尽致。然而，同样的动作在不同的环境中所代表的含义往往具有较大的差异。例如，跷拇指动作，在中国表示“很棒、厉害”，在美国、法国、印度表示“搭车”，在日本则表示“男人、父亲”。这种差异与人们所处的社会文化、风俗和习惯等有着重要的联系。

语言是人类所特有的高级心理机能，言语过程中的语音、语调、语速和节奏等都可以表达或者渲染一个人的情绪状态。例如，愤怒时说话的语速和语调都会提高，也因激情状态语言常会中断；忧郁时语速会减慢，语调和音量都会降低等。通常情况下，不同的话语会表达不同的内容，然而在受到语调、语音和节奏等因素的影响之下，即便是同样的话语也可以表达出截然不同的含义和情绪状态。

观察外部表情可以帮助人们直接地认识他人的情绪状态，然而并非所有的外部表情都是个体内部情感状态的写实，如喜极而泣、乐极生悲等都是有反常态的情感表达。同样，由于人的意识的能动作用，人们可以借助表情来掩饰内心真实的感受，这些都是人们在社会化过程中逐渐习得的。

（二）皮下中枢在情绪、情感中的作用

情绪与其他心理过程有所不同，情绪在表达的过程中总会伴随着生理唤醒。也就是说，当情绪产生时都会引起自主神经系统的变化。自主神经系统包括交感神经和副交感神经，交感神经负责人体的兴奋活动，副交感神经负责人体的抑制活动。

当情绪产生时，人体的许多生理器官活动会加强，如心跳加速、呼吸变得急促、肾上腺分泌增多等；同时，也会伴随着某些生理器官的活动受到抑制，如消化系统减慢、唾液分泌减少等。然而，是情绪引发了个体的生理唤醒，还是个体因受到情景的刺激而引发生理唤醒，从而产生情绪体验，这在心理学史上有过一番争论。

美国心理学家威廉·詹姆士（W. James）和丹麦生理学家卡尔·兰格（C. Lange）对情绪与植物神经的关系进行了研究，并提出了情绪外周理论，指出情绪的产生是植物性神经活动的产物。该理论认为，当个体受到外界的情绪刺激时，会引起机体的生理反应，由生理反应而激发的神经冲动传至大脑皮层，从而引发人们的情绪体验（见图6－8）。例如，悲伤是因为哭而起，高兴是因为笑而来。该理论过于强调外周神经对情绪的影响，而忽略了中枢神经在情绪发生时的作用。

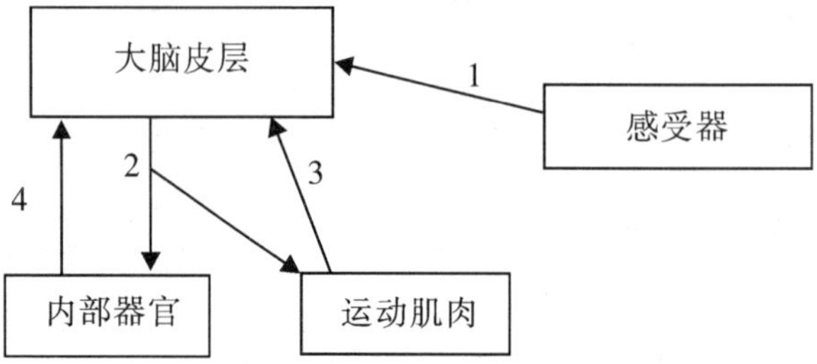

图6－8　詹姆士—兰格理论示意图

美国生理学家坎农（W. Cannon）对詹姆士—兰格的外周理论提出了质疑，指出情绪的中心不是外周神经系统，而是中枢神经系统的丘脑。情绪体验和生理变化是同时发生的，它们都受丘脑的控制。坎农指出，当丘脑中的神经元被激活后，简单的感觉就被赋予了情绪。① 坎农的观点得到了巴德（P. Bard）的认可，后人将其理论称为坎农—巴德学说。该学说指出，由外界刺激作用于感受器而引发的神经冲动，通过内导神经传至丘脑，再由丘脑同时发出向上和向下的两条神经冲动，向上的一条传至大脑，进而产生情绪体验，向下的一条传至交感神经，引起机体的生理变化。现代生理学通过研究证实，丘脑、下丘脑、边缘系统、网状结构等皮下中枢，在情绪发生过程中起着重要的作用。

（三）大脑皮层在情绪、情感产生中的主导作用

近年来，随着科技的进步和研究方法的不断创新，人们在情绪—生理的研究方面取得了众多的成就。20世纪80年代以来，大量研究表明情绪是由大脑中的神经元回路所控制的，由这些回路整合加工情绪信息，产生情绪行为。许多研究表明，

---

① ［新西兰］斯托曼．情绪心理学——从日常生活到理论（第五版）．王力译．北京：轻工业出版社，2006. 14.

有趋近系统和退缩系统两种基本的情绪系统。趋近系统促进欲求行为和产生与趋近有关的积极情感；退缩系统帮助机体避开厌恶刺激和产生与撤退有关的消极情绪，两种回路由部分独立的回路执行。[①]

大脑皮层作为最高级的神经中枢，是人体各种行为反应和心理机能的最高调控器，更是情绪和情感的调控中心。情绪和情感的产生，在其生理机制上主要源于大脑皮层的神经回路；在心理和行为机制上，与认知的调控不可分割。

美国心理学家阿诺德（M. B. Arnold）于20世纪50年代提出了情绪的评定—兴奋说。她认为，从刺激的出现到情绪的产生，要经过一定的估量和评价，情绪产生的过程是刺激—评估—情绪。该理论指出情绪产生的模型，即由刺激引发的神经冲动经由内导神经传至丘脑，更换神经元后将神经冲动传至大脑皮层，激起大脑皮层的兴奋；同时，在大脑皮层上刺激得到评估并产生相应的态度，这种态度由外导神经传至丘脑的交感神经，使相应的内脏和肌肉等器官产生反应，这种反应集中起来，作为外周传来的反馈信息经由大脑皮层整体的估价，进而产生情绪经验。从其理论中可以看出，情绪的产生是大脑皮层和皮下组织协同活动的结果，大脑的兴奋是情绪产生的重要条件。

随着认知神经科学的发展，由大脑皮层高级神经系统调控下的认知因素在情绪发生过程中的作用越来越引起相关学者的重视。20世纪60年代初，美国心理学家沙赫特（S. Schachter）和辛格（J. Singer）提出了情绪的两因素说。他们指出情绪的产生有两个不可或缺的因素：一是个体必须体验到高度的生理唤醒，二是个体必须对生理状态的变化进行认知性的唤醒。为了检验两因素说，他们进行了实验研究。他们将自愿参加实验的大学生被试平均分为三组，首先分别给他们注射肾上腺素。然后，分别告诉三组被试注射后的感觉，并作了不同的解释。甲组被试被告知注射后会出现心悸、脸发烧等现象（这些是注射肾上腺素的反应）；乙组被试被告知除了身体会发抖、脚会发麻外，没别的反应；丙组被试不作任何说明。之后将三组被试分配到事先设好的两种情景中去，一种是惹人发笑的情景，另一种是惹人发怒的情景。根据主试的观察和被试的报告结果，乙组和丙组被试在相应的环境中表现出相应的情绪状态，甲组被试则没有愉快或愤怒的表现和体验。这个实验说明，人对生理反应的认知和了解对情绪的产生具有决定性作用。

由此可见，情绪和情感的产生是一个复杂的过程。在这一过程中，个体根据环境刺激而引发生理唤醒，同时经由认知过程对经验的信息进行加工，将这些环境刺激、生理唤醒和认知过程在大脑皮层上进行整合，从而使个体产生情绪体验。总之，大脑皮层在情绪产生的过程中起着主导性的作用，外周神经、皮下中枢神经和大脑皮层共同构成了情绪产生的生理机制。

---

① 彭聃龄．普通心理学（第三版）．北京：北京师范大学出版社，2004. 360.

五、情绪与青少年心理健康

青少年时期是人生发展的重要转折阶段，也是矛盾重重、情绪变化多端的阶段。了解青少年情绪、情感特点，发展积极的情绪状态，培养高尚的情操，不仅有利于青少年心理的健康发展，更有利于其完美人格的塑造。

（一）青少年情绪、情感的特点

1. 两极性

情绪和情感具有两极性的特点，如肯定和否定、积极和消极、激情和忧郁等，青少年时期的情绪特点将情绪的两极性表现得淋漓尽致。青少年很容易动感情，但情感的表现时而如狂风骤雨般呼啸，时而如绵绵细雨般缠绵；既注重隐蔽性，又张扬个性；成功时会表现得唯我独尊，失败时也会过度自我否定等。正如霍尔（G. S. Hall）所说，青春期是一个疾风怒涛的时期。

2. 叛逆性

随着青少年身心的不断成熟，其反抗心理和判逆情绪表现得越来越突出。“反抗”、“叛逆”似乎成为青少年的代名词。面对青春期孩子的叛逆心理，许多家长常会感到束手无策。青少年期是一个心理性断乳期，在这一阶段青少年自身的不断成熟促使其产生独立和自主的需求。然而，父母对孩子这种快速的成长需求并没有做好心理准备，仍以过分关切的态度对待他们，使他们感到自己的独立感和自主权缺失，从而引发叛逆情绪和行为。

3. 不平衡性

青少年的情绪和情感体验还体现出不平衡性的特点，表现出矛盾性的特点。青少年在青春期度过的是一段幼稚感和成熟感并存，独立性与依赖性错综复杂，充满矛盾的时期。在公众面前，他们不知道是该以成人的姿态展现自己，还是依然以未成年的孩子的形象展现自己；与父母的关系上，他们极力地表现出自己的独立性，但又无法真正脱离父母而生存；遇到事情时，他们常表现出自己高度的责任心和理智感，但也充满着破坏的欲望和感性。

青少年期的情绪和情感的表现具有两极性、叛逆性和不平衡性的特点，这主要是由青少年急剧的生理发育和自我意识的成长引起的。虽然矛盾性伴随在青少年的身心发展过程中，虽然情绪表现出较为明显的两极性、叛逆性和不平衡性的特点，但随着青少年的自我调节和控制能力的不断发展与提高，其情绪和情感的表现逐渐趋向于稳定。

（二）培养积极健康的情绪，促进青少年身心健康发展

良好的心理素质是个体生活和工作的重要保障，青少年时期是人生发展的重要

阶段，培养高尚的情操和积极健康的情绪，对促进青少年人格健康发展有着重要的意义。虽然青少年时期的情绪充满矛盾，但其自我意识在不断完善，自我控制能力在不断发展，思维水平在不断提高。此时引导青少年树立高尚情操，合理宣泄不良情绪，保持积极乐观的情绪状态，对其学习和生活等方面都会产生积极的促进作用。

1. 丰富青少年的情感体验，建立良好的文化氛围

情感是在丰富的情绪体验和认识的基础上逐渐形成的。一个人的情绪和情感与个体的意识倾向紧密联系，提高学生的思想认识和觉悟，丰富其情绪体验有利于青少年学生培养良好的情感。在教学和生活中，要充分利用各种途径，激发学生情感上的共鸣，充实其情感的内容，不断丰富学生的情绪体验。例如，组织生动有趣的教学实践活动，欣赏各种艺术作品，采用形象的教学内容等。通过不断巩固、概括和深化各种情绪体验及认识，从而使学生形成稳定而深厚的情感体验。

人生观、价值观对个体的情绪和情感体验具有明显的指导作用。在学校、家庭和社会中，应建立良好的文化氛围，促使青少年形成积极的人生观和价值观，使其在面对困难和挑战时保持良好的情绪状态。

2. 培养青少年广泛的兴趣与爱好，建立良好的人际关系

兴趣和爱好分别是个体的认识需要与活动需要倾向的情绪性表现，与个体的积极愉快的情绪紧密地联系在一起。从事自己感兴趣的活动时，会感到轻松愉悦。培养广泛的兴趣与爱好，可以调节情绪、缓解压力，使生活变得更加充实而有生命力，进而提高工作和学习效率。

随着自我意识的不断发展，青少年独立性日益增强，他们不喜欢与父母分享自己的心声，而是选择自己的同龄好友作为倾诉的对象。促使青少年建立良好的人际关系，不仅有利于他们分享自己的情绪，更有利于他们排解生活和学习中的压力。良好的人际关系是促进青少年情绪和身心健康发展的一个重要因素。

3. 引导青少年合理宣泄不良的情绪，保持积极乐观的情绪状态。

大禹治水，重在疏而非堵，情绪的管理也是如此。长期积累不良的情绪体验或者压抑正常情绪的释放，会使青少年学习兴趣降低，意志逐渐消沉。心理实验和研究表明，强行压抑情绪的表露与释放有害身心健康。[①] 宣泄不良情绪的途径有很多，如音乐放松法、转移环境法、激励调节法等，在教育活动中，教师要引导学生找到适合自己的情绪调节方法，使学生更好地面对和处理负面的情绪状态。

教师要教育和引导青少年运用恰当的方法，合理宣泄不良情绪，广泛培养兴趣爱好，积极参与集体活动，建立良好的人际关系，时刻保持积极乐观的情绪状态，以促使青少年身心健康发展。

---

① 高玉祥，程正方，郑日昌．心理学（第四版）．北京：北京师范大学出版社，2009. 185.

第三节 意 志

一、意志的概念

意志（will）是个体自觉地确定目的，并根据目的支配、调节行动，克服困难，实现预定目的的心理过程。例如，运动员在参加竞赛前为了取得好成绩，一直坚持不懈地进行训练等。人类在反映客观世界的过程中，不仅要接受内外环境刺激从而产生认知和情绪情感等，而且还要采取行动反作用于客观世界。个体根据自己对客观事物的认识，先在头脑中确定即将进行的行为的目的，再根据此目的支配自己的行动，并力求实现该目的，这一系列的心理活动过程即为意志。

意志是人类特有的心理现象。它是在人类认识世界和改造世界的需要中产生的，也是在人类不断深入认识世界和更有效改造世界的过程中发展的。因此，意志是人的主观能动性最突出的表现。

二、意志行为

人类的意志通过行为表现出来，受到意志支配的行为称为意志行为。一个行为只有同时具备以下三种特征才是意志行为。

1. 自觉地确定行动的目的

自觉的目的是意志行动的前提。意志行动和自觉的目的分不开。人的认识和情感通常是有目的的、自觉的、随意的，但有些也不是这样。而人的意志则完全是有目的的、自觉的、随意的。

意志是人类所特有的，是人和动物在本质上相区别的特点之一。动物仅仅利用外部自然界，单纯地以自己的存在来使自然界改变。而人则是通过他所作出的改变来使自然界为自己的目的服务，来支配自然界。人在行动之前，行动的结果已经作为行动的目的以观念的形式存在于人的头脑之中，并且以此目的来指导自己的行动。

2. 与克服困难相联系

人的意志行动总是与调动人的积极性去克服困难、排除行动中的各种障碍分不开。克服困难是意志行动的核心。平时轻而易举的事，如口渴顺手拿起水杯喝水，不是意志行动。而某一次考试失败后认真分析原因，勇于自我反思，坚持不懈地努力，最终克服困难提高成绩，这就是意志行动。一个人能克服的困难越大，表明这个人的意志越坚强；反之，则表明其意志越薄弱。

3. 以随意动作为基础

动作可分为不随意动作和随意动作。不随意动作是指不受意识支配的、不由自主的运动，具有非条件反射的性质，如眨眼、打喷嚏、咳嗽、消化、循环等以及一些习惯性动作。随意动作是指受到意识调节和支配的，具有一定目的性、方向性的动作，是通过有目的的练习而形成的条件反射，是意志行动的必要组成成分，如吃饭、写字、劳动等。

意志是内部意识向外部动作或活动的主动转化，这种主动转化就表现为意志对人的活动的调节和支配。一方面，这种调节和支配是根据自觉的目的进行的；另一方面，只有通过这种对行动的调节、支配，自觉的目的才能得以实现。意志对行动的这种调节、支配作用表现为发动和制止两个方面。此外，意志还可以调节人的注意、观察和思维等心理活动；当人处在危险、紧急状况时，意志还可以使人保持镇定，冷静应对。最后，意志还可以控制人的生理活动。

意志行动与自动化的习惯性动作之间既有区别又有联系。后者可能是不随意动作，而前者必定是随意动作。随意动作经由多次重复、相当熟练、失去自觉性可转化为自动化的习惯性动作；自动化动作受阻后仍可转入意识状态，变为随意动作。

三、意志品质

在日常生活中，我们发现有的人决策判断优柔寡断，工作计划杂乱无章，行为举止简单粗暴，情绪爆发难以自控，工作不思进取，这些既不完全是智能方面的问题，也不完全是情感方面的问题，而是意志方面的问题。意志是一种特殊的、针对行为活动方面的情感，是人类独有的心理活动形式，它使人类具有高度的主动性和创造性，从根本上区别于其他低等动物。意志的品质特性就是意志在对人的行为驱动过程中所表现出的动力特性，它主要取决于主体的行为价值关系变化的动力特性，反映了人的行为价值的目的性、层次性、强度性、内在稳定性、外在稳定性、效能性等各个方面。

一般把意志品质归纳为自觉性、果断性、自制性和坚定性四个方面。

1. 自觉性

自觉性是指一个人在行动中具有明确的目的性，认识到行动的社会意义，自觉调节行动的品质。意志的自觉性是以坚定的信念和科学的世界观为基础的。具有自觉性的个体不轻易受外界的干扰和影响，信念坚定，能接受有益的意见，能克服困难去执行决定。

与自觉性相反的品质是受暗示性和独断性。受暗示性是指一个人容易接受别人的暗示或影响，经常轻易地改变或取消自己的决定而执行与自己观点不符合的决定，盲目地服从他人的意志行动。独断性是受暗示性的另一个极端，具有独断性的人，似乎能独立地采取决定并执行决定，但很难听取别人的意见，一意孤行。受暗示性和独断性都是不良的意志品质。

2. 果断性

果断性是指一个人善于明辨是非，适时而合理地采取决定并执行决定的品质。具有果断性的人，能全面、深刻地考虑行动的目的和方法，在动机斗争时能当机立断；在行动时，敢作敢为，及时行动，毫不动摇；在不需要立即行动或情况发生变化时，能立即停止已经作出的决定。

与果断性相反的是优柔寡断和草率决定。优柔寡断的人在作决定时总是动摇不定，一直处于动机斗争状态；在执行决定时不能坚持执行，顾虑重重，常常要重新考虑已经作出的决定。草率决定的人主要是不考虑主客观条件，也不考虑行动后果，仓促地作出决定，冒险从事，结果往往是以盲目行动开始，以后悔告终。优柔寡断和草率决定都是意志薄弱的表现。

3. 自制性

自制性是指一个人善于控制自己的情感，约束自己言行的品质。自制性集中反映出意志的抑制职能。自制性强的人，一方面善于控制自己或迫使自己去执行所作出的决定，自觉地调节自己的言论和行动；另一方面又善于控制自己的情绪冲动，保持情绪的稳定，表现出应有的忍耐性。与自制性相反的是任性和怯懦。任性的人不能约束自己，语言伤人，行为放纵；怯懦的人胆小怕事，遇困难就惊慌失措、畏缩不前。任性和怯懦同样是意志薄弱的表现。

4. 坚定性

坚定性是指一个人在执行决定时，以充沛的精力和顽强的毅力，百折不挠地克服重重困难，坚持到底的品质。具有坚定性品质的人经得起长期的磨练，不怕挫折和失败，锲而不舍，抵制各种干扰，不达目的誓不罢休。

执拗与坚定性不同，执拗的人以行为盲目为特征，通常对自己的行动缺乏正确的估计，常常自以为是，肆意妄为，固执己见。此外，虎头蛇尾、见异思迁等也是与坚定性相反的品质。这些都是不良的意志品质。

思考题

一、选择题

1. 动机具有发动行为的作用，能推动个体产生某种活动，使个体由静止状态转向活动状态。这就是动机的（　　）功能。

A. 激活　　B. 指向　　C. 维持　　D. 调整

2. 动机激活是由动机的性质和强度决定的。一般认为，（　　）强度的动机有利于任务的完成。

A. 低等　　B. 中等　　C. 高等　　D. 超高

3. 下面属于成就动机的是（　　）。

A. 学生希望在考试中获得好成绩，能名列前茅

B. 某人在讨论问题时总试图以自己的观点说服他人，在群体中取得领导地位

C. 老师由于热爱自己的工作，刻苦钻研业务，废寝忘食地工作

D. 希望归属于某个团体，喜欢与人交往，并希望得到别人的关心、友谊、支持和欣赏

4. （　　）是人对客观事物和对象的态度体验。

A. 情绪和情感　　B. 感觉　　C. 知觉　　D. 想象

5. 情绪和情感的产生是以客观事物和对象是否满足人的（　　）为中介的。

A. 认知　　B. 体验　　C. 需要　　D. 兴趣

6. （　　）指出，情绪的中心不是外周神经系统，而是中枢神经系统的丘脑。

A. 坎农　　B. 詹姆士·兰格　　C. 阿诺德　　D. 巴甫洛夫

7. 下列哪些是意志的品质（　　）。

A. 坚定性　　B. 果断性　　C. 自制性　　D. 自觉性

二、问答题

1. 什么是动机？其主要功能是什么？
2. 简述马斯洛需要层次理论。
3. 什么叫自我效能感？它产生的基础是什么？
4. 举例说明在日常生活中，动机与人的行为的关系。
5. 简述情绪和情感的区别与联系。
6. 试述如何保持良好的情绪状态。
7. 什么叫意志行为？它有哪些特征？

第七章 人 格

本章要点

●人格概述

○人格概念

○人格结构

○人格结构理论

●人格发展

○人格发展的含义

○人格发展的心理社会发展理论

○人格发展的影响因素

●人格测评

○自陈式量表测验

○人格的投射测验

○人格的情境测验

●青少年健全人格的塑造

○健全人格的概念及其特点

○青少年健全人格的培养

著名心理分析学家荣格曾说："人格是一个浩瀚而神秘的系统，人的内心世界就像宇宙一样，人生最伟大的探险就是对内心世界的探索。"人格反映了一个人总的心理特征，是相对稳定的、具有独特倾向性的心理特征的总和，在很大程度上决定了人对外界的刺激作出怎样的反应。拥有健全的人格，能使人在困苦中品出快乐、在失利时取得成功、在平凡中创造辉煌。因而有人说"人格即命运"，人格是影响一个人事业成功、家庭幸福的重要因素。健全人格的培养与塑造既是个人身心健康发展的需要，也是社会发展的需要。本章将在对人格的一般问题进行概述的基础上，讨论人格的发展、人格的测评以及青少年健全人格的塑造等。

第一节 人格概述

一、人格概念

（一）人格的含义

人格是我们日常生活中经常使用的词汇。例如，“他具有健全的人格”，“你不能污辱我的人格”，“人格尊严应受到保护”，“他出卖了自己的人格”等。这些描述和评价包含了多重含义，有法律意义上的人格，有道德意义上的人格，有文学意义上的人格，也有社会学意义上的人格。那么，在心理学中人格的准确含义是什么呢？

人格（personality）一词源自拉丁文 persona，原义指希腊戏剧演员所戴的面具，面具随着角色的不同而变换。这种面具类似于我国京剧中的脸谱，红脸代表忠义，白脸代表奸诈，黑脸代表刚强，不同的面具体现了角色的特点和人物的性格。心理学就沿用了面具的含义，转意为人格。这其中包含着许多不同的含义：一是指一个人在别人眼中留下的印象或外表的自我；二是指一个人在生活中扮演的角色或真实的自我；三是指与自己职业相适应的特点，是一个人内部的心理品质；四是指一个人的尊严和优越感，表明了一个人的重要性、声望和社会地位。[①] 这些描述都是人们对人格的直观理解。

由于人格结构的复杂性和心理学家研究取向的不同，学者们对人格的定义并未达成一致。美国著名的心理学家、人格心理学的创始人奥尔波特（G. W. Allport，1937）认为，人格简单地说就是“一个人真正是什么”，“人格是个体内在心理物理系统中的动力组织，它决定人对环境适应的独特性”。这一定义受到广泛的认同。一般认为，人格是个体在先天遗传素质的基础上，通过与后天环境的相互作用而形成的相对稳定和独特的心理行为模式。

（二）人格的特征

1. 独特性与共同性

常言道：“世界上没有完全相同的树叶，也不会有完全相同的两个人。”每一个人都有不同的遗传素质，又在不同的环境条件下发育成长起来，因而各人都有自己独特的心理特点。所谓“人心不同，各如其面”，正说明了人格是千差万别、千姿百态的。这就是人格的独特性。

---

① 郑雪．人格心理学．广州：暨南大学出版社，2007. 1～2.

但另一方面，由于文化、地理、生理特征的影响，生活在同一地域或文化中的个体，相同性别或相同年龄阶段的人也会表现出相似的人格特征。例如，我们常说北方人豪放、南方人细腻；中国人勤劳、法国人浪漫；青少年冲动、老年人沉稳；男性爱冒险、女性爱平稳等，这些都是人格共同性的体现。文化人类学家把同一种文化陶冶出的共同的人格特征称为群体人格（group personality）或众数人格（modal personality）。如有研究表明，由于受传统儒家文化的影响，不论是海峡两岸的中国人还是新加坡等地的华人，都有相同的人格特征。人格的独特性与共同性相互作用、互相影响，形成一个完整的人格。

2. 稳定性与可塑性

一个人的人格是在生物遗传的基础上，在个体与环境的互动中逐渐形成的。一旦形成，便具有相对稳定性，表现出在不同时间和空间上的一致性。例如，一个性格内向的大学生，在大学四年期间、在不同的场合都表现出沉默寡言的特点。正所谓“江山易改，本性难移”，这就是人格的稳定性。研究表明，个人的行为中偶然表现出来的心理特征和心理倾向不能表征一个人的人格。例如，一个处世谨慎的人，经常循规蹈矩，办事稳重，但他偶尔也会表现出冒失、轻率的举动。在这里，谨慎标志着他的人格特征，而轻率则不是他的人格特征。正因为人格具有稳定性的特征，我们才能把一个人和另外一个人在精神面貌上区别开来；我们才能预料一个人在某种情况下将会做些什么，这也是对一个人了解的依据。

人格具有稳定性，并不意味着它是不可改变的。人格具有可塑性，随着生理的成熟和环境的改变，人格也会或多或少地发生变化。例如，一个过去害羞的女孩，长大后由于事业的成功而变得大方和自信。正因为人格具有可塑性，才能培养和发展人格。一般来说，正在形成中的儿童的人格还不稳定，易受环境影响而发生变化，成年人的人格则比较稳定，在人格改变中自我调控起重要作用。因此，人格是稳定性与可塑性的统一。

3. 整体性

人格是人的整个精神面貌的表现，是由多种成分构成的一个有机整体，具有内在的一致性，受自我意识的调控。人格的各个成分相互联系、相互制约、相互依存。正常人的行动不是某一特定成分（如能力或动机）运作的结果，而是人格的各个成分密切联系、协调一致所进行的活动，这就是人格的整体性。当一个人的人格结构在各方面彼此和谐统一时，他的人格就是健康的。否则，可能会出现适应困难，甚至出现人格分裂。心理的完整与和谐是人格健康的表征。

4. 功能性

人格是具有动力倾向系统的结构，它在一定程度上影响着一个人的生活和行为方式，甚至有时会决定一个人的命运，这就是人格的功能性。例如，面对挫折与失败时，坚强者能发奋拼搏，懦弱者会一蹶不振。当人格正常发挥其功能时，个体能有效地掌控其生活并勇敢地面对成败；反之，则会表现出软弱、无力、失控，甚至变态。

5. 生物性和社会性

在人格形成和发展的过程中，既有生物因素的作用又有社会因素的作用。人的心理包括他的人格，是大脑的机能，人格的形成必然要以神经系统的成熟为基础。人格的生物性是指人格受个体的生物特性的制约。但生物因素只为人格发展提供了可能性，社会因素才使这种可能转化为现实性。人格是在一定的社会环境中形成的，一个人的人格必然会反映出他生活在其中的社会文化的特点及他受到的教育的影响，这就是人格的社会性。一个人由于某种原因被剥夺了与社会的接触，就不可能成为真正的人。1920 年，在印度的一个狼洞里，发现了两个小女孩。小的约 2 岁，很快就死去了，大的约 8 岁，取名卡玛拉。救回来时，这两个孩子的行为完全和狼一样，白天睡觉，夜晚嚎叫，爬着走路，用手抓食。经悉心照料与教育，卡玛拉学会 6 个单词，6 年才学会直立走路，到 17 岁临死时，只具有正常儿童 4 岁时的心理发展水平。社会剥夺使人丧失人性，也就不能形成人格。所以，人格也是人的生物性和社会性的统一。

二、人格结构

（一）人格结构的分类

人格是一个复杂的结构，主要包括人格倾向性、人格心理特征和自我意识三个部分。

人格倾向性是人格的动力成分，是人对现实的态度，是人格结构中最活跃的因素，主要包括需要、动机、兴趣、理想、信念、世界观等。每个人的人格总具有一定的倾向性，如一些人倾向于在艺术活动中发现生活的意义，另一些人则倾向于在科学活动中找到生活的意义。人格的倾向性因素较少受生理因素的影响，主要是在后天的社会化过程中形成的。

人格的心理特征是指一个人身上经常、稳定地表现出的心理特点，是人格结构中比较稳定的成分，主要包括能力、气质、性格。人格心理特征受人格倾向性调节。人的能力和性格是在动机、理想、信念、价值观等人格倾向性的推动下形成并发展变化的。同时，人格倾向性也要依赖于人格心理特征才能表现出来，两者相互依存，相互制约。

自我意识是指个体对自己的存在，以及自己和周围的人或物之间关系的意识，属于人格结构中的自我调控系统。它对人格的各种成分进行调控，以保证人格的完整、统一与和谐。

（二）几种重要的人格结构

1. 气质

气质（temperament）是表现在心理活动的强度、速度、灵活性与指向性等方面的一种稳定的心理特征，是人格结构中比较稳定、与遗传素质密切相关的成分，也就是我们平时所说的脾气、秉性。人们常说某人稳重、文静、办事慢条斯理，某人爽快、泼辣、手脚麻利，就是指人的气质表现。人的气质差异是先天形成的，受神经系统活动过程的特性所制约。例如，婴儿一出生就表现出某些气质差异，有些婴儿安静平稳、害怕陌生人；有的婴儿爱哭好动、不怕陌生人。

气质学说最先源于古希腊医生希波克里特（Hipporates）的体液说。他认为人体内有四种液体——黏液、血液、黄胆汁、黑胆汁，这四种体液混合比例的不同，形成了四种不同类型的人。在此基础上，罗马医生加伦把气质分为十三类。后来被医学界逐渐简化为四类，即胆汁质、多血质、黏液质和抑郁质。这四种类型的典型特征具体表现如下：

胆汁质（choleric temperament）：性情直率，精力旺盛，热情奔放，脾气急躁，反应迅速，容易冲动，情绪情感的反应强而变化快。表现为：对事物的理解能力和接受能力很快，但不求甚解；行为果断，表里如一；脾气急躁，做事莽撞，容易冲动，自制力较差；脾气就像暴风骤雨，来得快也去得快，被人形容为“夏天里的一团火”，有股火爆脾气。

多血质（sanguine temperament）：反应迅速，动作敏捷，活泼好动，有朝气，注意力容易转移，兴趣容易变化，情绪情感的反应快而多变。表现为：喜欢与人交往，积极参加单位一切活动，但表现散漫，有始无终；容易接受新事物，但印象不深刻；常能机智地摆脱困境，但容易产生骄傲情绪，觉得自己比别人要机智和灵敏；善于交际，待人亲切，在群体中精神愉快，相处自然，容易交上朋友，但友谊常不巩固，缺少知心好友。多血质的人易于适应环境的变化。

黏液质（phlegmatic temperament）：稳重、安静、踏实，反应迟缓，注意力稳定难于转移，善于忍耐，情绪不易外露但内心的情绪体验深刻，外冷内热。表现为：无论环境如何变化，都能基本保持心理平衡；凡事深思熟虑，力求稳妥，一般不做无把握的事情，在各种情况下都表现出较强的自我克制能力；外柔内刚，沉静多思，不愿流露内心的真情实感；与人交往时，态度适度，不卑不亢，不爱抛头露面和作空泛的清谈；学习、工作有板有眼，踏实肯干，严格恪守既定的生活秩序和制度。但过于拘谨，不善于随机应变，固定性有余而灵活性不足，有墨守成规、因循守旧的表现。

抑郁质（melancholic temperament）：观察敏锐，善于觉察他人不易觉察、注意到的细节，富于想象，动作迟缓，行为孤僻，喜欢独处，情绪情感体验深刻，对事物的反应有较高的敏感性。表现为：与人交往时善于领会别人的意图，在团结友爱的集体中，很可能是一个容易相处的人；遇事三思而行，求稳不求快，对力所能及的工作能认真负责地完成；不爱表现自己，对出头露面的工作尽量摆脱；敏感多疑，患得患失，在困难面前常怯懦、自卑和优柔寡断。

现实生活中大多数人的气质类型都不是单一的，而是两种或者更多类型的复合体。气质是人的天性，反映了人的生理特性，没有好坏之分，每种气质既有优点也有缺点。它只给人们的言行涂上某种色彩，并不能决定一个人的智力水平，更不能决定人的社会价值，也不直接具有社会道德评价意义。一个人活泼与否、稳重与否，都与他们的社会成就、道德水准无关。气质不能决定一个人的成就，任何气质类型的人只要经过自己的努力与奋斗，都有可能在不同的实践领域中取得成就。

2. 性格

我国心理学界倾向于把性格（character）定义为一个人在现实生活中形成的对现实比较稳固的态度以及与之相适应的习惯化了的行为方式。性格是人格结构中表现最明显，也是最重要的心理特征，是区别一个人与众不同的明显的和主要的心理品质。

性格主要是在后天环境中逐渐形成的，同时也受个体生物学因素的影响。研究发现，大脑皮层的额叶与性格有关。性格由于受社会历史文化的影响，带有明显的社会道德评价的意义，直接反映了一个人的道德风貌，因此，性格具有好坏之分。与气质相比，性格更多地体现人格的社会属性，而气质更多地反映人格的生物属性。性格差异是个体之间人格差异的核心。

性格是十分复杂的心理现象，可以从不同维度来分析其特征。

性格的态度特征，是指一个人如何处理社会各方面的关系的性格特征，即他对社会、对集体、对他人以及对自己的态度的性格特征。性格的态度特征，好的表现为集体主义、乐于助人、公而忘私、有爱心、有责任心、有创新精神、认真、正直、诚恳、谦虚、自信、谨慎等；不好的表现为对集体利益漠不关心、对人冷酷无情、缺乏爱心、自私自利、不负责任、缺乏教养、自满、自负等。

性格的意志特征，是指一个人对自己的行为自觉地进行调节的心理活动特征。按照意志的品质，良好的意志特征是有远大的理想、行动有计划、独立自主、果断、勇敢、坚忍不拔、有毅力、自制力强；不好的意志特征是鼠目寸光、盲目性强、犹豫不决、软弱怯懦、随大流、容易受暗示、优柔寡断、放任自流、虎头蛇尾、动摇不定等。

性格的情绪特征，是指一个人的情绪对他的活动的影响，以及他对自己情绪的控制能力。良好的情绪特征是善于控制自己的情绪，情绪稳定，常常处于积极乐观的心境状态；不良的情绪特征是事无大小都容易引起情绪反应，而且情绪对身体、工作和生活的影响较大，意志对情绪的控制能力比较薄弱，情绪波动较大，心境容易消极悲观。

性格的理智特征，是指一个人在认知活动中的性格特征。例如，认知活动中的独立性和依存性：独立性者能根据自己的任务和兴趣主动地进行观察，善于独立思考；依存性者则容易受无关因素的干扰，善于借用现成的答案。

性格的各个部分相互关联、相互制约，有机地组成一个整体。而且，性格的各个特征并不是一成不变的机械组合，在不同的场合常常会显露出一个人性格的不同侧面。

3. 自我意识

自我意识是一个多维度、多层次的复杂的心理系统，可以从形式和内容上对它进行分析。

从形式上看，自我意识的结构包括自我认知、自我体验和自我控制。自我认知是对自己的观察与理解，包括自我观察和自我评价等，是自我意识的认知部分，也是自我体验与自我调节的基础。自我体验是伴随自我认识而产生的情绪体验，是自我意识的情绪部分。当个人对现实自我持肯定评价时，就会产生积极的情绪体验，如自信、自尊、自豪等，同时也能悦纳自己。如果一个人对现实自我持否定评价或评价较低，则会产生消极的情绪体验，如自卑、自我埋怨、焦虑不安等。自我控制是自我意识的意志成分，是伴随着自我认识和自我体验而产生的各种思想倾向与行为倾向，包括自我监控、自我激励、自我教育等成分。

从内容上看，自我意识又可以分为生理自我、社会自我和心理自我。生理自我是指个体对自己身体、外貌、衣着、风度、家庭、所有物等的认识与评价。社会自我在宏观上是指个体对隶属于某一时代、国家、民族、阶级、阶层的意识，在微观上是指对自己在群体中的地位、名望，受人尊敬、接纳的程度，拥有的家庭、亲友及其经济和政治地位的意识。心理自我（psychological self）是指个体对自己的个性特征（能力、气质、性格）、个性倾向性（兴趣、爱好、理想、价值观）、情绪情感等诸方面心理特点的意识。

三、人格结构理论

人格的结构异常复杂，长期以来，心理学家经过一系列研究，提出了许多不同的人格结构理论。

（一）人格结构的心理动力论

人格结构的心理动力论（psychodynamaic）是从个体内在的动力因素来解释人格结构的理论，最有代表性的就是弗洛伊德的人格结构理论。

弗洛伊德认为，完整的人格结构由三大部分组成，即本我、自我和超我，个体任何行动或产生的问题都是由这三个系统的相互作用及平衡程度引起的。本我是人格结构中最原始的部分，是与生俱来的，它包含了个体的一切原始的冲动和本能欲望，其中最重要的是性欲望和攻击欲望。从活动方式看，本我按“快乐原则”行事，一切以寻求即刻的满足为原则，其作用在于寻求兴奋、紧张与能量的释放，追求快乐，逃避痛苦。一般来说，刚出生的婴儿处在本我状态，长大后本我处于潜意识状态，人们较难察觉。

自我是人格中理智的、符合现实的部分。它派生于本我，不能脱离本我而存在。自我的力量从本我那里获得，并根据现实的可能性去满足本我的要求，是现实化了的本我。一方面，自我要反映本我的欲望，并找到途径满足本我的欲望；另一方面，它要反映客观现实，分析现实的条件和自己的处境，寻找适合的满足本我欲望的对象、途径和方式。在弗洛伊德看来，自我和本我好比骑士和马的关系。马提供能量，而骑士则指导马的能量朝着他想游历的路程前进。

超我是人格结构中代表理想的部分，是道德化了的自我，包括自我理想和良心两个部分。在儿童早期生活中，父母总是按照自己的道德标准和社会规范去评价、奖励及惩罚儿童。其中，父母关于什么行为是“好”的标准就内化为儿童的自我理想，父母关于什么行为是“坏”的惩罚规则就内化为儿童的良心，这样超我就形成了。超我一经形成，就起着抑制本我冲动、对自我进行监控以及追求完善境界的作用。

人格结构中的三个层次相互交织，形成一个有机的整体。当三者处于协调状态时，人格表现为健康状况；当三者不一致和发生冲突时，就会产生心理疾病。

（二）人格结构的类型论

人格的类型论是一种早期的人格理论，在20世纪初发源于德国，主要用来描述一类人与另一类人的心理差异，即人格类型（personality type）的差异。它根据一定的原则和方法，将人格分为若干典型类型，并以此为模本，将现实生活中的人归入不同的人格类型中。较有代表性的有荣格的内—外倾人格类型理论和霍兰德的人格类型论等。

1. 荣格的人格类型理论

瑞士心理学家荣格（G. Jung）认为，一个人的兴趣和关注可以指向内部，也可以指向外部，指向内部叫内倾，指向外部叫外倾，每个人都有内倾和外倾这两种态度特征。荣格根据两种态度——内倾和外倾，四种功能——思维、情感、感觉和直觉将人格划分为八种类型。其中，外倾思维型的人喜欢分析、思考外界事物，生活有规律，客观而冷静，但比较固执己见，情感压抑；外倾情感型的人多为女性，她们的思维常常被情感压抑，没有独立性，非常注重与社会和环境建立情感及和睦关系；外倾感觉型的人多为男性，他们喜欢追求欢乐，活泼有魅力，对客观事物感觉敏锐，精明而求实，但易变成寻欢作乐的酒色之徒；外倾直觉型的人喜欢追求外部世界的新感觉，易变而富有创造性，有多种嗜好，但难以坚持到底，做事常凭主观预感；内倾思维型的人喜欢离群索居，独自追求自己的理想，常以主观因素为依据分析事物，待人冷漠，倔强偏执，情感受压抑；内倾情感型的人沉默寡言，不易接近，给人一种神秘莫测的吸引力，但内心有非常丰富的、强烈的情感体验；内倾感觉型的人对事物有深刻的主观感觉，喜欢通过艺术形象表现自我，缺乏思想和情感，较被动，安静而沉稳，自制力强；内倾直觉型的人富于幻想，性情古怪，思想往往脱离现实，不易被人理解，常产生各种离奇的幻想和想象，体验奇特怪异。

荣格所划分的这八种类型只代表极端的情况，实际上每个人都会表现出某种占优势的性格类型，除此之外，还会有不占优势的第二种、第三种人格类型，从而构成了千变万化的人格类型。

2. 霍兰德的人格类型论

美国心理学家霍兰德根据人格特征与职业选择的关系，将人格划分为现实型、研究型、艺术型、社会型、企业型、常规型。现实型的人重视物质和实际的利益而不重视社交，遵守规则，喜安定，但缺乏洞察力，希望有一个要求明确、能按一定程序进行操作的职业；研究型的人好奇心强，重分析，处事慎重，愿意从事有观察、有科学分析的创造性的工作；艺术型的个体想象力丰富，有理想，好独创，喜欢从事无序的、自由的活动；社会型的个体乐于助人，善社交，重友谊，责任感强，愿意从事教育、医疗等方面的工作；企业型的个体有冒险精神，自信而精力旺盛，喜欢支配别人，遇事有自己的见解，他们愿意选择从事组织、领导工作；常规型的个体易顺从，能自我抑制，想象力差，喜欢有秩序的环境，对重复性的、习惯性的工作感兴趣，如出纳员、仓库管理员等。

把人格划分为不同类型的做法具有悠久的历史。这种做法的优点是从整体特征上来了解人格，比较简单明了，但也有简单化、静止化的缺点。

（三）人格结构的特质论

人格的特质论认为特质是人格的基本单元，一种人格特质就是一个人格维度，它是根据人们在某一特征上所表现的程度而被分类的。在心理学中，特质被认为具有跨时间和跨情境的稳定性。例如，一个喜爱交际的人，在今天、明天乃至明年及许多年后，都乐于与人交往；一个攻击性较强的人，无论是在家庭生活中还是在休闲活动中，都表现出较高的攻击性水平。

1. 奥尔波特的人格特质论

奥尔波特是人格特质论的开创者，并将特质分为共同特质和个人特质。共同特质是指同一群体中许多个体共同的人格特质，但同一群体的成员所拥有的共同特质也有程度上的差异。例如，我们说北方人豪放，但并不是所有的北方人在任何时候都是豪放的。

个人特质是个人所独有的，它决定了一个人心理与行为的独特性。奥尔波特根据个人特质在个人行为中渗透范围的大小，又进一步将个人特质区分为首要特质、中心特质和次要特质。首要特质是指个人生活中具有渗透性并占优势的特质，在人格结构中处于支配地位。例如，在《三国演义》中，诸葛亮的首要特质就是足智多谋；在巴尔扎克的小说《欧也妮·葛朗台》中，葛朗台的首要特质就是吝啬。中心特质的渗透性稍差，但对个体的人格特征也有相当的概括性。每个人的中心特质大约在5~7个之间。例如，通常评价某人诚实、善良、乐观、刻苦等，指的就是中心特质。次要特质是指一些不明显的、一致性和概括性都较差的人格特质，其渗透性小，有较强的情境性和突发性。例如，某个人平时一贯外向，但在某些特殊场合表现出内向的人格特质。特质的显著性和普遍性因人而异，同一特质可能是一个人的首要特质，但在另一个人身上却是中心特质，在第三个人身上可能只是次要特质。

2. 卡特尔的特质因素论

卡特尔认为人格特质是人格建筑的砖石。他将人格特质分为表面特质和根源特质。表面特质是指从外部行为能直接观察到的特质，这种特质可能会随着环境的改变而改变。根源特质则是隐藏在表面特质之后并决定表面特质的人格特质。表面特质是根源特质的表现，随环境的改变而呈现多样性。根源特质是人格的内在因素，具有相当的稳定性。

卡特尔从搜集字典和心理学文献中描述人格特质的词汇开始，针对生活中的各种行为，采用几十年的系统观察、科学试验以及因素分析法，从众多的表面特质中提出了16种根源特质，并编制出16种人格因素调查表（sixteen personality factor questionaire，简称16PF）。卡特尔认为每个人的人格都可以用这16种特质来描述，只是不同的人在每种特质上所得的分数有高低差异而已。16种人格特质的内容和含义见表7-1。

表7-1　卡特尔的16种人格特质

人格因素	高分者特征	低分者特征
A 乐群性	外向、热情、乐群	抑郁、缄默、孤独
B 聪慧性	聪明、富有才识	思维迟钝、知识面窄
C 稳定性	情绪稳定	情绪激动
D 恃强性	好强固执	谦虚、顺从
E 兴奋性	轻松兴奋、随遇而安	严肃、审慎、冷静、寡言
F 有恒性	有恒负责、做事尽职	苟且敷衍、轻视规则
G 敢为性	冒险敢为、少有顾忌	畏怯退缩、缺乏信心
H 敏感性	敏感、感情用事	理智、着重现实
I 怀疑性	怀疑、刚愎、固执己见	信赖随和、容易与人相处
L 幻想性	幻想、狂放不羁	现实、合乎成规
M 世故性	精明能干、世故	坦白、直率、天真
N 忧虑性	忧虑抑郁、烦恼	安详、沉着、有自信心
Q1 激进性	自由、激进、批评	保守、尊重传统

（续上表）

人格因素	高分者特征	低分者特征
Q2 独立性	自立自强、当机立断	依赖、随群、附和
Q3 自律性	知己知彼、自律谨严	矛盾冲突、不明大体
Q4 紧张性	紧张困扰、激动挣扎	心平气和、闲散宁静

3. 现代“大五”和“大七”人格理论

继卡特尔之后，心理学家们继续采用词汇法和因素分析法对人格特质进行进一步的分析。越来越多的研究资料表明，人格由五个基本维度构成，心理学家们称这五个基本维度为“大五因素模型”（the big five factors model）。① 尽管不同的研究者对这些特质的命名不同，但实际内容大同小异，以麦克雷（R. R. McCrade）和考斯塔（P. T. Costa）提出的五因素模型最具代表性，即开放性（openness）、尽责性（conscientiousness）、外倾性（extraversion）、随和性（agreebleness）、神经质（neuroticism），这些词的首字母组合成单词 OCEAN（海洋），正好象征人格就如海洋般浩瀚无际又深不可测。② 其中，开放性是指个体对经验持开放、探求的积极态度，在开放性上得分高的人是不保守、有独立思想的人，得分低的人多数比较传统、喜欢熟悉的事物而不容易接受新生事物；尽责性指人格意志方面的特征和成就动机，即人们如何控制自己、如何自律，在该维度得分高的人做事有条理、有计划，并能持之以恒，得分低的人做事马虎、容易见异思迁、不可靠；外倾性反映了人格的一般心理倾向，外倾性高的个体表现出热情、社交、果断、活跃、冒险、乐观等特点；随和性反映个体与别人交往、相处方面的人格特征，在随和性上得分高的人乐于助人、可信赖和富有同情心，得分低的人多抱有敌意，为人多疑；神经质反映个体情绪的稳定性，高神经质的个体常表现出焦虑、敌对、压抑、自我意识、冲动、脆弱等特质。

学界对于人格因素模式的结构依然存在着不同意见。我国学者王登峰、崔红等人根据对中文人格特质形容词的系统收集和评定，提出中国人的“大七”人格结构模型，认为中国人的人格结构包括如下七个基本因素：

（1）外向性。反映人际情境中活跃、主动、易沟通、轻松、温和的特点，以及乐观和积极的心态，是外在表现与内在特点的结合，包括活跃、合群、乐观三个小因素。其中，活跃，即人际交往中的主动性和人际技巧特点。高分反映与人交往中主动、积极、活跃、自然和擅长组织协调的特点；低分反映不善言辞、社交场合拘谨、沉默等特点。合群，即人际交往中的亲和力特点。高分反映待人亲切、温和、易于沟通和受人欢迎的特点；低分反映不易亲近和不受欢迎的特点。乐观，即个体

---

① 黄希庭．人格心理学．杭州：浙江教育出版社，2002. 34.

② 全国十二所重点师范大学．心理学基础．北京：教育科学出版社，2002. 171.

积极乐观的特点。高分反映积极、乐天和精力充沛的特点；低分反映情绪消极和低落的特点。

（2）善良。反映中国文化中“好人”的总体特点，包括对人真诚、宽容、关心他人，以及诚信、正直和重视感情生活等内在品质，包括利他、诚信和重感情三个小因素。其中，利他，即个体友好和关注他人的特点。高分反映对人宽容、友好和顾及他人；低分反映容易迁怒、自私和为达目的不择手段。诚信，即人际交往中的信用特点。高分反映个体诚实、言行一致和表里如一；低分反映人际交往中虚假、欺骗。重感情，即对情感联系或利益关系的看重程度。高分反映重感情、情感丰富和正直；低分反映注重目的和利益。

（3）行事风格。反映个体的行事方式和态度，包括严谨、自制和沉稳三个小因素。严谨，即工作态度和自我克制的特点，高分反映做事认真、踏实和严谨；低分反映做事马虎、不切实际、缺乏合作和难缠等。自制，即安分、合作的特点，高分反映自我克制、安分、合作和淡泊名利；低分反映做事不按常规、别出心裁和与众不同。沉稳，即做事谨慎沉着的特点，高分反映凡事小心谨慎和深思熟虑；低分反映粗心和冲动。

（4）才干。反映个体的能力和对待工作任务的态度，包括决断、坚韧和机敏三个小因素。决断，即决断能力。高分反映敢作敢为、敢于决断、思路敏捷和个性鲜明；低分反映遇事犹豫不决、紧张焦虑和缺乏主见。坚韧，即做事的毅力特点。高分反映做事目标明确、坚持原则、有始有终且持之以恒；低分反映做事难以坚持、容易松懈。机敏，即自信、敏锐的特点。高分反映工作投入、热情敢为和积极灵活；低分反映回避困难、遇事退缩。

（5）情绪性。反映情绪稳定性特点，包括耐性和爽直两个小因素。耐性，即情绪控制能力和情绪表现特点。高分反映情绪稳定、平和，能够控制自己的情绪；低分反映情绪急躁、冲动、冒失、容易发脾气和难以控制情绪。爽直，即情绪表达的特点。高分反映心直口快、急性子和对情绪不加掩饰；低分反映情绪表达委婉、含蓄。

（6）人际关系。反映对待人际关系的基本态度，包括宽和与热情两个小因素。宽和，即人际交往的基本态度。高分反映待人温和、友好、宽厚和知足；低分反映计较、暴躁易怒、冷漠和自我中心。热情，即人际沟通特点。高分反映沟通积极主动、活跃、坚定及行事成熟；低分反映被动、拖沓和盲目。

（7）处世态度。反映对人生和事业的基本态度，包括自信和淡泊两个小因素。自信，即反映对理想、事业的追求。高分反映对生活和未来坚定而充满信心，工作积极进取；低分反映无所追求、懒散和不喜欢动脑筋。淡泊，即对成就和成功的态度。高分反映无所期求、安于现状、退缩平庸；低分反映永不满足、不断追求卓越和渴望成功。[①]

---

① 王登峰，崔红．中国人人格量表的信度与效度．心理学报，2004，36(3)：347 ~358.

第二节 人格发展

一、人格发展的含义

人格发展（personality development）是指在整个生命历程中，个体的人格特征随年龄的增长和经验的积累而逐渐发生变化的过程。关于人格发展的研究涉及一系列重要而复杂的问题：人格是如何形成、发展的？人格发展是否具有跨时间的连续性、一致性和稳定性？有哪些因素会对人格的发展过程产生影响？如何影响？人格随年龄而改变的内容与方式是什么样的等。不同的心理学派别以及不同的心理学家在人格发展问题上存在很大的争议。一些理论家认为人格是与生俱来的；一些理论家认为人格是由婴幼儿时期的早期经验决定的；一些理论家则认为人格有一个形成和发展的过程，人格发展贯穿人的一生。一些学者还认为，人的发展存在一个关键期，即在相应的年龄应该有预定的发展，否则在以后的发展阶段就很难完善。因此，人格发展的阶段问题成为人格发展的核心问题。

弗洛伊德提出，性本能冲动对人的心理健康与人格发展，乃至对整个人类的科学文化都极端重要。他认为人一出生就有性欲，只不过不是以成人的方式表达，而且人在不同的年龄，性欲通过身体的不同部位获得满足，弗洛伊德称这些部位为性感区（erogenous zone），并以性感区的变化对人格发展的阶段进行划分，认为每个人格发展阶段都有与性相关的特殊的矛盾，如果某一时期的矛盾没有顺利解决，性的需求没有满足或过度满足，人格的发展就会停滞。这种观点因过于强调性本能活动在人格形成中的作用而备受争议。埃里克森（E. H. Erikson）在对弗洛伊德的理论进行批判接受的基础上，从生物、心理和社会环境等多个方面来考察自我的发展，提出了人格发展的心理社会发展论，成为受到广泛认同和影响较大的人格发展阶段论。

二、人格发展的心理社会发展理论

埃里克森强调自我成长在人格发展中的作用，认为儿童并不是环境的被动适应者，他们希望能随时控制环境。埃里克森认为，人生发展的每个阶段都有一定的任务。这些任务都是由一对冲突或两极对立的矛盾构成的。这种冲突或矛盾被称为发展危机（developmental crisis）。如果发展危机得到积极解决，就能增强自我的力量，形成某种良好的自我品质，人格就得到健全的发展；反之，如果危机未能很好地解决，自我的力量就会被削弱，导致形成消极的自我品质，对人格的发展造成消极影响。埃里克森认为个体的发展是一个整体，因此，每一个阶段都受到前一个阶段所发生情况的影响。前一阶段任务的完成，会增加后一阶段任务完成的可能性；而如果任务完成受挫，则会降低后一阶段任务完成的可能性。以下是埃里克森对人生八个发展阶段的描述。

第一阶段：基本的信任对基本的不信任（0～1岁）。刚出生的婴儿软弱无助，完全依赖他人和环境。婴儿是否得到充满爱的照料、他们的需要是否得到满足、他们的啼哭是否得到了注意，这些都是他们人格发展中的第一个转折点。如果婴儿的这些需要及时得以满足，他们就能对周围的环境产生一种基本的信任感（trust）；反之，如果婴儿发出的啼哭等求助信号经常被父母忽略，他们就会产生一种不安全感和不信任感（mistrust）。当婴儿获得的信任感超过不信任感时，这种信任危机就能得到解决。当危机得到解决时，婴儿就会获得一种希望的品质。具有希望品质的婴儿对人有一种基本的信任感，敢于希望、富于理想，而缺乏这种品质的婴儿难以建立人际信任，不敢希望，时刻担心自己的需要是否得到满足。自我的希望品质是人际信任和健康人格的基础。

第二阶段：自主性对羞愧和怀疑（1～3岁）。在这一阶段，婴儿学会爬、走、推拉等动作，并学会说话、与他人交流。随着活动能力的增强，婴儿希望依照自己的意志对环境进行探索。这时，如果父母对孩子所表现出的“自主性”（autonomy）施加过多的干预和障碍，婴儿就不能获得控制感，并认识不到自己对外界施加影响的能力，就会感到羞愧（shame），并对自己的能力产生怀疑（doubt）。如果父母能恰当地给予孩子一定的控制，又不伤其自主性，婴儿就可以渡过自主对羞愧和怀疑的危机，并由此获得一种新的人格品质，即意志。具有意志的婴儿能够面对怀疑与害羞的境地，会表现出较强的自我控制能力。

第三阶段：主动性对内疚（4～5岁）。随着幼儿开始与其他儿童的交往，他们面临着进入社会生活的挑战。幼儿必须学会怎样与其他人一起玩、一起做事，以及怎样解决不可避免的冲突。在参与社会活动的过程中，幼儿的活动能力得到进一步提高，思维与想象能力有很大发展，发挥自己主动性的要求也变得更为强烈。幼儿如果能在活动中得到父母的支持与鼓励，就会体验到完成任务后成功的喜悦，发展出健康的主动性；相反，如果幼儿受到的是父母的批评与嘲讽，那么就会对自己的行为和想法感到内疚（guilt），变得缺乏主动性。当幼儿的主动性超过内疚感时，幼儿就有了目的的品质，进入下一发展阶段。有目的的幼儿富于想象力和主动性，具有追求有价值目标的勇气，不怕失败和惩罚。

第四阶段：勤奋对自卑（6～11岁）。这个阶段的儿童已经开始了学校生活，学会了接受具体的学习任务，也不可避免地参与到同伴竞争之中。如果儿童在努力学习和竞争的过程中能体验到成功，他们的竞争意识就会不断增强，就可以体验到勤奋（industry）带给他们的自信和快乐；反之，失败的体验会使他们对自己的能力产生怀疑，从而感到自卑，觉得自己无能。如果这一阶段的危机得到积极解决，就会形成能力的品质。埃里克森认为勤奋感虽然好，但不能过分，否则儿童就会把工作当成唯一的责任，变成“工作狂”，无视生活中的其他方面，成为老板们最喜欢的奴隶。

第五阶段：自我同一性对角色混乱（12～20岁）。这一阶段属青少年期，青少年期是埃里克森关注的重点。他认为青少年期的主要任务就是要获得自我同一性，克服同一性混乱。所谓自我同一性（identity），是指一个人所体验到的自我一致的心理感受。进入青少年期后，个人开始从以下几个层面思考“自我”的问题：“我是谁”、“自己还是否是原来的自己”、“我现在面临着哪些问题”、“我的将来会是什么样子的”、“我应当成为什么样的人”、“父母、亲人对我有哪些期望”、“我是成功的还是失败的”。在这样一个对自我的探索过程中，青少年逐步确定自己是谁，以及自己在社会群体中的地位，从而获得自我同一性，形成一个协调一致的自己。

个体对自我同一性的探索是多方面的，大致包括以下方面：①性别角色同一性，也就是生理性别、心理性别和社会性别的同一，性别表现要与所在社会的文化相适应，“男孩要像男孩样，女孩要像女孩样”；②社会角色同一性，指能明确自己在不同社会关系中所扮演的角色。例如，一个人在家是孩子，在学校是学生，能够分清每一个角色、认同自己的社会角色，并能把这个角色扮演好，那么，就达到了社会角色的同一性。此外，社会角色的同一性还包括对自己所属国家、所属民族、所属文化、所属社会身份的认同。例如，“我是中国人”，“我是大学生”，“我为我所属的民族感到自豪”，“我为本民族悠久的文化传统感到自豪”等。这些都是社会角色同一性树立起来的表现。③生理年龄、心理年龄与社会年龄的统一性，主要指个体的心理行为及社会表现与实际年龄相符。如果所作所为明显比实际年龄小，称为“幼稚病”；反之，就是“少年老成”、“未老先衰”。

如果个体在自我整合过程中出现了问题，就会出现同一性危机（dentity crisis），产生角色混乱（confusion）或消极同一性。角色混乱是指个体不能正确选择、适应社会的角色，不能确定自己是谁、能干什么。言行与自己应有的角色不相符合，最后可能会导致社会性退缩甚至更严重的心理问题和异常行为。消极同一性是指个体形成与社会要求相背离的同一性，如不加选择地把自己认同于某一类人（如流氓）。如果这一阶段的危机得到积极解决，青少年获得积极的自我认同性，就会形成忠诚的人格品质。

第六阶段：亲密对孤独（20～25岁）。这一阶段属成年早期，在这个阶段，寻求建立与朋友或情侣的亲密（intimacy）关系成为个体最根本的需要和任务。具有良好的自我同一性的个体可以比较顺利地渡过这一危机，发展出爱的品质和能力；如果危机不能得到很好地解决，个体无法与他人建立起亲密关系，就会陷入孤独疏离（isolation）之中，甚至产生混乱的两性关系。

第七阶段：繁殖对停滞（25～65岁）。这一阶段属于成年中期，个体一般已为人父母，建立起家庭和事业。在这一阶段，成人面对的主要任务是繁殖。在这里，繁殖是广义的，它不仅指生育和照料儿童，而且也包括为下一代的幸福生活创造物质和精神财富。一个人即使不生孩子，只要能关心孩子，帮助孩子过更好的生活，指导他们更好地成长，那他就具有繁殖感。很多成年人在抚养子女和与年轻人的接触中丰富了自己的生活，并形成了投入工作、关心他人的良好品质；反之，如果他们不关心下一代的发展，在与孩子们的交往中很少获得快乐，而是充满了厌烦，就会变得自私自利，人际关系恶劣，人格的发展出现停滞（stagnation）的局面。

第八阶段：自我完善对悲观绝望（65 岁以后）。这一阶段属于成年晚期，是人生的最后阶段，处于老年期的人会总结自己的人生，还必须面对死亡的临近。如果前七个阶段都已经顺利度过，他们获得的将是条理感、充实感和完美感（integrity），会很坦然地面对死亡；相反，没有顺利度过前七个阶段的人在回忆过去的一生时，经常体验到失望，因为他们生活中的主要目标没有达到，他们希望用完全不同的方式再生活一遍，但已没有了选择的机会，因而陷入缺乏意义感的绝望之中。埃里克森认为老年人对死亡的态度会直接影响下一代儿童信任感的形成，因此，在某种程度上，人格发展的第八阶段与第一阶段相连接，构成一个生命的循环或生命的周期。

三、人格发展的影响因素

从前述的人格发展阶段论，可以看出在一个人的人生发展历程中有许多因素会影响到人格的发展，其中既有生物遗传因素的影响，又有外在环境因素的影响。当代心理学家基本达成的共识是：人格不是某一个因素作用的结果，而是在遗传和环境的交互作用下形成的。

（一）生物遗传因素

心理学家通常用双生子来研究生物遗传因素对人格的影响。研究思路是双生子有同卵双生和异卵双生，前者来自同一受精卵，一定是同性别，遗传基因相同；后者来自两个受精卵，可能同性别也可能不同性别，遗传基因不同（与普通兄弟姐妹一样）。研究者选择同年龄、同性别、双双生活在同一家庭环境中的异卵双生子和同卵双生子进行比较，如果研究结果表明同卵双生子比异卵双生子更相像，就可以归结为遗传的作用。国外的一项研究，选取了 139 对四岁半的同卵和异卵同性双生子，就情绪稳定性、活动性（爱动或好静）、社会性（活泼或羞怯）三种人格特质进行了评定。研究结果表明，在这三种人格特质上，同卵双生子之间的相关均显著高于异卵双生子之间的相关，结果见表 7－2。

表 7－2 双生子间人格特质的相似度

人格特质	男孩间相关		女孩间相关	
	同卵双生	异卵双生	同卵双生	异卵双生
情绪	0.68	0.00	0.68	0.05
活动	0.73	0.18	0.50	0.00
社会	0.63	0.20	0.58	0.06

我国的一项双生子研究经历了近20年的时间（1964—1982），研究者于1964年通过各种生理指标确定了22对同卵双生子和18对异卵双生子，并进行了追踪研究。1982年又对这些双生子进行了“明尼苏达多相人格问卷”测验，并计算了每项人格分量表的遗传率。结果显示，人格中的许多特质都有遗传的可能性，进一步证实了遗传对人格形成及发展的影响。

心理科学关于人格与脑、生化因素与人格、身体外貌与人格关系的研究还表明，身体生理因素是人格形成和发展的必要条件。巴甫洛夫学派认为，神经系统的类型特点是人格的生物学基础。人格特征与个体的大脑皮层细胞群配置特点以及细胞层结构的个体特点有关。这些特点会影响个体的高级神经活动类型，而神经活动类型则会影响个体的气质、性格和能力的特点。一些研究表明，一个人的人格特征还会受体内生化物质的影响。如有研究表明，精神分裂症是由于神经介质多巴胺分泌过量导致；甲状腺分泌腺素亢进，会导致神经系统兴奋性增高，表现出易紧张、失眠、烦躁、多言、情绪不稳定等人格特点。此外，身高、体重、外形、脸形、肤色等身体外貌特征具有社会适应意义，有的符合文化的社会价值，有的不符合，并会受到人们的评判，因而也会影响一个人的人格。

（二）环境因素

环境是影响人格形成的又一重要因素。影响个体人格形成的环境因素复杂多样，大致可分为家庭、学校等社会环境和自然环境。

1. 家庭环境

家庭被认为是“制造人格的工厂”，家庭作为个体最初的生活环境，对于其人格的形成和发展具有举足轻重的作用。影响人格形成的家庭因素主要有亲子关系、家庭结构、家庭气氛、父母对子女的期望、家庭教养方式等。

在心理学中，亲子关系是指父母与子女之间的交往关系，具体包括父亲与子女之间的交往，母亲与子女之间的交往。这种关系是儿童建立的最早的人际关系，亲子关系的好坏不仅直接影响儿童的身心发展，还会影响儿童以后形成多层次的人际关系的能力。最早用动物代替人类进行的关于亲子联结（parent－young bonds）的实验研究是从哈洛（H. F. Harlow）和他的合作者们开始的。他们曾把不同年龄的小恒河猴和它们的母亲分开长短不同的一段时间，用两种模型作代理的或装扮的“母亲”来抚养小猴：一种模型是用木架覆盖上海绵状橡皮和毛巾布构成的；另一种模型只是用光秃秃的铁丝编制。实验发现，几乎在所有的时间里，小猴都偎依于布母亲眼前，而只有当寻找食物时，它才短暂地去铁丝母亲那儿。这表明，在生理上对食物的需要和心理上的接触安慰需要是分离的，而且这两种需要能从不同的物体上得到满足。因此，亲子联结并非像哈洛做实验之前人们普遍认为的那样，仅仅取决于食物强化，而更多的是取决于由母亲的身体提供的接触安慰。这些结果以及后继的测验还得出了这样的一个普遍结论，即母子之间亲密联结的出现是以后社会化过程的先决条件。反过来也可以这样说，良好的亲子关系更重要的是为孩子提供了心理上的安全感、抚慰感。

霍妮（K. Homey）指出，在所有影响人格形成的因素中，亲子关系是最重要的。儿童必须得到成人的帮助才能满足需要，如果父母不能给予儿童真正的爱，就会造成儿童的不安全感。一个儿童的父母如果经常表现出这类行为，就会使儿童产生敌意。这样儿童就陷入一种既依赖父母又敌视父母的不幸处境之中，最后还可能导致神经症。埃里克森指出，儿童基本信任感的获得不是依赖于食物，而是依赖于与母亲关系的性质。阿德勒强调人际关系是心理健康发展的必要条件，认为父母给孩子过多的关注和过度的保护就是溺爱，溺爱剥夺了儿童的独立性，会引起更强烈的自卑感，导致成年后的人格问题。反之，如果对孩子缺乏应有的关注，这样的儿童长大后，多半变成冷酷、怀疑他人的人，不能与别人建立良好的人际关系，不懂得爱。近几年青少年教育中存在的诸多问题都可以追溯至不良的亲子关系，甚至有的问题就是由童年期不健康的亲子关系导致的。

一般认为主要有三种家庭结构，即大家庭、核心家庭和破裂家庭。大家庭是指几代同堂的家庭。大家庭中的孩子受家风、家规等影响，有助于他们形成良好的人格特征。但可能会有隔代溺爱和长辈在教育孩子问题上看法不一致的情况，致使孩子无所适从，可能会形成恐惧、焦虑等不良人格特征。核心家庭是指一对夫妇和一个孩子组成的家庭。核心家庭中没有传统的隔代溺爱，但由于年轻的父母缺乏教育孩子的经验和方法，对孩子可能有时放纵，有时管教过严。夫妇一般都有工作，可能缺少爱抚孩子的时间。破裂家庭是指父母中一人死亡或判刑监禁或父母离婚的家庭。许多研究表明，破裂家庭会给孩子的人格带来不良的影响。但是，如果有良好的教育，破裂家庭的孩子也可以形成良好的人格特征。

家庭教养方式一般可以分为三类：第一类是权威型教养方式，这类父母在对子女的教育中，表现得过于支配，孩子的一切由父母来控制。成长在这种教育环境下的孩子容易形成消极、被动、依赖、服从、懦弱、做事缺乏主动性的人格特征，甚至会形成不诚实的人格特征。第二类是放纵型教养方式，这类父母对孩子过于溺爱，孩子多表现为任性、幼稚、自私、野蛮、无礼、独立性差、唯我独尊、蛮横胡闹等。第三类是民主型教养方式，父母与孩子在家庭中处于一个平等和谐的氛围中，父母尊重孩子，给孩子一定的自主权，并给予孩子积极正确的指导。父母的这种教育方式使孩子形成了一些积极的人格品质，如活泼、快乐、直爽、自立、彬彬有礼、善于交往、富于合作、思想活跃等。黄希庭教授在归纳前人研究的基础上指出，父母管教子女较为理想的方式可以用四个词来概括：控制、期望、沟通、关爱。①

2. 学校环境

学校是对学生进行有目的、有计划教育的场所。人格适应不良最初是由于不良的亲子关系的影响，然而学校在教育上的失误也会造成学生适应不良。其中，教师、班集体、同伴群体等均不同程度影响着学生的人格养成。

教师对学生人格的发展具有指导定向作用。教师的人格特征、教学和管理风格、思维方式及行为表现都会对学生产生巨大影响。洛奇在一项教育研究中发现，在性情冷酷、刻板、专横的老师所管辖的班集体中，学生的欺骗行为增多；在友好、民主的教师所管辖的班集体中，学生的欺骗行为减少。心理学家勒温等人也研究了不同管教风格的教师对学生人格的影响作用。他们发现，在专制型、放任型和民主型的管理风格下，学生表现出不同的人格特点。如表 7－3 所示。

表 7－3　教师管理风格对学生言行的影响

教师管理风格	学生言行特征
专制型	作业效率提高，对领导依赖性加强，缺乏自主行动，常有不满情绪
放任型	作业效率低，任性，经常发生失败和挫折现象
民主型	完成作业的目标是一贯的，行动积极主动，很少表现出不满情绪

教师的赏识和期望对学生有着潜移默化的作用。1968 年，美国著名心理学家罗森塔尔和助手们来到一所小学进行一项实验。他们从一至六年级中各选出 3 个班级，对 18 个班的学生进行了“未来发展测验”。之后，罗森塔尔以赞赏的口吻将一份“最有发展前途者”的名单交给校长和相关老师，并嘱咐务必保密，以免影响实验的正确性。8 个月后，罗森塔尔对这些学生进行复试，结果奇迹出现了：凡是上了名单的学生，个个成绩有了较大进步，且自信心强，求知欲高。罗森塔尔这时才对他们的老师说，自己对这些学生其实一点也不了解。另有研究表明，喜欢教师的学生较少说谎，容易形成诚实的特征；不喜欢教师的学生则经常说谎，不容易形成诚实的特征。班集体是学校的基本组织结构。每个学生都生活于一定的班集体之中，扮演着一定的角色，这种角色地位必然影响其人格的发展。研究表明，担任班委的同学在自尊心、责任感和安全感等人格特征方面表现得比较明显。良好的班风、和谐的同学关系都直接影响着学生的人格发展。

① 黄希庭．心理学．上海：上海教育出版社，2000. 31～86.

同时，青少年学生对友谊的渴望最为强烈，其焦虑不安常常来自同伴群体的拒绝。青少年学生在“同伴群体”这个非正式的学校组织中，他们学会待人接物的礼节与群体规范，他们了解了什么样的性格容易被群体所接纳。有人曾做过测验，分析了中学生喜欢哪种性质的学生领袖。结果是他们更喜欢学业优秀、办事老练、具有良好道德的学生领袖，而不是风头十足、具有漂亮仪表以及体育成绩优异的人。他们喜欢有能力、能胜任工作、高智商、精力充沛、富于创造的同伴。在少年期，男孩子比女孩子倾向于更大、更活跃的团体，他们多少会有些无视成人权威的倾向；而女孩子的团体则更显得合作与平和。同伴群体的性质也会对青少年学生的人格有重要影响。一般来说，少年同伴团体性质是良好的，但也存在着不良少年团伙，对少年造成了极坏的影响。学生对这种群体要避而远之，学校、家长及社会要用强有力的教育手段来“拆散”他们，防止他们对学校乃至社会产生不良影响。

3. 自然环境因素

一些研究表明，生态环境、气候条件、空间拥挤程度等物理因素也会影响人格的形成。一个著名的跨文化心理学研究实例是关于阿拉斯加州的爱斯基摩人和非洲的特姆尼人的比较研究。爱斯基摩人以渔猎为生，夏天在船上打鱼，冬天在冰上打猎。主食肉，没有蔬菜。过着流浪生活，以帐篷遮风避雨。这个民族以家庭为单元，男女平等，社会结构比较松散，除了家庭约束外，很少有持久、集中的政治与宗教权威。在这种生存环境下，父母对孩子的教养原则是培养能够适应成人的独立生存能力。男孩由父亲在外面教打猎，女孩由母亲在家里教家务。儿女教育比较宽松、自由、不受打骂，鼓励孩子自立，使孩子逐渐形成了坚定、独立、冒险的人格特征。而特姆尼人生活在杂草灌木丛生地带，以农业为主，种田为生。居住环境固定，形成300～500人的村落。社会结构紧固，有比较分化的社会阶层，建立了比较完整的部落规则。在哺乳期时，父母对孩子很疼爱，断奶后就要接受严格管教，使孩子形成了依赖、服从、保守的人格特点。

我国西双版纳的傣族民众居住于澜沧江流域及河流两岸的平地，地处热带、亚热带，全年无四季之分，只有明显的旱季和雨季，雨量允足，植物茂盛，森林密布，自然条件比较优越。20世纪50年代以前，整个西双版纳傣族地区地广人稀，人均耕地面积较宽，一般一年种一季则自给有余，人们的生活一直以来都比较安定和富足。傣族人被认为是“似水一样的温和与柔顺”，这些人格特点在某种程度上也体现了优越的自然环境对其人格形成的影响。

（三）社会文化因素

每个人都处于特定的社会文化环境中，文化对人格的影响是极为重要的，但最初文化对人格的影响没有受到重视。20世纪初期，随着文化人类学的兴起，文化对人格形成与发展的影响日益受到关注。

关于文化对人格形成与发展的影响有两种典型观点。一种是文化决定论，以美国人类学之父弗朗兹·博厄斯（F. Boas）及其弟子本尼迪克特（R. Benedict）、米德（M. Mead）为代表。该理论认为，社会文化对人格具有塑造功能，即文化决定人格。事实上，一个人从一出生便被打上文化的烙印，人格发展的目标就是要让个体成为合格的文化成员，个体的思维方式和行为模式都要符合所属文化群体的要求。不同的社会文化形态形成了不同的人格特点。本尼迪克特的研究发现，不同的部落文化类型造就了不同的人格差异。例如，祖尼印第安人具有严谨自制、善于合作、沉稳祥和、不酗酒、不夸张的人格特征，即“太阳神型”的人格；平原印第安人具有行为夸张、富于幻想、追求刺激的人格特征，即“酒神型”的人格；夸库特尔印第安人具有粗暴狂野、骄傲自大、酗酒无度、崇尚暴力、藐视他人、自我折磨的人格特征，即“夸大狂型”的人格；多布人在与人相处过程中具有相互猜疑、互不信任、内心压抑、怀有敌意的人格特征，即“妄想狂型”的人格。米德（M. Mead）通过对新几内亚三个原始部落的人格研究，进一步揭示了文化形态对人格特点的影响。米德发现，尽管三个部落分布在方圆不到一千米的范围内，但是相互间的性别角色却迥然不同。阿拉佩什人，无论男女都十分顺从、温柔，攻击性很低。蒙杜古马人，男女都冷酷残忍，带有强烈的攻击性。在蒙杜古马人男女身上所表现出的人格类型在我们社会文化中，只有在缺少教养、野蛮暴烈的男子身上才能发现。他们女人的野蛮丝毫不逊色于我们社会中那些凶残的男子。德昌布里人，他们恰恰是阴阳颠倒，女人占统治地位，在经济生活中扮演重要角色，男人则很少有责任心，并且多愁善感，依赖性极强。

美国人类学家林顿和卡丁纳在支持本尼迪克特的基本观点的前提下，进一步修正了上述观点，并发展出自己的“文化与人格相互作用论”。一方面，他们强调早期经验对个体人格的持续性影响作用，并认为某一民族群体里所共有的相似的早期经验会导致该群体产生类似的人格，即人格是文化的产物。另一方面，他们又强调宗教、神话、艺术、禁忌等文化产物是具有某种基本人格结构（basic personality structure）的人群的内心欲望。所谓基本人格结构，就是指生活在特定社会中的每个人都共同具有的有效的适应工具，它是同一文化中的人所具有的共同人格特征。总之，人格是文化的产物，同时人又在创造着文化。

当今社会，网络文化对青少年人格发展的影响尤其值得重视。目前，互联网已深入到我们生活的各个角落，青少年则是互联网用户中的主力军。网络文化从诞生之日起，就以它特有的属性和强大的功能，深深地吸引并影响着广大青少年。它犹如一把锋利的双刃剑，既为青少年的人格发展提供了新的机遇，又诱发了各式各样的心理“危机”。有研究总结了网络文化对青少年人格发展的双重影响。积极方面：拓宽了青少年的交往范围，有利于青少年现代意识的养成；丰富了学习资源，对青少年学习观念、学习方式、学习能力的改变产生重大影响；对青少年的人格成熟有积极的促进作用；网络文化的开放性有利于青少年思维方式的转变；为青少年文化反哺创造了条件，有利于培养青少年的自信心。消极影响：网络中的不良信息和不健康网站容易误导青少年的道德观、伦理观和价值观，严重危害青少年人格的健康发展；丰富的网络资源和过多地使用电脑，容易造成青少年的网络认知障碍；网络交往在满足青少年多种需要的同时，也导致他们的民族意识弱化和新的情感危机；对网络的迷恋会导致一系列的人格和行为障碍。[①]

综上所述，在人格的培育过程中，各种因素对人格的形成与发展起到了不同的作用。在对人格发展产生影响时，各种因素并非静止、孤立、各自平行地发挥作用。生理遗传因素、各种外在环境因素和已经形成的人格主体之间相互发生着复杂的交互作用，生理遗传提供了人格发展的可能性，环境教育将潜在可能性转化为现实水平。此外，各种内外因素的影响作用还受到个体自我调控系统的影响。

第三节 人格测评

人格测评包括人格的测量和评价两方面的含义。测量是指依据一定的法则，使用测量工具对人格特征进行定量描述的过程；评价是指根据某种标准对测量出的人格特征进行价值判断的过程。俗话说："权，然后知轻重；度，然后知短长。物皆然，心为甚。"科学有效的人格测评有助于实现对复杂多变的人格特征及其发展规律的有效把握。其中，人格测验是人格测评的主要方法。下面主要介绍三种典型的、具有代表性的人格测验。

一、自陈式量表测验

自陈量表法是让被试按自己的意见，对自己的人格特质进行评价的一种方法。其理论假设是，只有受测者自己最了解自己的人格特征，因此，根据受测者的回答，可测量受测者在某项人格特质上的表现程度。以下是三种常见的自陈式量表测验。

（一）卡特尔 16 种人格因素测验

"卡特尔 16 种人格因素量表"（简称 16PF）是美国心理学家卡特尔（R. B. Cattell）于 20 世纪 50 年代编制的。卡特尔根据自己研究所提出的 16 组人格根源特质的可能表现，编制了 16 组题目。16PF 目前共有 A、B 两套等值的英文测试题，每套 187 个题目，每个题目有 A、B、C 三个选项，受测者根据自己的情况选择一个最合适的选项。我国现有刘永和和梅吉瑞 1970 年的修订本及李绍衣 1981 年的修订本，下面是李绍衣修订本的样题：

---

① 聂衍刚，路红．论网络文化与青少年的人格发展．教育导刊，2004（11）：27～30.

①我很明了本测验的说明：A. 是的　B. 不一定　C. 不是的

③如果有机会的话，我愿意：A. 到一个繁华的城市旅行　B. 介于A、C之间　C. 游览清静的山区

⑮对于性情急躁、爱发脾气的人，我能以礼相待：A. 是的　B. 介于A、C之间　C. 不是的

㊱我喜欢参加规模庞大的晚会或集会：A. 是的　B. 介于A、C之间　C. 不是的

⑮⑨我明知自己有缺点，但不愿接受别人的批评：A. 偶然如此　B. 极少如此　C. 从不如此

16PF适用于16岁以上的青年和成人，可以个别测验，也可团体测验。借助此量表，受测者既可以了解自己在16种因素上的人格特点，还可以根据卡特尔制定的人格因素组合公式对自己的整体人格作出评价。例如，进行适应与焦虑型分析、内向与外向型分析、感情用事与安详机警型分析、怯懦与果断型分析等；同时，它还可以应用于学业预测、职业预测、心理健康预测等。另外，卡特尔还设计了三个用于中学生、小学生以及学前儿童的人格问卷和一些单一分数的问卷（如焦虑量表、神经症量表和抑郁量表）。

卡特尔人格问卷具有许多优点。其编制比较科学，施测比较方便，具有较高的信度和效度。而且问卷题目尽量采用中性题目，控制了人们公认的"社会赞许性"。有许多题目表面上似乎与某种人格因素有关，实际上却与另外一种人格因素相关，所以，被试不易猜测每一题目的用意。这样就容易保证受测者作答的真实性。

（二）明尼苏达多相人格测验

明尼苏达多相人格测验（MMPI）是由美国明尼苏达大学临床心理学系主任哈萨维（Hathaway）和心理治疗家麦金利（Mckinley）于20世纪40年代初期共同编制的。该测验共566题，其中16个重复题目，用于检验被试反应的一致性，看作答是否认真，所以，实际只有550题，包括10个临床量表：疑病（Hs）、抑郁（D）、癔病（Hy）、精神病态（Pd）、男子气或女子气（Mf）、妄想狂（Pa）、精神衰弱（Pt）、精神分裂症（Sc）、轻躁狂（Ma）、社会内向（Si）等。另外，还有4个效度量表：说谎分数（L）、诈病分数（F）、校正分数（K）、疑问分数（Q）。

在测验时，受测者对每一个问题选择"是"、"否"、"不能确定"三种答案。测验时间一般为45分钟，最多90分钟，如果文化水平低，病人所需的时间将超过2小时。题目例子如下表示：

①偶尔我也会想到一些坏得说不出的事	是□	不能确定□	否□
②我很少有大小便不通的习惯	是□	不能确定□	否□
③有时我觉得我就要崩溃	是□	不能确定□	否□
④我希望我能像别人那样快乐	是□	不能确定□	否□
⑤有时我觉得自己就要崩溃了	是□	不能确定□	否□
⑥我很看重我的衣着式样。	是□	不能确定□	否□
⑦我害怕独自待在空旷的地方	是□	不能确定□	否□
⑧我喜欢电影里的爱情镜头	是□	不能确定□	否□
⑨我的父亲是个好人	是□	不能确定□	否□
⑩和我性别相同的人最容易喜欢我	是□	不能确定□	否□

MMPI 所涉及的范围很广，包括身体各方面的情况（如心血管系统、生殖泌尿系统、呼吸系统），情绪反应，精神状态以及个人对政治、法律、宗教、家庭、婚姻和社会的态度。该量表可用于临床上的诊断依据（如鉴别强迫症、偏执狂、精神分裂症、抑郁性精神病等），也可用来评定正常人的人格。

在我国，中国科学院心理研究所宋维真研究员等人从 1980 年开始对该问卷进行修订，于 1989 年完成了标准化工作，取得了中国版的信度和效度资料，并制定了中国常模。它可用于测量 16 岁以上具有初中文化程度的中国人。修订后的项目仍为 566 个，只是对项目中的个别词句作了适当的改动。

“明尼苏达多相人格问卷”是一个较好的临床人格测验，它不仅能够全面地测量人格特质的各个方面，而且还可以用于编制新量表和进行研究工作，信度和效度也比一般人格测验要高。但是它项目太多，测验所需要的时间较长。许多受测者时常因为测验时间关系而不能坚持做完，或勉强完成而影响了结果。另一缺点就是该问卷对特质的描述多用病理上的名词，如用来解释正常的人格，既不容易理解，也常常引起误解。[①]

（三）中国青年性格问卷

中国青年性格问卷是根据美国心理学家高夫所编制的“加利福尼亚心理测验表”（简称 CPI）修订而成的。修订后的中国青年性格问卷共有 230 道题目，均是根据中国人的特点从“加利福尼亚心理测验表”中选出的具有高区分度的题目。包括

---

① 郑雪．人格心理学．广州：广东高等教育出版社，2004. 373.

如下 18 个分量表：

①支配性：测量领导能力、支配欲望以及社会主动性等因素；
②进取性：测量一个人积极争取达到某种社会地位的能力；
③社交性：测量个人的外向性、社交能力以及社会参与等特质；
④自在性：测量一个人在与社会交往情境下的自在性、自尊性及自信心；
⑤自承性：测量自我价值感、自我接纳以及独自思考与行动的能力；
⑥幸福感：测定一个人烦恼与抱怨的程度，以及自我怀疑与幻想破灭的倾向，该量表还具有效度意义，用于鉴别被试的掩饰程度；
⑦责任感：测量个人的责任心、可靠性等性格特征；
⑧社会化：测量个人达到的社会成熟程度以及完整性和正直性的程度；
⑨自制力：测量个人自我调节、自我控制的程度以及避免冲动与自我中心的程度；
⑩宽容性：测量个人的宽容、接纳以及不含评价性的社会信念与态度；
⑪好印象：鉴别那些力求给人以良好印象、很关心别人对他们的反应的人；还具有效度意义，用来测定个人的社会赞许程度；
⑫同众性：测量个人反应与本量表之常模的一致程度，是一个效度量表；
⑬遵循成就：测量在进行集体创造活动中能起积极促进作用的那些兴趣与动机；
⑭独立成就：测量在独立自主创造活动中能起积极作用的那些兴趣与动机；
⑮精干性：测定个人的智能效率程度以及与智力有关的性格特征；
⑯心理性：测量个人对别人之内在需要、动机以及经验等的兴趣与敏感程度；
⑰灵活性：测量个人思维与社会行为的灵活性与适应性；
⑱女性化：测量个人兴趣与行为方式的女性化程度。

测验时，受测者对每一个问题选择“是”、“否”两种答案，操作简单易行，测试时间一般为 45 分钟左右。适用于 12 ~ 70 岁的有一定文化程度的人群，尤其适用于大中学生。中国青年性格问卷的应用范围十分广泛，在教育方面，可用于对学生学业成就、创造性潜能、人际关系状况等的预测，并可以为专业、职业选择提供指导；在管理方面，可以作为一个有效的选拔工具，用于对应聘者的管理潜能、工作绩效的预测提供参考。该问卷被认为是一项在人员选拔方面有较大潜力的测验。

二、人格的投射测验

自陈式量表测验的施测过程和记分都较简单、客观，使用方便且经济，但受测者可能会受到自己或社会期望的影响，按照自己或社会认为好的标准来回答，而不是按照自己的实际情况回答，而且受测者的回答依赖于他自己的意识，人格中有很多当事人自己不能觉察到的方面，自陈式测验就难以反映出来。为此，心理学家就设计了投射测验（projective test）。

投射是指个人对客体特征的想象式解释，在这种解释中，个人具有将自己身上发生的心理过程无意识地附着在客体身上的倾向。投射测验的基本方式是向被试提供预先编制的一些未经组织、意义模糊的标准化刺激情境，让被试在不受任何限制的情况下，自由地对刺激情境作出反应，然后通过分析被试的反应，推断被试的人格特征。下面介绍两种影响最大的投射测验。

（一）罗夏墨迹测验

罗夏墨迹测验是由瑞士精神病学家罗夏（H. Rorschach）于1921年设计的，共包括10张不同的墨迹图片，其中5张为黑白的，另外5张为彩色的。施测的时候每次按顺序给被试呈现一张，同时问被试“你看到了什么”、“这可能是什么”或“这使你联想到了什么”等，被试可以自己转动图片从不同角度去看同一图形。这种测验属于个别测试，每次以一位主试对一位被试的方式进行，主试是经过专门训练的人士，根据一套标准针对被试对图形的反应来记分和解释。评分主要依据三个方面：第一，部位，即被试反应的是整个墨迹还是一部分墨迹；第二，关键点，即影响反应的墨迹特征，是形状还是颜色，或是明暗、质地等；第三，内容，即被试将墨迹看成什么事物。

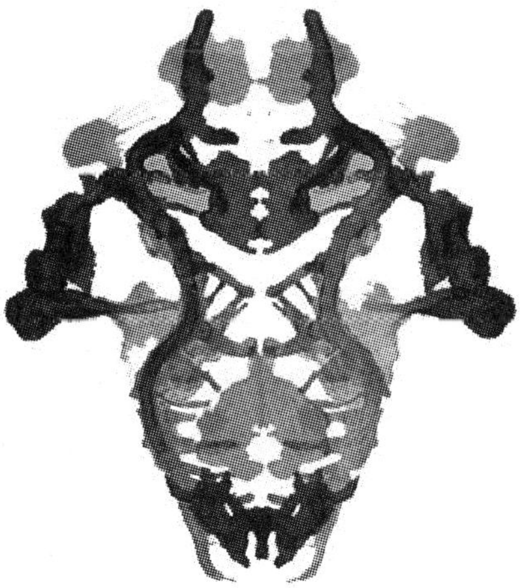

图7-1 罗夏墨迹测验图片示例

罗夏墨迹测验主要应用于精神病学的临床诊断，因不受语言文字的限制，还被广泛用于人格发展和跨文化研究，但记分困难，对研究者的要求较高，训练有素、经验丰富的人才能掌握这种方法，对结果的解释也带有较强的主观性。

（二）主题统觉测验

主题统觉测验（thematic apperception test，简称 TAT）是由美国心理学家莫瑞（H. A. Murray）和摩根（C. D. Morgan）于 1935 年编制的。统觉是指根据先前的经验以一定的方式去观察和理解事物。主题统觉测验就是要求被试根据自己的统觉来解释含义不明的图画。全套测验由 30 张模棱两可的图片构成，另有一张空白图片。图片内容多为人物，也有部分景物，不过每张图片中至少有一个人物在内。测验的时候，每次给被试一张图片，要求他根据图片上的情境编故事，故事内容应该包括：①图中是什么情景（即发生了什么事情）？②图中情景的发生是何原因？③演变下去会发生什么结果？④当事人的思想感受如何？测验的基本假设是个人面对图片情境所编造的故事与其生活经验有密切关系。被试会把个人的心理历程投射在故事之中，主试对其故事加以分析，便可了解个人的人格特点。

图 7－2　主题统觉测验图片示例

例如，当把图 7－2 呈现给一位 21 岁的男青年时，他讲述了如下的故事：她正在收拾屋子以迎接某人的到来，她打开门，最后一遍扫视房间。也许她正在盼望儿子回家。她试图把所有的东西恢复到儿子出门时的样子。她的性格似乎十分专横，支配着儿子的生活，一旦儿子回来她还要继续控制他。这仅仅是她控制的开始。她的儿子一定被她的专横态度所吓倒，将顺从地滑入她的井然有序的生活方式之中，并按照母亲规定的单调乏味的生活道路走下去。所有这一切都意味着她完全主宰着他的生活直至她死去。虽然图片只有一个妇女站在敞开的门口，看着房间，但被试的反应却暴露出他与母亲的某种关系，并引出了这一母亲支配儿子的故事。后来事实证实了临床医生的解释。

投射测验也有缺点。在评分的时候缺乏客观标准，对测验的结果难以进行解释。同样的反应由于施测者的判断不同，解释很可能不一样。另外，投射测验对特定行为不能提供较好的预测。与自陈式量表测验相比，投射测验还具有在单位时间里施测的被试数量太小的缺点，不便于大规模实施。

三、人格的情境测验

社会学习理论主张，如果能将某种刺激与个体行为反应之间的关系确定下来，那么就可以创造某种情境来预测或监视个体的行为，这就是情境测验的设计原则。情境测验就是把被试置于特定的情境中，由主试观察其在此情境下的行为反应，从而可以判定其人格。

情境测验可用于教育评价、人事甄选上。依据这两种情况，可以将情境测验分为性格教育测验和情境压力测验这两种。

（一）性格教育测验

虽然学校总是教育学生应该拥有许多优秀品质，如诚实、负责、合作、友爱等，却很少能使用客观的测量工具来鉴定这些品格教育的效果，性格教育测验（character education inquiry）就弥补了这方面的缺憾。例如，一次考试结束后，可以将每个试卷再复印一份，然后再发给学生并附上答案，让他们自己评卷、打分。最后对比两份试卷的评分就可以测量出学生的诚实度。

（二）情境压力测验

情境压力测验（situational stress test）是特别设计一种情境，使被试自省并面临情境上的压力，然后由主试观察、记录被试是如何应付的，从而了解他的人格特质。

这种测验重视分析、实验和控制程序，具有科学性，得到的结果也比较精确，而且比较令人信服。但由于研究只重视现实因素，忽略个体行为经验与遗传因素，因此也受到了批评。

第四节　青少年健全人格的塑造

美国著名学者英格尔斯说：“在整个国家向现代化发展的进程中，人是一个基本的因素。一个国家，只有当它的人民是现代人，它的国民从心理和行为上都转变为现代人格……这样的国家才可真正称之为现代化的国家。”由此可见，人格的健康发展是社会现代化的重要条件。未来学家预测，21 世纪将属于能承受社会变化和经济改革所带来冲击的人格健全者。因此，有关青少年健全人格的培养与塑造正受到越来越多的关注。

一、健全人格的概念及其特点

健全人格是指各种良好人格特征在个体身上的集中体现。许多心理学家都曾对健全人格进行过探索，我国学者高玉祥综合国内外的研究指出，健全人格的基本特点可以概括为如下几个方面：

第一，内部心理和谐发展。指个体的需要和动机、兴趣和爱好、智慧和才能、人生观和价值观、理想和信念、性格和气质都朝健康的方向发展。他们的内心协调一致，言行统一，能正确认识和评价自己的所作所为是否符合客观需要、是否符合社会道德准则，能及时调整个体与外部世界的关系。一个人如果失去他的人格内在统一性，就会出现认识扭曲、情绪变态、行为失控等问题。

第二，能正确处理人际关系，发展友谊。人格健康的人，在人际交往中显示出自尊和他尊、理解和信任、同情和人道等优良品质。友谊使人开朗、热情和坦诚，而缺乏友谊的人，在情绪上往往有很大困扰，轻则产生恐惧、焦虑、孤独的感觉，重则产生多疑、嫉妒、敌对、攻击的心态和行为。

第三，能把自己的智慧和能力有效地运用到能获得成功的工作和事业上。人格健康的人，他们在学习、工作中能被强烈的创造动机和热情所推动，并能和他们的能力有机地结合起来，从而使他们勇于创造、勇于开拓。他们的成功，往往又为他们带来满足和愉悦，并形成新的兴趣和动机，使他们的生活内容更充实。[①]

总之，对个体而言，健全人格有助于提高生活质量，能帮助人们充分体验生活的乐趣，挖掘人的潜能，充实人的精神世界；对社会而言，具有健全人格的人能尽可能地使自己应该和需要做的事与其所处的特定的社会文化背景相一致，从而有利于社会秩序的稳定。

二、青少年健全人格的塑造途径

人格的发展更是一个动态的过程，在人的一生中，人格在不断地发展和完善。其中，青少年期是人格形成与塑造的关键期，我们必须抓住这个有利时机，采取各种有效途径和方法，促进青少年健全人格的塑造与培养。同时，影响人格形成与发展的因素复杂多样，除了先天遗传之外，还有后天的家庭、学校、社会文化环境的影响。因此，青少年健全人格的培养与塑造是一个系统工程，需要家庭、学校、社会与个体的协同努力。

---

① 高玉祥．健全人格及其塑造．北京：北京师范大学出版社，1997. 16.

（一）发挥家庭教育优势，培养青少年健全人格

家庭作为社会的细胞，是孩子最早接触的社会化单位和最先接受教育的地方。家庭教育对孩子健全人格的培养有着学校教育、社会教育不可比拟和替代的独特优势，能否充分发挥家庭的教育功能，是青少年人格形成和发展的重要基础。所以，家长们应当积极发挥家庭教育优势，把孩子健全人格的培养作为家庭教育的核心。

首先，家长要转变教育观念，明确人格教育是家庭教育的首要职责。要意识到让孩子“学会做人”远远重于知识、智力的教育，把培养孩子健全人格作为家庭教育的主要职能认真抓紧抓好，注意加强家庭道德教育和孩子优良个性品质的培养。其次，家长要注意营造和谐的家庭气氛，优化家庭教育方式，理解和尊重孩子，充分肯定孩子的自我价值，多层面地满足孩子的心理需要，使孩子能够在愉悦的家庭环境中健康成长。此外，家长要善于对孩子的心理现象进行正确引导。引导孩子正确地认识自我，了解自我。只有他们在了解自我、认识自我的基础之上，才能不断地完善自我，正确地对待自己，与他人友好相处，更好地学习以及勇敢地面对挫折和失败。引导孩子学会自强、自立与自信，同时还要引导孩子学会交流与沟通，学会倾诉和聆听，这样才能成为一个乐群、真正健康的人。最后，家长要以身作则，不断提高自身的人格修养，在为人处世、工作学习以及日常生活等方面为孩子作出表率，以自身的人格魅力促进孩子健全人格的养成。

（二）更新学校教育理念，拓宽青少年人格教育渠道

大部分青少年的主要活动场所是在学校，因此，学校教育是塑造青少年健全人格的关键。

首先，学校教育理念要更新。教师的两大职能是教书和育人，要树立育人比教书更重要的意识，改变重知识教育，轻人格教育的传统观念。具体体现在：第一，教育要遵循人格发展规律，重视学生人格的整体发展。根据不同年龄学生的人格发展水平和发展任务，确定适当的教育目标和合适的教育方法。同时，由于学生人格具有独特性，所以教师在人格教育中，必须重视因材施教，从每个学生人格的特点出发，采取有针对性的教育措施，帮助学生认识、优化自己的人格结构；第二，要重视对学生的心理教育。一方面，教师要学习心理学知识，这样才能更好地深入了解学生，及时了解学生存在的心理问题；另一方面，学校要通过普遍开展心理健康教育和心理辅导课，传授心理健康知识和普及心理科学知识，积极帮助学生排除各种心理困惑，消除心理和人格障碍，保持健康的心态。

其次，在学科教学中渗透人格教育。学科教学是学校教育的主渠道，学科学习是青少年学生的主导活动，学生大量的心理困扰都产生于学习过程中，而学生的各种人格品质也在学科学习活动中得到发展。因此，学习科学文化的过程本身也是优化人格的过程。同时，各学科的全面发展是人格健全发展的智力基础，正如培根所

说："读史使人明智，读诗使人灵秀，数学使人周密，科学使人深刻，伦理学使人庄重，逻辑修辞之学使人善辩，凡有所学，皆成性格。"

再次，应注重课堂教学与校园文化活动的结合，拓宽青少年人格教育渠道。校园文化是指以学生为主体、以课外文化活动为内容、以校园精神为主要特征的一种群体文化。[①] 校园文化活动一方面可以满足青少年归属和交往的需要，增加与他人合作交流的机会，获得他人的理解、肯定与支持，并可看到自己的不足，不断地完善自己。另一方面，校园文化活动可为青少年提供一个全面展现自己才能的空间。因此，除做好人格教育与课堂教学的有效结合外，还应积极开展校园文化活动，营造活泼、向上、开阔的学校氛围，形成以课堂教学、校园文化活动为主渠道，课内与课外、教育与指导、咨询与自助紧密结合的学校人格健康教育的网络和体系。

最后，应进一步深化教学改革，促进青少年学生健全人格的养成。以学生健全人格养成为目的的教学改革主要包括教学观念的更新、教学目标的设定、教学内容的重构、教学方法的革新以及教学评价手段的多元化等。只有这样，才能使学校教育适应社会发展的需要，使青少年健全人格的培养真正落到实处。

（三）营造良好的社会文化环境，推动青少年健全人格的形成

首先，要营造良好的社会道德环境，有力推动青少年学生健全人格的形成。整治和优化社会道德环境，必须创造、培养和优化舆论环境，形成优良的道德风尚，坚持正确的道德价值导向，发挥道德的凝聚力，树立道德榜样，学习道德楷模，真正使社会道德环境成为青少年学生健全人格的"守护神"。

其次，应注重各种文化的借鉴与融合，为青少年健全人格的培养营造一个和谐的文化环境。当前，我国青少年所处的文化环境纷繁复杂，东方文化与西方文化、传统文化与现代文化、主流文化与各种社会亚文化在不断地相互交融、相互影响，这些给正处于人生观、世界观形成时期的青少年造成的影响是深远的，一些青少年甚至因此而迷失了人生的发展方向。因此，采用辩证统一的方法，加强各种文化的借鉴与融合，营造一个和谐的文化环境，对于新时期青少年健全人格的塑造显得尤为重要而迫切。为此，应重视和加强中国优秀传统文化教育。中国优秀传统文化是中华民族优秀文化的历史积淀，形成了中华民族重理想、重道德、重气节、自强不息的民族精神，是中华民族生生不息的强大精神支柱。在新的历史时期，如何汲取中国传统文化中人格教育的精华，结合新的时代特征，培育一大批能够肩负起振兴中华民族历史重任的社会主义未来建设者和接班人，将是培养青少年健全人格的根基。但任何一种文化都有两面性，在任何文化哺育下的人格都存在精华和糟粕之处。因此，在多元文化相互交融的今天，还需要学会取其精华、弃其糟粕，以开放的心态去实现各种外来文化与新兴文化的借鉴和融合，构建一个符合我国社会价值体系

---

① 张晔，秦华伟．人格理论与塑造．北京：国防工业出版社，2006. 278.

的和谐文化环境，有效促进青少年健全人格的培养。

最后，还应规范社会文化传播，不断净化青少年人格培养的文化环境。社会文化对青少年人格的影响除了学校教育和家庭教育之外，很大一部分内容是借助社会传媒实现的。随着社会的发展，青少年可以通过影视、广播、书籍、网络等多种渠道获取社会信息，接受社会文化。这种接受社会文化的方式具有频繁性、成人化、独享式的特点，而现在社会文化传播的内容又过多涉及婚恋、犯罪、色情等负面的东西，并掺杂在其他的社会文化当中一并进入青少年的视野，自然也会影响到青少年健康人格的形成。因此，做好各类媒体的导向工作，保证社会文化传播的教育性，不断优化社会文化环境，是青少年人格塑造的关键所在。

（四）发挥青少年的主观能动性，引导青少年进行人格的自我教育

人格的发展与塑造是个体实现社会化的过程，个体的主观能动性在其中起着基础性的作用，人格教育的最终目的也在于使学生达到自我教育的自我完善境界。因此，必须调动学生的主观能动性，积极引导学生进行人格的自我教育。为此，应努力设法增强学生人格建构意识，使他们懂得优良人格是个体主动建构的结果；指导学生学习和掌握一些自我教育的方法及策略，提高自我塑造的能力，如“慎独”、“兼听”、“吾日三省吾身”等；同时，指导学生针对自身弱点有选择地投身实践活动，从知行统一的角度来完善自我人格。

思考题

一、选择题

1. 自我意识在人格形成中的作用是（　　）。

A. 调节控制　　B. 主导　　C. 基础　　D. 辅助

2. 从气质类型来说，“性情直率但脾气急躁”属于（　　）。

A. 多血质　　B. 黏液质　　C. 抑郁质　　D. 胆汁质

3. “冷酷无情”属于性格的（　　）。

A. 态度特征　　B. 理智特征　　C. 意志特征　　D. 理智特征

4. 根据埃里克森的心理社会发展理论，青少年时期的主要发展任务是（　　）。

A. 获得希望　　B. 获得自我同一性

C. 获得勤奋感　　D. 建立与朋友或情侣的亲密关系

5. “吃不着葡萄，说葡萄酸”的自我防御机制是（　　）。

A. 压抑　　B. 文饰作用　　C. 自居作用　　D. 投射作用

6. 把人格分为类型、特质、习惯反应和特殊反应四级水平的心理学家是(　　)。

A. 卡特尔　　B. 奥尔波特　　C. 罗杰斯　　D. 艾森克

7. 顺利完成任务而必须具有的人格特征是（　　）。

A. 能力　　B. 气质　　C. 性格　　D. 智力

二、问答题

1. 什么是人格？人格具有哪些特征？
2. 人格结构包括哪些要素？
3. 说出你认为较好地描述了人格结构的一种理论，并详细介绍该理论。
4. 简述艾里克森的社会性发展理论。
5. 简述大五模型的构成要素。
6. 联系实际分析影响人格形成与发展的因素。
7. 如何理解健全人格？试联系实际谈谈如何塑造青少年健全人格。

第八章　青少年心理发展

本章要点

●青少年的生理发育及心理发展
○青少年的生理发育
○青少年的心理发展
○青少年的身体映像
●青少年的认知发展
○青少年形式运算阶段
○青少年“元认知”发展
○青少年的自我中心思维
○青少年的学习及适应
●青少年的社会性发展
○社会性及社会性发展
○青少年社会性发展的内容
●青少年的问题行为
○问题行为
○青少年问题行为的成因
○青少年问题行为的干预

青少年时期是个体身心发展和社会发展最为重要的加速期和过渡期，此阶段承载着身体快速发展、心理由不成熟向成熟过渡的巨大压力，以及繁重的学习任务。在这一时期，青少年在生理和心理上都产生了巨大的变化。生理上的成熟使每个青少年在心理上产生成人感，他们渴望获得成人一样的某些权利，有着成人的行为标准和社会角色，能像成人一样地参加社会活动。然而，他们的心理发展正处于半成熟向成熟的过渡阶段，由于此阶段身心发展的不平衡性，青少年有许多期望不能实现，容易产生挫折感，面临种种心理危机，甚至会出现一些心理及行为问题。本章将讨论青少年时期身心发展的特点和规律以及教育的契机。

第一节　青少年的生理发育及心理发展

发展是贯穿个体一生的连续过程，每一个阶段个体的生理、认知、社会性、人格特征的成长和变化都值得关注，尤其是在青少年时期。青少年时期位于儿童期向成年期过渡的一个重要发展阶段，青少年向成人转变，是生命历程中的一个独立时期，也是一个不断学习探索的阶段。

青少年时期一般开始于11、12岁，结束于17、18岁。从学制上来讲，正值初中和高中阶段。而11、12岁到14、15岁通常称之为青春期。在整个青少年时期，青少年往往不再被视为儿童，但也还不是成年人，这一阶段身体和心理将会出现显著的变化和发展。

一、青少年的生理发育

身体的快速发育和性成熟是青少年生理发育的最重大变化，这期间青少年的身体外形发生剧变，内部机能走向成熟。青春期是人生发育的第二次生长高峰。所谓生长高峰，指个体在身心发展过程中的某个阶段，其身体发育的增长速度比其他阶段相对更快的时期。每个人从出生到成熟，都会经历两个生长高峰，第一次是在出生之后的第一年，即乳儿期，那时身高一般增加50%以上，第二次则在青春期。青春期除了身体外形上的变化外，内部机能也会增强，会经历第二性征的出现和性的成熟。

（一）身体外形的变化

青少年外形变化最明显的特征就是身高迅速增长、体重增加。据统计，在青春发育期之前，儿童平均每年长高3～5厘米，而在青春期，每年至少要长高6～8厘米，甚至可达到10～11厘米。①

男孩和女孩的青春期快速生长期开始的时间各不相同，女孩子快速生长期开始于10岁左右，身高快速增长一直持续到15岁左右，而男孩则开始于12岁左右，身高的快速增长一直持续到16～17岁左右。一般而言，在女孩开始快速生长前两三年里，女孩身高总体上会比男孩高，但到了13岁之后，平均而言，男孩开始高于女孩，而且这种状态会一直持续下去。体重方面的增长也与身高的增长有着几乎一样的趋势。青少年身高及体重的增长存在着性别差异，表现在快速增长时期开始的早晚以及增长速度和增长量上，女孩的发育一般早于男孩，但是男孩开始发育之后，

① 林崇德．发展心理学．北京：人民教育出版社，2009. 322.

其增长速度快于女孩，并且最终的增长量也大于女孩。此外，研究表明，就同一性别而言，青少年身高、体重的增长存在着早熟和晚熟现象，即有的人比一般人更早开始长身体，提前一两年进入生长高峰期，而有的则较迟进入生长高峰期。

青少年身材迅速长高的主要原因是骨骼和躯干的变化，青春期激素活动的加强促进了软骨的生长，从而导致身高的增长。而体重的增加则主要取决于肌肉和脂肪的生长。除身高、体重的剧变外，青少年的胸围、肩宽、骨盆宽、坐高等外形特征在青春期也都有很大的变化。

此外，从代际发展角度看，青少年发育的总体趋势也呈现出一种增长趋势，即在身体变化的幅度和方向上存在着代际差异，下一代比上一代的个子更高、体格更壮。

（二）大脑及内部机能的变化

1. 大脑的变化

一般而言，成人的平均脑重为 1 450 克，而青少年 12 岁时其平均脑重大约为 1 400克，已经与成人的平均脑重相差无几，在青春期阶段青少年的脑重变化不大。但脑的机能在这一阶段有了显著变化，随着年龄增大，脑电波逐渐加快，14 岁以后 α 波（频率 8 ~ 13Hz）成为脑电波的主要形式。同时，青少年的脑部不断分化，沟回增多加深，神经纤维已基本上完成髓鞘化，兴奋过程和抑制过程已能协调一致。

2. 内脏机能变化

个体的各种生理机能在青春期阶段迅速发展并逐渐达到成熟，心脏和肺部等内脏机能得以加强。

一方面，心脏形态上重量大大增加。10 岁时，心脏重量增长到新生儿的 6 倍，到青春期后可达 12 倍。同时，血压和脉搏也接近成人水平，青少年男孩 12 岁时平均血压为 105/63 毫米汞柱，平均脉搏为 84 次/分钟；18 岁时，平均血压为 113/70 毫米汞柱，平均脉搏为 79 次/分钟；青少年女孩 12 岁时平均血压为 102/63 毫米汞柱，平均脉搏为 85 次/分钟；18 岁时，平均血压为 105/66 毫米汞柱，平均脉搏为 81 次/分钟。在心脏机能方面其心律、脉搏开始减慢，青少年的脉搏已达 70 ~ 80 次/分钟，而血压高压一般为 90 ~ 110 毫米汞柱，低压为 60 ~ 75 毫米汞柱，已接近成人水平。但男孩和女孩在心血管系统的生长发育上存在一定的差异，女孩在心脏重量、大小、每次收缩所排出的血量和血压等方面，均比男孩低 10% 左右，而心率、脉搏则比男孩快 8 ~ 10 次/分钟。

另一方面，青少年的肺功能也大大提升。整个青春期，肺活量将比青春期前增加 1 倍多，12 岁时，肺的重量约为新生儿的 10 倍，青少年男孩平均肺活量达到 3 521毫升；青少年女孩平均肺活量达到 1 728 毫升，18 岁时，平均肺活量达到2 283

毫升。[①]

3. 肌肉和脂肪的变化

到青春期以后，青少年肌肉在体重中的比例增加了，而且其肌肉组织也变得更为紧密，肌肉力量大大增强，他们的体力也随之增强。肌肉的发展有着明显的性别差异，男孩的肌肉发展更快，手的握力就是最好的例证。12 岁时，青少年男孩平均握力为 21. 62 公斤，18 岁达 42. 68 公斤；12 岁时，青少年女孩平均握力为 19. 01 公斤，18 岁达 26. 36 公斤。

在肌肉发展的同时，青少年的脂肪也有了很大的变化。但与肌肉发展不同的是，男孩的脂肪呈现渐进性减少的趋势，他们发育出更好的肌肉，所以看起来显得强健，而女孩的脂肪却没有减少，而是积存在骨盆、胸部、背部上方、上臂和髋部，使得她们日益丰满起来。

4. 腺体和激素的变化

激素是高度分化的内分泌细胞合成并直接分泌到血液中的化学物质，它能够促进人体外形和结构的变化，影响人的先天行为模式的获得，调节体内平衡。激素在很大程度上决定了青春期的身体变化，包括身体外形、内脏、脑的发育和性的成熟。人体内有 20 余种激素，在青春期起明显作用的是人体生长激素、睾丸素、雌激素和黄体酮。

人体生长激素刺激骨骼的发展，促进生长，如果分泌不足会导致“侏儒症”，而分泌过多则会产生“巨人症”。睾丸素、雌激素和黄体酮可以称为性激素，它们主要由性腺产生，对第一性征、第二性征的发展有重要影响。这三种激素在男女体内都有，只是浓度不同。睾丸素主要是促进生殖系统和肌肉的生长发育。雌激素主要促进女孩的肌肉生长，第二性征的发展和身材长高，并影响脂肪分布。睾丸素和雌激素都会影响男女的性驱力。黄体酮主要促进乳房的发育，启动月经周期等。

（三）第二性征的出现和性的成熟

第二性征是性发育的外部表现，是青少年身体外形变化的重要标志，也是青少年进入青春期的主要标志。在青春期，性激素促成了第二性征的发育，导致了青少年男孩和女孩身体形态上的性别差异及性器官、性功能的成熟。对于男孩而言，第二性征主要表现为喉结突出，嗓音低沉，体格高大，肌肉发达，唇部出现胡须，周身出现多而密的汗毛，出现腋毛和阴毛等。而女孩身上，第二性征则表现为嗓音细润，乳房隆起，骨盆宽大，皮下脂肪增多，臀部变大，体态丰满，出现腋毛和阴毛等。女生的性成熟一般比男生早 1 ~2 年。

此外，青春期是性意识发展最快的时期。研究者认为，初中二年级是一个关键转折期。尽管女孩的身体比男孩更早成熟，然而在性意识的发展上，男孩比女孩快。

① 雷雳．发展心理学．北京：中国人民大学出版社，2009. 172.

二、青少年的心理发展

（一）青春期发育的心理适应

青春期身体变化最显著的表现就是男孩子的遗精和女孩子的月经，它们分别是男孩、女孩性成熟的标志，青少年对此是否有所准备，会对其心理适应产生很大的影响。因此，家长和学校教师适时地开展青春期教育就显得非常必要。

1. 男生对遗精的心理反应

遗精是在非性交状况下的射精，标志着男性的成熟，青少年男孩首次遗精是其身体发育走向成熟的结果。我国男孩首次遗精年龄大约在十四五岁，最早的可能在12岁左右，一般到20岁时，几乎所有的男性都经历了遗精。

关于遗精对青少年的心理发展可能产生的影响，研究表明青少年男孩主要的心理体验依次是害羞、新奇、恐慌、无所谓，其中52%的人感到恐慌。如果青少年男孩对遗精有所认识、有所准备，他们的反应相对就会比较积极，如果他们对此一无所知，不理解这是正常的生理现象，遗精就可能引起惊恐和困扰，使他们产生无谓的焦虑。

2. 女生对月经的心理反应

青少年女孩随着青春期的发育会出现月经初潮，这是其走向成熟的标志。我国女孩月经初潮年龄在13岁左右，最早的可能在9岁，最晚的在20岁左右。

对于月经初潮，我国青少年女孩的主要心理体验依次是害羞、恐慌、新奇、无所谓，其中86%的人感到害羞和恐慌。月经初潮带来的影响很大程度上取决于青少年女孩是否对此有所准备，即她们是否具备相应的知识。女孩对于月经的有关知识更多从母亲处获得，她们通常也会在月经初潮后立刻告诉母亲，大多数女孩对此的适应良好。但心理上会产生一些变化，对女性特点会有更多的兴趣，开始更多地注意身体的外表，更多地注意到与男孩的关系，在心理上表现得更加成熟。

（二）早熟与晚熟的影响

由于青春期的起始时间和发展速率对个体而言是存在着差异的，有的青少年会提前进入青春期，身体上的早熟或晚熟会给青少年的心理适应带来不同影响。

1. 早熟的男孩女孩

已有研究表明，男孩的早熟通常与积极的自我评价联系在一起，而晚熟则一般是和消极的自我评价联系在一起。与晚熟的男孩相比，早熟男孩相对于他们的年龄来说显得身材高大，更加强壮有力，动作更加协调，在体育运动中更加得心应手，在体育运动的竞争中获得优胜，继而提高了他们的威信和地位。他们在与同伴交往中往往也有很大的社会性优势，他们更多地参加学校的课外活动，并且常常被选为领导角色。早熟男孩也往往表现出对女孩更感兴趣，更受女孩欢迎，较早的性成熟也使他们比较早地开始与异性交往。成年人也往往比较喜欢早熟男孩，认为他们比晚熟男孩在身体上更有吸引力，更为强壮，心理上没有那么紧张。更重要的是，成年人也认可和接受早熟男孩，认为他们比较成熟、有能力。社会也会比较早地认可他们希望承担成人角色和责任的愿望，可以获得年龄较大的人才能够获得的特权。但这种成年人的态度对青少年的成长也是有利有弊的。有的早熟男孩过早地接触社会，不能充分利用他们所获得的自由，也可能导致早熟男孩参与社会团体去做违法犯罪的事。成年人对早熟男孩的期望会让他们的心理压力更大，早熟男孩没有时间享受儿童的那种自由。

而对于青少年女孩而言，早熟并不像男孩那样是一件好事。女孩通常都比男孩早两年进入青春期，早熟女孩则更是超前，由于她们个子长得更高，体态更加丰满，性也更加成熟，所以她们往往会感到尴尬，自我意识更强。早熟女孩的体重比同年龄女孩更重，这一点在大多数敏感女孩看来绝非好事。过大的差异会使她们的自尊受到消极的影响。由于压力过大，早熟女孩更可能会和年龄较大的男孩混在一起，各种行为问题的风险就大大增加了。她们甚至可能吸烟、酗酒，出现饮食障碍。她们的身体可能会招来男性的关注，使她们更早地与男性约会，而且可能过早地卷入性行为。早熟的女孩更可能遇到诸如焦虑和抑郁这样的心理问题，更可能在学校遇到失败，更可能去干违法犯罪的事。如果早熟女孩受教育程度低，在成年后其职业成就也较低，这是其社会性及认知的不成熟与过早的身体发育混合的结果，早熟女孩容易受到诱惑而沾上问题行为，并且不会意识到这对她们的成长可能带来的长期影响。

2. *晚熟的男孩女孩*

晚熟的男孩会受到由晚熟所引发的自卑的困扰。如果青少年发育过迟，他们在身高、体重上与同龄男孩相比会相形见绌，体格力量和协调能力也会受发育制约，导致其形成消极的自我知觉和自我概念，某些方面表现出缺乏魅力、不受欢迎、常遭受拒绝的特点。他们也会因为上述特点而表现得更好动，专横，反叛父母，不自在，比较依赖，甚至出现退缩性行为。晚熟者有时会通过变得过分依赖他人，或者变得过分渴求地位和注意，来获取一种过度补偿。另一些时候，他们会试图通过藐视、袭击、取笑他人或者其他引起注意的方法，来补偿他们的不自在感。典型的表现是，他们会高谈阔论，动手与挑衅他们的人打架。这些早期的负面社会态度所产生的影响可能会一直持续到成人期，即使当他们的身体差异及其在社会交往中的重要性已经消失殆尽时仍然存在。大多数晚熟男孩延迟了成人期的心理承诺，比如晚婚，并且挣钱较少，对自己的职业也缺乏安全感。

晚熟青少年女孩在社会交往上明显地处于不利地位，看起来像小姑娘，但是她们自己拒绝别人以这样的态度来看她们。晚熟的女孩会妒忌那些已经发育成熟的朋友，常与正常发育的男孩处于同一水平，以他们为朋友，晚熟的女孩回避规模较大的、男女混合的团体，她们对年龄小一些的团体更感兴趣。她们的优势在于不会像早熟女孩那样遭到父母及其他成年人的尖锐批评。

（三）生理变化对心理活动的冲击

个体发展的大部分时间里，生理发展与心理发展的速度是相互协调的，处于一种平衡和谐发展的状态，而青少年时期尤其是青春期阶段，由于其生理、认知和社会性的发展非常迅猛，在2～3年时间内身高体形发育迅速接近成人水平，但其心理发展的速度则相对缓慢，心理发展水平尚处于从幼稚向成熟发展的过渡阶段。此时青少年的身心处于一种非平衡状态，生理上的急剧变化给其心理发展带来巨大的影响，主要表现在两个方面：

第一，青少年身体外形上的变化使他们接近了成人的模样，导致周围成人对他们的态度有别于儿童期，使他们在心理上产生成人感。因此他们想要拥有成人一样的权利，能够主张自我，能够快速摆脱童年时的一切，能够按照成人社会的准则和社会角色行事，以获得一种全新的社会评价。当然，在这个向成人转变的阶段中，他们常常感到困惑。

第二，由于性的成熟，青少年对异性产生了好奇和兴趣，萌发了与性相联系的一些新的情绪体验，滋生了对性的渴望，但同时会竭力回避公开表现这种愿望和情绪，所以常常体验到一种强烈的冲击和压抑。

（四）心理上成人感与幼稚性的矛盾

青少年生理上的快速发展使其拥有了成人的模样，心理上成人感随之而来，但总体上其心理发展相对于其生理发展而言稍有滞后，其心理水平呈现半成熟半幼稚性。青少年心理成人感表现为他们对成熟的强烈追求和感受，他们对人对事的态度、情绪情感的表达方式以及行为的内容等方面常常以成人为榜样，同时渴望社会、学校和家长能给予他们成人式的信任和尊重。

然而，青少年的思维虽然已过渡到以抽象逻辑思维为主要形式的阶段，但其辩证逻辑思维的能力还有待进一步发展，其思维带有很大的片面性和表面性，其认知能力、思想方式、人格特点及社会经验相对成人而言还显幼稚。由于青春期少年心理上的成人感和幼稚性并存，所以，表现出种种心理冲突和矛盾，具有明显的不平衡性。①

1. 反抗性与依赖性

由于青少年在外形上有了成人的模样，心理上产生了成人感，进而有了强烈的独立意识，想要摆脱父母的约束，想要自我主张，对一切都不愿顺从，开始更多地质疑父母、教师的话语意见，不太轻易听从他们。从穿衣戴帽到对人对事的看法，

---

① 林崇德．发展心理学．北京：人民教育出版社，2009. 328.

常处于一种与成人相抵触的情绪状态之中。青少年所表现出的反抗心理和行为在某些时候仅是向成人表明自己已具备独立人格，而不再像童年期那样需要父母的全面照顾。

但同时，青少年内心中并不能完全摆脱对父母的依赖，希望从父母处得到更多的信任、支持和尊重，而不再仅是情感和生活上的依赖。在生活中的许多方面，他们还是需要成人的鼓励和支持，尤其是遭受挫折的时候。

2. 闭锁性与开放性

进入青春期，青少年渐渐地将自己的内心封闭起来，内心丰富但表露于外的东西减少了，对外界持不信任和不满意的态度，不再将父母和老师看做权威，产生闭锁心理。但同时，他们又需要释放内心的孤独和寂寞，需要有人关心和理解自己，视同伴关系为重要的人脉，不断地寻找同伴支持，对朋友毫无掩饰，推心置腹，分享秘密，这又具有明显的开放性。

3. 勇敢与怯懦

在某些情况下，青少年由于在思想上很少受条条框框和经验的束缚，没有太多的主观意识上的顾虑，他们表现出勇敢的精神。但同时，由于青少年在其认识能力上存在着一定的局限性，不能准确判断某一事件的危险性，常常带着莽撞和冒失的成分，具有初生牛犊不怕虎的特点。

但在另外一些情况下，青少年会表现得比较怯懦。如在公众场合下羞羞答答，不够坦然和从容，在众人面前或异性面前常常还未讲话就先脸红。这种行为上的局促与他们缺少生活经验及这个年龄阶段所特有的心理状态有关。

4. 高傲与自卑

由于青少年尚不能对自己进行全面而恰当的评估，可能会凭借一时的感觉对自己轻下结论，导致对自己的自信程度把握不当。几次甚至一次偶然的成功，就可以使他们认为自己是一个非常优秀的人才而沾沾自喜；而几次偶然的失利，就会使他们认为自己无能透顶而极度自卑。

5. 否定童年与眷恋童年

由于青少年产生的强烈的成人感，他们认为自己的一切行为都应该与幼小儿童的表现区分开，力图从各个方面对自己的童年加以否定，期望以一种全新的姿态出现于生活的各个方面。但在否定童年的同时，青少年的内心深处又留有几分对自己童年的眷恋。当他们在新的生活和各种学习任务面前感到惶惑的时候，特别希望仍能像小时候一样，得到父母的关照。此时的孩子遇到问题，容易产生退缩心理，在学业上如果处理不好，就会产生厌学心理。

三、青少年的身体映像

身体映像（body image）指个体形成的对自己身体的心理图画，包括了对身体生理心理功能的认知、态度（如情感、评价）以及对行为的影响。[①] 身体映像是对身体特征的态度和反映，被认为是青少年自我概念发展过程中的核心要素，并且对实际的社会适应有着重要的影响。消极的身体映像表现为过多地关注体重、对身体不满意，还会引发心理问题，如低自尊、抑郁、焦虑等消极情绪，甚至造成神经性厌食症等饮食失调疾病。

（一）身体映像的性别差异

在男孩女孩开始青春期的发育以后，他们的体形会由于肌肉和脂肪的增加而发生变化，对身体的满意度而言，存在着明显的性别差异。一般来说，在整个青春期，女孩比男孩更不满意自己的身体，她们的身体映像更为消极，这主要与大多数文化推崇女性纤瘦的审美偏好有关。在青少年时期，常常出现青少年女孩为追求形体美而进行瘦身、盲目地节食、束身等，陷入瘦身误区，既损害身体发育，又妨碍心理健康发展。女性用以调节体重的主要方式是节食，但是男孩却不太可能这样，节食会使男孩更加偏离他们理想的身材，男孩往往会因为他们肌肉的增加而对自己的身体感到越来越满意。因此，在临床上，青春期女孩患上神经性厌食症的案例较多。

神经性厌食症是一种威胁生命的情绪障碍，主要是由食物和体重引起的困扰。一个人被诊断为厌食症，除了实际体重比其身高和身材应该达到的重量低15%之外，还必须表现出对体重增加和发胖的恐惧，并伴随出现月经停止或月经周期紊乱，并且对自己的身体映像的认识是扭曲的，如并不觉得自己的体重太低了。青春期女孩往往通过极端的减肥措施来控制身体的发育变化，以达到自己所期望的不合理的纤瘦身体映像，有时她们也会大吃大喝，但吃完之后通过药物或其他机械性手段引致腹泻或呕吐。她们的身体映像往往是消极负面的，甚至发展成一种病理性的变异，常常还会导致低自尊、高焦虑、抑郁甚至人格障碍，跌入恶性循环怪圈。最终有6%～10%的厌食者死于营养不良的病症或自杀。

一般而言，早熟女孩往往比准时或晚熟的女孩对自己的身体更为不满意。早熟者不满意自己相对于同年龄伙伴更重的体重，所以早熟者对身体的低满意度可能部分地造成了对自己外表某些方面的不满。身体魅力和身体映像与青少年积极的自我评价、受欢迎程度以及同伴接受性有着重要的联系。身体魅力影响个性的发展、社会关系和社会行为。有吸引力的青少年可能由于别人对待他们的方式不同，使得他们一般具有更高的自尊、健康的个性品质，他们社会适应性更好，拥有更广泛的人际交往技能。无论男女，身体魅力都与自尊有显著的联系。身体容貌对女孩自尊的影响超过对男孩的影响。拥有身体魅力的男孩女孩往往被认为拥有较好的同伴关系和亲子关系。

---

① 陈红．青少年的身体自我理论与实证研究．北京：新华出版社，2006.

（二）身体映像的影响因素

1. 社会文化的影响

当今世界大多数的文化还是比较推崇纤瘦身材为理想身材。例如，占据世界主流的西方文化比较强调“瘦”，以瘦为美，越瘦的人越具有吸引力。文化对“纤瘦”的强调使得对身体不满意在西方社会极为流行，进而引起许多社会、心理和生理问题，包括饮食障碍、非法药品的使用、美容手术、节食、低心理幸福感、肥胖和过度锻炼等。在中国，“瘦”文化所造成的外貌压力同样会引起青少年和成年人对其身体映像的担忧，饮食障碍和身体不满意也越来越普遍。随着文化的传播，尤其是社会经济的发展，一些之前“以胖为美”的文化中也出现了对“纤瘦”的追逐以及由此导致的对自己身体的不满意。许多研究都发现随着社会经济地位的增长，能够预测对更纤瘦体型的偏爱。在某种程度上，与身体映像有关的种种问题具有跨文化的普遍性。

2. 父母及榜样角色的影响

父母在向男孩女孩传递社会文化关于理想身材的信息方面起着重要的影响作用，对于女孩的影响尤其突出。父母作为个体成长过程中的引导者，可以通过示范、反馈和教导来影响儿童的身体映像。父母对孩子肯定或否定的反应，无论是言语评论还是非言语的态度和行为，都会对孩子身体映像的发展造成影响。如果父母对孩子的长相作出消极的行为或情感反应，孩子就会形成消极的身体映像。从角色榜样来看，同性榜样对女孩的减肥行为有影响，而对男孩而言，同性榜样则是鼓励他们加强锻炼，以改变身材和体形。相当多的青少年女孩和同性朋友谈论的主题会涉及体重、体形、节食等。

3. 大众媒体的影响

在无孔不入的现代媒体中（如时尚杂志、电视广告等），我们可以轻易找到大量理想化的女性模特。这些模特的共同特征是体形非常苗条，外貌经过人工修饰，整个人看起来相当具有吸引力。而大量研究证明，女性，特别是青年女性，正是因为接触了这些随处可见的媒体模特意象，才出现了消极的身体映像，从而进一步导致了饮食失调等行为问题的产生，严重地影响了个体的生理健康和心理健康。[①] 在一定程度上，媒体的信息也对男孩的身体映像产生影响，使他们做一些事以便增加体重、强健肌肉。观看纤瘦的模特会使女孩产生焦虑感以及对身体的不满意，但是男孩不会这样。[②]

---

① M. P. McCabe, L. Kicciardelli, D. Mellor, et a1. Media influences on body image and disorders, eating among indigenous adolescent Austrians. *Adolescence*, 2005, 40: 115 ~ 128.

② 杜岩英，雷雳，马晓辉．身体映像影响因素的生态系统分析．心理科学进展，2010，18（3）：480 ~ 486.

第二节 青少年的认知发展

认知，也称认识过程，是指人们认识、理解事物或现象，保存认识结果，利用有关经验解决实际问题的过程。个体认知的功能系统不断完善的变化过程被称为认知发展。认知发展主要表现在：一是认知功能系统的各种不同心理成分经历着由低级到高级、由简单到复杂、由不完整到完整不断发展的过程；二是构成认知功能系统的各种心理成分的关系逐渐趋于相互协调。

青少年的认知发展主要体现在其思维能力的发展上，青少年思维发展的基本模式由形象思维、抽象思维过渡到辩证思维，主要特点是思维逐步符号化。他们发展了抽象的、科学的能力。概括能力增强，能够用假设检验和更加一般的逻辑规划进行思考，而不再借助于具体事物和事件，思维活动中的自我意识成分增多，思维的反省性和监控性明显提高，辩证思维能力增强，看问题不再那么绝对化，思维的创造性也迅速发展。整个青少年时期都处于认识发展的迅速上升期。概括地说，个体在初中阶段认知的主要特点是思维的抽象逻辑性占优势，但在很大程度上还需要经验的支持。到了高中阶段，认知结构不断完善，抽象逻辑思维进入了成熟阶段。

一、形式运算阶段

皮亚杰认为，发展的目标就是形成认知结构，即形成智慧。认知结构是一种内在的心理结构，是不同发展水平的儿童对外界事物作出反应的组织方式。根据皮亚杰的认知发展阶段理论可知，青少年正处于形式运算思维阶段（11、12 岁及以上）。皮亚杰认为儿童的认知发展经历四个阶段，“形式运算”阶段是认知发展的第四个阶段，是“对运算进行运算”的阶段。这个阶段的青少年思维发展已逐步具备抽象、系统的思维能力，面对问题能够先提出假设，将多个变量因素融入复杂任务或问题中去思考，演绎出可供检验的推理，然后进行综合分析。他们面对问题进行分析时可以不再以具体的东西为思维对象，取而代之的，是能够通过内部反省形成新的一般性逻辑原则。这个阶段可以有效培养和发展科学的思考能力，并将这种缜密的科学思考方法应用到认知事物上。

1. 假设演绎推理

皮亚杰认为，“假设演绎推理”是形式运算思维的标志，从具体运算过渡到形式运算阶段通常发生在 11 ~ 14 岁之间。青少年面对问题时，能够先进行假设，或对可能影响某种结果的变量进行预测。然后，他们根据假设进行演绎，进行逻辑性的、可检验性的推理，他们会系统地孤立某些变量、组合某些变量，再来看哪一种推理在现实生活中能够得到验证。

为了说明这一认知发展的机理，皮亚杰用了一个钟摆的实验来检测青少年是否从具体运算阶段过渡到形式运算阶段。他的具体做法是在儿童和青少年面前放一个钟摆（该钟摆有一定的质量并用线悬挂，然后给予一定的初动量），然后要求他们试着指出决定钟摆来回摆动的速度的因素，是摆的质量、摆长、钟摆到达最高点后下落的高度，还是下降时的阻力。

处于具体运算阶段的儿童倾向于跟着感觉走，他们经常一次改变多个变量。他们会选择摆长和质量都很大的摆，并给予适量的动力，使其从适当高度下落，然后又选一个摆长很短、质量适中的摆，并给予稍小的动力，并使其在适当的高度下落。显然，他们还是很难解释钟摆速度变化的原因，因为他们在两次实验中改变了多个变量。若恰好蒙对了，即由摆长决定，他们也很难解释。这个实验对于皮亚杰来说至关重要，因为认知发展的阶段不同，不仅仅反映在儿童回答的答案上，而且还反映在寻找答案的过程中。

只有运用形式运算阶段的思维方法，他们才能找出问题的正确答案，才能明白并解释原因。在考虑该问题时，他们会利用科学实验中假设的办法。他们会假设，考虑可能与质量有关时，先来改变一下每次实验中摆的质量，而保持其他因素不变。结果不是质量，因为它们的速度没有变化。进而假设可能是摆长，通过改变摆长而保持其他变量不变，速度该有点变化吧。果然，摆长小的速度大。但还是再来看看高度，速度没变化，再来试试动力，也没有变化，最后确定摆长是决定摆速度的原因。由此可知，形式运算阶段的青少年在保持其他变量不变的情况下只改变一个变量，并能系统全面地检测各种假设。最后他们不仅得到正确答案，还可以用做定义和解释答案。这种思考能力即为“假设演绎推理”。

这一问题解决过程的特点是始于可能性，终于现实。而具体运算阶段的儿童则是始于现实，从明显可以观察到的具体现实情境中开始预测，如果这些预测未能获得验证，他们往往也无法另辟蹊径来解决问题，最后以失败而告终。

2. 命题思维

形式运算思维的第二个重要特征是“命题思维”，即青少年对以语言表述的命题进行评价时，能够不依赖现实世界的环境，即事物不是以真切可见、可听、可尝或可触摸的形式存在，而是以概念的形式存在。处于形式运算阶段的青少年能够进行抽象思维，并能将逻辑思维能力应用到心理运算中。相比之下，学龄儿童对命题逻辑的评估只能是在考虑现实世界中的具体证据时进行。

为探索命题推理的能力，研究者给儿童和青少年看一堆各种颜色的筹码。在其中一种条件下，研究者把一个筹码藏在手心，然后向他们提出两个命题：一是“我手中的筹码要么是红色的，要么不是”，二是“我手中的筹码是绿色，并且它不是红色的”。在另一种条件下，研究者拿出一个红色的或绿色的筹码让他们看到，并提出相同的两个命题。

学龄儿童会把注意力放在筹码的具体属性（颜色）上，当筹码藏起来时，他们会回答说对两个命题都不确定。当看到筹码时，他们就会判断，如果筹码是绿色的，那么两个命题都是对的；如果筹码是红色的，那么两个命题都是错的。相比之下，青少年会分析命题的逻辑，他们明白“要么——要么”命题是对的，而“并且”命题是错的，与筹码的颜色无关。

命题思维使青少年明白，如果某个前提是正确的，那么得出的结论也一定是正确的。比如：“所有的动物都终有一死”（前提）；“所有的人都是动物”（前提）；“因此，所有的人都终有一死”（结论）。

皮亚杰认为，语言在青少年认知的发展中是重要的，形式运算要求以语言及其他的符号系统为基础，如在高等数学中所遇到的符号系统，它们未必代表真实的东西。同时，形式运算也涉及对抽象概念的言语推理，如物理学中对时间、空间、物质的关系的思考，哲学中对公正与自由的思考。

值得注意的是，形式运算思维作为皮亚杰所认为的最高级的思维形式，并不是每个人都会达到的，包括成人也是如此。实际上，形式运算思维也和具体运算思维一样，常常是与具体的任务和情绪相联系的。皮亚杰也承认，如果没有机会解决假设性问题，人们就不可能表现出形式运算思维。

二、“元认知”发展

“元认知”发展是青少年期认知发展的中心，元认知就是对认知的认知，即关于个人自己认知过程的知识和调节这些过程的能力，对思维和学习活动的知识和控制。弗拉维尔将元认知简略地概括为反映或调节认知活动的任一方面的知识或认知活动，元认知包括元认知知识和元认知控制。根据信息加工理论的观点，青少年期“元认知”是一种反省思维，这种思维能够增强学习能力和高效解决问题的能力，是青少年期认知发展的中心。

1. 工作记忆与加工速度

在青少年期，工作记忆和加工速度差不多都达到了成人的水平，这意味着青少年能够较好地存储认知过程进行中所需要的信息。此外，以简单反应时来反映加工速度的稳步提高，从 8 岁时的 1/3 秒缩短至 12 岁时的 1/4 秒，但之后就没有什么变化了。这一模式不仅针对简单反应时，而且在范围广泛的认知任务中也是如出一辙，即青少年信息加工的速度一般而言与成年人一样快。工作记忆和加工速度的变化意味着青少年的信息加工比起儿童来说是非常有效率的。

2. 策略与元认知技能

青少年面对特定的任务时，能够更加熟练地确定解决问题的适当策略，并对所选策略的有效性进行监控。已有研究表明，以元认知的策略来引导青少年可以提高他们的学习成绩。例如，青少年更可能列出课文的提纲和重点，他们也更可能把自己理解不透彻的材料列出来，以便深入学习，所有这些都能够帮助青少年更有效地学习，记得更加准确。

元认知技能的发展也突出地反映在青少年的科学推理中，科学推理的核心是协调理论与证据。青少年经常会让理论和证据针锋相对，他们会试验各种各样的策略，反省并修改策略，最终明白逻辑的本质。随着时间的推移，他们会把自己对逻辑的理解应用到越来越广泛的情景中。

三、自我中心思维

儿童期向青少年期过渡的过程中，认知变化较为剧烈，他们对自我的认识也在逐步深化，但在此过程中却常常出现自我中心式思维，此阶段的自我中心有别于幼儿阶段。青少年的自我中心与幼儿的自我中心之区别在于幼儿不能脱离主观感情去客观地理解、评价周围事物及其与其他人的关系，青少年已能正确地认识客观世界，能够分清现实与想象的区别，能够了解和考虑别人的思想，但他们更注意结论对他人的可理解性、可接受性。自我中心思维指青少年常常会高度注意自己的言行举止，相信自己一定有一些特别之处，固执地认为这些特别之处也是众人关注的焦点，甚至他们可能错误地认为他人如同他们自己一样都非常关注自己的外表和行为，他人对他们的评价与他们自己的评价是一致的。例如，他们发现额头上有粉刺或发现裤子上有芥末的痕迹，就会想它们在上面有多久了，有多少人看见，久久不能忘记。

1. 假想观众与个人神话

这一阶段的青少年在高度关注自己的言行举止的同时，对他人想法也过分关注，有着在真实的和假想的情景中去预测他人反应的倾向。青少年建构了假想观众，认为这些“观众”一直在观察和评价他们，并且青少年会对这些“观众”作出反应。这种以自我为中心的思维形式是青少年对自我认同的探索过程，当他们开始发展自我认同时，他们会以对他人的观察作为个体化和自我认同发展的参照。在这样的认知前提下，他们相信自己是独一无二、无懈可击、无所不能的个人神话。因此，青少年在此阶段常常做出标新立异的举动，以求实现个体的独立。但某种程度上，个人神话的观念建构是一种对分离焦虑体验的缓冲，可视为对分离丧失的补偿。因此，假想观众和个人神话有助于青少年从心理上脱离父母，有助于他们与父母分离以实现其个体化的发展，同时减少分离焦虑等消极情绪体验。当这一发展过程向前推进时，青少年越来越关注与非家庭成员的关系，并且开始思考或想象自己在各种社会性情景或人际情景中的样子，在这些情景中他们是注意的焦点，当他们重新评估和建构与父母的关系时，这种人际倾向的白日梦让他们能够维持一种与他人的亲近感。从某种意义上说，对独一无二、无懈可击和无所不能的强调，有助于青少年构建独立的自我，即脱离家庭纽带的自我。

2. 自我中心与行为问题

个人神话和假想观众常常被用来解释成人所关注的大量青少年典型行为，其反映的典型思维模式似乎切合并解释了青少年早期相关的典型感受和行为。几乎每一种类型的冒险行为，青少年都有份参与。虽然大多数的青少年都能够准确认识到风险所在，但他们在决策时仍会以独一无二、无懈可击和无所不能的自我行事。个人神话中的“独一无二”对青少年冒险行为的态度具有很强的预测作用，并且假想观众能够很好地预测主观标准。有研究表明，个人神话与青少年回避冒险行为的态度之间呈负相关。假想观众和个人神话也能够有效地预测青少年是否会采取能够减少自己冒险行为方式的意图。“无懈可击”与青少年感知到的易感性、避免冒险行为的意图以及主观标准等是反向的相关。当他们认为“没有人理解我”时，即没有人能理解他们独特的经历时，个人神话就会成为青少年痛苦的根源。

青少年可能会相信自己对那些发生在别人身上的冒险行为的后果具有免疫力。例如，青少年女孩对于不使用避孕工具而发生性行为的解释可能是，“怀孕这种事绝对不可能发生在我身上”，独特的感觉使她们相信坏结果不会发生。

假想观众可能也对行为有影响，高假想观众的青少年的表现与更明显的服从他人的倾向相联系，这可能对行为有正面的影响，可能会使得青少年更加在意他人的评价。如果较高的个人神话表现与较高的“感觉寻求”表现融合，则能够解释大多数青少年的冒险行为。

四、青少年的学习及适应

青少年阶段大多数时间在中学度过，他们小学毕业后，升入初中，初中毕业后，升入高中。每一次升学，开始新的学校生活对于青少年来说都是适应挑战的过程，学习适应是其一项主要任务。

（一）入学的适应

从小学升入初中，学校环境、师生环境较小学阶段有了新的变化，学习任务加重，学业标准更加严格，学校对于学生的关注点有所改变。有研究表明，青少年随着年级的增高，学习成绩分数下降，但学习自主性提升。同时，升入初中后，学校转变、学业加重、学业标准严格之后所带来的消极影响也在逐渐加大，青少年学业分化现象增多。

有时候升学使得环境变化无法很好地满足青少年的发展需要。青少年与家长、老师的亲密关系常常受到社会因素影响而中断，青少年需要关注自我却面临学业压力与竞争。因此，来自父母、老师和同伴的更多支持将会有利于青少年适应学校的转变。父母的介入、监控和逐渐地给予孩子更多的自主，与孩子上中学以后的良好适应相联系。

（二）青少年学习成绩的影响因素

在小学阶段对学习成绩产生影响的因素仍然会对青少年学习成绩发挥作用。

1. 自我效能感

班杜拉认为，自我效能高的学生相信自己能够学得懂，对自己的学习能够进行调节，他们更可能努力尝试并获得成功。自我调节的学生会设置具有挑战性的目标，并使用恰当的策略去实现目标。他们面对困难时勤勉努力、持之以恒，必要的时候也会寻求帮助。不相信自己能够成功的学生则感到挫折、郁闷，这使得他们获得成功更加困难。

此外，父母的自我效能感也对孩子的学习成绩有影响，有经济安全感、对孩子有高期望、有强烈父母效能感的父母，他们的孩子通常也会有较高的学业目标和学习成绩。

2. 家庭因素

社会经济地位通过影响家庭气氛、对居住地的选择、教育方式，而对学业成就有重要影响。贫穷、未受过良好教育的父母，更可能带给孩子消极的家庭气氛和各种压力事件。当然，如果这些父母在孩子身上投入较多的时间和精力，将有助于孩子摆脱这些不利影响。

权威型的父母教育方式在青少年期也对学习成绩有着重要影响，它与青少年较高的学业分数相联系。而独裁型和放任型的教养方式都与较低的分数相联系，最差的则是忽视型的教养方式，并且其消极影响是与日俱增的。

此外，父母与学校之间的配合也很重要。父母对孩子学习进程的掌握，与老师的有效沟通，对孩子充分的信任和鼓励都将极大地推动孩子学习。

3. 学校因素

学校的质量对学习成绩的影响毋庸置疑，好的中学通常气氛井然有序又不压抑，校长充满活力、精力充沛，老师对学生有很高的期望，学校让学生喜欢，而通常喜欢自己学校的学生一般学习较好，情绪健康。得到老师和同伴支持的青少年一般都很满意自己的学校。对学生因材施教的学校，学生收获较大，实践性或创造性智力发展较好。

第三节　青少年的社会性发展

如前所述，青少年处在生理上急剧变化的时期，身高、体重的增加，第二性征的出现，随之而来的是心理也必然处于一个急变的时期。他们正处在人生发展的第二反抗期。青春期的少男少女，想要摆脱孩提时代什么都要依赖大人的局面，转换成了想要独立又屡屡独立不了的局面。他们想要摆脱父辈的模式，按照自己同辈人的意愿重塑人格，与婴儿期生理上的断乳相对应的，他们正处于心理上的断乳时期。在这一被称为“暴风疾雨”的人生阶段，他们将逐步摆脱家庭的影响，为以后脱离家庭踏入社会做准备，为了获得更好的社会接纳做大量练习。这一时期，青少年社会化进程相对突出起来。

一、社会性及社会性发展

社会性是作为社会成员的个体为适应社会生活所表现出的心理和行为特征，即人们为了适应社会生活所形成的行为方式，如对传统价值观的接受，对社会伦理道德的遵从，对文化习俗的尊重以及对各种社会关系的处理。朱智贤认为，“社会化是个体掌握和积极再现社会经验、社会联系以及社会关系系统的过程”。林崇德指出：“所谓社会化就是个体在与社会环境相互作用中获得他所处的社会的各种行为规范、价值观念和知识技能，成为独立的社会成员并逐步适应社会的过程。”

社会性发展（social development），也称儿童的社会化，是指儿童从一个自然人到逐渐掌握社会的道德行为规范与社会行为技能，成长为一个社会人，逐渐步入社会的过程。它是在个体与社会群体、儿童集体以及同伴的相互作用和相互影响的过程中实现的。社会性发展体现为个体能适应周围的社会环境，建立良好的人际关系，在自我完善过程中影响和改造周围环境的社会关系及社会适应。社会性发展包括自我意识、气质、同伴关系、社会认识、社会性情绪、向社会行为、社会技能、道德行为与道德体验、自我控制能力、攻击性、独立性、亲子关系等方面。社会性可以说是一种静态形式，而社会性发展则是动态的过程，是一种逐渐建构的过程。

二、青少年社会性发展的内容

（一）道德发展

1. 道德发展阶段理论

科尔伯格（L. Kohlberg）继皮亚杰之后，从认知发展角度提出了道德推理发展的系统理论。他采用开放式的两难故事法进行研究，将道德发展划分为三个水平，即前习俗水平、习俗水平和后习俗水平，每个水平又划分了两个阶段。科尔伯格认为道德发展的阶段具有四个基本特征，即结构的差异性、不变的顺序性、结构的整体性和层级的整合性。他认为道德判断的发展是与特定的年龄发展阶段相联系的，而且道德发展阶段是交叉的，即在某一年龄阶段通常会并存几个道德推理的发展阶段。特别是当个体开始越来越能够考虑其他人的观点甚于自己的观点时，他的道德推理就从前习俗水平（即对个人幸福的自我中心的关注）发展到习俗水平（即对其他人，包括父母、朋友、自己个人社交圈中的其他人观点的考虑），直到最后达到了后习俗水平（即协调多种观点以及根据所有人的观点来决定什么是对的能力）（Sigelman & Rider，2003）。

不同文化群体的道德判断发展趋势是一致的，即10岁时以前习俗水平为主，到16岁时习俗水平占优势，这时的道德判断发展主要表现为较低的道德阶段比例随年龄增长而降低，较高的道德阶段比例则随年龄增长而上升，道德发展具有固定不变的顺序。

2. 青少年的道德发展

青春期的道德判断主要以第二阶段和第三阶段为主，即天真的利己主义和“好孩子”的定向。在道德发展的第二阶段，遵守规则的个体是为了得到奖赏和满足个人的需要。虽然对于他人的观点有一些考虑，但是归根结底还是受得到回报愿望的驱使。到了道德发展的第三阶段，所谓的正确就是取悦、帮助，或者说得到他人的认同，主要是根据人们的意图来判断其行为的好坏。青春期的个体大约有80%的人处于这两个阶段（Sprinthall & Collin，1995）。这时自我物质利益还决定着他们的价值选择的大多数方面，但与10岁儿童相比，他们的前习俗水平的道德判断有所下降，第三阶段道德判断将起主要作用。青少年处理问题时多考虑人际期望、人际关系，缺乏应对关于自己及道德规范的重大问题的能力，容易受外界刺激的影响。到青年初期，第三阶段的道德判断逐渐占据优势。在这一时期，处于第二阶段道德判断的人数迅速下降，同时也出现了第四阶段的道德判断，即“维护权威和秩序的道德观”。在第四阶段的道德判断中，所谓的正确就是遵从合法的权威提供的规则，而遵守规则的原因是为了保持一个值得维持的社会规则和法律的信念。处于第三阶段的个体进行道德推理主要参照社会群体，其思维受到他人支配；到了第四阶段时，个体思维就受到内部支配，具有理性思考的能力。青年期，处于第四阶段的人数明显增加，对社会责任以及社会秩序的维持等在道德判断中所占的比例也更多。

总之，青少年期道德推理的发展趋势是从前习俗思维向更为习俗化的推理水平转变。在这个阶段，大多数个体似乎不断超越对外部奖励与惩罚的考虑，开始对父母与权威人物提供的道德标准表示出一种真正的关注，对确保人类关系和谐与公平的法律作出了认真的思考，同时也成为法律的维持者。一些青少年也开始把道德视为他们身份特征的一个重要部分，他们也希望自己成为一个诚实、公正以及关心他人的人（Damon & Hart，1988，1992）。后习俗推理直到成年期才开始表现出来。

由于青少年所面对的社会环境的复杂性，他们要逐渐形成对家庭、同伴和更广泛的社会（如学校系统等）中不同的道德规范和要求的认识。考虑到他们所面对的不同对象和所处的多重环境的影响（Hart & Carlo，2005），青少年道德发展的模式会呈现出一定的个体差异。

（二）人际交往

1. 同伴关系

在和同伴的关系上，青少年和童年期的儿童有明显的不同，主要表现在以下几个方面。

（1）逐渐克服了团伙的交往方式。

童年期的儿童在结交朋友方面最明显的特点是团伙现象，表现为六七个儿童经常在一起交往和游戏。在这种交往中，他们感到了身心自由和愉快。因此，就交友的方式来说，小学时代是团伙的时代。到了小学高年级，这种交友的团伙形式就已发展到了顶点，然后就趋于解体，被新的交往形式所取代。

进入青春期后，青少年显著地表现出许多心理上的不安和焦躁。他们需要有一个能倾诉烦恼、交流思想并能保守秘密的地方，而交友的团伙形式是不具备这种功能的。因此，青少年交友的范围随年龄增长而逐渐缩小。一项研究（Hartup & Stevens，1999）显示，从青春期到成年早期，拥有最好朋友的数量从4～6个逐渐减少到1～2个。他们选择朋友的标准主要包括以下几个方面：有共同的志趣和追求、有共同的苦闷和烦恼、性格相近、在许多方面能相互理解等（Buhrmester，1996）。青少年好友一般为相同的性别，这一阶段朋友之间的关系也是十分密切的，所建立起的友谊相对稳定和持久。

（2）朋友关系在青少年生活中日益重要。

不同年龄阶段的个体，建立人际关系的场所不尽相同，感情所指向的对象也有区别。

幼儿主要与家庭中的各个成员构成一种心理上的交往关系。小学儿童虽已有了自己所喜爱的同龄朋友，但在感情上仍十分依赖父母。进入青春期后，青少年将感情的重心逐渐转向关系密切的朋友。

青少年对交朋友的意义也有了新的认识。他们认为朋友之间应该能够同甘苦、共患难，能够从对方那里得到支持和帮助。因此，他们对朋友的质量产生了特殊的要求，认为朋友应该坦率、通情达理、关心别人、保守秘密。在青少年的日常交往中，好朋友之间往往彼此公开自己认为最重要、最秘密的事情。这种交流对青少年的心理发展是有积极意义的，能够使他们通过别人更好地认识自己的内心世界，更好地了解自己。这一过程对其自我概念、观点采择和同一性的形成都有积极的作用（Berk，2004）。

观点和行动上的一致也是青少年朋友之间心理接近的重要条件之一。在某些场合下，好朋友之间经常要制定出一个一致的行动方针，若违反了方针，就要受到严厉的谴责。他们认为，能否忠于协议、忠于朋友是衡量友谊的十分重要的尺度。

青少年在交友上存在一个多层次的特点。随着他们志趣和爱好发展得越来越广泛，内心生活越发丰富，就越难在一个朋友身上满足自己各方面的需求。所以，他们可能与某一个朋友的交往只限于某一方面的兴趣，而与另一个朋友的交往又只限于另一方面的兴趣。

青春期早期的青少年朋友之间的友谊比以后各年龄段的朋友之间的友谊更直率，更容易被观察到。男生之间的友情强度较大，而女生之间的友情却表现得更温和、更细腻。

青少年的朋友关系对于其心理发展水平和情绪的稳定性是非常重要的。有了朋友，他们会表现得更热情、积极、富有信心和勇气，各种社会能力发展得也更好。同时也为其日后与他人建立亲密关系提供了基础（Connolly & Goldberg，1999）。

（3）与异性朋友之间的关系。

在幼儿期和童年期，儿童的交往一般是不分性别的，经常是男女儿童在一起游戏，即使有时分出性别，也不是由于性别意识本身造成的，而是由于在兴趣方面存在差异。

进入青春期以后，男女生之间的关系有了新的特点，双方都开始意识到了性别问题，并彼此对对方逐渐产生兴趣。但是，在最初阶段他们对于异性的兴趣是以一种相反的方式予以表达，或在异性面前表露出一种漠不关心的态度，或在言行中表现出对异性的轻视，或以一种不友好的方式攻击对方。总之，从表面上看，他们并不相互接近，而是相互排斥。

逐渐地，男女生之间开始融洽相处。而且，在一些男生和女生心中，会有一位自己所喜爱的异性朋友。研究表明，女生一般对那些举止自然、友好、不粗鲁、有活力的男生更容易产生好感，男生一般对那些仪表好、文雅、活泼的女生易产生好感。但是，男女生一般不将这种情感公开出来，在许多情况下这是一个永久的秘密。因为随着时间的流逝，随着他们各方面的发展与成熟，随着价值观念的不断变化和调整，产生于青春期的这种情感很可能就渐渐地淡化下去，甚至完全消失。

所以，青春期的男女同学之间的爱慕之情是很稚嫩的，缺乏牢固的基础，很少有保持下来并最终发展为爱情和婚姻的。但只要处理得当，控制在合适的程度内，这种感情也有一定的意义。当一个青春期的少年喜欢上一个异性同学时，他自然也希望对方能接受自己，于是就能更加自觉地按照一个好少年的标准尽可能地去完善自己，从而促进各方面的发展。然而，如果这种关系无限度地发展，就会妨碍青少年的正常进步。

2. 与成人的关系

家庭是社会的基本细胞，父母是影响儿童早期成长的重要人物。在童年期之前儿童的眼中，父母的形象至高无上，他们对父母既尊重又信任。进入青春期后，青少年与父母之间的关系发生了微妙的变化。这种变化表现在许多方面：

（1）情感上的脱离。青少年由于在情感上有了其他依恋对象，与父母的情感便不如以前亲密。

（2）行为上的脱离。青少年要求独立的愿望十分强烈，在行为上反对父母对他们的干涉和控制。

（3）观点上的脱离。青少年对于任何事件都喜欢自己进行分析和判断，不愿意接受现成的观念和规范。因此，他们对于以前一贯信奉的父母的许多观点都要重新审视，而审视的结果是与父母意见常常不一致。

（4）父母的榜样作用削弱。随着青少年生活范围的扩大，会有其他成人形象通过各种途径进入他们的心目中，这些人物又都是些近乎达到理想水平的形象，相比之下，父母的形象就黯然失色了。另外，随着青少年思维水平和认识能力的提高，会逐渐发现存在于父母身上的、过去未曾觉察的某些缺点，这也会削弱父母的榜样作用。

3. 与教师的关系

除了与父母的关系产生变化之外，青少年与教师的关系也有了改变。在小学阶段，大部分儿童与教师的关系都是比较友好的，一般来说，小学生们可以接受任何一种类型的教师。青春期的少年不再盲目地接受任何一位教师。他们开始评价教师，而且在每位学生的心目中都有一两位最钦佩的教师。青少年所喜爱的教师一般具有知识渊博、授课水平高、热情和蔼、关心学生成长、有朝气等特点。在青少年的心目中，他们所喜爱的教师几乎能达到十全十美的程度，他们能在行动上对这些教师作出最好的反应。例如，对于他们所喜爱的教师负责的科目，会努力去学习；对于这位教师所提出的各种要求，会十分认真地去执行；对于这位教师提出的各种意见和看法，会毫不怀疑地去接受和吸取等。同样，在青春期少年的心目中，也总有一两位他们最不喜爱的教师。在心理上，他们对于自己所不喜欢的教师的各种意见都持拒绝态度。

第四节　青少年的问题行为

一、问题行为

（一）问题行为的概念

问题行为是青少年发展过程中的一种常见现象，主要是指由心因性和外因性而非内因性（神经心理性）因素引起的适应不良行为。[①] 它主要表现在攻击反抗、违纪越轨、焦虑抑郁、孤僻退缩以及各种身体不适等方面。问题行为往往会阻碍学生智力发展，影响学生身心健康，给家庭、学校、社会带来各种麻烦。自 1928 年开始

① 崔丽霞，雷雳．中学生问题行为群体特征的多视角研究．心理发展与教育，2005（3）：112～120.

研究儿童的问题行为以来，问题行为一直颇受世界各国的关注。国内外的研究均显示，随着社会的发展，儿童青少年的问题行为呈上升趋势。20 世纪 70 年代，国外报道学龄儿童的问题行为检出率为 5% ~15% 。80 年代后，已高达 10% ~20% 。90 年代初，美国流行病学调查显示，中学生曾饮酒的占 89. 2% ，曾吸烟的占 67% ，吸食大麻的占 45% 。我国一项对 22 个省市的调查发现，儿童青少年问题行为的检出率为 12. 97% ，在学习适应、情绪稳定和人际关系方面的问题尤为突出。之后的一些相关研究也显示，问题行为发生率呈不断上升的趋势。

（二）问题行为的类型

儿童和青少年的问题行为有多种类型，美国研究者威克曼（E. K. Wickman）曾在 20 世纪 20 年代把问题行为分为扰乱性的（如破坏课堂纪律、不遵守纪律、不道德等）和心理性的（如退缩、忧郁、神经过敏等）两类。日本的古泽赖雄在 20 世纪 70 年代把问题行为分为五类：神经性、人格性、智力性、精神病性和社会性。目前，国内学界一般将问题行为分为：成瘾行为、内部失调和外部失调等方面。成瘾行为主要涉及吸烟成瘾、游戏成瘾和网络成瘾等；内部失调主要是指向个体内部的问题，具体表现为认知或情绪上的烦恼、压力，如抑郁、焦虑、青春期精神分裂、自杀倾向等；外部失调主要是指向外部的问题，表现在行为方面如反社会行为、青少年犯罪等。

1. 成瘾行为

进入青春期后，青少年与社会的接触更广泛，也会更容易受到社会不良因素的影响。成瘾概念最早来源于临床医学中病人对药物的依赖现象。目前，青少年群体中较为常见的成瘾现象主要有吸烟和饮酒成瘾、网络成瘾等。

（1）吸烟成瘾。

吸烟行为在青少年中非常普遍。据统计，目前我国 9 ~ 12 岁小学生中有 10% ~15% 的人吸烟；12 ~15 岁的初、高中生有 35% 以上的人吸烟；16 岁以上的高中生、大学生吸烟者则占到了被调查者的 75% 。青少年初次吸烟的年龄也有逐年降低的趋势。

在我国，目前青少年吸烟状况主要表现出三个突出特点：第一，男生吸烟的比例较高。在男生中，初一年级学生吸烟比例约 25% ，高一年级学生吸烟比例超过 33% ，在一些职业技术学校及工读学校的比例能达到 60% ，甚至更高。第二，少数女学生也吸烟，而且女学生抽烟人数有上升的趋势。第三，开始吸烟的年龄变小。在吸烟的青少年中，很多人在小学期间就已经开始吸烟。

从我国情况来看，影响青少年吸烟行为的主要因素有下列四个方面：第一，我国社会吸烟的风气很严重，各种公共场合和日常生活中都离不开烟，对青少年吸烟行为起着潜移默化的影响。第二，家庭中父母及兄弟姐妹的吸烟行为和态度会起到强化及示范作用，家庭中父母的监控不当和亲子关系不良与吸烟行为有关，家庭的社会生活背景也有一定的影响作用。第三，同伴群体在青少年发展中具有成年人无法替代的作用，其所属群体对吸烟的态度和团体的性质等都会影响青少年吸烟与否及吸烟的多少。第四，心理上的自我满足。中学生正处于青春期，心理上有较大的变化，容易对吸烟产生好奇心，这种独立意识和成人感的需要，使中学生容易沾上吸烟行为。

（2）网络成瘾。

随着互联网的不断发展，网络走进了千家万户，网络成瘾问题也逐渐引起了社会的关注。在我国，青少年在网络活动的人群中占据主要位置，而网络成瘾的发病年龄为 15 ~40 岁，青少年为高发人群。

网络成瘾（internet addiction disorder，简称 IAD），又称为网络性心理障碍或网络依赖等。目前对网络成瘾还没有一致的定义，有研究者将其定义为无成瘾物质作用下的上网行为冲动失控，表现为由于过度使用互联网而导致个体明显的社会心理功能损害。网络成瘾的人主要表现为一种不自主的强迫性网络使用行为和在网络使用过程中不能有效控制时间，并且随着网上活动带来的满足感的强化，使用者出现难以自拔的现象。在初期，网络成瘾者会出现精神依赖，渴望上网，如果不能如愿就会产生极度的不适应感，情绪低落、烦躁不安、焦虑、抑郁等；随后就会发展为躯体的依赖，表现为头昏眼花、双手颤抖、疲乏无力、食欲不振等症状，最终导致学习、生活等方面受到严重影响。网络成瘾会造成青少年心理、生理和社会生活方面的不良后果。它会占据成瘾者几乎所有的时间和注意力，使其自我控制能力和认知能力下降，出现严重的动机冲突和情绪困扰，如抑郁、焦虑、对现实生活失去兴趣、参与集体活动的动力减弱。

研究者对导致青少年网络成瘾的原因进行分析，发现主要有以下几个方面：第一，网络本身的特征。网络本身具有的匿名性、时间快、范围广、自由度高等特点，可以使人际交流具有很大的吸引性，同时可以不受现实生活交流方式的限制。第二，人格特征。那些具有高焦虑、低自尊、抑郁倾向、自我控制能力差等人格特征的青少年更容易网络成瘾。第三，家庭和学校环境。家庭和学习的压力会导致青少年产生情绪、认知、人际关系等方面的失调，因此，他们就会借助网络来舒缓压力，逃避现实中遇到的困难。

2. 内部失调

青春期会引起一系列生理和心理上的变化以及对社会生活的不适应，青少年会产生困扰、绝望、悲观等消极的情绪，因此极易产生内部心理问题，如抑郁、焦虑、青春期精神分裂和自杀倾向等。

（1）焦虑和抑郁。

抑郁常用来描述一种普遍的悲伤、痛苦或失望的情绪状态，是青少年较为普遍的心理困扰。抑郁一般会表现在情绪、认知和行为上。情绪上的主要症状有压抑、沮丧、对各类活动都不感兴趣，在认知上表现为注意力不集中、记忆衰退、犹豫不决等，还会出现厌食、失眠和精力不旺盛等症状。

造成青少年抑郁的原因有很多，除了遗传和生物学的因素外，主要有两个因素的影响：一个因素是创伤性应激事件和持续积累的不良体验；另一个因素是个人的认知特征。对青少年来说，家庭中的家庭环境气氛、父母教养方式、亲子关系等，以及学校中的师生关系、同伴关系、学业成绩等都可能构成威胁青少年的生活应激事件，从而导致青少年的抑郁。在对青少年人群的研究中，抑郁主要与学业能力和社会能力两个领域相关。在学业领域中，教师、父母、同伴对学业能力的评价与抑郁之间存在显著的相关，有抑郁情绪的青少年同双亲具有较少的亲密度、社会支持，并且比他们的同伴表现出较低的自尊。而个人认知特征能够影响个体对消极事件的解释，这就是为什么同样遭遇不幸的人有的就不会患上抑郁症。研究显示，青少年的自我认知与抑郁有关，自责和受别人责备后的自我认知方式与抑郁之间有显著相关，同时还发现，青少年抑郁与认知、自责、反思、积极的自我评价等有高度的相关关系。

焦虑比抑郁在青少年中表现得更为普遍。焦虑的主要来源中，与学校有关的项目占到了2/3。将近半数的学生对大量家庭作业感到焦虑，一半左右的焦虑与离校以后的就业有关。青少年的抑郁与持续的焦虑，若不加以治疗则会对成年后的工作、家庭和社会生活产生持续的不良影响。但是，由于人们通常认为青少年，尤其是青春期的少年正处于情绪暴躁和忧郁并存的时期，许多人认为抑郁只是青少年必须经历的一个阶段，这导致家长和教师很少注意到青少年的抑郁症状，有70%～80%患抑郁症的青少年没有得到任何的治疗。

（2）青春期精神分裂症。

从15岁开始，青春期精神分裂症发病率明显增多，到青年期达到高峰。青春期精神分裂症的症状很明显，主要表现为思维紊乱，扭曲现实或脱离与现实的联系，不能控制情绪以及人格混乱等。在真正患病前，常表现出先兆，如社会行为退缩、交往困难、敏感固执、戒心过多以及缺乏幽默感等。青春期精神分裂症出现的原因主要是遗传因素所致。研究表明，同卵双生子均发此病的比例为50%，异卵双生子均发此病的比例为12%，兄弟姐妹同时发病的概率就更低了。但这种遗传因素之所以到青春期才产生效应，是由青春期个体所具有的特殊身心特点所决定的。这一年龄阶段的个体最易感受到压抑、挫折和焦虑，而消极情绪的长期积累则是导致精神分裂症的重要原因。青春期精神分裂症的另一个重要特征是，患者常有对性的妄想，这与青春期性机能的迅速发展有密切关系。

（3）自杀倾向。

自杀的倾向和行为在童年期以前极为少见，从青春期开始直至青年期呈直线上升趋势。美国的统计数字显示，在15～19岁青少年死亡的原因中，自杀是排在事故、癌症、其他疾病、被杀之后的第五个原因。《中国的自杀现状：1995—1999年》中的研究结果表明，估计中国平均年自杀率为23人/10万，每年自杀死亡人数为

28.7 万。目前，我国已属于世界上高自杀率国家之一。据调查显示，自杀排在我国人群非正常死亡原因的第五位。青少年自杀的具体原因很多，如怀孕、学业失败、与父母发生冲突、被同伴拒绝、被社会排斥、违法犯罪后的恐惧，也有人是出于浪漫的想法。但不论具体情况如何，一个根本的原因就在于青少年期需要面对的困难和烦恼突然增多，如果得不到及时解决就会积累起来而导致心理崩溃，最终导致采用自杀的方式来解脱。

3. 外部失调

外部失调将导致反社会行为和青少年犯罪。心理学家和社会学家对青少年的反社会行为的界定意见并不统一，但一致的观点是青少年的违法行为要比其他年龄阶段更普遍。许多调查材料表明，这几年我国的青少年犯罪主要表现出下列特点：①青少年犯罪在整个刑事案犯中所占的比例越来越大，青少年犯罪年增长率超过5%；②犯罪年龄呈下降趋势，且团伙性犯罪居多；③闲散青少年等群体违法犯罪凸显；④家庭问题和失学、辍学问题对青少年违法犯罪的影响明显；⑤因非法网吧、毒品等不良因素导致的青少年违法犯罪呈上升趋势。

总之，大量的研究表明，青少年的反社会行为从青少年早期就开始逐级增长，严重的暴力犯罪和财物犯罪在青春期都有所增长，到青少年中晚期一直保持在较高的水平，到了成年早期才有少许下降。在反社会行为和犯罪行为中，男孩的比例要明显高于女孩。男孩比女孩更具有攻击性，更容易卷入反社会的活动中。

二、青少年问题行为的成因

问题行为的成因极其复杂，它既受社会环境和学校教育条件影响，也与儿童青少年身心发展水平有关，是生理、心理等内在因素与环境、教育等外在因素相互作用的结果。引起中学生问题行为的外在因素，包括家庭因素、学校因素、同伴因素和社会文化因素等。

（一）内部因素

内部因素主要表现在青少年个体自身的因素上。青少年时期的个体集众多矛盾于一身，主要表现为既渴望摆脱束缚，但又受到能力的限制；既想得到他人的认同，但自我中心意识又太强；既想张扬个性，但又比较偏激。再加之，这一时期心理发育还不成熟，情绪不稳定，逆反心理强，自尊心强，分辨是非能力较差，自我控制能力和心理承受力都较弱，这些特点很容易激化矛盾，使青少年无所适从。如果得不到正确的引导，青少年就会走上歧途，甚至违法犯罪。

（二）外部因素

1. 家庭因素

导致青少年问题行为的不良家庭因素有三个方面：

（1）家庭破裂。研究显示，父母离异家庭子女犯罪率是健全家庭的4.2倍。

（2）父母素质偏低，亲子沟通不足。

（3）家庭教育观念偏差，教育方式方法不对，问题青少年的父母更可能使用体罚式的管教方式。

2. 同伴因素

在青少年时期，同伴逐渐取代父母的影响，成为青少年问题行为产生的重要影响因素。许多青少年问题行为都是在群体压力的情景下产生的。同伴团体等亚文化群体对青少年的交往也有重大影响，有些群体会鼓励攻击行为甚至犯罪行为的发生。问题行为少年中的多数会被同龄群体排斥。一项研究调查显示，对于那些仅仅是学习跟不上的同学，13%的同学希望他们离开班级；对于那些由于不良行为受到学校处分的同学，将近50%的同学认为他们应该离开班级；而对于有严重不良行为，受到公安机关处置的同学，来自同龄群体的排斥更加强烈，只有25%的同学愿意他们留在原来的班级。

3. 学校因素

当个体入学后，学校因素就成为影响学生问题行为尤其是课堂问题行为的主要因素。一项研究表明，课堂管理无序化、师生关系不和谐、教学方法不得当以及教师随意给学生贴上带有导向性的“标签”都会导致学生课堂问题行为。

4. 社会因素

社会生活中各种消极因素的影响（如不良的社会风气、不健康的传媒作用等）都能引起学生的不良行为。一项纵向研究表明，早期有同伴关系问题的儿童18岁以后，在择友不当以及出现物质滥用、犯罪等问题行为的概率要远远高于那些早期无同伴关系问题的儿童，这反映了儿童问题行为的潜在性和持续危害性的特点。另一项跨文化比较研究表明，青少年的情绪问题与文化背景有关，形成一种平等、相互尊重、宽容、和谐的文化观念和氛围对青少年的健康成长尤其重要。

三、青少年问题行为的干预

青少年时期易发、多发问题行为，且这些问题行为会给家庭和社会带来种种不良后果，但由于青少年的认识有很大的潜在性和可塑性，应该采用合理可行的方法对其干预，从而减低问题行为的发生率。一项干预研究表明，对那些表现为攻击性或退缩性的青少年进行社会技能训练和问题解决能力的训练后，可减少青少年的问题行为，增强其社会技能；早期对青少年的干预有利于降低后期问题行为发生的危险性。目前，对青少年问题行为的干预方法主要是综合干预，包括家庭干预、学校干预、社会干预、个别心理辅导等。

（一）家庭干预

研究表明家庭因素是导致青少年问题行为的主要危险因素，因此，家庭治疗是治疗青少年心理卫生问题的基本途径之一。家庭干预采取的措施是给家长提供心理咨询和干预治疗，使家长改变原有的教养方式，可改善青少年某些方面的心理问题，对问题行为有着很好的效果。

（二）学校干预

学校的心理卫生工作直接影响学生的心理健康，加强学校对学生心理状况的监测可以有效降低问题行为的发生率。学校干预可以依据行为科学，采用正向行为支持的干预方法，即面向学校的全体学生，创建良好的学校环境以减少问题行为的发生，通过对学生的直接观察制定针对性较强的干预策略，进而有效降低问题行为发生率。该程序强调在制定干预策略前，先对学生进行综合评估，通过改变环境来排除产生问题行为的诱因，帮助学生学习新的社会交往技能，鼓励学生发展更多社会所接受的行为。

（三）社会干预

研究表明，社会技能训练是改善青少年问题行为的有效干预方法。训练方法多种多样，可采取个人演讲、角色扮演、优点陈述等方式。社会技能训练的目的是增强问题行为青少年的社会交往能力，使他们改善与同伴及成年人之间的关系。社会技能包括基本社会技能（如倾听、咨询问题等）、高级社会技能（如寻求帮助、团体合作）、处理情感技能（如多与父母交流情感、表达情感）等。

思考题

一、选择题

1. 进入青春期的主要标志是（　　）。

A. 第二性征的出现　　B. 性意识的萌芽

C. 性的成熟　　D. 性激素的增加

2. （　　）指个体形成的对自己身体的心理图画，包括了对身体生理心理功能的认知、态度（如情感、评价）以及对行为的影响。

A. 社会适应　　B. 身体映像　　C. 工作记忆　　D. 思维概括性

3. （　　）是关于个人自己认知过程的知识和调节这些过程的能力，对思维和学习活动的知识和控制。

A. 策略　　B. 自我中心思维　　C. 元认知　　D. 认知

4. (　　) 是指儿童从一个自然人到逐渐掌握社会的道德行为规范与社会行为技能，成长为一个社会人，逐渐步入社会的过程。

A. 认知发展　　B. 社会性发展　　C. 情绪发展　　D. 道德发展

5. (　　) 是青少年发展过程中的一种常见现象，主要是由心因性和外因性而非内因性（神经心理性）因素引起的适应不良行为。

A. 问题行为　　B. 道德行为　　C. 情感行为　　D. 意志

6. (　　) 从认知发展角度提出了道德推理发展的系统理论。他采用开放式的两难故事法进行研究，将道德发展划分为三个水平，即前习俗水平、习俗水平和后习俗水平。

A. 科尔伯格　　B. 皮亚杰　　C. 艾里克森　　D. 班杜拉

7. 在青少年时期，(　　) 成为青少年问题行为产生的重要影响因素。

A. 家庭因素　　B. 学校因素　　C. 同伴因素　　D. 社会因素

二、问答题

1. 简述青少年心理上成人感与幼稚性的矛盾。
2. 什么是身体映像？青少年身体映像的影响因素有哪些？
3. 什么是元认知？
4. 简述影响青少年学习成绩的主要因素。
5. 什么是社会性？什么是社会性发展？
6. 什么是问题行为？问题行为的主要类型有哪些？
7. 青少年问题行为的主要成因有哪些？

第九章 学习心理

本章要点

●学习概述

○学习定义

●学习迁移

○迁移的定义及意义

○迁移的分类

○迁移理论

●学习策略

○学习策略的定义

○认知策略的应用与理解

○元认知策略的应用与理解

●学习的个体差异

○智力差异

○认知方式差异

"善学者，师逸而功倍，又从而庸之；不善学者，师勤而功半，又从而怨之。"

——《礼记·学记》

第一节 学习概述

古往今来，人们对"学习"一词的概念各有不同的说法。我国古代著名的思想家、教育家孔子就曾说过："学而时习之，不亦说乎？"到了近现代，有更多的学者试图对"学习"进行定义。然而，无论是学习主体还是学习对象或学习结果，情况都非常复杂，难以给出明确的定义。

"学习"这个术语，人们都很熟悉且经常使用。但在心理学中，却代表了一个很复杂的概念。它在不同层面上具有不同的内涵，人们对它的定义至今未有一致的看法。

一、广义的学习

广义的学习概念，既包括人类学习，也包括动物学习。广义学习（learning）是指个体在活动中通过经验引起的行为或心理的相对持久变化的过程。

这一广义的学习概念中包含了四个方面的含义：

第一，学习必须使个体自身产生外在行为或心理方面的某种变化，并且是指引起这种变化的活动过程，而不是指变化所获得的结果。

第二，这种变化不是由于个体发育成熟、本能表现、疲劳、药物等所导致的，而是由经验引起的，这种经验即是人通过实践活动反映客观现实的过程，体现了个体与环境的交互作用。

第三，这种变化不是暂时的，而是相对持久地保持着的。

第四，这种变化可以是外显的，表现为行为上的变化，但也可以是内隐的，表现为心理上的变化，即认知性（cognitive）变化和情感性（affective）变化，如认知结构上的变化、能力上的变化或好恶倾向的变化等。

二、狭义的学习

狭义的学习仅指学生的学习。学生的学习不同于一般的人类学习，其特征如下：

第一，学生的学习是在学校这样一个特定的环境中的一种有目的、有计划、有组织的学习，一般是在教师的指引下，在规定的时间内按规定的要求进行的，因而十分强调其过程的目的性、有效性和高效率。

第二，学生的学习是以学生掌握间接经验为主要任务的，以便能在较短的时间内接受人类社会历史经验，虽然学校或教师也组织学生参加一定的实践活动，以取得一定的直接经验，但毕竟是辅助性的、验证性的，或是练习性的。

第三，学生在学习过程中所发生的行为或心理上的变化，不同时代、不同社会有不同内涵上的导向，虽都能归结为认知性的、情感性的和动作性的三个方面，但侧重点有所不同，只有一点是肯定的，即学习不仅是文化知识的习得，还十分强调思想品德和行为习惯的改变。

通常所说的学习主要是指这种狭义的学习，其定义可以概括为：学生在教育活动中通过经验引起的、符合教育目的的行为或心理的相对持久的变化的过程。①

---

① 卢家楣．学习心理与教学．上海：上海教育出版社，2009．1～3．

第二节 学习迁移

一、迁移的定义及意义

（一）迁移的定义

学习是一个连续的过程，任何学习都是在学习者已经具有的知识经验和认知结构、已经获得的动作技能、已经习得的态度等基础上进行的，而新的学习过程及其结果又会对学习者的原有知识经验、技能和态度甚至学习策略等产生影响，这种新旧学习之间的相互影响就是学习的迁移。简单地说，迁移就是一种学习对另一种学习的影响。另外，利用所学的技能、知识等去解决问题的过程也是一种迁移的过程。

迁移现象在我们日常生活中是普遍存在的。例如，会拉二胡的人，学拉小提琴也比较容易；学好乘法运算，反过来有助于更加熟练地掌握加法运算。

关于迁移现象，古代人们就已注意到。例如，我国古代思想家、教育家孔子曾说："举一隅不以三隅反，则不复也。"他还要求学生"由此以知彼"。举一反三、由此知彼就是学习中的迁移现象。

美国心理学家詹姆士是第一个做迁移实验的人。1890 年，詹姆士和他的四个学生以自己为被试，利用两份难易度和分量相仿的材料，来考察前一种材料的学习是否影响对后一种材料的学习。虽然他们的研究结果因被试人数太少而带有偶然性，但此实验开创了迁移研究的先河。

（二）迁移的意义

（1）迁移与培养学生解决问题能力和创造性密切相关。解决问题就是运用已有的知识经验对面临的问题情境进行分析以发现问题的起始状态和结果之间的联系的过程，问题解决过程中的一个关键就是通过对当前问题的合理表征，将这种生成的问题表征与已有的知识经验中的问题类型进行类比（也就是问题间的类化），然后将已有的知识经验具体运用到当前的问题情境中，这种问题的类化和已有知识经验的具体化的过程也就是迁移的过程。因此，学生解决问题的能力及其创造性与已有技能和知识的积极迁移是密切相关的。学生迁移能力的提高会增强其解决问题的能力和创造性。

（2）认清迁移的实质和规律对教材的选择与编写、教学方法的选择以及教学过程的组织都有重要的实践意义和理论意义。而且，充分认识迁移发生的规律，也有助于教师把教学实践中积累的教学经验迁移到新的教学中去。

二、迁移的分类

（一）按迁移的性质，分为正迁移和负迁移

正迁移（positive transfer）是指一种学习对另一种学习起促进作用。正迁移常常在两种学习内容相似、过程相同或使用同一原理时发生。例如，方程式知识的学习有助于不等式知识的学习，数学学习促进理化学习等。

负迁移（negative transfer）是指一种学习对另一种学习起干扰或抑制作用。负迁移常在两种学习既相似又不相似的情境下，由学生认知混淆而产生。发生这种迁移，会使另一种学习更加困难，错误增加。例如，学会汉语拼音对学习英文国际音标的干扰现象，语文学习不能区分一字多义、一字多音，在数学负数运算时错误使用正数的规则等。

需要指出，一种学习对另一种学习的影响，并非只有单纯的正迁移或负迁移。有时两种学习间可能是正迁移，而有时又可能是负迁移。有时负迁移是暂时的，但必须通过练习，消极影响才能得以减少或克服，正迁移的积极作用才能得以充分发挥。

（二）按迁移的内容，分为认知迁移、态度迁移和技能迁移

认知迁移（cognitive transfer）是指在人脑的知识结构中发生的迁移。每个学生的认知结构各有特点，当学生原有认知结构与新的情境发生作用时，有时原有认知结构影响新问题的解决，有时原有认知结构自身发生改变。例如，平面几何知识较好的学生，与有关知识贫乏的学生相比，他们学习立体几何的成绩会更好。

态度迁移（attitude transfer）是指一种态度对另一种态度的影响。态度迁移在日常生活中也是普遍存在的。例如，一个不喜欢某数学老师的学生，在多次得到该老师无微不至的关心和帮助之后，态度发生改变，不仅对数学老师产生好感，还喜欢上数学这门学科。

技能迁移（skill transfer）可分为认知技能的迁移和动作技能的迁移。认知技能是一种认知性的内隐操作过程，而动作技能则是一种肌肉性的外显操作过程。例如，一个掌握了因式分解技巧的学生，解任何因式分解题都显得游刃有余，属于认知技能的迁移；而棒球选手打高尔夫球也会打出高水平则属于动作技能的迁移。

（三）按迁移的方向，分为顺向迁移和逆向迁移

先学习对后学习产生的影响称为顺向迁移（natural transfer），后学习对先学习产生的影响称为逆向迁移（contrary transfer）。例如，学会骑自行车，更容易学会骑摩托车，属于顺向迁移；而学生掌握英语语法之后，又可能反过来对掌握汉语语法

起干扰作用，这则属于逆向迁移。无论是顺向迁移还是逆向迁移，其影响都有量的大小之分，正负迁移之别。

（四）从迁移发生的方式上看，分为特殊迁移和非特殊迁移

特殊迁移（special transfer）是某一领域或课题的学习直接对学习另一领域或课题所产生的影响。非特殊迁移（nonspecial transfer）则是指迁移产生的原因还不明确，既可能是原理原则的迁移也可能是态度的迁移。这样产生的迁移可能是由动机、注意等因素引起的，也可能是由学习的其他准备活动或学习方法、策略引起的。布鲁纳认为一般的技巧、策略和方法有广泛迁移的可能性；他十分重视非特殊迁移的重要性。

三、迁移理论

（一）早期的迁移理论

1. 形式训练说

形式训练说是一种早期的学习迁移理论。该理论主张迁移要经过一个“形式训练”的过程才能产生，并认为通过一定的训练，可以使心的各种官能得到发展，从而转移到其他学习上去。这种理论是以官能心理学为理论基础的。

该理论认为，数学有利于训练推理能力，几何学有助于训练逻辑思维，拉丁语和希腊语对训练记忆力大有好处。所以在学校教育中，传递知识远不如训练官能来得重要。学生在校学习的时间是有限的，而知识浩如烟海，我们不可能把所有的知识都传授给学生。如果学生的官能由于训练而得到发展，那么任何知识都可以随时吸收。所以，掌握知识是次要的，官能的发展才是最重要的。知识的价值在于作为训练官能的材料。形式训练说的倡导者之一洛克曾说：“我只认为研究数学一定会使人心获得推理的方法，当他们有机会时，就会把推理的方法移用到知识的其他部分去……所以，学习数学有无限的用处。”

詹姆士于1890年首先用记忆实验来检验形式训练说的迁移理论，其结论是记忆能力不受训练的影响，记忆的改善不在于记忆能力的改善而在于记忆方法的改善。另外，桑代克的实验发现，训练可以迁移到类似的学习活动中，对不相似的学习活动却无迁移现象，如学习拉丁文能促进对有拉丁字根的英文的学习，却不能促进对有盎格鲁·萨克森字根的英文的学习。其他人的研究结果也显示，对某种材料做的观察、记忆或思维的训练，对于某种特殊材料的感知、记忆或思维有显著的促进，而对于其他的材料则促进甚微，而且对别种材料甚至有负迁移作用。因此，形式训练说所主张的官能可以因训练而得以普遍促进的假设缺乏足够的实验依据和现实依据，其对迁移的解释是从唯心主义的观点出发的。

形式训练理论作为一种学习迁移的学说，渊源于古希腊罗马，形成于 17 世纪，盛兴于 18、19 世纪，但在 20 世纪初以后，不断遭到来自心理学实验结果的驳斥。

2. 相同元素说

这是桑代克于 20 世纪初提出的一种学习迁移说。该学说认为，只有在原先的学习情境与新的学习情境有相同要素时，原先的学习才有可能迁移到新的学习中。而且，迁移的程度取决于这两种情境相同要素的多寡。相同要素越多，迁移的程度越高；相同要素越少，迁移的程度越低。这种理论是桑代克与伍德沃思在 1901 年从事的一项实验研究的基础上提出来的。

在实验中，桑代克训练大学生判断大小和形状不同的纸张的面积。首先，让被试估计 127 张长方形、三角形、圆形和不规则图形的面积。这一事先测验旨在了解被试判断面积的一般能力。然后，让每个被试估计 90 个面积从 10 平方厘米到 100 平方厘米不等的平行四边形的面积。接着，把被试分成两组：第一组被试要求判断 13 个类似于前面训练过的平行四边形的长方形的面积；第二组被试要求判断 27 个三角形、圆形和不规则图形的面积。结果表明：受过平行四边形面积的训练，有助于学生更好地判断长方形的面积，而对估计三角形、圆形和不规则图形的面积没什么帮助。

桑代克的结论是，如果在两种学习情境之间要有任何正迁移的话，那么这两种情境必须是非常相似的。伍德沃斯后来把相同元素说改为共同要素说，也就是说，在两种活动中有共同的成分才能发生迁移。

桑代克的相同元素说在当时的教育界曾起过积极的作用，使学校脱离了那种在形式训练说的影响下不考虑实际生活只注重所谓的形式训练的教学状况，在课程方面开始重视应用学科，教学内容的安排也尽量与将来的实际应用相结合。桑代克的相同元素说也揭示了迁移现象中的一些事实，对迁移理论的研究作出了重大贡献。

但桑代克所提出的相同元素实际是从联结主义的观点出发的，只是指学习内容中元素间一对一的对应，即所谓的共同的刺激和反应的联结。所谓相同元素也就是相同的联结，学习上的迁移只不过是相同联结的转移而已。他还设想这种共同的刺激—反应的联结是“凭借同一脑细胞的作用”而形成的。他把迁移现象都归结于联结的形成，把迁移局限于有相同的 S—R 的联结，而未能充分考虑学习者的内在训练过程，未免失之偏颇。

韦斯曼在 1944 年重新检验了桑代克早年的结论。在一个学年的开始和结束时，他对中学生进行了一系列一般智力和成绩测验。研究结果表明，所学的任何一种学科并不比任何其他学科优越；在所测量的任何一种成绩范围内，智力并没有更多增长。在 20 世纪 60 年代以后，还有人进行了新的研究，仍然证实了桑代克的早期发现。

3. 概括化理论

贾德并未考察刺激—反应之间的关系（相似或相异等），而是以实验研究了原则（principle）和概括性（generality）的迁移，认为在经验中学到的原理原则是迁移发生的主要原因。

学习者在A学习中获得的一般原理原则可以部分或全部地运用到B活动的学习中。

贾德曾做过一个著名的水中打靶实验。他把十一二岁的小学高年级学生分成A、B两组练习水中打靶。对A组被试先教以光在水中的折射原理然后进行练习，B组则只进行练习、尝试，而不教原理。当他们达到相同的训练成绩以后，增加水中目标的深度，结果继续打靶时，学过原理的A组的练习成绩明显优于未学过原理的B组。

贾德认为这是因为学过原理的A组已经把折射原理概括化，从而对不同深度的靶子都能很快作出调整和适应，把原理运用到不同深度的特殊情境中去。贾德认为，理论（指折射原理）曾经把有关的全部经验（水外的、深水的与浅水的经验）组织成为整体的思维体系。他们（被试）知道靶子在水中的移动速度不同，因而遇到第二种深度的水的时候就能有效地应付了。换言之，他们在理论的高度上把握理解了实际情况后就能利用概括了的经验去迅速地解决需要按实际情况作分析和调整的新问题。

（二）20世纪六七十年代的迁移理论

1. 布鲁纳迁移论

布鲁纳认为，学习是类别及其编码系统的形成。人通过将新的信息归入某一类别，然后根据这一类别以及相关的类别作出推理，以此超越所给的信息。这些相关类别的有层次结构的安排就构成了编码系统，在编码系统中，较高级的类别抽象些，较低级的类别具体些。编码系统的这种非具体性对迁移具有重要的作用。正迁移就是把适当的编码系统应用于新的事例；负迁移则是把习得的编码系统错误地应用于新事例。

布鲁纳指出，迁移可分为两类：一类是特殊迁移，这是习惯和联想的延伸，主要是动作技能、机械学习的迁移；另一类是非特殊迁移，即原理和态度的迁移。布鲁纳承认一般的技巧、策略等有广泛迁移的可能性。

在这两类迁移中，布鲁纳强调后者，认为后一类迁移是教育过程的核心。他提出，掌握学科的基本结构和领会基本原理及概念，是通向适当“训练迁移的大道”。从此，认知心理学家就特别强调认知结构与学习和迁移的关系及其影响。

2. 奥苏伯尔迁移论

在奥苏伯尔看来，一切有意义的学习都是在原有学习的基础上产生的。不受原有认知结构影响的有意义学习是不存在的。也就是说，一切有意义的学习必然包括迁移。

在顺向迁移中，迁移是通过认知结构这一中介变量起作用的，先前的学习并不是一组刺激—反应的联结，而是累积获得的、按一定层次组织的、适合当前学习任务的知识体系。在学习先前课题时所得到的经验，并不是直接同后继学习课题的刺激—反应成分发生相互作用，而只是由于它影响原有认知结构的有关特征，从而间接影响新的学习。在有意义学习中，学生原有认知结构的特征始终是影响新的学习与保持的关键因素。这些特征不是指前后两个学习课题在刺激和反应方面的相似程度，而是指学生在一定知识领域内的认知结构的组织特征，如清晰度、稳定性、概括性和包容性等。

在一般的课堂学习中，各个课题的学习并不是孤立存在的。先前学习是后继学习的准备和前提，后继学习是在与先前学习的联系中进行的。在学校学习中，很少有像实验室条件下那样严格意义上的迁移。这里学习迁移所指的范围更广，而且迁移的效果主要不是指运用一般原理于特殊事例的能力（如派生类属学习的能力），而是指提高了相关类属学习、总括学习和并列结合学习的能力。因此，无论在接受学习或问题解决中，只要是已有认知结构影响了新的认知功能，就存在迁移。

奥苏伯尔通过设计组织者，也称“先行组织者”，来改变被试的认知结构变量。所谓的“组织者”（organizer）是指先于学习任务本身呈现的一种引导性材料，它要比原学习任务本身有更高的抽象、概括和包容水平，并且能清晰地与认知结构中原有的观念和新的学习任务关联。设计“组织者”的目的，是为新的学习任务提供观念上的固定点，增加新、旧知识之间的可辨别性，以促进类属性的学习。也就是说，通过呈现“组织者”，给学习者已知的东西与需要知道的东西之间架设一道知识之桥，使学习者更有效地学习新材料。

“组织者”可分为两类：一类是陈述性（expository）“组织者”，它与新的学习产生一种上位关系，目的在于为新的学习提供最适当的类属者；另一类是比较性（comparative）“组织者”，用于比较熟悉的学习材料，目的在于比较新材料与认知结构中相类似的材料，从而增强新旧知识之间的可辨别性。

3. 认知迁移理论

认知迁移理论是由美国学者罗耶提出的。他根据学习和记忆的信息加工理论，提出认知迁移理论具有两个基本假设：第一，人类是以一种系统方式储存和提取信息的；第二，知识结构的“丰富性”并非始终一致。所谓丰富性是指知识结构内各单元（如节点、命题等）之间交互联结的数量。

此外，认知迁移理论还具有一个前提，即领会是学习迁移的必要条件，但不是充分条件。在没有领会的条件下我们虽然也可以习得信息，如机械记忆，然而，我们回忆或使用未被领会的信息的条件是极为有限的。因此，如果要形成学习迁移，领会是必不可少的。

根据这两个假设和一个前提，认知迁移理论认为，迁移的可能性取决于在记忆搜寻过程中遇到相关信息或技能的可能性。这样，教育的问题就成了如何增加学生在面临现实生活问题时提取在课堂中习得的相关材料的可能性的问题。由于提取的可能性与交互联结的数量有关，因此，任何增加交互联结网络的丰富性的教育方法，都将有助于增加迁移的可能性。

（三）20 世纪八九十年代对迁移的研究

1. 关于一般迁移与特殊迁移的新争论

20 世纪 80 年代初，信息技术开始迅速地应用于教育领域，信息技术教学和信息技术应用于教育对学生的学习乃至智力有何影响成为教育工作者及研究人员关注的问题，并引起了一场关于一般迁移与特殊迁移的新争论。

当时对教育影响较大的是麻省理工学院的佩珀特在其名著《智力风暴》一书中介绍了他依据皮亚杰理论所开发的 LOGO 语言。他提出儿童通过学习 LOGO 语言，可以“改变他们学习任何别的东西的方式”。LOGO 语言的教学“除了是可以教学生基本的数学、物理和语言学的概念的有效方法外，还可以是提高儿童思维和发展解决问题技能的一种强有力的手段”。他的观点一发表便在国际上引起巨大的反响，全世界六大洲都有其追随者并且建立了 LOGO 语言教学的国际组织。人们纷纷把 LOGO 语言当做培养思维技能、解决问题能力以及发展创造性的重要手段，进行了多方面的实验并且大加宣传。

在经过数年对程序设计语言教学的综合研究以后，以伯克利加利福尼亚大学的林教授和银行街教育学院的皮教授为代表，对佩珀特的论断提出了质疑，引起了美国教育界的轰动。林的研究指出，从表面上看，程序设计课的特点能改进学生解决问题的能力，但这些能力是否算一般能力，能否迁移到其他领域的学习，却值得怀疑。皮则更加明确地指出，银行街教育学院经过 5 年的关于儿童学习 LOGO 语言的研究，尚未能证明 LOGO 程序设计语言的学习能发展一般的解决问题的能力。只有当教学强调某一方面时，学生在该方面才能有所进步。佩珀特的反对者们还认为，强调程序设计对一般解决问题能力的迁移，犹如官能心理学的翻版，试图通过某一门学科的学习去发展某种高级的心理机能，只是一种空想、一种奇闻，已经研究证明是不可能的。然而，佩珀特的反对者们并没有全部否认程序设计语言学习对认知能力可能产生的影响。林认为，程序设计语言学习可以培养的认知成果可能是一个链，这种认知链有不同的等级。程序设计课所达到的目标可以是链上的不同部位。仅仅通过对一门几十小时的课程的学习是不能达到链的高级部位（即问题解决的一般技能）的，它只能是一个开端，经过一个漫长的过程才能达到培养解决问题的能力的目的。

这一争论归结起来还是一般能力与特殊能力、一般迁移与特殊迁移两者的关系之争。从辩证唯物主义的观点看来，两种观点并不互相排斥。可以认为，佩珀特的问题不在于他强调了 LOGO 语言教学的一般迁移效果，而在于他不适当地夸大了一门学科所能产生的一般迁移。事实上，我们下面所举的安德森等人的研究，恰好说明了在教学中培养一般迁移的可能性。

到了20世纪80年代末90年代初，在认知建构主义学派中，关于一般迁移与特殊迁移问题的争论又以新的形式表现出来。

一些极端的认知建构主义者在主张情境性学习时，夸大其词，认为所有的知识都是对完成任务的特定情境才有用，因此，更一般性的知识是不能迁移到现实世界的情境中的。莱夫所举的典型例子是，某些家庭主妇对超级市场的畅销品价格可以算得非常好，但在解决学校里用纸笔计算的数学问题时就差得多。反之，在学校里可以算得很好，却不能在实际购物时作出正确的计算。其他人的研究也指出，巴西的街头儿童在街头做买卖时可以计算得很好，但不能回答在学校背景中提出的类似的问题。他们由此否定一般迁移的存在，也否定任何形式的抽象和概括，这是片面的，走向了另一个极端。

2. 有关专家—新手解决问题的研究

有关专家—新手解决问题的研究发现，无论是象棋大师还是物理学专家，他们在解决问题时都表现出积极的迁移，即用已有的信息解决问题。他们在解决新问题时共同的特点是：

（1）把新问题划归某一特定的问题类型；

（2）在头脑中形成有关问题的直观表征；

（3）利用自己熟知的解决问题的路线解决。

也就是说，他们用问题图式来解决问题，一旦发现他们对新问题形成的表征与他们长时记忆中的问题图式相符，问题便迎刃而解。而新手则没有或缺乏这种精细的图式，因此，每一个问题对他们来说都是全新的。

这一研究与其他有关迁移的认知解释，如基于问题空间假说的迁移理论等是相符的。

3. 元认知与迁移

近期，人们注意到了元认知与迁移的关系。新近认知心理学对教育教学的研究日益重视元认知在学习中的作用和影响。

弗拉维尔认为，元认知是对认知过程和认知策略的认知；具有元认知能力的学习者能自动地掌握、控制自己的认知过程。在学习及其迁移中元认知有两种：有关自己已有知识经验的思考和有关如何调控自己学习过程的思考。后者又表现为对自己学习过程及其所用策略的反思，对自己学习掌握程度及完成情况的判断和预期等。

可见，具有较好的元认知技能的学习者，在面临一种新的学习情境时，能主动寻求当前情境与已有学习经验的共同要素或联系，使当前的知识与已有的知识形成良好的建构，形成一定的组织，并运用已有的经验对当前的情境进行分析概括，寻求解决问题的策略。

一般地，具有较高元认知水平的人在学习的过程中会就如下问题反躬自问：

（1）有关这个主题我已掌握了哪些知识？

（2）我需要花多长时间去学习这个主题？

（3）一个解决该问题的好的计划是什么？
（4）我如何去预测和评估学习的结果？
（5）我应该如何时时修正我的学习步骤？
（6）如果我出错了，我如何查出来？
（7）我理解我刚刚读过的内容吗？
……

因此，运用元认知技能学习或解决问题的过程就是一种迁移的过程。要提高学生的元认知能力就要为学习的积极迁移创造条件，而元认知能力的提高又反过来会促进积极迁移的发生。

4. 基于问题空间假说的迁移理论

根据问题空间假说，迁移的认知理论强调两个方面：一是问题空间，二是解决问题的程序或技能。在问题空间方面，认为迁移是通过问题空间的类比实现的，即通过将已掌握的问题空间与新问题的问题空间相匹配，将原问题空间中的算子、关系或路径等匹配或迁移到未知的目标系统中相应的算子、关系或路径上。但许多研究表明，对于简单的迁移任务而言，类比能很好地发挥作用；当新的情境比较复杂时，类比常常不能奏效。因此，用类比来说明所有的迁移，是值得思考的。

在认知技能方面，人们关心如何在新的问题情境中使用已经习得的技能。安德森的研究表明，两种任务之间的迁移随其共有的认知要素的程度而变化。其实此观点就是桑代克相同要素说的发展。①

四、学习迁移与教学

（一）注重学科横向联系

注意把各独立的教学内容整合起来，即要注意各门学科的横向联系。教师应该鼓励学生把在某一门学科中学到的知识运用到其他学科中，例如，要学生关注历史与地理、几何与三角、化学与生物、数学与物理学等学科之间的关系。若有必要，教师可作这方面的示范。这就是加涅所说的横向迁移。

（二）强调知识间的联系

强调简单的知识技能与复杂的知识技能、新旧知识技能之间的联系。教师要促使学生把已学过的内容迁移到新的学习内容上去。教师通过提问或简单的提示，有利于学生利用已有知识，从而比较容易学习新的、比较复杂的内容。这就是所谓的纵向迁移。

---

① 陈琦，刘儒德．当代教育心理学．北京：北京师范大学出版社，2007. 350.

（三）注重教师引导

教师一方面在教学中注意引导学生自己总结出概括化的原理，培养和提高其概括总结的能力，充分利用原理、原则的迁移；另一方面，在讲解原理、原则时，要列举最大范围的例子，枚举各种变式，使学生正确把握其内涵和外延；同时，应结合原理、原则的具体运用情境进行讲解和学习，使学生能脱离学习原理、原则的背景把握其实质，并能在遇到该原理、原则适用的背景时，准确地运用原理、原则去学习新知识或解决新问题，即达到对原理、原则的去背景化，以防止学生对某一原理、原则的理解和运用仅局限于习得该原理及原则时的情境的情况。

在允许的情况下，尽量让学生在真实情境中去观察、实践原理与原则的应用，如亲自动手操作的教学实验、实习、见习等；条件不允许或无法亲自观察实践的，教师也应利用直观教具或生动的教学语言、计算机模拟等手段，让学生尽可能地增加感性认识。在这方面，计算机及其附属设备所提供的虚拟现实环境具有较大优势。总之，要将所学与所用的情境联系起来。

（四）注重学生认知与元认知策略

布朗等人在阅读理解的实验中，用矫正性反馈训练法教给学生元认知策略，结果不仅使学生对阅读理解问题正确反应的比例明显提高，而且使其学到的元认知策略迁移到了他们的常规课堂的其他学习中。可以说，认知策略和元认知策略是可教的，教师在教学中有意识地教学生一些认知策略和元认知策略将有助于学生学会如何学习，从而促进学习的迁移。

（五）重视对学生的激励

注意对学生的评论，当学生用其他学科的知识来解决某一学科的问题时，应予以鼓励。如果教师对学生说：“我都被搞糊涂了，我们在讲历史知识，而你却在谈论地理知识。”那肯定会在学生中产生负迁移的效果。

（六）激发学生积极的态度

除了结合学生年龄特点，创设、改造学校的环境和气氛，增加学校对学生的吸引力外，教师还可以通过反馈及归因控制等方式使学生形成关于学习和学校的积极态度。在每次学习前，也应注意帮助学生形成良好的心理准备状态，避免不良情绪、反应定势等消极心态产生的消极迁移。

这些教学原则仅仅提供了一种“为迁移而教”的思路，以期帮助教师树立在教学和日常生活中都注意促进学生学习积极迁移的观念。教师必须结合具体学科领域的特点和具体教学对象的特点，灵活地创设和利用教育契机去促进积极迁移的发生。其实，真正把“为迁移而教”升华为自己的一种教学思路和教学观念，并能结合具体情境灵活运用的教师也就是一种“专家”教师：他们从经验中形成了丰富的教学图式，面临某一教学情境时，便会立刻激发自己记忆中的某一图式，并采用合理的教学策略，这也是教师教学知识的一种迁移。

第三节　学习策略

随着认知学习理论的发展，人们对学习者和教学者在学习中的作用的看法逐渐发生了变化。人们越来越认识到，有效的学习者应当被看做是一个积极的信息加工者、解释者和综合者，他能使用各种不同的策略来存储和提取信息，他努力使学习环境适应自己的需求和目标，因而对自己的学习非常负责。正是在这种理论背景下，兴起了有关学习策略的研究。

一、学习策略的定义

对于什么是学习策略，人们从不同的研究角度和方法提出了各自的看法，至今仍然没有达成一个统一的认识。有的指具体的学习技能，如复述、想象和列提纲等；有的指较为一般的自我管理活动，如计划、领会和监控等；有的指组合几种具体技术的复杂计划；有的甚至与元认知、认知策略、自我调节的学习等术语的含义相互重叠。概括起来，对学习策略的认识大致可以分为三种：第一种把学习策略视作学习活动或步骤；第二种把学习策略视作学习的规则；第三种把学习策略视作学习计划。

综合这些不同的看法，可以认为，学习策略就是学习者为了提高学习的效果和效率，有目的、有意识地制定有关学习过程的复杂的方案。①

二、学习策略的成分及其层次

（一）奈斯伯特与舒克史密斯的划分

奈斯伯特与舒克史密斯认为，学习策略包括六个因素（史耀芳，1994）：

（1）提问，其功能是确定假设，建立目标和项目参量，寻求反馈以及联系任务等；

（2）计划，其功能是决定策略及其实施一览表，精简项目或对问题进行分类，以及选择某些体力或脑力技能来解决问题；

① 陈琦，刘儒德．当代教育心理学．北京：北京师范大学出版社，2007. 180.

（3）调控，其功能是试图回答或发现最初的问题和意图；
（4）审核，其功能是对活动和结果作出初步的评估；
（5）矫正，其功能是再设计或再检查，包括矫正目标的设置；
（6）自检，其功能是对活动和项目作最后的自我评价。

（二）温斯坦的划分

温斯坦认为学习策略包括：
（1）认知信息加工策略，如精细加工策略；
（2）积极学习策略，如应试策略；
（3）辅助性策略，如处理焦虑；
（4）元认知策略，如监控新信息的获得。

（三）瑟洛的观点

瑟洛认为，学习策略是由相互作用的两种成分组成的：一种是基本策略（primary strategies），被用来直接操作课本材料，如领会和记忆策略；另一种是辅助性策略（support strategies），被用来维持合适的进行学习的心理状态，如专心策略。这两种策略又可以作进一步划分。

基本策略包括获得和存储信息的策略（如领会和保持策略），提取和使用这些存储信息的策略（如提取和利用策略）。领会和保持策略又包括理解、回想、消化、扩展、复查五个子策略。提取和利用策略又包括理解、回想、详述、扩展和复查五个子策略。

辅助性策略包括三种策略：计划和时间安排、专心管理以及监视与诊断。专心管理进一步分为心境设置和心境维持两种。这些辅助性策略帮助学生产生和维持某种内在状态，以使学生有效完成基本策略。

（四）迈克卡等的观点

迈克卡等人对学习策略的成分进行了总结。他们认为，学习策略包括认知策略、元认知策略和资源管理策略三部分。学习资源管理策略是辅助学生管理可用的环境和资源的策略，对学生的动机具有重要的作用。成功的学生使用这些策略帮助他们适应环境以及调节环境以适应自己的需要。

由以上这些观点可以看出，学习策略的成分都是从学习过程的环节或所涉及的诸方面，如方法、步骤、手段及组织中提出来的。分析学习策略的成分不仅要考虑学习活动的类型，而且还要考虑所获得的信息的种类。

三、认知策略

“认知策略”这个术语最初由布鲁纳于1956年在研究人工概念形成时提出的。直到20世纪70年代，加涅才在其学习分类中单列一类。但关于认知策略的定义，至今尚无统一的说法。如陈琦把认知策略视为用以支配自己的心智过程的内部组织起来的技能，意在突出个体对自己内部的认知活动的调控。有的把认知策略视为加工信息的一些方法和技术，旨在强调其本质属性仍为方法范畴。张春兴把认知策略视为个人自主控制其内在心理活动历程从而获得新知识的一切方法，同时兼具上述两种观点的要义。可以认为，认知策略是优化信息加工效果、提高加工效率的一种认知技能。它是认知领域中学习策略的最主要的成分。

（一）陈述性知识的认知策略

1. 复述知识的认知策略

复述策略（rehealsal strategy）是指对目标信息不断进行重复，以便能准确、牢固地记住这些信息。

2. 精加工策略

（1）位置记忆法。使用位置记忆法，就是学习者在头脑中创建一幅熟悉的场景，在这个场景中确定一条明确的路线，在这条路线上确定一些特定的点，然后将所要记的项目全都视觉化，并按顺序和这条路线上的各个点联系起来。回忆时，按这条路线上的各个点提取所记的项目。

（2）首字联词法。首字联词法是指利用每个词的第一个字形成一个缩写。例如，计算机的BASIC程序语言就是初学者通用符号指令代码（beginner′s all－purpose symbolic instruction code）。

此外，与此相类似的还有句子记忆术，利用记忆中每个术语的第一个字母作为一个句子中每个词的第一个字母，人们常采用一些歌谣口诀来帮助记忆，使用一些简语来帮助记忆。例如，《辛丑条约》内容为：要清政府赔款；要清政府保证禁止人民反抗；允许外国在中国驻兵；划分租界，建领事馆。可用“钱禁兵馆”（谐音“前进宾馆”来帮助记忆）。

另外一种首字联词法是用一系列词的第一个字描述某个过程的每个步骤，例如，用某一首古诗中每句的第一个字说明某个行动的每一步。

（3）限定词法。限定词法是在学习一种新材料时运用联想，假借意义，将会对记忆有所帮助。

（4）勾画圈点法。对于本身意义性强的书面化的信息材料，通过勾画圈点其中的重要部分有助于促进对信息的加工，提高记忆效果。

（5）摘录提要。对于本身意义性强的信息材料，通过摘录要点、归纳（如以材料中的原句摘抄为主，辅以必要的连接、概括），有助于更好地促进对信息的加工，提高记忆效果。

（6）笔记概述。对于本身意义性强的信息材料，通过笔记形式，区别主次，由博返约、概括整理（如以自己的话概括材料的主要内容），有助于促进更深层次的信息加工，提高记忆效果。

3. 组织策略

组织策略（organizing strategy）是指梳理所学的新信息，建构其内在的联系，以增进记忆效果。

（1）归类整理。将所学的新信息进行归类整理，形成内在的结构组织，以便于记忆。由于归类有多种不同的维度，其方式、方法的运用也就各式各样了，如相似归类、对比归类、从属归类、递进归类等。

（2）提纲挈领。运用简要的语句来把握新信息的内在层次结构，并常辅之以数码标记，以显现内隐的结构组织，促进理解和记忆。对于量大而复杂的信息材料，此举更具优越性，给人以"纲举目张"之感。

（3）作图示意。运用图解方式来说明新信息的内在联系，并多辅之以连线或箭头标记，以形象显现内隐的结构组织，促进整体把握和记忆。它又可细分为两种：一是关系图示，即用图解方式来说明各信息之间的相互关系，如有关认知心理学知识的关系；二是流程图示，即用图解方式来说明某过程的要素之间的相互联系，如生成学习过程。

（4）运用理论模型。教师可以用另外一种方法来帮助学生领会复杂的课题。这种方法就是用图解的方式来说明某个过程的要素之间是如何相互联系的。例如，前面所讲的学习的信息加工过程，就是一个经典的理论模型的例子。运用这种模型可组织和整合信息，电子学、机械、计算机程序以及遵循某个规律的过程都可以利用理论模型加以说明。当某一课中含有模型时，学生不但学得好，而且能运用他们的学习去创造性地解决问题。

（二）过渡性知识的认知策略

过渡性知识告诉人们如何做某件事。要知道如何做某件事，人们不仅要知道过程的每一步，而且还要知道采取每一步的条件。

1. 模式再认知识

模式再认知识涉及对刺激的模式进行再认和分类的能力。模式再认知识的一个重要的例子是识别某个概念的一个新事例，例如，再认鲸鱼属于哺乳动物；模式再认知识的第二个重要的例子就是识别符合某个行为的条件或符合应用某个规则的条件，例如，什么时候"倒置分数后相乘"。

和概念一样，模式再认过程是通过概括和分化的过程来学习的。例如，学生已经学习"凡生命体必须完成八大生命过程：获取食物、呼吸、排泄、分泌、生长、反应、繁殖、运动”，这一知识属于陈述性知识。现在，学生要利用这一知识注意生命的这八个过程，表示这一过程的条件陈述句是：“如果一个客体执行了所有这八个生命过程，那么它就是活的。”教师可以用如鱼、哺乳动物、植物等生命体作不同的例子，促进概括；还可以列举反例，如水晶石虽也存在促进分化、进行生长的过程，但不实现运动、呼吸和反应等其他生命过程。

2. 动作系列知识

第二种过程性知识指动作系列知识。加涅认为，一个动作系列是为了达到某个目标所采取的一系列行为或认知动作，减法中的借位就是一个很好的例子。动作系列首先是当做构成某个过程的一系列步骤来学习的。学习者必须有意识地执行每一步，一次执行一步，直到过程完成。例如，学习开汽车，先要进行一系列的教学：“第一，如果车门关着，就打开车门；第二，如果车门开着，就坐到驾驶座位上；第三，关上车门；第四，系上安全带；第五，插入钥匙。”一开始，每一步都要有意识地想着去做，这样效率很低。但是，随着练习，这一过程几乎就会变成自动化，驾驶员将会不假思索地完成这一过程。

四、元认知策略

根据弗拉维尔的观点，元认知就是对认知的认知。具体地说，是关于个人自己认知过程的知识和调节这些过程的能力，对思维和学习活动的知识和控制。元认知包括元认知知识和元认知控制。元认知知识是有关认知的知识，即人们对于什么因素影响人的认知活动的过程与结果，这些因素是如何起作用的，它们之间又是怎样相互作用的等问题的认识。元认知控制是对认知行为的管理和控制，是主体在进行认知活动的全过程中，将自己正在进行的认知活动作为意识对象，不断地对其进行积极自觉的监视、控制和调节。这种过程在工作记忆中进行操作。

学习时，学习者要学会使用一些策略去评估自己的理解、预计学习时间、选择有效的计划，从而学习解决问题。例如，假如你读一本书，遇到一段读不懂，你该怎么办呢？你或许会慢慢再读一遍；你或许会寻找其他线索，如图、表、索引等来帮助理解；或许你还会翻到这一章更前面的部分，这意味着你要学会如何知道你什么地方不懂，以及如何去改正你自己。此外，你还要能预测可能会发生什么，或者能说出什么是明智的、什么不是明智的。所有这些都属元认知策略。概括起来，元认知策略可分为计划、监控和调节三种策略。

1. 计划策略

计划策略包括设置学习目标、浏览阅读材料、产生待回答的问题以及分析如何完成学习任务。详细地计划学习过程就好比是足球教练在比赛前针对对方球队的特点与出场情况提出对策。不论是完成作业，还是为了应付测验，学生在每一节课都应当有一个一般的“对策”。成功的学生并不只是听课、做笔记和等待教师布置测查的材料。他们会预测完成作业需要多长时间，在写作前获取相关信息，在考试前复习笔记，在必要时组织学习小组，以及使用其他各种方法。换句话说，成功的学生是一个积极的而不是被动的学习者。

2. 监控策略

监控策略包括阅读时对注意力加以跟踪、对材料进行自我提问、考试时监视自己的速度和时间。这些策略使学习者警觉自己在注意和理解方面可能出现的问题，以便找出来，并加以修正。当你为了应考而学习时，你会向自己提出问题，并且会意识到某些章节你并不懂，你的阅读和记笔记方法对这些章节行不通，你需要尝试其他的学习策略。下面介绍两种具体的监控策略，即领会监控和集中注意。

（1）领会监控。一种具体的监控策略就是领会监控。熟练的读者在阅读时自始至终都持续着这一过程。熟练的读者在头脑里有一个领会的目标，如发现某个细节、找出要点等，于是，为了该目标而浏览课文。随着这一策略的执行，如果找出了这个重要细节，或抓住了课文的要点，熟练的读者会因达到目标而体验到一种满意感。但是，如果没有找到这个细节，或者不懂课文，则会产生一种挫折感。如果领会监控最终显示目标没有达到，就会采取补救措施，如重新浏览材料，或者更仔细地阅读课文。

（2）集中注意。注意和能源一样，是一种有限的资源，在某时刻，只能注意有限的事物。当教师要求学生将他们有限的注意能量全都花在他所说的每一件事上，学生只得放弃对其他刺激的积极注意，只得变换优先度，将其他刺激全部清除出去。

例如，当人们全心注意一个有趣的谈话者时，他们就意识不到细微的身体感觉（如饥饿），甚至充耳不闻、视而不见其他刺激。有经验的讲演家知道，听众一旦心不在焉时，他们已经不再集中注意听讲了，可能已经转向注意午餐或其他活动了，因此，就要重新抓回他们的注意力。

3. 调节策略

研究表明，调节策略与监控策略是密切相关的。例如，当学习者意识到他不理解课文的某一部分时，他们就会退回去读困难的段落；在阅读困难或不熟的材料时放慢速度；复习他们不懂的课程材料；测验时跳过某个难题，先做简单的题目等。调节策略能帮助学生矫正他们的学习行为，使他们补救理解上的不足。

元认知策略总是和认知策略一道起作用的。如果一个人没有使用认知策略的技能和愿望，他就不可能成功地进行计划、监视和自我调节。元认知过程对于帮助我们估计学习的程度和决定如何学习是非常重要的；认知策略则帮助我们将新信息与已知信息整合在一起，并且存储在长时记忆中，因此，我们的元认知和认知必须一道发生作用。认知策略（如画线、口头复述等）是学习内容必不可少的工具，但是元认知策略则监控和指导认知策略的运用，也就是说，可以教学生使用许多不同的策略，但如果他们没有必要的元认知技能来帮助他们决定在某种情况下使用哪种策略或改变策略，那么他们就不是成功的学习者。

五、学习策略的学习条件

学习策略的学习条件可分为：内部条件和外部条件。

（一）内部条件

1. 学生原有的知识背景

学习策略的应用与它所加工的信息内容有着十分密切的关系。研究表明，策略的应用离不开被加工的信息本身，学生在某一领域的知识越丰富，就越能应用适当的加工策略。当学生遇到不熟悉的事物，策略应用就明显的存在问题，记忆效果也较差。因此，学生原有的知识背景是策略学习与应用的一个重要条件。

2. 学生的动机水平

早期研究表明，告诉学生某些有关学习方法的规则，就可以使他们掌握该策略，提高学习成绩。后来的研究表明，学生仅记住论述学习策略的小册子中的条文，并不能改进他们的学习。只有当外来的指导被学生接受并改变他们的信息加工过程时，才能改进学习。而且策略性知识必须通过大量的练习才能作为一种概括化的策略能力迁移到与原先的学习任务不同的新任务中。进行这样的学习，如果学生没有强烈的要求改进自己认知加工过程的愿望，即学习动机，是难以奏效的。

国外有一项研究表明，学生的动机决定他们选择什么策略，并决定他们使用这些策略的效果。具有外部动机的学生倾向于选择和使用机械学习的策略，具有内部动机的学生倾向于选择和使用有意义的和起组织作用的策略。动机强的学生倾向于经常使用他们习得的策略，动机弱的学生对策略的使用不敏感。

（二）外部条件

1. 训练方法

训练方法是影响策略学习的一个重要的外部条件。关于学习策略的训练方法问题，长期以来一直存在很大的争议。总结起来可以归纳为三种对立的观点和方法。

第一种观点主要涉及直接训练还是间接训练的问题。许多研究者认为，策略可以离开教材内容单独训练，因此，在许多国家出现了各种各样的专门训练思维方法的程序。也有研究者认为，策略不能离开教材内容单独训练，而必须通过教材内容进行教学。当前的研究结果表明，策略学习与教材内容学习相结合为宜。例如，在教授外语单词的同时进行记忆方法的指导。

第二种观点主要涉及一般策略与特殊策略的训练问题。有研究者认为，一般解决问题的方法在解决问题中非常有效。由此而导致认知心理学家强调一般思维策略的训练。此后通过专家与新手解决问题差异的比较研究，发现专门领域的知识和策略比一般解决问题的策略更有效。心理学家在认识上有了一次重大转变，强调策略训练不能离开专门领域的知识和特殊策略的学习。因此，对脱离具体学科进行的一般策略训练持否定态度。

第三种观点主要涉及通过规则运用进行策略训练或者是通过实例进行策略训练的问题。在传统上，学校通过规则的运用来教会学生有关策略或思维方法。但研究表明，通过分析解决问题的实例并将自己的解答过程与专家的解答过程加以比较，能取得更好的训练效果。许多心理学家强调应采用有指导的发现法进行策略教学。因为纯粹的发现法太费时，而且许多策略不可能被学生独立发现。单纯的规则讲解与练习较难激发和维持学生的学习兴趣。有指导的发现教学法吸取了两者的优点，避免了两者的缺点。所以，较好的方法是：先提供策略应用的实例，通过师生讨论，共同归纳出有关策略，然后在教师的指导下进行策略应用的练习。

2. 变式与练习

促使学生学习策略迁移最重要的教学条件是在相似情境和不同情境中的练习。这些练习必须有连续性，通过一系列彼此联系的练习，帮助学生完成知识的转化。此外，练习还必须有变化，只有经过在变化的情境中练习，学习策略才能获得迁移，才能灵活运用。这两种练习对于学习策略的学习至关重要。

3. 一套外显的、可以操作的训练技术

学习策略是个体对自己的内在过程的调控活动，很难从外部直接观察到，但是它仍然可以在个体的认知行为中得到反映。反过来，如果我们把学习策略转化为一套具体可操作的技术来控制学习者的认知行为，那么就有可能培养学生的良好认知或学习习惯，改变其不良的认知行为或习惯，进而培养他们的学习策略。

了解了上述影响策略学习的内、外部条件，教师在策略教学时就可以据此进行教学设计，创设有利于学习的内、外部条件，排除或弥补不利因素，使策略教学收到最佳效果。

六、学习策略的培养

教师可采用以下的方法培养学生的学习策略。

第一，学生根据自己的智力、能力、性格及学习目标等，选择合适的学习策略，即通常所说的具体问题具体分析。例如，研究者们发现，同样一个策略，年长的和年幼的、成绩好的和成绩差的，用起来的效果就不一样；写阅读提要可能是一种有效的学习方法，但对幼儿而言则可能相当困难。

第二，教会学生对学习材料进行重新加工，如写提纲、画示意图、向同伴讲授内容等。

第三，让学生在运用某一策略时，知道自己为何用此策略及如何应用。

第四，培养学生的个人效能感。教师不能忘记成绩和态度之间的关系，学生可能知道何时与如何使用策略，但是如果他们不愿意使用这些策略，他们的一般学习能力是不会得到提高的。那些能有效使用策略的人相信使用策略会影响他们的成绩。教师一定要给学生一些机会让他们感觉到使用策略的效力。有些策略训练课程必须包括动机训练。学生应当清楚地意识到一分努力一分收获。教师要树立这样一种观点，即在学生学习某材料时，要不断向学生提问和测查，并且根据这些评价给学生评定成绩，促进学生使用学习策略，并感到使用学习策略去学习就会有所收获。

七、几种常见学习策略的应用

（一）画线

画线能使学生快速找到和复习课文中重要的信息。有研究表明，如果学生画出课文中重要的和相关的信息，学生就能从课文中学到更多的东西。学生谨慎使用画线，并且只画出他们认为重要的信息，这一点是很重要的。

有时一味地只是画线，并不是学习材料的好方法。因为它并不能提供思考材料的机会。在画线的旁边做注释可能是一种更为有用的方法，一些常用的具体方法如下：①圈出不知道的词；②标明定义；③标明例子；④列出观点原因或事件序号；⑤在重要的段落前面加上星号；⑥在混乱的章节前画上问号；⑦给自己做注释，如检查上文中的定义；⑧标出可能的测验项目；⑨画箭头表明关系；⑩注上评论，记下不同点和相似点，如“通过力量的平衡来防止战争……”你可能联想并注下“恐怖主义是否也可以用力量的平衡来加以预防呢”；⑪标出总结性的陈述。

（二）做笔记

做笔记这种策略可能对有些材料很有效，因为它要求学习者对材料的中心思想进行心理加工，它要求学习者决定记什么。

但是，人们发现做笔记的效果是不一致的。笔记的种类将影响整合和组织信息的方法。逐字逐句地做笔记是对材料的一字一句的编码；做总结性笔记将增进对材料的再组织和整合。用自己的话做简要的笔记，组织和总结讲演中的要点，这可能使笔记更适合于自己。有人发现用自己的话做笔记（如用不同的词表达中心思想）和为了准备教别人而做笔记是很有效的，因为它们要求对信息进行高水平的心理加工。在复杂的理论性材料中，关键的任务又是找出思想大意时，做笔记似乎效果最佳。要求有一定心理加工的笔记比纯粹笔录阅读材料要有效得多。为了增强学生做笔记的能力，教师在讲课或阅读之前，可以给学生提供一个“梗概”，这等于是给学生一个类目，引导他们做笔记。有几个研究发现，这种做笔记的方法，再加上复习，能增强学生的学习效果。

（三）写提要

写提要就是写下能表达所读信息的中心思想的简短陈述。这种策略的效果取决于学习者是如何使用它的。一个有效的方法是让学生每读完一段后用一句话作概括。另一种方法是让学生准备一个提要来帮助别人学习这些材料，其部分原因是这种活动使得学习者不得不认真考虑什么重要、什么不重要。但是，值得注意的是，有些研究发现写提要方法并没有效果，并且如果要用这种策略增强对书面材料的领会和保持，其条件还不甚明了。

（四）提问策略

提问是一种有助于学生学习课文、讲演以及其他信息的策略。学生要不时地停下来评估自己对课文或老师的讲演的理解。许多研究者曾训练学生寻找故事中的角色、情景、问题和问题解答。他们一开始提一些具体的问题，然后让学生找出这些问题的关键要素。柏里斯和肯的研究发现，如果学生在阅读时教学生提一些“谁”、“什么”、“哪儿”和“如何”的问题，他们能领会得很好。英格勒特等人给学生一张单子帮助他们构思创作，这单子教学生向自己问以下一些问题，如“我写给谁看的”、“要解释什么”、“有什么步骤”等等。基本上，这张单子是训练学生在活动中自己和自己谈话，自己问自己或彼此之间相互问老师要问的问题。结果表明，学生能在解数学题、拼写、创作和许多其他课题中成功地教会自我谈话。

但是，在介绍教学材料之前，提问有助于学生学习与问题有关的信息，但不利于学习与问题无关的信息。另外，口头复述而非重复教学课本的提问，可帮助学生学习课本的意义，而不是简单地记住课本。

第四节　学习的个体差异

同一个班级的几十名学生，使用的教材是相同的，面对的老师是相同的，可是为什么有的学生学得又好又快，而有的学生则学习既慢且掌握不好？为什么有的学生在解决问题时能熟练运用各种策略，而另一些学生则在问题面前总是束手无策呢？这既涉及学生在智力上的个体差异，又涉及学生的非智力因素的差异，如家庭、社会环境、兴趣、性格和认知方式等方面的差异。

一、智力的个体差异

（一）智力个体差异的定义

智力的个体差异是指个体之间因个人智商分数的不同而表现出的差异。研究表明，即使是两个智商相同的儿童，他们的智力分数构成也可能存在很大不同。例如，两名智商同为100的儿童，一名言语智商分数为80，操作智商为120；而另一名言语智商为120，操作智商为80。这两名学生在学习方面的能力将表现出很大差异，前一名学生可能适合操作课程，而后一名学生可能更适合文化知识课程。

（二）智力的个体差异与学习

很多研究表明，在传统教学条件下，智力水平是预测学生成绩的一个重要指标。学生智商分数越高，他们未来接受的教育水平也可能越高。智力的测量和学生学习成绩的测量两者有中等程度的相关。不过，学生在不同年级阶段的学习成绩和智商的相关系数也略有不同。在小学阶段，其相关系数为0.6～0.7；在中学阶段，其相关系数为0.5～0.6；在大学阶段，其相关系数为0.4～0.5。也就是说，学习成绩和智力的相关系数随年级的增高而呈降低趋势。可见，学生的智商高低不仅影响其学习的数量，也影响学习的质量。智商较高的学生往往学习质量高，速度快，学习轻松，容易找到解决问题的策略，容易学会及时检查、纠正和验证答案的方法，能较多运用逻辑推理思维形式和较为有效的学习方法，而且他们能较为长久地进行学习。而智商较低的学生在学习中的表现则恰好相反。

但是，也有很多人认为，人与人之间的智力差异是微乎其微的，学生学习好坏的原因主要在于非智力因素。

二、学生认知方式的差异

在教学实际中，学生不仅表现出认知发展的共同阶段性，而且也表现出比较强烈的个体差异性。认知过程是学生借以获得信息、作出计划和解决问题的心理过程，这个过程存在着个体之间的认知方式方面的差异。认知方式，又可称为认知风格，是指学生偏爱的加工信息的方式，表现在学生对外界信息的感知、注意、思维、记忆和解决问题的方式上。例如，有些学生喜欢听教师讲课，有些学生喜欢自己看书；有些学生喜欢与别人讨论，有些学生则偏爱自己独立学习。目前，研究较多的认知方式是场独立认知方式和场依存认知方式，冲动型与沉思型认知方式，辐合型与发散型方式等。

1. 场独立与场依存

场独立和场依存这两个概念最初来源于一个关于知觉的研究。在第二次世界大战期间，为了研究飞行员怎样利用来自身体内部的线索和视觉见到的外部仪表的线索调整身体的位置，专门设计了一种可以摇摆的座舱，舱内置一坐椅。当座舱倾斜时，被试可调整坐椅，使身体保持与水平垂直。研究发现，有些人主要利用来自仪表的视觉线索，他们不能使自己的身体恢复垂直状态；另一些人则主要利用来自身体内部的线索，尽管座舱倾斜，他们也能使自己身体保持与水平垂直。前一种人的知觉方式为场依存方式，后一种人的知觉方式为场独立方式。

后来的研究发现，场独立与场依存是两种普遍存在的认知方式。具有场独立方式的人，对客观事物作判断时，常常利用自己内部的参照，不易受外来因素的影响和干扰；在认知方面独立于他们的周围背景，倾向于在更抽象的和分析的水平上加工，独立对事物作出判断。具有场依存方式的人，对物体的知觉倾向于以外部参照作为信息加工的依据，难以摆脱环境因素的影响。他们的态度和自我知觉更易受周围的人们，特别是权威人士的影响和干扰，善于察言观色，注意并记忆言语信息中的社会内容。

场独立型、场依存型与学生的学习有着密切的关系。研究表明，场独立型学生一般偏爱自然科学、数学，且成绩较好，两者呈显著正相关。他们的学习动机往往以内在动机为主。场依存型学生一般较偏爱社会科学，他们的学习更多地依赖外在反馈，他们对人比对物更感兴趣。场独立型者善于运用分析的知觉方式，而场依存型者则偏爱非分析的、笼统的或整体的知觉方式，他们难以从复杂的情境中区分事物的若干要素或组成部分。

另外，场独立型与场依存型学生对教学方法也有不同偏好。场独立型学生易于给无结构的材料提供结构，比较易于适应结构不严密的教学方法；反之，场依存型学生喜欢有严密结构的教学，因为他们需要教师提供外来结构，需要教师的明确指导与讲解。

2. 沉思型与冲动型

沉思与冲动的认知方式反映了个体信息加工、解决问题过程的速度和准确性。沉思型学生在碰到问题时倾向于深思熟虑，用充足的时间考虑、审视问题，权衡各种问题解决的方法，然后从中选择一个满足多种条件的最佳方案，因而错误较少。而冲动型学习者则倾向于很快地检验假设，根据问题的部分信息或未对问题作透彻的分析就仓促作出决定，反应速度较快，但容易发生错误。总之，冲动与沉思涉及在不确定的情境中，个人对自己解答问题的有效性的思考程度，可以从个体的反应时间与精确性来衡量。这里应当指出的是，并非所有反应快的学生都属于冲动型，有的可能是由于对任务很熟悉，或者是思维很敏捷的缘故。

研究发现，沉思型学生与冲动型学生相比，能提出具有更成熟的解决问题策略，提出更多不同的假设。而且沉思型学生能够较好地约束自己的动作行为，忍受延迟性满足，而冲动型学生更难以抗拒诱惑。此外，沉思型与冲动型学生的差别还在于，沉思型学生往往更易自发地或在外界要求下对自己的解答作出解释；而冲动型学生则很难做到，即使在外界要求下必须作出解释时，他们的回答也往往是不周全、不合逻辑的。

在学习方面，沉思与冲动两种方式存在明显差异。一般来说，沉思型学生阅读成绩好，再认测验及推理测验成绩也好于冲动型学生，而且在创造性设计中成绩优秀。相比之下，冲动型学生往往阅读困难，较多表现出学习能力缺失，学习成绩常不理想。但是，在某些涉及多角度的任务中，冲动型学生则表现较好。

由于阅读、推理之类的任务需仔细分辨概念，粗心大意的学生处于不利地位，尤其是当一个问题的答案不能直接得到，需要从一开始就仔细阅读材料，注意分析各种可能的条件时，更是如此。为了帮助冲动型学生克服他们的缺点，可以创造一些训练方法，对他们的不良认知方式进行纠正。研究表明，单纯提醒儿童，要他们慢一些作出反应，对他们并无帮助。但通过教他们具体分析、比较材料的构成成分，注意并分析视觉刺激，对克服他们的冲动型认知行为较为有效。也有人让冲动型学生大声说出自己解决问题的过程，进行自我指导，当获得连续成功以后，由大声自我指导变成轻声低语，而后变成默默自语。目的是训练冲动而又粗心的学生有条不紊地、细心地进行学习和解决问题。这种训练收到了较好的效果。

3. 辐合型和发散型

辐合型认知方式是指个体在解决问题的过程中常表现出辐合思维的特征，表现为搜集或综合信息与知识，运用逻辑规律，缩小解答范围，直至找到最适当的唯一正确的解答。而发散型认知方式是指个体在解决问题过程中常表现出发散思维的特征，表现为个人的思维沿着许多不同的方向扩展，使观念发散到各个有关方面，最终产生多种可能的答案而不是唯一正确的答案，因而容易产生有创见的新颖观念。

三、认知差异、智力的个体差异对学生学习的影响

认知差异对学习的影响不仅在程度上不同，而且起作用的方式也不同。认知方式没有优劣好坏之分，只是表现为学生对信息加工方式的某种偏爱，主要影响学生的学习方式，具体表现在：

（1）学生对所用感觉通道的偏好。有的学生习惯于听觉学习，有的习惯于视觉学习，有的则更喜欢通过触摸或各种感觉的结合来学习。

（2）学生对学习环境的偏好。有的学生爱在宁静的环境中学习，有的则喜欢在有背景声音的环境中学习。

（3）对学习内容组织程度的偏好。场依存型的学生喜欢别人向他们提供结构严密的教学，场独立型的学生则讨厌“菜单式”的指导，爱自由自在地学习，较易适应结构不严密的教学。

（4）对学科选择的偏好。场独立的学生倾向于选择数学、自然科学，场依存的学生则倾向于选修人文科学、社会科学。

研究认知方式的一个主要目的，是帮助教师辨清学生的认知风格并据此制定相应的教学对策。因此，应根据认知方式的类型设计教学策略。在以班级为主要组织形式的教学中，学生的认知方式的类型存在很大差异，同一种教学方式，可能对部分学生掌握知识有利，而对其他学生的学习不利，这就存在着班级教学与适应个别差异教学之间的矛盾。在当前我国现行的班级授课的条件下，教师不可能有充分的时间与精力针对每个学生进行个别化教学，而只能在班级教学中尽可能地针对不同的认知方式类型采取相应的有效教学策略。

此外，还应根据认知方式的要素设计教学策略。根据场独立型与场依存型学习者的特点，可以提出相应的教学对策。以阅读教学为例，场独立型者善于理解、记忆文章中的具体细节或部分，但往往把握不住文章的主题；而场依存型者正好相反，他们能掌握文章总的框架结构或基本思想，但对文中的具体细节不能分析清楚。所以在教学中，应着重训练前者的整体综合能力，如要求他们在分析的基础上揭示文章主题；而对后者则应着重训练其对细节的分析，如要求他们理清文章脉络以及段落中的每一个句子，并帮助他们列出提纲，促进理解、记忆。

关于智力的个体差异问题，一般认为智力是影响学习的一个重要因素。在传统教学条件下，智力是学习成绩的一个可靠的预测指标。也就是说，IQ 分数越高的儿童，一般学习成绩也就越好，他们将来能接受的教育水平也越高。学习成绩的测量与智力的测量两者的相关程度很高。其相关系数在小学阶段为 0.6 ~ 0.7，在中学阶段为 0.5 ~ 0.6，在大学阶段为 0.4 ~ 0.5。同时，智力对学习的影响与学科的性质有关，阅读、作文等成绩与智商的相关最高（中学阶段为 0.6 ~ 0.7），数学和自然科学次之（约为 0.4 ~ 0.5），写字、画图、手工和体育的成绩与智商的相关最低（约为 0.2）。教学方法越是要求学生对信息作复杂的认知加工，则智力与学习总量的相关程度越高。换句话说，倘若改进教学方法，使教学对学生的认知加工要求降低，则智力与学习总量之间的相关下降。然而，智力并不影响学习能否发生，它主要影响学习的速度、数量、巩固程度和学习的迁移。

思考题

一、选择题

1. 从迁移的观点看，“温故知新” 属于（　　）。

A. 顺向迁移　　B. 逆向迁移　　C. 负迁移　　D. 普遍迁移

2. 学生在学习了英语之后对汉语拼音产生影响，这种现象是（　　）。

A. 正迁移　　B. 负迁移　　C. 顺向迁移　　D. 特殊成分迁移

3. 形式训练说迁移理论的代表人物是（　　）。

A. 桑代克　　B. 贾德　　C. 沃尔夫　　D. 奥苏伯尔

4. “经验泛化说”是由（　　）提出的。

A. 武德沃斯　B. 贾德　C. 沃尔夫　D. 桑代克

5. 格式塔学派的关系转换说认为迁移的决定因素是（　　）。

A. 相同要素　B. 认知结构　C. 顿悟　D. 心灵的官能

6. 桑代克和武德沃斯提出的迁移理论被称为（　　）。

A. 经验泛化说　B. 关系转换说　C. 认知结构说　D. 相同要素说

7. 奥苏伯尔提出的迁移理论认为影响学习迁移的因素主要是（　　）。

A. 相同要素　B. 心灵的官能　C. 顿悟　D. 认知结构

二、简答题

1. 迁移在教育上有什么作用?
2. 相同要素说的主要观点是什么?
3. 影响学习迁移的条件有哪些?
4. 简述知识应用与学习迁移的关系。
5. 简述认知结构说关于迁移的主要观点。
6. 简述教师可以采取哪些方法来培养学生的学习策略。
7. 简述认知差异、智力的个别差异对学生学习的影响。

第十章　教学心理

本章要点

●教学设计概述
○教学设计的概念
○教学设计的基本流程
●课堂教学及其评价
○课堂教学的基本环节
○课堂教学策略
○教学评价
●影响教学及其设计的心理学思想
○行为主义心理学思想
○认知主义心理学思想
○人本主义心理学思想
○建构主义心理学思想

教学是教育活动的最主要形式。它是指教育者根据教学活动的一般过程和学生发展的基本规律与特点，设计、安排学习的外部条件，促进学生发展的过程。教学心理则是研究这一过程中知识与技能习得的规律和特点的学科领域。与学习心理相比而言，教学心理是从教（如何促进学习）的角度来探讨教学活动中的心理活动规律和特点。教学心理也是进行教学设计、开展课堂教学的心理学理论与技术。这一领域的知识对于提高教书育人的科学性、艺术性和有效性具有十分重要的意义。本章首先从心理学的角度详细分析教学设计的过程与操作要点；然后介绍课堂教学过程及其评价过程中的心理学问题；最后介绍几种对教学及其设计具有重要影响的心理学思想。

教学作为一个系统活动，包括活动前的准备（教学设计）、活动中（课堂教学）以及活动后（教学评价）三个基本的环节。

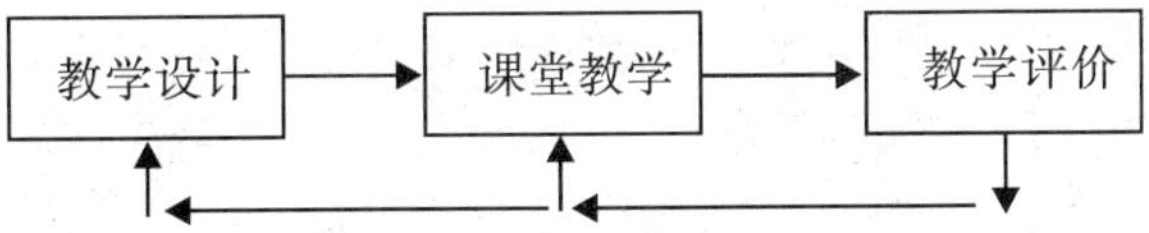

图 10－1　教学活动过程

其中，教学设计是最重要也是最基本的一项工作。因为“实施”建立在“设计”的基础之上，而“评价”既是包含在“设计”之中，同时又是建立在“设计”和“实施”的基础之上的。精心的教学设计对于课堂教学活动是非常重要的，它不仅是有效课堂教学的前提条件，也是和谐健康的课堂管理的重要保证。科学的教学设计可以将课程转变成学生的活动、作业和任务，使教师在教学前做到心中有数，在行为时做到有据可依，从而保证课堂教学的有序性和流畅性。课堂教学活动的实施与评价反过来又检验教学设计的有效性和科学性，为下一步教学设计提供参考与改进建议。

第一节　教学设计概述

一、教学设计的概念

教学设计是以教学过程为研究对象，用系统方法分析教学过程中的各个要素，并在充分分析的基础上进行的系统规划和安排。教学设计着重设计教学目标、教学过程、教学方法、教学媒体、教学环境，以及教学评价等方面的内容，旨在为教师的教学提供一个具有可操作性的教学活动实施方案，保证教学对于学习的有效性。

就其规模而言，教学设计可分为宏观设计和微观设计两种。教学宏观设计在于解决教学的总体规划，制定教学体系的远景草图，以及解决教学的宏观方法学问题。教学微观设计是指确定教学活动的计划以解决教学的短近期规划问题的教学设计。这种设计以一个课题或单元为单位，它属于一种短近期的规划。本章主要从微观角度来讨论教学设计的基本程序和心理学问题。

二、教学设计的基本流程

微观的教学设计主要包括以下几个方面的内容：①明确教学目标，即确定教学结束时所要达到的状态；②了解学生的准备状态，即了解学生的原有水平、需要及个性特点；③进行教学任务分析，即明确达到教学目标所需的教学事件；④制订教学程序计划，包括安排教学进程、内容，确定教学的组织形式，选择教学的形式、方法和教学媒体，设置教学环境，确定教学成效考核的内容及方式等。在微观教学设计系统中，以上几项工作相互联系、相互制约、前后承接。其中，确定教学目标与了解学生已有准备状态是制订教学程序计划的前提；教学程序计划是改变学生原有状态、实现教学目标的规划。

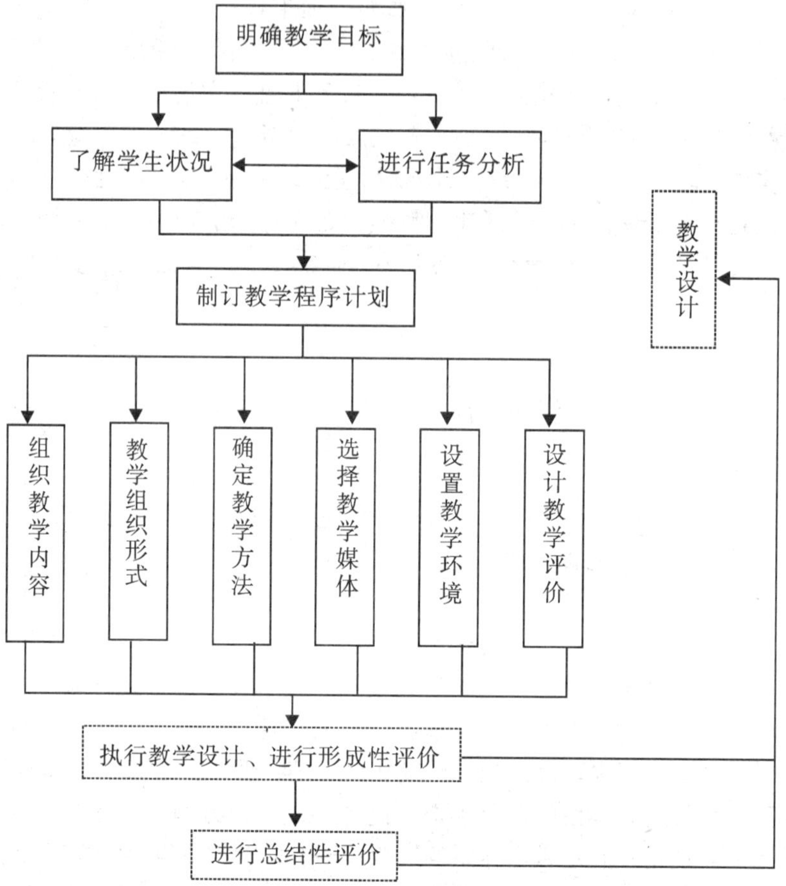

图 10－2　教学设计的基本流程

（一）教学目标的确立与陈述

教学目标是教学活动的出发点和归宿，是课堂教学的灵魂。因此，确定教学目标是教学设计中最先要考虑的问题。在分析和设置教学目标时，运用最广泛的是布卢姆的观点。根据布卢姆（B. Bloom）等人对目标的定义和分类所进行的系统研究，教学目标可以分为认知、情感和动作技能三种类型，每一种技能中又包含了若干水平，如表 10－1 所示。实施目标分类的主要目的是为了提高目标在教学中的清晰度和可操作性，便于教师更好地依据目标指导教学、评价教学。

认知、情感、技能三大领域的教学目标基本确定之后，紧接着要解决的问题是：科学表述这些教学目标以保证所制定的教学目标是明确的、具体的、有效的（可操作的）。这是教学目标设计必须解决的重要技术问题。对教学目标的表述主要有以下三种基本的观点：行为目标表述法、认知过程表述法和综合法。

表 10－1 布卢姆的教育目标分类

目标 水平	认知目标	情感目标	动作技能目标
1	知识	接受	知觉
2	领会	反应	模仿
3	应用	形成价值观	操作
4	分析	组织价值观系统	准确
5	综合	价值体系个性化	连贯
6	评价		习惯化

美国著名心理学家马杰（R. F. Mager）在其1962年出版的《准备教学目标》一书中提出的行为目标理论便是行为目标表述法的典型代表。马杰指出，与传统上不可观察、难以测量、模糊的教学目标不同，行为目标是指用可观察和可测量的行为所陈述的目标，这样的目标应该能够说明“学生能做什么以证明他的成绩，以及教师怎样知道学生能做什么”。他认为，一个好的以行为目标来表述的教学目标中应该包括三个要素：行为（behavior）、行为条件（condition）和行为的表现程度（degree）。后来有学者在马杰提出的三个要素的基础上又增加了一个要素——行为主体（即学习者）（audience），并将行为目标的四个要素简称为ABCD。例如，“小学×年级的学生，在独立作业时，能完成加、减、乘、除四则混合运算的基本操作，其正确率不低于80%”、“给出一张中国地图，学生能标明各个省份（自治区）的所在位置，且完全无误”。当然这四个因素并不是在任何情况下都非有不可，有时视教学对象和教学内容的特点，可作灵活的调整，但对学习者的行为表述是教学目标设计中最基本的部分，是不能少的。

用行为来描述教学目标，虽然克服了传统教学目标陈述含糊、难以操作和测评的缺点，有利于目标的导向功能、激励功能和检测功能的实现，但它本身也存在不足。由于它只强调学习结果的行为表现，而忽视支持学习者这些行为的认知和情感变化，这往往使得一些较为抽象的教学目标设计变得比较琐碎、繁杂。例如，用行为目标来表述“培养爱国主义情感”这一教学目标时，就可能强调“能够参加卫生大扫除”、“能够写歌颂祖国的诗文”等外在的行为训练，而难于对发生在内部的情感变化作出描述，使教学活动仅仅停留在表面的形式上。

为了避免行为目标的弊端，许多持有认知观点的学者纷纷提出能够表现学习者内部认知、情感变化的教学目标。但是，这种目标很容易产生模糊性，容易回到传统目标陈述的老路上，不易独立使用。因此，有的学者提出了将学生的内部过程和外显行为结合起来描述教学目标的设想。1978 年格伦兰（N. W. Gronlund）就提出了教学目标表述的内外结合观，认为可以先用描述内部过程的术语陈述概括的教学目标，然后用可观察的行为作例子，使这个目标具体化。例如，“领会心理学术语‘表象’的含义”，这是教学目标的概括陈述，但“领会”是一个内部活动过程，难以直接观察和测量，必须用可以证明“领会”水平的行为实例来进一步说明，如“能用自己的话转述表象的定义”、“能列举 2～3 种表象实例”、“能区别表象与想象的异同”等等。再如，语文课的一个教学目标可以这样表述：

1. 理解议论文写作中的类比法（内部心理过程）
1.1 用自己的话解释运用类比法的条件（行为样例）
1.2 在课文中找出运用类比法阐明论点的句子（行为样例）
1.3 在含有类比法和喻证法的课文中，指出包含类比法的句子（行为样例）

这样陈述的教学目标首先强调的是“理解”，而不仅仅是某种外在的行为变化，然后又用一些具体的、可操作的行为样例表明怎样才算是理解。可以看到，格伦兰的内外结合观，不仅避免了认知目标或情感目标的抽象性和模糊性，而且也在一定程度上防止了行为目标可能产生的机械性与表面性，所以为许多心理学学者和教学设计人员所认同。

（二）学习者分析

教学设计是以学习者为出发点的，它非常重视对学习者不同特征的分析。这一分析实质上是对学习者在从事新学习时其原有知识水平和原有心理发展的适应性的分析。分析的具体内容包括了解学习者的态度、动机水平、已有才能、年龄特征、学习风格等方面的情况。它能为后续的教学内容的选择和组织、教学活动的安排、教学方法的选用等提供科学的依据。因此，学习者分析是教学设计前期分析中的重要环节。

学习者对当前学习的态度和动机直接影响着其才能的发挥。通常我们可以采用日常观察、谈话，或者心理量表等方式来了解学习者对当前学习的态度和动机水平。

学习者才能准备状态的分析包括两个方面：第一，对学习主体预备才能的分析，即了解学生是否具备了进行新的学习所必须掌握的有关知识、技能及态度等。第二，对学习主体目标才能的分析，即了解学习者是否已经掌握或部分掌握了“教学目标”中要求学会的有关知识、技能及态度等。实际教学中，有时学生对自己即将学习的内容并非一无所知，所以设计者必须通过研究学生来确定适宜的教学起点，弄清某些知识对学生来说是否必要。

奥苏贝尔认为，当学习者把教学内容与自己的认知结构联系起来时，意义学习便发生了。所以，影响课堂教学中意义接受学习的最重要的因素是学习者的认知结构。认知结构是指“学生现有知识的数量、清晰度和组织方式，它是由学生眼下能回忆出的事实、概念、命题、理念等构成的”。分析学习者预备才能就是判断学习者原来具有的知识结构的状态，具体可以通过绘制“概念地图”来实现。

除了学习者个人的才能水平外，学习者在心理发展上的一般特点也会对教学产生重要影响。皮亚杰在儿童认知发展阶段说中指出，在儿童认知发展变化中，最主要的变化是从具体认知向抽象认知的过渡。他将儿童的认知发展分为四个阶段：感知运动阶段（0~2岁）、前运算阶段（2~7岁）、具体运算阶段（7~12岁）、形式运算阶段（12~15岁）。儿童的认知发展的阶段和水平直接决定着学习内容的选择及教学方法的采用。

在教学设计中，对学生个人特征进行分析也是非常重要的。学生的个人特征不仅决定着其自身的学习方式（如学习风格），也影响着教师的教学方式。阿姆斯特朗的多元智力理论（如表10－2所示）让我们清楚地看到了学生个性特质对教学及其设计的重要影响。

表10－2 阿姆斯特朗的多元智力理论与最优教学方式①

智力类型	思考方式	学习需要	学习优势	学习风格
言语/语言智力	通过语言	书籍、磁带、作品、日记、会话、讨论、争论	阅读、写作、说故事、做文字游戏	主要通过听说读写的方式学习，谈话能激发他们产生学习的欲望，教师应为他们提供视听材料，尽量创造培养写作能力的机会
逻辑/数理智力	通过推理	做实验用的材，料科学素材，喜欢到科学馆、天文馆参观	做实验、提问题、逻辑推理、复杂计算	主要通过概念形成和形式识别等方式学习，善于计算，善于收集资料，教师应为他们的实验和操作提供具体的材料

① 周小山，严先元．新课程的教学设计思路与教学模式．成都：四川大学出版社，2002.242~243.

（续上表）

智力类型	思考方式	学习需要	学习优势	学习风格
视觉/空间智力	通过想象和画面	艺术、电影、想象性的游戏、迷津、插图、喜欢参观艺术博物馆	设计、绘画、想象、涂鸦	教师应通过想象、图片和色彩教学，教师还应帮助孩子的父母亲对孩子所幻想的内容进行生动的描述
身体/运动智力	通过身体的感觉	角色扮演、戏剧、运动、有可用于搭建的材料、体育比赛、要有触觉性的经历、动手操作性的学习	舞蹈、奔跑、跳跃、触摸觉，做手势	主要通过触摸觉等方式学习，角色扮演、戏剧的即兴创作等均能激发他们的学习欲望，教师应安排用于操作的活动来为他们提供最佳的学习机会
人际交往智力	通过与他人交换想法	要有众多的朋友，喜欢小组游戏、社会参与	带头、组织、交往、管理、协调、参与社会活动	主要通过与他人的联系、合作、交往等方式学习，小组教学是适合他们学习的最好方式，教师应为他们提供与同伴交往的机会，安排他们参加各种学校与班级的活动
自我反省智力	通过其自身的需要、情感和目标	需要有单独的时间，需要自定步调学习，有自评的选择	自定目标、不断调整、有条不紊、自我反省	主要通过自我激发的方式学习，通过自定计划能学得更好。教师应尊重他们的业余爱好，承认他们所从事的活动，成为他们的“保护人”，使他们具有心理安全感
自然观察者智力	通过自然和自然形态	接近自然，需要有与动物交流的机会，需要探索自然的工具（如放大镜、显微镜等）	喜欢做园艺工作，探究自然的奥秘，与宠物玩耍，饲养动物，关心地球与太空	通过科学仪器观察自然，发起或从事一些食物链、水循环或环境问题的项目；预测与人类定居有关的自然问题，参加环境/野生动物保护组织；发现或报道某个地方或全球环境问题；积累和标示出各种收集来的自然物体

学习者分析与教学内容分析密切相关。如果忽视对学习者才能和特点的分析，教学内容的确定就会脱离学习者的实际。如将学习者的起点定得太高，脱离学习者的实际，就会降低教学效果，使学习者在高难度的学习内容面前望而却步；如将学习者的起点定得太低，也脱离学习者的实际水平，会造成时间和精力的浪费，使学习者在低水平的内容上做无效的劳动。长此以往，就会降低学习者的学习兴趣。因此，准确地确定学习者的起点，可在一定程度上提高教学效率，收到良好的教学效果。

（三）任务分析

学习者分析之后，接下来就是根据学习者的学习准备状态对教学活动进行分析，也即任务分析。任务分析是一种教学设计技术，它的主要任务在于揭示教学目标规定的且需要学生形成的能力或倾向的构成成分及其层次关系，并据此确定促使这些能力或倾向习得的有效教学事件。

任务分析有多种具体方法，其中最为常用的是层次式任务分析方法，这种方法的理论基础是加涅的学习层次说。加涅认为①，从任何特定的学习目标出发都可以找到一些作为先决条件的更为简单的学习目标。换句话说，一个特定的终点任务，可以分解为一系列的子任务。所有子任务分层次排列，低水平任务必须在高水平任务掌握之前完成，高水平任务的完成必须以较低水平任务的完成为前提。教学设计就是要确定教学所要达到的一系列终极目标，然后针对每个目标，通过询问“要学习这一任务，学习者必须做什么”来鉴别各个子目标，然后再针对每个子目标，通过询问同样的问题来鉴别一个个更为具体的目标。在这一过程中，任务分析的起点和终点与学生学习的起点和终点刚好相反，任务分析的起点是学生学习应该达到的最后要求，任务分析的终点是学生学习的起点——学生已有的与新学习有关的能力或倾向的准备水平。加涅以掌握任意整数减法的技能（智慧技能的学习）为例对层次式任务分析方法进行了实例分析，针对这个目标列出了 10 个必要的先决条件，如图 10－3 所示。

① 转引自孙可平．现代教学设计纲要．西安：陕西人民教育出版社，1998. 195 ~213.

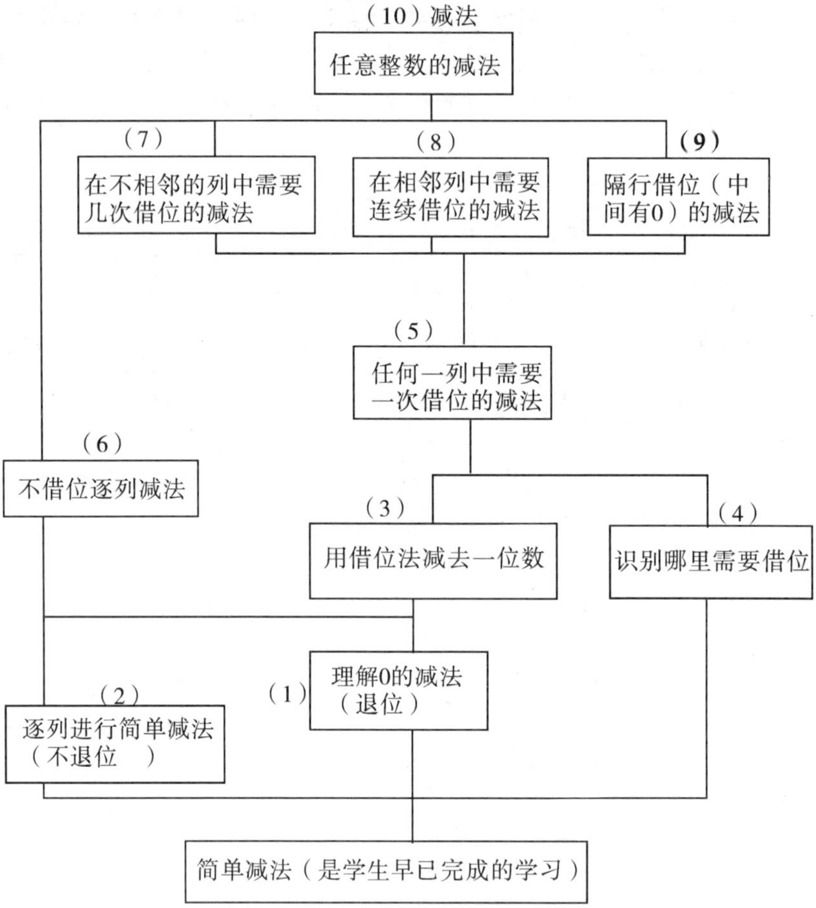

图 10-3　整数减法的学习层级

（四）教学内容设计

教学内容的设计是教师认真分析教材、合理选择和组织教学内容以及合理安排教学内容的表达与呈现的过程。不同类型的教学内容，设计时考虑的重点也是不同的。概念、命题、原理、事实等知识，其教学设计的重点应放在如何帮助学生有效地识记、理解、掌握知识上，要注意学生对其符号或词语意义的获取。而对于方法、技能、策略等应用类的知识，其重点则是放在如何帮助学生形成运用概念、规则和原理解决问题的能力上，因此，需要设计科学、合理的练习。有时教师们不是自己设计、开发和组织教学内容，而是从许多现成的资源中选择相应的课件或其他资源来代替自己对教学内容的组织与设计。此时，需要注意的是教师应根据教学目标及现实条件来选择和利用相应的资源，如果现有材料难以完成或实现教学目标，则应当根据实际情况自行设计和组织教学内容。切忌跟着材料走，将教学变成“教教材”。

（五）教学方法、形式和环境设计

“教有法，无定法”。课堂教学方法是灵活多样的，是具有“生态性”的，教师应当根据教学目标、学生特点、学习环境条件以及教师自身的条件和素质来选择适宜的教学方法。课堂教学的一般方法包括课堂讲解、演示、课堂问答、练习、讨论等。教学组织形式通常包括全班集体教学、小组互动学习、个别化教学等形式。不同的教学组织形式和教学方法需要不同的教学物理环境。在传统教学座位设计中，秧田式（如图 10－4 中的 a）居多，它的优点在于学生能一致面向教师和黑板，利于听讲、做笔记，但不足之处在于，一般只有坐在教室前面和中间的学生是积极的学习者，坐在后面的学生参与教学活动较少也易走神。在教室座位设计中除了秧田式外，还有一些特殊的和暂时性的课堂座位设计（如图 10－4 中的 b 和 c）。目前在国外的小学和初中低年级还有一种“开放课堂”的教室设计（如图 10－4 中的 d），这种“开放式课堂”适合于小组和个别化的教学，能增加学生间的互动，并给具有不同学习需要的学生提供了活动和学习的区域。

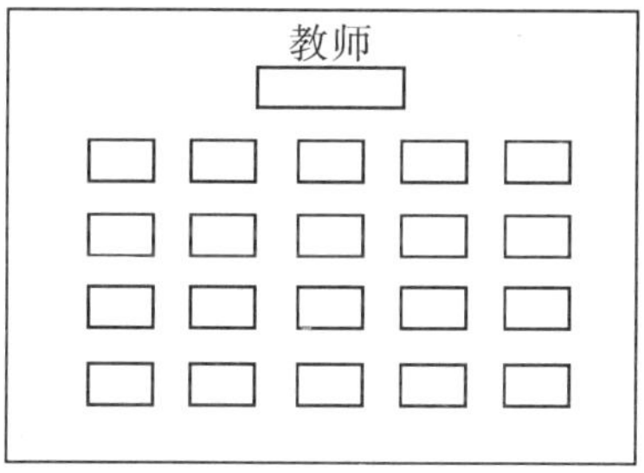

a 基本的课堂教学座位设计模式

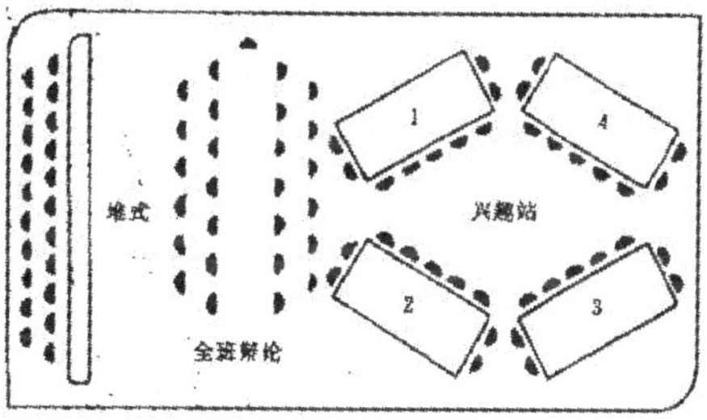

b 暂时的课堂教学座位设计模式

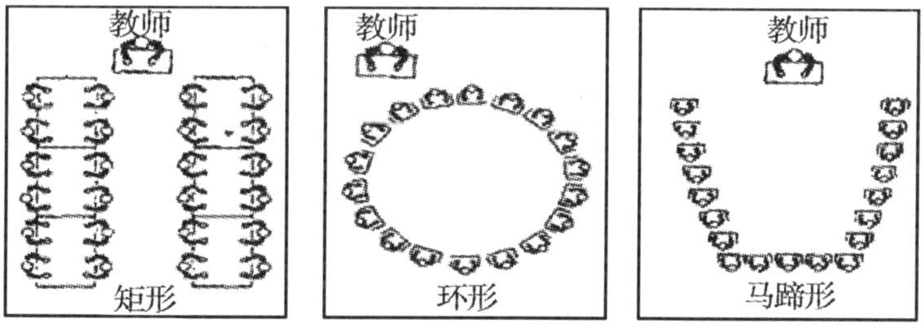

c 特殊的课堂教学座位设计模式

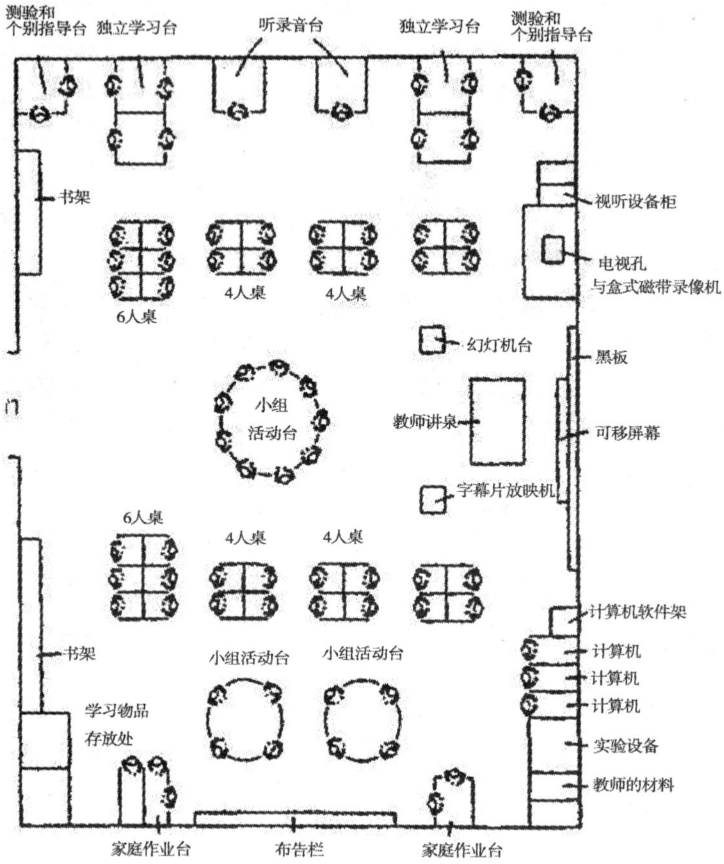

d 开放课堂座位设计

图 10－4　课堂教学座位设计

事实上，没有哪一种教学组织形式、教学方法和教室座位设计能满足所有教学活动的需要，教师必须根据学生心理特点、教学需要及现实条件进行合理的设计和安排，才能得出最优化的设计。

（六）教学媒体的选择与运用

媒体，也称媒介，是信息传播过程中，从信息源到接受者之间携带和传递信息的任何物质工具。教学媒体是指直接介入教学活动过程中，能用来传递和再现教育信息的现代化设备（硬件）以及刻录、储存信息的载体（软件）等。在信息技术和计算机技术迅猛发展的今天，信息技术和多媒体以及课堂教学的结合已经成为一种必然的趋势。视听媒体的使用能够为学生利用多种感官通道参与学习提供机会，因此，也深受教师的喜爱，但应当如何合理高效地运用这些现代科技的成果来促进和提高课堂教学的质量，却是值得思考的问题。随着视觉/听觉媒体，尤其是电子计算机的迅猛发展，这些媒体不再仅仅停留于向学生提供某种具体、形象的感性材料上。教学媒体有时甚至成为学生独立学习的支架和导引。在选用教学媒体时，教师应当清楚地界定自己与教学媒体的关系问题，应当让“物为人用”，而非“人为物用”，不要将教师仅仅放在一个媒体演示员和播放员的位置上。同时，在使用视听技术和媒体时，教师要清楚使用某一教学媒体的目的（呈现事实，创设情境，提供示范，解释原理，探究发现等）；应当充分考虑学生的身心特点、视听感官的健康状况、学生的倾听技巧、材料的适宜性以及呈现的时间和频率等问题。此外，还要了解各种媒体的特点、功能与局限。比如，文本具有抽象层次较高，阅读灵活、方便的特点；图形具有抽象承载信息量少，但数据量不易失真等特点；图像具有逼真、生动、有趣，有利于描述事物运动、变化过程，有利于激发学习积极性等特点；音频具有保真度好，在处理传输过程中，原声信号基本不丢失，可生动地再现、表现事物，但占据存储量大等特点。所以在上述媒体中，文本、图形、图像适合传递静态信息；动画、音频、视频适合传递过程性信息。

（七）教学评价的设计

教学评价是根据教学目标，运用评价的方法和手段对学生活动及其预期的效果进行价值判断的过程。它不仅是我们了解和检查教学质量及教学效果的重要途径，也是为师生调整和改进教学提供反馈信息的重要途径。合理地设计教学评价，对于促进教学目标的达成和提高教学设计的科学性、有效性都有着积极的作用。教学评价设计分为两大部分：一是对教师的教学活动进行评价；二是对学生学习活动进行评价。教学设计时必须考虑，在什么时候，用什么方式，甚至用什么语气和措辞（建设性/甄别性）对教师的教学和学生的学习进行科学、客观、合理的评价，如何对评价信息或结果进行收集和反馈等。关于教学评价的具体内容我们将在第二节中进行介绍。

第二节　课堂教学及其评价

一、课堂教学的基本环节

美国教育心理学家加涅认为：“教学是旨在促进学习而设计的居于学习者之外的一些事件。”根据学习的内部过程（事件），他将教学过程分为以下九个环节，即九大教学事件。

表 10－3　学习内部过程及其相应的教学事件

学习的内部过程	相应的教学事件
接收	1. 引起注意
预期	2. 告知学习者目标
提取到工作记忆中	3. 刺激回忆先前的学习
选择性知觉	4. 呈现刺激
语义编码	5. 提供“学习指导”
反应	6. 引出行为
强化	7. 提供反馈
提取和强化	8. 评价行为
提取并概括化	9. 促进保持和迁移

（1）引起注意，即引起注意是有效教学的首要事件，它是学习主动性、积极性的重要标志。引起注意除使用刺激变化、引起兴趣等方法外，更主要的是利用新旧知识的同化和顺应机制，激发思维，唤起学习者的选择性知觉。

（2）告知学习者目标，即教学开始告知目标和策略，其功能是激起学习者对新知识、新技能的期望，产生学习的内部动机。当学习者理解了教学的目标时，他们就会获得一种预期。这种预期通常会贯穿于学习过程的始终，并将由学习完成时所提供的反馈加以证实。教学的一个重要阶段就是要建立目标与动机之间的联系。

（3）刺激回忆先前的学习，即要求学习者回忆先前习得的某些东西。通常回忆那些与新学习的任务之间有着某些自然联系的知识是非常有用的。比如，当前需要学习某种智慧技能，这一环节的教学活动就是引导和带领学生回忆与该智慧技能相关的前提性的规则和概念。这种回忆可以通过要求再认或再现的问题来引发。先前习得的材料与新学习间的关系类型会因不同的学习结果而有所不同。

（4）呈现刺激，即教学的第四事件要求给学习者呈现必要的刺激。如果要学习的是言语信息，那么刺激则可能是课本中出现的书面课文，或者是录音带的口头演说；如果要从事的是智慧技能的学习，那么就可以呈现要形成的一个概念或规则或应解决的问题所必需的物体或符号；在学习认知策略时，教师可能会将策略本身的步骤描述或演示给学习者；对于动作技能的学习，呈现的刺激通常是在引发技能时存在的情境等；无论哪种情况，最有效的做法就是清晰地描述刺激的特征。

（5）提供“学习指导”，即促进语义编码。帮助学习者获得刺激的个人意义，也即让刺激与学习者原有的认知结构间建立起实质的、非人为的联系。一般来讲，可以通过以下手段来完成：①利用抽象名词和概念的具体例子；②精加工每一个观念，使之与记忆中已有的其他观念相关联。

（6）引出行为，即这项教学事件的目的是促使学习者作出反应的活动，以此来验证期望的学习过程是否发生，学习的结果是否达成。通常，这种行为是继学习之后首次进行的作业，在多数情况下，教师接下来会呈现新例子，以确保该规则能被应用到新情境中。

（7）提供反馈，即在学习者作出反应、表现出行为之后，必须及时让学习者知道学习的结果。这个事件是以多种不同的方式来实施的，可以是自我反馈，也可以是教师或其他人提供的。

（8）评价行为，即当学习者表现了一次反映新的习得能力的行为后，还不能确定他已经掌握了这种能力，教师需要要求学习者进一步表现学业行为或是进行测试。这一事件的作用在于：①证实新习得的性能具有相应的稳定性；②提供额外的练习以巩固所学。

（9）促进保持和迁移。为增进记忆的策略很多，如采用有意义的方式习得材料，建立起材料的关系网络；科学、合理地复习。有效促进迁移的最好方法就是为学生提供各种各样的新任务，要求他们把所学知识运用到新的情境之中，从而促进更高层次的学习。教师在提出促进迁移的问题时，应当考虑先决能力是否具备和如何激活两方面的问题。

二、课堂教学策略

教学策略是指为完成教学目标和适应学生认知需要而在教学活动中采取的一系列教学措施，它是教学活动的有机组成部分。

美国教育心理学家加涅将课堂教学策略分为管理策略和指导策略。我国学者赵树铎将教学策略分为信息处理策略和行为技术策略两大类。张大均则把教学策略划分为教学准备策略、教学实施策略、因材施教策略、教学监控策略四种基本类型。这里主要介绍几种提高教材可懂度的策略和增加学习机会的课堂教学策略。

（一）提高教材可懂度的策略

1. 先行组织者策略

先行组织者是由奥苏伯尔在20世纪60年代初提出的一个概念。它主要是指在学习教学内容之前呈现的指导性材料。它的概括水平和包容水平要比所要学习的教学内容高，但是以通俗易懂的形式呈现。奥苏伯尔指出，组织者最宜在两种情况下运用：第一，当学生面对学习任务时，倘若其认知结构中缺乏适当的上位观念用以同化新知识，则可以设计一个概括与包容水平高于要学习的新材料的组织者。让学生先学习这一组织者，以便获得一个可以同化新知识的认知框架。这种组织者被称为陈述性的组织者。第二，当学生面对新的学习任务时，倘若其认知结构中已经具有同化新知识的适当观念，但原有观念不清晰或不巩固，学生难以应用，或者他们对新旧知识之间的关系辨别不清，则可以设计一个指出新旧知识异同的组织者。这种组织者被称为比较性组织者。无论哪种组织者策略，其基本目的都是从外部影响学生的认知结构，使之易于同化新材料，它所起的是使新知识与旧知识发生联系的桥梁作用。教师在运用这一策略处理教材内容时，应考虑先行组织者的有效性受学生的知识准备程度以及先行组织者的抽象程度两个因素的影响。

2. 结构化策略

如果说先行组织者策略旨在通过新旧知识的联系，帮助学生理解教材内容的话，那么结构化策略则是通过构建知识内部的联系，帮助学生更好地形成新的认知结构。具体的做法如群集法、纲要法等。群集法的实质是对教材内容进行归类整理，也叫归类法。纲要法的实质是掌握教材内容的纲目要点，也叫提纲挈领法，它又可分为主题纲要法（运用词语来表达教材内容的层次结构）和符号纲要法（运用符号来表达教材内容的层次结构）。

3. 使用符号标志的策略

符号标志是在学习材料中加入未增加实际内容的标志或词语，以强调材料的概念结构和组织的技术。它们虽不提供实际的信息，但使材料的结构更为清晰，使人一目了然。因此，它们为读者选择适当信息，并为将这些信息组成一个彼此关联的整体提供了一个概括的框架。使用符号标志的形式很多，如列出小标题，使用不同字体，突出关键词语，用 1、2、3 等序列数字指出内容要点。符号标志对不熟练的阅读者更为有效，它主要是促进选择性的保持和迁移。

4. 附加问题的策略

附加问题的目的是从外部控制学习者的注意。如果问题在阅读材料之前提出，则它们会影响学生的选择性注意，更加注意问题中提到的信息。这是对知觉的一种顺向影响。如果问题在阅读之后提出，则学生会回过头来重新知觉问题中提到的信息。这是一种逆向影响，它影响学生对问题中提到的信息的注意量。如果问题涉及材料的结构，则学生会将注意力放在材料的内在结构上，从而有助于对材料的理解。

（二）增加学习机会的策略

从学生获得学习机会多少的角度来分析课堂教学，当前普遍存在的问题是“三多三少”，即全班统一学习的机会多，个人独立学习的机会少；接受学习的机会多，表达学习的机会少；学习水平高的学生参与机会多，学习水平低的学生参与机会少。为此，增加学习机会的策略是改革课堂教学的组织形式和练习作业形式，变“以全班统一学习为主”为“个人独立学习、结对学习、小组学习和全班统一学习相结合”；变课内练习和课外作业为课内外练习与课内外专题研究相结合，拓展学生课外学业活动的空间，增加学生相互交流和学习的机会。

三、教学评价

评价是对某个对象或事件的价值高低作出判断的过程。教学评价就是对教学活动的价值判断过程。它以参与教学活动的教师、学生、教学目标、内容、方法、教学设备、场地和时间等因素的有机组合的过程和结果为评价对象，是对教学活动的整体功能所作出的评价。教学评价包括对教师教学过程和质量的评价、对学生学业成绩的评价，以及对课程的评价。例如，教学目标是否合理、准确；对学生和教学任务的分析是否到位；教学组织形式、教学方法、教学媒体使用以及教学评价方式是否恰当；教学过程是否流畅、有序；教学效果的优劣等等。根据不同的目的和标准，教学评价可以分为不同的种类。根据评价进行的时间和目的不同，可以将教学评价分为诊断性评价、形成性评价和总结性评价；根据评价所参照的标准不同，可以将教学评价分为常模参照评价、标准参照评价、个体内参照评价；根据评价的主体不同，可将教学评价分为自我评价和他人评价；根据评价的对象不同，可将教学评价分为教学本身的评价和课堂评定。

（一）诊断性评价、形成性评价与总结性评价

根据教学评价在教学过程中实施的时间和发挥的作用的不同，将教学评价分为诊断性评价、形成性评价和总结性评价。

1. 诊断性评价

在教学过程中，教师要想形成一套适合每个学生特点和需要的教学方案，就必须深入了解学生已有的知识、技能的掌握程度，了解他们的学习动机状态，发现他们学习中存在的问题及原因等。教师获取这些情况的方法和途径是多样的，其中最常用、最有效的手段之一就是诊断性评价。诊断性评价是指在活动开始之前，为使其计划更加有效地实施而进行的评价，也称事前评价，包括症状诊断和原因诊断。诊断性评价的用途主要有三个方面：第一，检查学生的学习准备程度。常在教学前（如某课程或某单元开始前）进行测验，可以帮助教师了解学生在教学开始时已具备的知识、技能程度和发展水平。第二，确定对学生的适当安置。通过安置性诊断测验，教师可以对学生学习上的个别差异有较深入的了解，在此基础上经过合理调整使教学更好地适应学生的多样化学习需要。第三，辨别造成学生学习困难的原因。在教学过程中进行的诊断性评价，主要是用来确定学生学习中的困难及其成因的。

2. 形成性评价

形成性评价是指在教学进行过程中为改进和完善教学活动而进行的对学生学习过程及结果的测定。形成性评价有点类似于教师按传统习惯使用的非正式考试和单元测验，但它更注重对学习过程的测试，注重利用测量的结果来改进教学，使教学在不断的测评、反馈、修正或改进过程中趋于完善，而不是强调评定学生的成绩等

级。正因为形成性评价以获取反馈、改进教学为主要目的，所以这类测试的次数比较频繁，一般在单元教学或新概念、新技能的初步教学完成后进行，测试的概括水平不如总结性评价那样高，每次测试的内容范围较小，主要是单元掌握或学习进步测试。相比较而言，形成性评价侧重于教学的改进和不断完善，属于“前瞻式”评价，而总结性评价侧重于对已完成的教学效果进行确定，属于“回顾式”评价。

要使形成性评价在改进教学方面真正发挥作用，教师应注意做到：第一，把评价引向提供信息，而不要把它简单地作为鼓励学生学习或评定成绩等级的手段。第二，把形成性评价与日常观察结合起来，综合测试和观察的反馈信息对教学作出判断与改进。第三，仔细分析测试结果，逐项鉴别学生对每个试题的回答情况，如果大部分或相当数量的学生对某个试题的回答都有误，那就表明自己在这方面的教学有问题，应及时加以改进。

3. 总结性评价

总结性评价一般指在课程或一个教学阶段结束后对学生学习结果的评定。这类评价的主要目的是评定学生的学业成绩，确定学生达到教育目标的程度，证明学生掌握知识、技能的程度和能力水平，为确定学生在后继教程中的学习起点，预言学生在后继教程中成功的可能性，以及为制定新的教育目标提供依据。

总结性评价着眼于某门课程或某个教学阶段结束后对学生学业成绩的全面评定，因而评价的概括水平一般比较高，考试或测验所包括的内容范围也比较广，评价的次数不多，一般是一学期或一学年两三次。学校中常见的期中考试、期末考试以及毕业会考都属这类评价。

（二）常模参照评价、标准参照评价和个体内参照评价

根据评价所依据的不同标准与解释方法，可以将评价分为常模参照评价、标准参照评价和个体内参照评价。

1. 常模参照评价

常模参照评价，也称相对标准评价，是将个体的成绩与同一团体的平均成绩或常模相互比较，从而确定其成绩的适当等级的评价方法。这种评价方法重视个体在团体内的相对位置和名次，它所衡量的是个体的相对水平，因而这类评价也称为“相对评价”或“相对评分”。常模参照评价以常模为参照点，常模实际上就是团体测验的平均成绩，以个体的成绩与常模比较，就可以确定他在团体中的位置和水平。

常模参照评价具有甄选性强的优点，因而可作为分类排队、编班和选材的依据。它的缺点是在排队选优时，忽视了个人的努力状况及进步的程度，不利于对后进者的激励。

2. 标准参照评价

标准参照评价，也称绝对标准评价，是以具体体现教学目标的标准作业为准，确定个体是否达到标准以及达标的程度如何的一种评价方法。标准参照评价是用来

衡量个体的实际水平的，它关心的是个体掌握了什么或没掌握什么，以及能做什么或不能做什么，而不是比较个体之间的相对位置。用来评定的所谓标准就是具体的教学目标，教师编制测试题的关键之处是必须正确反映教学目标的要求，而不是这些题目的难易和鉴别力。为准确体现教学目标的要求，客观测得学生的实际水平，必要时过难或过易的试题也应保留，不要轻易删除。评分时学生该得满分就给满分，该得零分就给零分，一切按既定的标准评分。因此，标准参照评价的评分方式又称为“绝对评分”，这种评价称为“绝对评价”。通过标准参照评价可以具体了解学生对某单元知识、技能的掌握情况，哪些学得较好，哪些没学好需要补救。因此，标准参照测验主要用于基础知识、基本技能的测量，适用于形成性测验和诊断性测验，利用测验提供的反馈信息，可及时调整、改进教学。但是，由于很多测题在编制的时候很难充分、正确地体现教学目标，因此，目前教师所作的评价很难说是严格意义上的标准参照评价或绝对评价。

3. 个体内参照评价

个体内参照评价，也称自身评价，是指以个体以往活动的成绩或水平为标准，对个体当前的活动水平进行评价，从而确定其进步程度的评价方法。它包括个体内纵横两个方面的比较。纵是指某一方面的前后期比较；横是指从不同方面，如学习者的写作能力、阅读能力、口头表达能力强弱的比较。这种评价方法关注的是个体的进步程度和发展的均衡性，因此，这类评价也称为“个体标准参照评价”或“个体内评分”。个体内评价弥补了前两种评价方法忽视个人的主观努力状况及进步的程度的不足，更有利于对后进者的激励。

（三）自我评价和他人评价

1. 自我评价

自我评价，也称主体评价，是指由活动者本人对自己的活动情况与结果进行的评价。

2. 他人评价

他人评价是指由活动者本人以外的其他相关人员对该活动作出的评价。

（四）教学活动评价和课堂评定

1. 教学活动评价

教学活动评价是指对教师教学活动，包括教学设计、课堂教学以及教学评价的质量和水平进行的评价。它侧重于了解教师教学的情况，鉴别教师教学水平，为教师调整和改进自身教学行为，提高教学质量提供反馈信息。

2. 课堂评定

课堂评定是指教师通过收集学生在课堂中的信息，对学生的学习状况进行判断和决策，并制订出最适合学生发展的教学计划的过程。课堂评定一般侧重于学生的学业成就，但也包括对学生行为、态度、社会化程度和品德等方面的评定，着眼于对学生学业情况的了解。

教学活动中的评价是随处可见的，方法也是多种多样的，大致可分为量化评价方法和质性评价方法两类。量化评价多以测验、量表等方式进行，重在对结果作数量化的统计与分析，并在此基础上得出结论，作出价值判断。质性评价则主要以观察、谈话、活动分析、文本分析等方式进行，重在对活动及其背后的深层原因作出分析，并在此基础上得出结论，作出价值判断。在实际的评价过程中，只有充分了解各种教学评价类型和方法的特点、作用及适用范围，才能做到使它们在实际评价过程中相互配合、优势互补，发挥出应有的作用。

第三节　影响教学及其设计的心理学思想

基础领域的心理学研究，对教学及其设计具有重要的影响。从第一节关于教学目标的表述中，我们可以看到影响教学及其设计的两种重要心理学理论，即行为主义心理学和认知主义心理学。在本节中，我们还将介绍另外两种对教学及其设计有着重要影响的心理学理论，即人本主义心理学和建构主义心理学。

一、行为主义心理学

行为主义有这样一句经典名言：“给我一打健康没有缺陷的婴儿，让我在特殊世界中教养，那么我可以担保，随便挑出其中任何一个——无论他的能力、嗜好、才能、职业及种族怎样，我都能够将他训练成我所选定的任何一个类型的特殊人物，如医生、律师、艺术家、商界首领，甚至是乞丐或窃贼。”从这句名言中我们不难看到行为主义对外部因素的重视。行为主义非常注重教育环境的设计，强调知识的内在逻辑顺序。因为否认或忽略内部因素的存在及作用，因此行为主义较少考虑学生的认知特点和非智力因素的作用与影响。

教学设计在发展初期，就受到了行为主义心理学思想的影响。教学设计者应用行为主义心理学（尤其是学习理论）的思想和观点，构建了教学设计的程序和环节，开辟了一条教学与技术相结合的新路。由于行为主义心理学将人的心理等同于行为，因此，非常关注对外显行为的描述和测量，正是在这样的背景下，行为目标，可操作式测量方法，教学系列测评和评价、强化等很快就直接成为教学及其设计的工具和方法，使得教学设计（尤其是教学目标的设计）摆脱了空泛和含糊。

行为主义心理学理论提出的程序教学、计算机辅助教学、个别学习法和视听教学等多种教学模式或方法在现代的教学设计中都得以广泛运用。其中，影响最大、运用最广的是斯金纳的程序教学。还有一些重要的方法，如行为目标、通过必要的措施发展教学、对教学效果的测定等都来源于程序教学的理论。

正如前面所说，行为主义心理学强调环境对学习产生的影响。这种理论认为，当学习者对某种特殊的刺激作出了适当的反应时，就表明产生了“学习”。当学习者对特定刺激作出适当反应时，对学习的结果应当给予适当的强化，这样能巩固学习的成果。这对于推进学习活动，促进学生技能发展确实具有显著的效果，但是由于行为主义心理学只强调外显行为，而不研究人的学习的内部过程，使得它完全忽略了对学习者内在条件和需要的关注，这也是行为主义对教育教学的消极影响。

二、认知主义心理学

与行为主义心理学相比，认知主义心理学理论更注意学习者内部的因素，强调学习者在学习过程中的主体地位和重要作用。它批评行为主义是在研究“空洞的有机体”。认知心理学认为，是个体作用于环境，而不是环境引起人的行为；学习与个体的原有认知结构密切相关；学习是知识在头脑中组织和表征的过程，学习中存在着不同水平的认知过程，不同的主体对知识有不同的表征。显而易见，这种理论十分重视认知结构和认知过程的地位及作用。认知心理学的一个分支——信息加工理论，对教学设计具有十分重要的影响。这种理论将学习过程视为一系列信息加工转换过程，如图 10－5 所示。

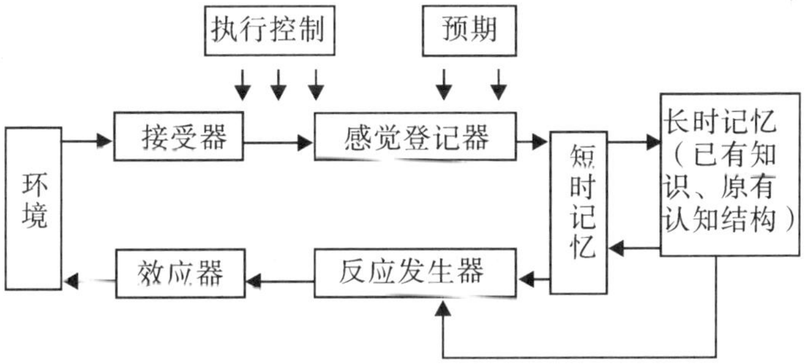

图 10－5 学习和记忆信息加工模型

从学习的信息加工模式中可以看到，学习是学生与环境之间相互作用的结果。学习过程是由一系列学习者参与的事件构成。因此，教学设计应该考虑学习（信息加工）的阶段。加涅根据学习过程提出的教学事件，对教师实际的课堂教学程序的安排产生了巨大的影响。对教学设计中如何设计学习者的学习，如何组织和实施教学活动提供了有力的理论依据。此外，认知心理学还提出了一系列与教学及其设计相关的认知概念和信息加工的技术。例如，前面提到的“先行组织者”、“有意义的学习”、“概念地图”等。

三、人本主义心理学

20 世纪 60 年代以来，人本主义作为心理学的第三势力开始崛起。它批评认知心理学把人当做“冷血动物”（即没有感情的人），主张心理学要想真正成为关于人的科学，应该探讨完整的人，一个有血有肉、有感情的人，而不是被分割成一个个零星的行为和若干个认知问题的人。人本主义认为，真正的学习涉及整个人，而不仅仅是为学习提供事实；真正的学习经验能够使学习者发现他自己独特的品质，发现自己的特征，而教学则是为了促进学生成为一个完善的人。

人本主义心理学思想中影响最大的是马斯洛的需要层次理论和罗杰斯的非指导性教学。马斯洛的需要层次理论的提出和建立，第一次使学生的需要成为教学设计关注的焦点，使学习真正成为学生的学习，而非仅仅对应于教学的活动。

人本主义心理学家认为，个人的成长源于自我的成长和发展，而自我的成长和发展又离不开无条件的尊重和自尊。因此，教学中要强调对学生需要的分析和对学生的尊重。由于人本主义心理学家认为人的潜能是自我实现的而不是教育的作用使然，因此他们认为，促进学习的关键不在于教师的技巧、课程计划、视听辅助材料、演示和讲解以及丰富的书籍等，而是需要一个安全、自由、充满人情味的心理环境。在人本主义心理学家看来，课堂中的气氛必须是安全、真诚、开放、相互支持的。

人本主义心理学家认为，学习是在好奇心的驱使下，学习者主动去吸收任何他自己觉得有趣和需要的知识，而不是以填鸭式强迫学生无助而又顺从地学习枯燥乏味、琐碎呆板的东西。因此，他们主张一种开放的教学，罗杰斯在他的著作中甚至主张废除“教师”这一角色，而代之以“学习促进者”，以降低教师权威对学生发展的抑制。

人本主义心理学的这些观点，为设计和实施“以学生学习为中心”的教学提供了强有力的理论支持，也受到越来越多研究者的关注和重视。

四、建构主义心理学

建构主义是心理学从行为主义发展到认知主义之后的进一步发展，在 20 世纪 80 年代末开始传入中国，并对我国的教育教学改革产生重大而深远的影响。

以建构主义为指导的学习理论与以往的行为主义的理论模式有很大的差别。建构主义学习理论认为，世界是客观存在的，但是对于世界的理解和赋予的意义都是由每个人自己决定的。我们是以自己的经验为基础来构建现实，或者至少说是在解释现实。我们的个人世界总是用我们自己的头脑创建的。由于我们的经验以及对经验的信念不同，于是我们对外面世界的理解也是各不相同的，所以建构主义更关心如何以原有的经验、心理结构和信念为基础来构建知识。

建构主义认为，学习是建构内在心理表征的过程。学习者并不是把知识从外界搬到记忆中，而是以已有的经验为基础通过与外界的相互作用来建构新知识的过程。它更加强调学习活动中的主动性、社会性、情景性、协作性，提倡一种更加开放的学习。对每个个体来说，这种开放的学习在学习方法和学习结果上都可能是不同的。

不难看出建构主义对教师与学生的作用有了重新的定位：学习者不是知识的被动接受者，而是知识的主动建构者，外界施加的信息只有通过学习者的主动建构才能变成自身的知识。这就要求学生：①在学习过程中用探索法、发现法去建构知识的意义。②在意义建构过程中要求学生去搜集并分析大量的有关信息和资料。③需要将新、旧知识联系起来，并对这种联系加以认真思考。而教师则从以教授知识为主变为以指导、辅导学生的学习为主，由舞台上的主角变成幕后导演，成为学生建构意义的帮助者、指导者。这种帮助、指导作用体现在：①激发学生兴趣，帮助学生形成持久的学习动机。②通过创设符合教学内容要求的情景和提示新旧知识之间联系的线索，帮助学生建构当前所学知识的意义。③为了使意义建构更有效，教师应在可能的条件下组织协作学习，并对协作学习过程进行引导。

教学过程不再是一个同步的过程，而是一个异步的、发散式的思维过程，不同的学生沿着不同的学习路径，完全可以建构出相同的结果。学习的质量是学习者建构意义能力的函数，而不是学习者重现教师思维过程能力的函数。换句话说，获得知识的多少取决于学习者根据自身经验去建构有关知识的意义的能力，而不取决于学习者记忆和背诵教师讲授内容的能力。

建构主义强调要发挥学习者在学习过程中的主动性和建构性，根据初级学习和高级学习的划分，提出了自上而下的教学设计思想和知识结构网络的概念，重视“情景”、“协作”在教学中的重要作用。建构主义教学设计强调学生是认知过程的主体，是意义的主动建构者，因而有利于学生的主动探索、主动发现，有利于创造型人才的培养，这是其突出的优点。但是，由于强调学生的“学”，往往容易忽视教师主导作用的发挥，忽视师生之间的情感交流和情感因素在学习过程中的重要作用；而且，由于忽视教师主导作用，当学生自主学习的自由度过大时，还容易偏离教学目标的要求，所以受到一些学者的批评，这是我们在建构新型教学模式时所需要考虑和注意的。

心理学的研究成果为教学实践提供了强有力的理论基础。在分析教学背景、目的和任务，了解学习者特征，设计和安排教学程序，选择教学策略，实施教学活动时，我们都离不开心理学理论，特别是学习理论提供的相关信息。因此，了解与教学及其设计有关的心理学思想是教师进行有效教学的重要前提之一。

思考题

一、选择题

1.（　　）是以教学过程为研究对象，用系统方法分析教学过程中的各个要素，并在充分分析的基础上进行的系统规划和安排。

A. 教学设计　　B. 教学目标　　C. 教学过程　　D. 教学评价

2.（　　）等人对目标的定义和分类所进行的系统研究指出，教学目标可以分为认知、情感和动作技能三种类型，每一种技能中又包含了若干水平。

A. 布卢姆　　B. 马杰　　C. 皮亚杰　　D. 加涅

3.（　　）是指为完成教学目标和适应学生认知需要而在教学活动中采取的一系列教学措施。它是教学活动的有机组成部分。

A. 教学策略　　B. 教学目标　　C. 教学评价　　D. 教学规划

4.（　　）也称相对标准评价，是以个体的成绩与同一团体的平均成绩或常模相互比较，从而确定其成绩的适当等级的评价方法。

A. 标准参照评价　　B. 常模参照评价　　C. 个体内参照评价D. 绝对标准评价

5. 教学评价包括对教师教学过程和质量的评价、对学生学业成绩的评价，以及对（　　）的评价。

A. 内容　　B. 过程　　C. 课程　　D. 自身

6.（　　）是有效教学的首要事件。

A. 告知目标　　B. 引起注意　　C. 呈现刺激材料　　D. 引出行为

7.（　　）更加强调学习活动中的主动性、社会性、情景性、协作性，提倡一种更加开放的学习。

A. 行为主义心理学　　B. 认知主义心理学

C. 人本主义心理学　　D. 建构主义心理学

二、简答题

1. 试述教学设计的基本流程。

2. 什么是学习者准备状态？如何进行学习者分析？

3. 选择一个具体的主题，画一个任务分析层次结构图。

4. 简述阿姆斯特朗的多元智力理论与最优教学方式。

5. 简述提高教材可懂度的策略。

6. 根据不同的目的和标准，简述教学评价可以分为哪些不同的种类。

7. 简述学习和记忆信息加工模型。

第十一章 品德的形成

本章要点

●品德及其心理结构概述
○品德的概念
○品德的心理结构
●品德形成与发展的主要理论
○道德认知的发展
○道德情感的发展
○道德行为的发展
●学生品德的形成
○学生品德的形成过程
○学生品德形成的影响因素
●学生不良品德的矫正
○学生不良品德的概念
○品德不良学生的心理特点
○学生品德不良的原因分析
○学生不良品德的转化与矫正

学生品德的培养与发展既是全面发展教育的重要组成部分之一，同时也是学校教育的一项重要社会职能。学生德育心理与道德品质的培养是心理学特别是教育心理学的重要组成部分。它主要阐述了学生品德形成过程中的心理特征，如何促进学生品德的形成以及如何有效地矫正学生的不良品德。本章将概述品德的概念和心理结构，品德形成与发展的主要理论，学生品德的形成和学生不良品德的矫正。

第一节　品德及其心理结构概述

一、品德的概念

（一）品德

品德（morality），亦称德性或品行，是道德品质的简称，主要指的是道德的个体化，即个体依据一定的社会道德和行为规范，在行动时所体现出来的比较稳定的、具有一定结构的心理特征或倾向。[①] 品德是社会道德现象在个体身上的反映与体现，属于个性心理特征内容。品德是个人在社会道德氛围熏陶和学校道德品质教育的影响下逐步形成与发展起来的，它是个人对社会道德品质标准的心理反映。人们品德的善恶并不是先天的，而是在一定社会环境和物质条件下，通过社会生活实践和教育的熏陶，并经过个人自觉锻炼和修养而逐步形成与发展起来的。在对品德进行研究和分析时，要特别注意区分与品德比较容易混淆的相关概念，如道德、美德等。

（二）道德

道德（moral）是伦理学的研究对象和范畴。它是一种社会意识形态，主要是指由社会舆论力量和内心驱使共同支持，以善恶评价的方式来调整个人与个人、个人与社会、社会与社会之间相互关系的标准及规范的总和。道德包括主客观两方面的内涵，如道德意识、道德信念等属于道德的主观方面，道德关系和道德规范属于道德的客观方面。此外，道德还包括了那些与道德标准、原则及规范相应的行为和活动。道德是一定社会为了调整人们彼此之间相互关系的行为规范的总和，是人类所特有的社会现象。

（三）美德

美德（virtue）主要是指高尚和优良的道德品质。[②] 美德与恶德是彼此相互对立的，它是对个体（或团体）优良的、具有积极意义的道德品质的概括和总结，也是对那些品德所具有的一般道德价值的肯定评价。当然，不同时代、不同阶级对美德内容的理解和概括是各不相同的，体现着不同的道德要求。同时，历史上各个时代的美德又有批判继承的联系。总之，人类的美德是随着历史的发展而不断丰富和发

---

① 黄希庭．简明心理学辞典．合肥：安徽人民出版社，2004. 273.
② 宋希仁，陈劳志，赵仁光．伦理学大辞典．长春：吉林人民出版社，1989. 789.

展的。对美德的拥有使得个体能够自觉保持那些内在于实践的利益。相反，缺乏美德这种品质就会妨碍个体获得任何此类利益。

（四）品德与道德、美德的辨析

1. 品德与道德的辨析

品德与道德是既有区别又有联系的两个不同的概念。其区别主要表现在：①品德是一种个体现象，其依赖于个体的存在而存在的，而道德是一种社会现象，其依赖于整个社会的存在而存在的；②品德的形成和发展既要受社会发展规律的制约，还要服从个体生理、心理发展规律的支配，而道德的发展主要受社会发展规律的制约；③品德是心理学与教育学研究的对象，道德则是伦理学与社会学研究的对象；④品德只是反映了整个社会生活要求的其中一部分，而道德则反映了整个社会生活的要求。品德与道德的联系主要体现在：①品德的内容是社会道德在个体身上的具体体现，是社会道德的组成部分，如果离开了社会道德，那么也就谈不上个人的品德；②品德是个人在后天的社会环境、学习及教育的影响下形成和发展起来的，品德与道德一样均受到社会发展规律的影响和制约；③品德对道德具有一定的反作用。

2. 品德与美德的辨析

品德与美德是两个既有联系又有区别的不同的概念。其联系主要表现在：①美德所体现的品质与素质是以品德为基础的，离开了品德，也就谈不上美德；②美德是一种良好的品质，面对利益和诱惑仍然能够按照原则和规则行事，体现了不趋利、不悖理的品质；③美德是品质的一种，即优良的品德；④可以把美德看做是品德维度连续体上的一端，与其相反的是恶德。品德与美德的区别主要体现在：①品德是个体的一种比较稳定的心理倾向，是一种个性心理特征，美德是评价个体具有积极意义的行为和品德的一种伦理概念；②品德是中性概念、种概念，而美德是个属概念，它的外延比品德小，内涵比品德丰富。

总的来说，品德与道德、美德既相互联系又相互区别。品德是个体的一种比较稳定的心理倾向，是一种个性心理特征，属于心理学（个性心埋学）的研究范畴和对象，对品德的研究不应偏离或超出个性心理学的范畴。

二、品德的心理结构

品德心理结构，亦称品德结构，主要指的是个体道德品质的心理成分及其构成方式。[①] 简言之，品德包含哪些方面的内容，或品德由哪些构成要素组成。对于品德心理结构的研究不仅是德育研究的核心内容，同时也是心理学、教育学、伦理学和社会学共同关注的话题，一直受到研究者的重视。品德心理结构的研究对研究品

① 黄希庭．简明心理学辞典．合肥：安徽人民出版社，2004. 273.

德发展规律、德育过程、德育方法等方面具有十分重要的意义和价值。自1963年我国著名心理学家潘菽先生主编的《教育心理学》，至20世纪七八十年代李伯黍等开展的一系列关于儿童道德发展研究，再到当今品德心理各领域研究的深入和发展，不同的研究者依据不同的角度和方法，提出了各自的观点和看法。这里简略地作些介绍。

（一）品德的因素构成说

品德的因素构成说是一种较早形成的关于品德心理结构的学说，该观点为品德结构的研究与发展奠定了基础。其中品德的三因素说认为品德的心理结构主要包括知、情、行三部分，也就是说个体的品德结构都包含道德认识、道德情感与道德行为三要素。[①] 三因素说认为个体品德的形成和发展是这三方面心理成分共同发生作用的总和，只有当这些心理成分都得到相应的发展，此时道德品质才能得到更好的发展。而四因素说则认为品德的基本结构为知、情、意、行，即个体的品德结构都包括道德认识、道德情感、道德意志和道德行为四种成分。[②] 该观点认为，在品德活动中知、情、意、行是彼此亲密联系的，其每一个方面都不能忽视，不能把四种成分孤立。因此，要培养个体的道德品质应该全面协调这四种成分，促进个体的发展。

（二）品德的多维结构说

多维结构说侧重于从品德结构的维度特征来对品德进行描述和分析，注重同时从各个维度来考察品德的心理结构。品德的多维结构说主要包含基本维度说和三维结构说两种观点。其中基本维度说，主要从个体的社会适应角度来研究品德结构，强调从动态发展的观点去考察，并提出多元性与统一性、层次性与融合性是最基本的两个维度，其中多元性与统一性维度类似于差异性与统一性，而层次性与融合性维度处于动机、气质等品德结构的最深层，个体的性格在品德的低层，而精神意识则处于最高层，且这三个层次是相互融合的。[③]

三维结构说认为品德的心理结构包含心理内容、心理形式和心理能力三个维度。[④] 三维结构说把品德的心理能力纳入品德结构之中，强调能力在品德形成与发展中的重要意义和作用。

（三）品德的层次结构说

与前两种观点不同，品德的层次结构说，倾向于从发展和系统的角度来解析品

① 潘菽．教育心理学．北京：人民教育出版社，1983. 148～151.
② 林夏芬，何贵兵．国内近年品德心理结构研究综述．应用心理学，1993，8（4）：45～50.
③ 薛殿会．思想品德结构及其形成．教育研究，1983（1）：25～28.
④ 施铁如．道德观念结构与道德观念建构．心理科学进展，1993（3）：1～5.

德的心理结构。[1] 层次结构说认为品德结构是具有层次性的动态稳定的非平衡结构，认为品德结构包含表层和深层结构两部分内容，表层系统是深层系统在现实社会生活中的外显表现，深层系统是表层系统的本质体现，对表层系统起着支配的作用。其中，表层结构系统又包含道德认识、道德情感和道德行为三个子成分；深层系统则包含动机系统与自我调控系统两方面，而品德的动机系统则包括道德需要、道德兴趣、道德理想、道德信念和世界观五个子成分，品德的自我调控系统则包括自我认识、自我体验和自我监控三个子成分。

（四）品德的系统分析说

该学说从系统分析的角度出发，对品德的心理结构进行解析，认为品德的心理结构主要由各个子系统构成。关于构成品德心理结构的各子系统，不同的研究者存在不同的看法和观点。品德的系统分析说主要包括二子系统说、三子系统说和意向系统结构说等。其中，三子系统说认为，品德心理结构主要是由品德动机、品德心理特征和品德组成形式三个子系统构成。[2] 其中品德动机系统所描述的是品德的表层结构和深层结构的关系；品德心理特征系统则描述心理活动与行为活动间的关系；而品德组织形式系统是表述品德的定向、操作与反馈系统。这三个子系统是相互作用、相互影响的。

上述各种有关品德心理结构的观点和学说从不同的角度、方向对品德心理结构进行了详细描述与说明，对品德结构形态和特征的认识各不相同，但都有着各自的特点和优势，使得关于品德心理结构的研究得到了新的发展，为品德结构的进一步研究提供了相应的基础，作出了相应的贡献。

第二节　品德形成与发展的主要理论

一般都认为品德的心理结构包括道德认知、道德情感和道德行为方式三种基本心理成分。故在本节将分别从这三个方面来阐述品德形成与发展的主要理论观点。

一、道德认知的发展

（一）皮亚杰的道德认知发展论

瑞士著名心理学家皮亚杰用认知发展的观点解释道德发展，提出了关于道德认

① 张志学．谈品德心理的结构．教育研究，1990（7）：37～41.

② 林崇德．论品德的结构．北京师范大学学报（社会科学版），1988（1）：57～65.

知发展的理论。他认为，道德发展是认知发展的一部分，认知发展表现出一定的阶段性，道德发展也会表露出阶段性。他在研究中指出，儿童道德判断的发展阶段与智慧发展阶段是平行的，并揭示了儿童道德判断的发展进程，将其区分为他律和自律两个时期，并认为在此之前，儿童还经历了一个具有自我中心的规则概念的前道德阶段，皮亚杰称其为无律期。

1. 无律（anomous）阶段

皮亚杰认为，5 岁幼儿以“自我中心”的规则来考虑问题，他们片面强调个人存在及个人的意见和要求。他们的行为直接受其行为结果的支配，为了得到奖励或者避免惩罚，他们只做规定内的事情。处在这一阶段的儿童对自己的行为不作出好坏善恶判断，他们既不是道德的，也非不道德的。他们的行为多与生理本能的满足有关，谈不上任何道德观念的发展。

2. 他律（heteronomous）阶段

5 ~ 8 岁的儿童处于此阶段。该阶段儿童的道德认知一般是服从外部规则，以服从成人为主要特征，故又称为服从的阶段。这一时期儿童的道德判断是以他律的、绝对的规则及对权威的绝对服从和崇拜为特征。他们了解规则对行为的作用，但不了解其意义，只根据行为后果来判断行为的好坏对错，认为服从成人就是最好的道德观念，服从成人的意志就是公正。如果违背成人的法则，不管动机如何都应该受到惩罚，而且所受到的惩罚越厉害就越公平。例如，A 小朋友为了帮助妈妈洗碗而打碎了一叠碗；B 小朋友为了偷柜上的巧克力吃而打碎了一只碗，这时让处在他律阶段的儿童作判断，他们往往不会考虑两个小朋友的动机，而认为 A 所犯的错误更大，因为 A 小朋友打碎碗的数量大于 B 小朋友。

3. 自律（autonomous）阶段

皮亚杰认为，9 ~ 11 岁儿童的道德发展水平进入自律阶段。这一时期的儿童，有了自律的萌芽，公正感不再是以“服从”为特征，而是以“平等”的观念为主要特征，不再无条件服从权威。这一时期的儿童意识到准则是一种保证共同利益、契约性的、自愿接受的行为准则，并表现出合作互惠的精神。他们开始以动机作为道德判断的依据，认为公平的行为都是好的。

总体来说，在皮亚杰看来，儿童道德判断从他律到自律的变化，主要是认识上的成熟。他指出，他律的品德源于自我中心的幼儿期，幼儿自发地尊重成人的权威，而成人则常会由于所处地位而任意对儿童施加约束。但成人的约束并不能促进儿童道德的成长。只有促进儿童与同伴间形成相互交往的合作关系，使儿童摆脱幼稚的自我中心主义，而且还得以牺牲成人的约束为代价，才能使儿童的品德向自律方面过渡。皮亚杰认为，只有当儿童的道德发展达到自律水平时，才能称得上真正的品德。[①]

---

① 陈琦，刘儒德．当代教育心理学．北京：北京师范大学出版社，2007. 407 ~409.

(二)科尔伯格道德认知发展理论

美国教育家科尔伯格让不同社会文化背景、不同年龄(6、7~21岁)的被试对道德两难问题作出判断,从被试处理道德问题的思维方式上,发现他们的道德判断水平有差异,因而,他继承了皮亚杰的理论,认为儿童道德的发展是分阶段的。在此基础上,通过研究,他把人们的道德判断概括为三种水平,每种水平可分为两个阶段,形成了三种水平六个阶段理论。

1. 前习俗水平

大约出现在幼儿园及小学低中年级阶段。这一水平的主要特征是,儿童的道德观念纯属外在的。儿童已能辨识有关是非好坏的社会准则和道德要求,但他们是从行动的物质后果或是否引起自身快乐(如奖励、惩罚、博取欢心等)的角度来判断,是为了免受惩罚或获得奖励而顺从权威人物规定的行为准则,即儿童的道德判断着眼于人物行为的具体后果和自身的具体利害经验,而不涉及行为的道德意义。这一水平包括两个阶段:

阶段1,惩罚和服从的定向阶段。这一阶段的儿童对行为好坏的判断并没有固定的准则概念,而是以是否会受到惩罚、是否服从父母或其他权威的命令为准则。他们不考虑惩罚或权威背后的道德准则,凭自己的水平作出避免惩罚和无条件服从权威的决定,认为凡是免受惩罚的行为就是好的,遭到批评指责的行为就是坏的。

阶段2,工具性的相对主义定向阶段。这一阶段具有互利交换的实用主义和朴素的利己主义色彩。儿童判断行为的好坏,以是否适合自己的利益,能否取得成功、获得奖赏为准则。得赏者为是,受罚者为非,而没有主观的是非标准。

2. 习俗水平

这一水平大约出现在小学中年级以上,一直到青年、成年。这一时期的主要特点是个人逐渐认识到团体的行为规范,他们为了得到奖赏和表扬或维护社会秩序而服从各种准则。道德判断着眼于遵从社会的标准,认为对集体好的事情对自己也是好事。处于这一水平的儿童已经能理解维护自己的家庭、集体或国家的期望的重要性,而不理会那些直接的和表面的后果。儿童的态度不只是遵从个人的期望和社会的要求,而是忠于这种要求,积极地维护这种要求。这一水平也包括两个阶段:

阶段3,人际协调的定向阶段或“好孩子”定向阶段。这一阶段的个体心目中的道德行为就是取悦于人、有助于人或获得别人的赞赏。个体按照人们所称的“好孩子”的要求去做,认为行为的正确与否要看是否为别人喜爱或赞扬,舆论认可和社会赞许的都是好行为,好的行为就是帮助别人、使别人愉快、受他人赞许的行为。此阶段儿童的行为在很大程度上是遵从大多数人的或“惯常如此”的行动。

阶段4,维护权威或秩序的定向阶段。这一阶段个体判断是非已有了法制观念。他们以维护权威和维持社会现有秩序为准则。这时候儿童所作判断的依据是相信规则和法律的作用,认为法律总是公正的,倾向于用权威、法则来维护现存的社会秩序，认为正当的行为就是恪尽职守、尊重权威以及维护社会自身的安宁。但他们并未认识到特定社会的法律的可变性。

3. 后习俗水平

这一水平的出现至少是在青年期人格成熟之后。在这一水平上的人的行为原则已经超出了某个权威人物的规定，有了更普遍的认识，表现为个人的义务感、责任感。他们力求对正当而合适的道德价值和道德原则作出自己的解释，按自己的信念与原则作出道德判断，而不管当局或权威人士如何支持这些原则，也不管他们自己与这些集体的关系，即发展到超越现实道德规范约束的完全自律的境界，这是一种理想的境界，成人当中也只有很少一部分人能够达到这一水平。这一时期也分为两个阶段：

阶段5，社会契约定向阶段。处在这一阶段的个体，具有强烈的责任心与义务感，尊重法制，但相信这些制度是人定的，当它不适于社会时理应被修正。

阶段6，普遍道德原则的定向阶段。处在该阶段的个体，他能超越某些规章制度，更多考虑道德的本质，而非具体的原则。他们有个人对是非善恶的价值标准，以普遍的伦理原则、普遍的人权和良心为准则，对事有所为有所不为，不受现实规范的限制。他们认为人类普遍的道德意义是高于一切的，坚信个人为这一崇高原则而献身是值得的。这是进行道德判断的最高阶段。①

科尔伯格继承并扩展了皮亚杰的儿童道德认知发展理论，为我们深入理解道德思维的发展提供了视角。但是对科尔伯格的发展论也存在一些不同的声音，研究者也发现，对于具体的道德问题，个人以不同的方式进行思考，道德思维是“情境相似性”或“情境特异性”的。②

二、道德情感的发展

道德情感是品德心理结构的动力机制，了解道德情感形成和发展的相关理论，有助于培养学生健康的道德情感。这里主要从精神分析学派和人本主义学派的相关理论对道德情感的形成与发展加以阐述。

（一）精神分析学派对道德情感的研究

品德是个性的一个方面，弗洛伊德认为，个性是一个整体，由彼此相关的本我、自我和超我构成，这三部分相互作用形成的内在动力，支配了个体的行为。

本我（id）是个性结构中最原始的部分，包括一些生物性或本能性的冲动，弗

① 陈琦，刘儒德. 当代教育心理学. 北京：北京师范大学出版社，2007. 411 ~413.

② ［美］霍尔，戴维斯. 道德教育的理论与实践. 陆有铨，魏贤超译. 杭州：浙江教育出版社，2003. 106.

洛伊德称之为“力必多”（1ibido）。在力必多的冲动之下，个体寻求即时的满足，没有任何自制力。所以，由本我支配的行为，只是一种冲动，毫无道德可言。初生婴儿的行为即是一种由本我支配的行为。自我（ego）是意识的结构部分，它处在本我和外部世界之间，根据外部世界的需要而活动，对本我进行着一定的压抑，但自我的力量不足以控制本我。个体道德行为的原动力来自于超我（superego）的支配，弗洛伊德认为，超我具有支配个体趋向社会规范的力量。

弗洛伊德认为，儿童道德发展的过程是一个逐步内化的过程。父母很早就向儿童提出了社会化的要求，他们以大人为榜样，建立了自己所仰望的一种理想的自我。而将父母的批评和社会的批评内化成超我（俗称“良心”）。良心的发展可以帮助儿童在父母不在场时也能按道德规范来行动，抵制外界的诱惑，如果儿童的行为违反了超我的意向，他就会感到自责和内疚。在弗洛伊德看来，道德情感的形成导致了儿童内在的双重性，一方是超我的力量，另一方是本能需要。遵从超我力量，儿童就要把遵守社会规范当做一种义务。恰当的超我将使儿童形成合理内化的道德情感，这是一种稳定的、不可改变的道德情感。

（二）人本主义情感取向的道德教育研究

与认知主义、行为主义乃至社会学习理论家在道德教育领域坚持的“理智主义”不同，人本主义学派主张“情感主义”。他们强调道德情感在道德教育中的重要作用，认为“情感构成行为模式的动力系统”。

在罗杰斯看来，道德教育，乃至全部教育的目的就是培养和发展个体的“自我意识”，用马斯洛的话说就是“自我实现”，而奥尔波特则指出，道德教育就是一个促使“自我”或“人格”形成的过程。人本主义心理学家提出发展自我是教育的重要任务，认为学校要将道德教育的理念与实践融入各科教学活动中，在潜移默化中，使学生养成健全的人格。学校应从情感的领域来发展学生的道德观念和行为。人本主义学派提出，在学校的道德教育中，应营造一种新的“道德气氛”。罗杰斯指出，构成这种气氛的条件不是知识、智力训练和某些学派的思想方向或技术，而是感情和态度，其根本要素是：教师的真诚、坦率或和谐一致；对学生的感情和个人的意义具有一种敏锐的、设身处地的理解；对学生作出热情的、可接受的评价。①

---

① ［美］霍尔，戴维斯．现代德育理论与实践．陆有铨，魏贤超译．杭州：杭州大学出版社，1994. 98～103.

三、道德行为的发展

（一）班杜拉的社会学习理论

美国心理学家班杜拉认为，儿童主要是通过观察学习他人的行为表现而学会新的行为反应的。班杜拉把道德发展看做是一种学习过程，强调模仿在儿童品德形成中的作用。他认为，儿童的道德行为模式是从社会学习中获得的，模仿的行为经过认同就可以成为个性的构成物。模仿和认同是青少年最主要的学习形式，它可以使个体学到好的行为和品质，也可以学到不良的行为和品质，这既取决于榜样本身的社会价值，也取决于来自外在和内部酬赏的预期。班杜拉指出，榜样对品德的形成与发展起着极为重要的作用。他把道德品性的形成与发展看做是个人在与环境相互作用中的社会化过程，因此，特别强调社会环境因素（社会学习）和个人内部因素这两者在儿童品德形成中的作用。

班杜拉的主客体交互论的道德发展观与现代德育观的发展趋向一致，为建立现代德育观提供了依据，为道德教育指明了方向。

1. 重视榜样示范在道德教育中的作用

班杜拉认为，社会环境对儿童品德形成和发展的作用主要是通过对榜样的示范学习进行的。父母、教师、同伴和其他成人等在儿童生活中无处不在，其表现出的一举一动都可以成为示范动作，对儿童产生直接或间接的强化作用，从而影响儿童。因此，作为家长，应发挥好的示范作用，力争为孩子创造一个良好的行为、思想、情感的学习环境；教师应严格要求自己，处处为人师表，为儿童树立学习的榜样，同时要积极引导、帮助学生分析各种示范榜样，分清是非。另外，应当净化影视、小说等大众媒介工具所传播的内容，积极发挥大众媒介的示范教育作用。

2. 重视自我调节在道德教育中的作用

道德教育的最终目的就是要使儿童形成一定道德信念支配下的自觉的道德行为习惯，只有当儿童把社会、家长、学校、教师的标准要求内化为自己的标准，并利用这些标准进行自我评价、自我监督、自我调节时，儿童才能形成较稳定的道德行为。因此，重视儿童内部标准的建立及通过自我评价加强行为动机在道德教育中的作用具有极其重要的意义。教育者应鼓励并促进儿童通过实践示范将外部标准内化为他们的内部标准，即积极发展儿童的自我评价、自我反省能力，自觉调节道德行为，因为儿童习得的道德知识只有真正被儿童内化以后，才能真正地转化为儿童的道德行为。儿童自我调节能力的程度高低，决定着道德教育的成效。这是当今教育者面对的难题和挑战。①

---

① 沈莉萍．试论班杜拉社会学习理论的道德发展观．教育探索，2001（1）：67～68.

（二）雅科布松的儿童道德自我调节理论

俄罗斯心理学家雅科布松对儿童的道德发展问题进行了长期的系统研究。她着重分析了儿童道德行为的发展、道德自我调节的心理结构及认知和个性前提，并结合儿童的实际生活和心理年龄特征，初步揭示了儿童道德自我调节的心理机制，阐明了道德选择的心理学含义，得出了很有价值的结论。

雅科布松设计了三种方法，促使不公正分配的儿童将自己的实际行为与“善”、“恶”这两个对立的道德标准相对照，并考察不同方法对改变儿童行为的影响。这三种方法分别是：①使儿童熟悉两种对立的道德标准，请他们按这两种标准对照自己的具体行为；②让别人用道德评价方式对儿童的道德行为作出客观评价。当发现儿童的行为与恶的标准相符时，就告诉他，什么样的行为才合乎“善”的标准，没有强调儿童要将自己的行为与道德标准相对照；③由别人说某个儿童总的来说是好的，让儿童自己去认识“恶”的行为是否符合“恶”的标准。在这里，不再是用客观的公式和善恶标准来对照儿童自己的行为，而是一边是某个单独的行为，另一边是他的整个个性。这种方法是只让儿童评价符合“恶”的行为，而总的来说好的或善的行为由别人来评价。实验结果显示，采用第一种方法训练的儿童，其分配行为在训练前后没什么变化。采用第二种方法训练的儿童中只有几个人改变了自己的行为。采用第三种方法训练的儿童中，许多被试的行为很快转变为公正分配。

雅科布松认为，三种训练方法之所以有不同的效果，是因为它们对儿童心理的作用和影响不同。在第一种方法中，儿童没有建立两种分配方法与对立标准之间的联系，因此虽然理解道德标准却不一定会在行动中执行，所以其行为没发生变化。第二种方法使儿童意识到了自己的行为与道德标准的联系，但别人对他行为的评价使他难以接受，因此其行为也并未发生明显的变化。第三种方法最为有效，这是因为这种方法促使儿童有意地把自己的行为与道德标准比较，从而使自己的整个形象与个别行为产生矛盾，感到自己的整个形象是好的，而个别行为是不好的，两者存在冲突。儿童为保持自己良好的整体形象，继续做好孩子，就要用好的道德标准调节自己的行为。这实际上是在道德选择情境中加进了一个新的心理成分——自我形象，正是它保证着儿童对自己行为的调节。[①]

雅科布松提出，在道德选择情境中，实际上包含着两种行为——现实行为和潜在行为。那些在行为之前就能用道德准则调节自己行为的儿童，应该是把遵守准则的行为看做与其自我形象相符合的现实行为，并意识到潜在的违反准则的行为会破坏其自我形象，因而对这一潜在行为持否定态度，并为维护良好的自我形象而放弃这一行为。因此，儿童具有良好的自我形象，应是道德调节的心理前提之一。而每个儿童都有积极肯定自己，希望得到他人表扬的强烈愿望，这是儿童遵守道德规范的条件之一。

---

① 王晓艳，冯晓霞．雅科布松儿童道德自我调节理论及其启示．学前教育研究，2004（9）：12～13.

第三节　学生品德的形成

一、学生品德的形成过程

学生品德是由知、情、意、行等构成的统一体，其形成是一个多因素交互作用的结果。因此，品德形成过程的一般程序，可以分为提高认识、丰富情感、锻炼意志、培养行为几个基本环节。

从学生个人来看，由于所生长的环境、所受到的影响、所具有的知识和生活经验各不相同，其身心发展就出现了不平衡现象。因此，品德的培养应当根据受教育者知、情、意、行的发展状况，可以从提高品德认识开始，即晓之以理；也可以从陶冶情感开始，即动之以情；还可以从磨炼意志和训练行为习惯开始，即导之以行。

个体品德形成与发展过程的基本问题是人的品德认识如何转化为相应的行为的问题。但是，由认知到行为是不能直接转化的，其间还必须经过情、意两个品德的心理要素，即一个人品德的形成，要经历品德认识、品德情感、品德意志、品德行为四个要素的协调发展，才能真正实现。

（一）知，即品德认识

它是人们对一定社会的思想品德关系以及处理这种关系的原则、规范的理解和领悟，包括品德概念、品德判断、世界观、人生观以及品德理想。品德概念是对一定社会的品德现象、关系和品德行为的本质的抽象概括。品德判断是运用品德概念对行为的是非、美丑、善恶进行评价的认识活动。世界观是人们对整个世界总的看法和根本观点。人生观是人们对人生目的和意义总的看法及根本态度。品德认识的形成是品德形成过程的开始阶段。因为品德认识是品德情感、品德意志形成的根据，是一定社会的品德原则和规范转化为个体品德行为的基础。

（二）情，即品德情感

它是人们运用一定社会的品德原则和规范去理解、评价周围环境中的人与事物时产生的一种主观情绪体验。品德情感的形成对品德的形成与发展过程起强化作用。因为品德情感是加深品德认识、增强品德信念、锻炼品德意志的催化剂，也是品德行为的推动力。

（三）意，即品德意志

它是人们在履行品德原则和规范的过程中表现出来的自觉克服一切困难及障碍

的心理过程。品德意志的形成对品德形成过程起调节作用。因为品德意志是调节品德行为的精神力量，即使有深刻的品德认识，如果没有顽强的品德意志，品德认识也难以转化为品德行为。

（四）行，即品德行为

它是人们在品德认识、品德情感、品德意志的支配和调节下，在实践活动中履行品德原则和规范的实际行动。品德行为的形成是品德形成过程的产物。因为品德行为是一个人品德的综合反映。如果品德认识、情感和意志只是形成，而没有付诸行动，犹如只开花没有结果一样。

只有从知，经过情和意，才能最终转化为实际的行动，并进行适当的教育和练习才能使之成为品德行为习惯，品德认识、品德情感、品德意志才能有归宿，才能凝结为一个人具有稳定倾向性的品德。没有正确的品德认识，品德情感、品德意志、品德行为就失去了正确的导向，就会产生盲目性；没有品德行为，品德认识、品德情感和意志就无法从实践中得到检验；没有品德情感，品德意志、品德行为便缺乏内在动力，品德认识很难发展成为坚定的信念；没有品德意志，“知”易动摇，“情”难控制，“行”不能持久。总之，培养学生品德的过程，就是促进知、情、意、行在发展方向和发展水平上由不平衡到相对平衡的过程。这个过程实质上是各要素之间相互平衡发展与适应以及知、行从旧质到新质的循环往复、螺旋上升的矛盾运动过程。

二、学生品德形成的影响因素

（一）遗传因素

遗传素质主要是指那些与生俱来的解剖生理特点，如神经系统、感觉器官和运动器官的特性，其中脑的特性尤其重要。遗传素质中智力即一般认识能力，它对品德的发展有没有影响呢？国外的一些心理学家在这方面作了不少的研究[①]，结果表明：智力与品德判断、品德行为是有关系的，尤其是在童年和少年时代，聪明的儿童在行为动机的品德判断上的得分都比智力中等的儿童高。许多心理学家还证实了，IQ 和欺骗行为之间的相关大约在 -0.50 到 -0.60 之间。因此，遗传素质不仅是品德发展的物质基础或自然前提，而且也是品德发展的潜在因素。这就是说，人的品德的发展是建立在这种物质条件基础上的。但是，遗传素质不是品德本身，它不能决定品德的内容和发展水平，只具有品德形成与发展的一般可能性，是一个充分不必要条件。

① 李伯黍，燕国材．教育心理学．上海：华东师范大学出版社，1993. 96 ~98.

（二）环境因素

环境既包括家庭与学校教育，也包括人际交往、文化等社会因素的影响，这些条件使品德在遗传素质上提供的可能性逐步转化为现实，它对学生品德的发展起着催化剂的作用。

1. 家庭环境教育的影响

家庭结构是否正常，家庭中的危险因素以及家长的行为表现都对孩子的品德发展有影响。社会的丰富多彩导致家庭结构容易发生变化，不能给孩子创造一个和谐、融洽的家庭环境，这在很大程度上影响了孩子心灵的良性发展，容易在孩子内心深处埋下仇恨和自卑的种子，使其在品德塑造上存在缺陷。当代社会，随着经济的不断发展，人们的生活水平不断提升，加上计划生育的实施，家庭中一般均为独生子女，这使得家长在对孩子溺爱的同时也产生很高的期望。对孩子的溺爱使他们产生了自私、狂妄的心态，以自我为中心，从而很难融入群体当中，很难换位思考。家长过多关注学习，忽视了孩子其他方面的发展，使得处于“断乳期”的中学生逆反心理更强，排斥学习环境、排斥家长，最终影响品德的优良发展。

2. 学校环境教育的影响

学校教育不同于一般的社会环境的影响，它是一种有目的、有计划、有系统地对学生品德发展施加影响的过程。当代，任何地方都存在着激烈的竞争，学校间的竞争也不例外。家长在择校时过分地关注升学率，进而升华为学校间升学率的竞争。这就使得学校对学生的成绩过分关注，从而放松对其品德素质的培养。在很多初中学校，常常会出现占课的情况，语数外老师常常会占用其他一些科目，如体育、思想品德等来进行额外的辅导，这本是出于对学生升学的考虑，目的是无可厚非的，但是却忽略了对初中生这一特殊年龄段的考虑。单纯的知识性学习反而无法调动他们对知识获取的积极性，一些起到全面素质发展的课程被删减甚至取消，这在很大程度上成了中学生品德良性发展的桎梏。

3. 社会环境教育的影响

青少年学生正处在社会化的过程，即指个体加入社会系统，由“自然人”向“社会人”转化的过程。这个时期的青少年人格尚处在发展中，还没有定型，在他们学会适应环境和形成人格的过程中，他们对社会生活、社会信息有着特殊的敏感性，对新事物接受得很快。因此，社会环境、各种信息对青少年人格的形成和品德的发展有着一定的影响，学生生活环境的社会风气，人与人之间的关系，他们亲眼所见到的现象、所听到的传闻，这些直观的信息对青少年品德的形成有着重要的潜移默化的影响。

社会是一个大环境，在这个环境中充斥着各种各样的东西，其中一些因素会对初中生的品德造成不良影响。社会上总会有一些不良少年，他们飞扬跋扈、横行霸道，加上电视电影里的黑社会、古惑仔等形象层出不穷，那些人讲“义气”、见谁不顺眼就砍谁。初中生认识到那是不好的行为，但是中间的细节又深深地触动了初中生的神经，认为那是“大哥”、“本事”的表现，于是在学校中拉帮结派，做“小大人”。从成人的角度看这无疑是可笑的，但是中学生的是非观念正处在形成阶段，这种错误的人生观直接影响他们的品德取向。在信息社会中，网络已经越来越普遍，中学生已经能够进行灵活地操作，层出不穷的网络游戏使得一批批的初中生沉迷于网络而无法自拔，他们学会了逃课、学会了撒谎，这都是品德观念恶化的体现。

（三）主观能动性因素

社会环境的熏陶和学校、家庭教育的影响都是外在的条件，只有当这些被学生所接受，通过个体主观的努力，才能在自己的实践活动中产生作用。主观能动性的因素是青少年学生品德发展的内在的重要条件，在一定的社会条件下，它既可以起到积极的促进作用，又可以起到消极的延缓作用。在大体相同的环境和教育条件下，学生品德发展的水平和速度是由个人的主观努力的程度所决定的。

综上所述，遗传素质是青少年学生品德发展的自然前提或物质基础，它提供了品德发展的内在可能性；环境教育是使这种可能性逐步变为现实性的桥梁；在这座多层次的桥梁上，人的主观能动性是个人品德发展水平和速度的决定因素。在品德发展过程中，遗传因素、环境教育和主观能动性是相互作用的。

第四节 学生不良品德的矫正

对学生不良品德的转化与矫正是一项艰苦细致的工作，要注意根据他们的心理特点和犯错误的原因，有的放矢地进行教育和引导，这需要家庭、学校和社会紧密配合、协调一致、共同努力，对他们坚持综合教育和协同管理才能取得理想的教育效果。

一、学生不良品德的概念

学生的不良品德是指学生经常违反品德要求或犯有较为严重的品德过错。他们最初的表现是一般的过错行为，如不遵守纪律、小偷小摸、好打架、考试作弊、损坏公物等。这些过错行为虽然在其严重性和稳定性上还没有达到违法的程度，但是如不及时加以矫正，就会沉积为严重的品德过错，从而酿成不良品德。这种学生虽然在整体中只占极少数，但他们危害大，如果不及时地给予教育与帮助，他们就有可能走上违法犯罪的道路，同时还会影响其他学生品德品质的健康发展。

二、品德不良学生的心理特点

（一）道德认识上无知，行动盲目

品德不良学生绝大多数道德观念十分模糊，缺乏正确的道德判断能力，甚至是非颠倒。例如，他们的法制观念非常淡薄，往往出于好奇心和寻求新异刺激的想法，做出不轨行为，常常在别人的起哄下，不加思考地干出冒险的事情。

（二）缺乏道德情感，情绪消极多变

品德不良学生一般缺乏正确的道德情感，往往是非颠倒，荣辱不分。例如，重江湖义气、缺乏真正的正义感。同时，因为这些学生受到人们的批评和嫌弃，在情绪上常与教师和同学对立，自己瞧不起自己，又不允许别人看不起自己。在这种情感支持下，他们常以粗暴蛮横的行动来发泄自己的不满，与老师作对，毁坏公物，甚至为一点儿小事动手动刀。

（三）道德意志薄弱

品德不良学生往往意志薄弱，缺乏自制能力。一方面，履行道德义务时，不能坚持用正确的道德动机战胜错误的道德动机，不能用正确的思想约束自己，常常屈从个人欲望和情绪冲动，产生不道德行为。另一方面，犯了错误经过教育有了悔改之意，但由于缺乏坚强的意志，往往经不起考验，在同伙的怂恿、煽惑下产生动摇，或在涉及他们利益而引起内心冲突时失去控制，因而导致时改时犯、反复不断。

（四）行为习惯不良

品德不良的学生有不少坏习惯，有的对人不诚实，惯于说谎；有的养成张口就骂、动手就打的坏习惯；有的抽烟、赌博、好吃懒做；有的爱占小便宜，看到别人的东西不拿就难受；大都没有明确的学习目的和自觉的学习态度，上课爱做小动作，课后不完成作业，考试作弊等。

上述心理特征，在不同人的身上发展程度不同，表现形式也不尽相同，但其危害是严重的，一旦形成，若不及时纠正，就会向更严重的方面发展。

三、学生品德不良的原因分析

（一）学生品德不良的客观原因

1. 家庭方面

家庭是学生接受品德教育的启蒙学校，家庭环境中的某些不当教育和环境中的某些不良因素，是形成学生不良品德的一个重要原因。现在，家庭教育中有四个问题比较突出：①养而不教，重养轻教。有些父母只重视满足子女的物质需要，而忽视对子女的品德教育。②宠严失度，方法不当。家长缺乏教育子女的正确原则和方法，出现种种偏向，或者管教不严，错把宽容当爱护；或者管教过严，错把粗暴当严教，有时这两种偏向还会交替出现。他们有的是对子女过分溺爱和迁就，使之养成任性、自我中心、专横、懒散、依赖等不良的性格，他们对子女偏袒护短，甚至埋怨别人，责怪学校。相反，有的人过于苛求，一发现子女的缺点和错误，就训斥、打骂、驱赶。这些做法，使子女对父母望而生畏、怨恨不已，甚至离家出走、在外游荡，造成严重后果。③要求不一致，互相抵消。有的父母对子女的教育意见不统一，甚至当着子女面唱对台戏，在这种矛盾的情况下，会使子女对品德规范迷惑不解，或对他们的教育无所适从，或学会讨巧、说谎，甚至养成表里不一的“双重人格”。④言行不检点，身教言教差。有的父母没有给子女做好表率，或者家风不正，行为不检点；或者父母关系不和甚至离异，造成家庭破裂。父母的这些行为表现，都会对子女产生极坏的影响，或使他们的心灵受到创伤而引起性格变异，导致品行不良。

2. 学校方面

学校是专门培养人的教育机构，学生的品德主要是通过学校教育来培养的。但是，如果教育者思想不端正、教育措施不力、教育方法不当，都可能妨碍学生良好品德的形成，从而造成学生不良品德的蔓延和恶化。现在学校教育中存在三个比较突出的问题：①有的教师或领导管教不管导，狠抓智育，甚至只抓升学率，忽视了对学生思想品德的教育。②有的教师对学生不能一视同仁，对学习成绩差或者有缺点错误的学生教育方法简单粗暴，或对他们冷淡、歧视，使他们失去了自尊心和自信心，或采取息事宁人、姑息迁就的态度，这些都在一定的程度上助长了他们缺点和错误的发展。③少数教职工的不良品德直接对学生产生了不良影响。

3. 社会方面

随着学生年龄的增大，越来越广泛地接触社会的各个方面，社会对他们的影响也越来越大。从总体看，我们的社会环境是有利于学生品德健康成长的，但是，对于那些形形色色的腐朽思想和不正之风对学生产生的侵蚀与影响也不能低估。处于成长发展中的青少年、儿童缺乏较为全面深刻的分析能力，一些社会允许但不适宜于儿童接触的文艺作品也可能对学生品德的发展产生负面作用，对此，教育者应该注意防范，正确地加以引导。

（二）品德不良的主观原因

1. 缺乏正确的品德观念，法制观念淡薄

不良品德的形成与学生品德认识上的错误或无知常有密切的关系。有的学生分不清是非、善恶，甚至以是为非，以非为是。有的是由于“意义障碍”而导致不能理解或不能正确理解有关的品德要求和品德准则，如把违反纪律视为“英雄行为”，把包庇同学的错误看做“讲义气”等。还有的学生接受了社会上腐朽反动的价值观，认为“助人为乐”是“傻瓜”，把“人不为己，天诛地灭”看成是天经地义的事，在利己主义、拜金主义、享乐主义人生观的支配下，他们容易被诱因直接引起的欲望所驱使。起初他们对这些错误的品德认识还是不稳定、不牢固的，以后由于错误的品德行为受到强化，反过来加深了已有的错误认识，加上家庭和学校教育不当或不及时，以及品德不良学生之间的相互影响，就逐步形成了各种较为顽固的错误认识。因而他们不能在出现错误举动时加以辨认和制止，在发生错误行动之后，也不能产生忏悔与改正的意向，而在品德堕落的斜坡上越滑越远。学生不良品德的形成，有的是从认识开始的，有的是从情感、意志开始的，有的则是从行动开始的。

2. 缺乏品德情感或情感异常

品德不良的学生缺乏品德情感，他们往往爱憎不分，好恶颠倒。例如，认为给他一点便宜的人是“好人”，认为严格要求和管束他的人可恶。他们同教师、父母和其他关心他们的人情感对立、存有戒心，而与他们的“伙伴”却情感相投。在这些品德不良的学生中，不少都是在被打骂、批评、斥责、讽刺中长大的，他们常常遭受各方面的冷遇，因而产生了一种本能的戒备心理。他们既自卑，又自尊，往往自己瞧不起自己，又不允许别人蔑视他们，所以你越是管教他们，他们就认为你歧视他们，就越反感，就越和你对立。有的学生情绪消极多变，他们容易寻找替罪羊来发泄，一种是闷闷地做坏事，制造恶作剧；一种是很容易在某些诱因的触动下寻衅闹事，以向他人和社会发泄自己的烦闷与不满，有的人甚至把自己的快乐建立在别人痛苦的基础上。他们中有些人性情暴躁，喜怒无常，缺乏理智。这些情感的特点既是品德不良的一种结果，也是引起新的不良行为的重要原因。在某些特殊的情境下，他们可能激情冲动，丧失理智，爆发出不良的行为，造成严重的后果。

3. 明显的意志薄弱与畸形的意志发展

具有不良品德的学生往往由于缺乏坚强的品德意志，不能用正确的认识战胜不合理的欲望而发生不良行为。例如，有的学生明知打架、偷窃等行为是错误的，但是由于意志薄弱，经受不住不良诱因的影响，使正确的认识不能见诸行动，所以“明知故犯”，常常不能克制自己的行为。当教师对他进行教育时，他表示“决心改正”，但往往由于缺乏自制力，经不起“伙伴”的挑动和诱惑而重犯错误，有时在改正错误的过程中，时常出现反复和曲折。有的学生行为盲目，缺乏自觉性；有的是好奇心强，越是神秘的东西，越想试探一下；有的喜欢模仿，特别是盲目模仿消极的东西；有的是缺乏主见、为他人行为所左右，由此而导致不良品德行为的发生；还有的学生企图追求一种畸形的独立，一意孤行，不听从正确的劝告，顽固、执拗地坚持自己的错误行为。

4. 由偶然失足到养成不良习惯

一种不良行为的发生，开始可能是偶然的。但是在他侥幸得逞之后，这种不良的行为方式就会与个人欲望的某种满足发生联系，经过多次重复，便养成了不良的行为习惯。不良的行为习惯一旦形成，就会使学生不知不觉地采取类似的不良行为，仿佛不那样做就感到不自然，甚至产生不愉快的情绪体验。于是不良的行为习惯就成了产生不良品德的内部因素。

四、学生不良品德的转化与矫正

教育者对于有不良品德的学生，应该认识到这些学生虽然犯有错误，但他们的世界观尚未定型，可塑性很大，在不良环境下容易变坏，在有利的条件下可以变好。要看到品德不良学生存在着自尊心和得不到尊重的矛盾，好胜心和不能取胜的矛盾，上进心与意志薄弱的矛盾，要激发他们的自尊心、好胜心和上进心，促使他们向好的方面转化。同时，要认识到对品德不良学生的转化与矫正是一项艰巨、复杂的工作，不能期望一蹴而就，需要耐心细致地做好工作。在教育工作中，一方面要像对待其他学生一样，关心、帮助他们；另一方面也应该细致地考虑他们特殊的心理状态，采取有效的教育措施。为了使矫正工作取得成效，必须分析不良品德学生的转化过程，为矫正不良品德提供心理学依据。

（一）品德不良学生的转化过程

品德不良学生的转化要经历一个由量变到质变的过程。这个转化过程可划分为三个阶段：醒悟、转变和自新。

1. 醒悟阶段

这是指有不良品德的学生开始认识到自己的错误，从而产生改过自新的意向。这种意向可能在两种情况下发生，一是教育工作者的真诚关怀和教育；二是当事者开始认识到坚持错误的危害性。前一种改过自新的意向往往带有“感恩”的特点，如果不把这种意向与提高认识结合起来，那么，就可能随着时间的推移而逐渐减弱以至消失。后一种情况则是在事实的教育和教育者的引导下，学生认识到其错误所造成的严重后果和理解了必须改正错误的道理。

2. 转变阶段

这是指品德不良的学生有了改过自新的意向之后，在行为上发生一定的转变。

这是一种可喜的进步，但必须清醒地看到这仅仅是开始，在整个转变阶段必然要经过不断的矛盾运动才能最终成为一个新人，而在不断的矛盾斗争中，有时还会出现反复，即重犯以前的过错。反复的情况也有两种：一是前进中的暂时后退；另一种是教育失败出现的大倒退。前进中的反复不能同转变之前相提并论，它是处于量变阶段的一种正常现象，说明已有态度尚未发生质的变化。

3. 自新阶段

这是指品德不良的学生经过较长时期的转变之后，不再出现反复，而进入一个新的时期。在这个阶段，他们会以完全崭新的品德风貌出现在社会生活中，对前途充满希望，决心忏悔过去、重新做人。这是态度发生了质的变化的结果，他们会以全新的态度对待生活。品德不良的学生改好了，就应该如实地把他们看成一个好青年。生活中的重大挫折，常常给人留下终生难忘的创伤。对那些已经转变的青少年要倍加关心和爱护，充分信任、热情鼓励，逐步提高要求，不断引导前进，任何歧视与翻旧账的言行都是极为有害的。

（二）矫正不良品德的心理学依据

1. 培养深厚的师生感情，消除疑惧心理和对立情绪

品德不良的学生由于本身的不良品德行为危害了他人或集体，而遭到斥责、惩罚与嘲笑，由此在熟人中感到一种社会压力，使他们产生疑惧心理与对立情绪。一部分品德不良的学生认为，别人在"整他们"、"压他们"，与他们"过不去"，而感到不平；大部分品德不良的学生认为人们轻视他们、厌弃他们，而感到自卑。由于本能的自我防卫机制的作用，使他们往往比较"心虚"、"敏感"，对周围人"有戒心"、"有敌意"。这会使他们在社会交往中离群独处，心灰意冷，不再奋发上进，或出外"结伙"为伴、制造事端以泄私愤。在这种心理状态下，教师如果急于求成，马上想把他们矫正过来，往往难以生效，而且会造成僵局。所以要想促使他们转化，首先要感化他们。因此，教师要从培养师生之间深厚的情感入手，要亲近他们，关心他们，同时，要教导班上的同学用正确的态度对待他们，要从多方面帮助他们，以满腔热情去融化他们"冰冷"的心。俗话说，"精诚所至，金石为开"。长期坚持这样做，就会使他们相信教师的真心诚意，体验到集体的温暖，增强对周围人的信任感，从而把教师看做是知心人。然后用感人的事迹和深刻的道理教育他们，只有入情入理才能入心。许多品德不良学生的转化，就是在这种充满着真挚的爱和耐心感化的教育环境下敞开自己的心扉，醒悟过来，激起上进愿望的。

2. 重视自尊心和集体荣誉感的恢复与培养

人们都希望能归属一定的团体，并要求能得到团体成员的尊重、信任和温暖，这是人类最基本的社会需要。它使人珍视自己在集体中的合理地位，保持自己在集体中的声誉，这是个人努力改正缺点、积极向上的内部动力。具有不良品德的学生既有自卑感，也有自尊心，两者交织在一起，使情绪复杂多变。教师如果无视他们

的自尊心，一味地批评指责，他们就容易表现出“破罐破摔”或对立抵触的情绪。因此，矫正学生的不良品德，一定要重视唤起他们的自尊心，并加以培养。人人都有长处，也有不足，具有不良品德的学生也是如此，只是他们的长处往往被不足之处所掩盖，不易被别人发现、重视。教师的一个重要任务，就是要善于捕捉他们身上的“闪光点”和引导他们发挥长处，并及时给予肯定，使他们感到自己还有希望、有前途，这种自我认识会增强他们的自尊心，能使他们自责、自重、自强。

为了防止自尊心的片面发展或扭曲，如有的人只顾个人荣誉而不考虑集体利益，或听不进别人意见的情况等，教师应当给予引导，在自尊心的基础上培养他们的集体荣誉感，这种情感是人们意识到自己作为所在集体成员的一种尊严的情感。它促使人们珍视集体的荣誉，根据集体的利益和要求行动，养成忘我精神。集体荣誉感是爱国主义的要素，是推动人们团结互助、创立功勋的力量，同时也是人们克服个人缺点和错误的巨大动力。所以，教师要为品德不良的学生创造条件，加强指导，吸收他们参加班级工作和集体活动。在活动中启发他们意识到自己是集体的一员，自己的言行举止及努力程度与集体的荣誉有关，引导学生为集体争光，创设健康的集体舆论，维护集体的尊严，珍视集体荣誉，促使他们体验到活动结果及社会评价给集体带来的荣辱，以此培养他们的集体荣誉感，鞭策他们制止自己的品德不良行为。教师对损害集体利益学生的批评教育也是必要的，但不能损伤他们的自尊心，要坚持正面教育，多采用表扬和奖励的办法，通过信任和尊重学生去培养他们的自信心。

3. 形成正确的是非观念，提高辨别是非的能力

辨别是非就是清醒地认识到行为的正确与错误。它与品德评价能力密切相关，是非观念的欠缺，是一些学生常犯错误的原因之一。为此，教师要帮助他们正确地理解品德要求，提高品德评价能力。提高品德不良学生的是非观念，靠空洞的说教是无济于事的，必须从他们现有的实际认识水平出发，逐步地提高，要联系他们的切身利害关系进行说教，要以正反两个方面事实的对比来帮助他们提高辨别是非的能力，要分析行为的后果帮助他们认识到正确行为的意义和不良行为的危害性。

4. 增强与诱因作斗争的力量，巩固新的行为习惯

学生犯错误总是由某些不良诱因引起的。这些诱因既可以是一些外部的客观条件，也可以是一些内部的主观原因。因此，矫正学生的不良品德既要注意改变内部错误观念，又要注意控制不良诱因的影响。由于学生的新的行为习惯还未巩固，旧的行为习惯在短期内仍然会影响他的行为。因此，暂时控制或切断他们与外部不良诱因（如犯错误的场合、不良伙伴等）的联系，以免故态复萌，是完全必要的。但是，仅仅依靠避开外部诱因是消极的，既不容易完全做到，也不容易排除在新诱因作用下继续犯错误的可能。因此，我们也要重视对学生的不合理的欲望、嗜好等内部因素的消除，而且在他们正确的动机与良好的行为习惯已经初步形成之后，可以在有控制的条件下进行“信任委托式”的监督性考验，锻炼他们与诱因作斗争的意

志力，进一步帮助他们巩固新的动机与新的行为习惯之间的联系。

5. 正确把握青少年心理发展的年龄特征与个别差异

矫正学生的不良品德，既要注意到他们一般的心理特点，又要针对他们的个别差异，如年龄、个性、错误的轻重、态度的好坏、生活的环境等，采取不同的教育措施，更加有的放矢地进行教育工作。我们要根据青少年身心发展的年龄特点，从学生的实际情况出发，区别对待、因势利导，做到一把钥匙开一把锁，打开他们的心扉，促使他们的品德不断地向好的方面转化，进一步把他们培养成自我完善的人。

总之，矫正青少年学生不良品德的心理学依据是多种多样的，关键在于教育者对青少年的深厚感情和教育机制，要善于及时地发现问题、掌握情况，把握教育时机，根据特点和情境，并按照品德形成和发展过程的规律性，采取适合而有效的方法和途径，不断完善自我和他人的品德及人格。

思考题：

一、选择题

1. 下面属于个性心理特征的是（　　）。

A. 道德　　B. 品德　　C. 美德　　D. 德育

2. 认为个体的品德结构都包含道德认识、道德情感与道德行为三要素的是（　　）。

A. 三因素说　　B. 四因素说　　C. 结构说　　D. 层次说

3. 皮亚杰的道德认知发展论包括（　　）。

A. 无律阶段　　B. 他律阶段　　C. 自律阶段　　D. 习俗水平

4. 科尔伯格的道德认知论包含（　　）。

A. 前习俗水平　　B. 习俗水平　　C. 后习俗水平　　D. 自律水平

5. （　　）认为，儿童主要是通过观察学习他人的行为表现而学会新的行为反应的。他把道德发展看做是一种学习过程，强调模仿在儿童品德形成中的作用。

A. 班杜拉　　B. 华生　　C. 斯金纳　　D. 桑代克

6. （　　）不同于一般的社会环境的影响，它是一种有目的、有计划、有系统地对学生品德发展施加影响的过程。

A. 家庭环境教育　　B. 社会环境教育　　C. 文化环境教育　　D. 学校环境教育

7. （　　）是指不良品德的学生开始认识到自己的错误，从而产生改过自新的意向。

A. 转变阶段　　B. 醒悟阶段　　C. 自新阶段　　D. 完善阶段

二、问答题

1. 简述品德的概念以及与道德的区别。

2. 简述品德的系统分析说。

3. 简要叙述科尔伯格的道德认知发展理论。

4. 简述道德行为发展的理论。

5. 学生品德的形成需要经历哪些过程？
6. 学生品德不良的概念及其心理特点。
7. 培养学生的品德对全面发展教育有什么意义？如何培养学生的道德品质？

第十二章　学校群体心理

本章要点

●学校群体心理概述
○学校群体的概念及特征
○学校群体的类型和功能
○群体形成与发展的理论
●群体心理效应
○从众与服从
○社会助长与社会惰化
●人际关系
○人际关系的概念及发展阶段
○学校中人际关系的特点及意义
○改善人际关系应该遵守的一般原则

每个人都是社会人，我们生活、学习、工作等几乎所有的活动都离不开社会群体。群体通过各种影响作用改变和调节着个体心理与行为，而个体活动又使得群体得以维持和发展。个体离开群体就失去了依托及参照，甚至无法进行正确的自我认知和评价；群体的特征及状态又决定于个体，个体心理汇聚在一起形成了群体心理，从这个意义上说，群体心理决定于组成群体的个体的心理状况。但同时，我们又不能否定群体心理对个体心理的反作用。因此，个体与群体是相互依存、不可分割的关系。研究个体在群体中的心理和行为，以及群体成员间的相互影响已经成为心理学研究的一个重要方面。本章将在学校背景下，讨论群体的一般问题，群体中的心理效应，以及人际关系等内容。

第一节 学校群体心理概述

一、学校群体的概念

群体（group）即团体，是指人们为了一定的共同目的，按照某种方式并遵守一定规范而组织在一起，且成员之间存在相互意识和作用。学校群体是群体的具体表现形式之一，它是在学校环境、文化及制度背景下构建起来的一种群体组织。

群体不是人们简单而偶然的聚合体（aggregate）（L. S. Wrightsman，1977），它应具有以下几个特征：

第一，群体成员应该具有一定的共同目的。任何群体都有一定的目的，这个目的是群体所有成员进行活动的方向、指引和动力。没有了共同的目的，群体不仅失去动力，还会失去存在的意义和发展的价值。成员目的的一致性，是群体成员汇聚在一起的基本条件，正因为其同一性，群体成员才会产生共同兴趣和愿望，达成相对一致的心理及行为倾向，从而结合在一起。群体目的是多样的，它涉及人类需要的各个方面，可以是物质目的，可以是社会情感目的，也可以是某一理想和价值观的一致追求。群体成员对于目的的认知程度也会有所差异，一些成员可以清晰地认知群体目的，而有些成员可能并未十分清醒地意识到群体目标及其价值和意义，但无论怎样，群体成员都要为群体目的的达成而相互协作。

第二，群体应是按照一定方式组织在一起的结构化人群聚合体。群体的组成不应是偶然的、随意的，群体成员必然是按照一定的方式和结构建立起相互关系的。群体中每个成员都应该有其明确的角色定位，且每个角色都要对应一定的责任和义务。所有角色形成了具有一定等级体系的人际关系网络。作为群体成员，在充分认知和担当好自己角色的同时，应该对群体中角色之间的相互关系，自己扮演的角色在群体中的位置及意义有正确的了解和把握。

第三，群体成员之间应该具有相互意识且彼此影响。偶然聚合在一起的人们之间是不存在相互意识和作用的。作为一个结构化的群体组织，群体成员之间心理上具有相互影响、相互依存的关系。每一个群体成员的个体心理活动及行为表现都会对群体其他成员产生一定的作用，同时自己也必然会受到其他成员的影响。而所有成员之间相互交织、千丝万缕的作用和联系正是群体得以形成与发展的重要条件。

以上特征是构成一个基本群体所需的条件，当然也是学校群体所依存的必要条件，缺少其中任何条件都不能成为真正意义上的群体。

二、学校群体的类型

群体的分类方式比较复杂，按照不同的组织目的、活动时间、规模、成员关系、规范程度等因素可以细分出多种类型。社会心理学、组织行为学及管理心理学等领域的学者们对于群体类型的划分也都持有各自的观点。

（一）正式群体与非正式群体

按群体规范程度及组织的原则和方式可以将群体分为正式群体与非正式群体。所谓正式群体是指有明文规定的群体，群体中的成员具有明确的角色和分工，且对应一定的权利和责任；非正式群体则为没有明文规定的群体，群体成员关系的维系主要依赖相互的情感，如彼此间的好恶等。

这种分类方式最早是由梅约（E. Mayo）在“霍桑实验”中提出的。从 1924 年开始，美国西方电气公司在芝加哥附近的霍桑工厂进行了一系列试验。实验的最初目的是探究工作环境对劳动生产率的影响。其中一项群体试验选择了 14 名男工人在单独的房间里从事生产和检验工作，且对这个 14 人组成的班组实行特殊的工人计件工资制度。实验者原来设想，实行这套奖励办法会使工人更加努力工作，以便得到更多的报酬。但观察的结果发现，产量只保持在中等水平上，每个工人的日产量平均都差不多，而且工人并不如实地报告产量。深入调查发现，这个班组为了维护他们群体的利益，自发地形成了一些规范。他们约定，谁也不能干得太多，突出自己；谁也不能干得太少，影响全组的产量，并且约法三章，不准向管理者告密，如有人违反这些规定，轻则挖苦谩骂，重则拳打脚踢。进一步调查发现，工人们之所以维持中等水平的产量，是担心产量提高，管理者会改变现行奖励制度，或裁减人员使部分工人失业，或者会使干得慢的伙伴受到惩罚。这一试验表明，为了维护班组内部的团结，可以放弃物质利益。梅约由此提出了“非正式群体”的概念，认为在正式的组织中存在着自发形成的非正式群体，这种群体有自己的特殊的行为规范，对人的行为起着调节和控制作用。同时，加强了群体内部的协作关系。梅约在 1933 年出版了《工业文明的人类问题》一书，基于“霍桑实验”研究中得到的证据，提出了著名的“人际关系学说”，开辟了行为科学研究的道路。

（二）大型群体与小型群体

按群体规模大小，可将群体分为大型群体与小型群体。对于群体规模大小的界定观点众多。詹姆斯认为，小群体模型的最佳人数是 2 ~ 7 人。大部分心理学家也都支持群体的最少人数为 2 人，但也有部分心理学家持不同观点，认为群体的最少组成人数应为 3 人，因为 2 人之间只构成了个人之间的纯情感关系，如果 2 人之间发生分歧或冲突，必须有第三者参加进行仲裁。[①] 另外2人群体也不能很好体现群体行为、群体特征，如从众效应。对于群体上限的争论也是众说纷纭，但大多数学者都认为群体规模不应无限扩大，应有一定的人数上限，否则会带来许多的负面影响，如增加组织管理难度，降低群体成员相互认知水平，降低群体凝聚力，限制群体成员能力的发挥等。胡君辰、杨永康等提出，12 人是区分大小群体的临界数，12 人及12 人以下的群体为小群体，群体成员超过12 人的为大群体。[②] 另外，大群体还应该同时具备以下特征：有明确的领导人；领导人的指挥作用明显；规章制度正规化程度较高；一般成员参与决策的机会较少；成员之间相互沟通较少；容易在内部形成小群体；对管理水平的要求较高等。

（三）长期群体和临时群体

按群体存在时间的长短，可将群体分为长期群体和临时群体。学校中的长期群体多为具有远期工作或学习目标的群体，如行政部门、学生社团等。而临时群体一般是为了应对短期目标或临时任务而组织起来的群体，与长期群体相比，临时群体所面对的问题、任务和目标都较为清晰明确，当任务结束、目标达成后群体也随之解体。

（四）紧密群体与松散群体

按群体成员之间的关系，可将群体分为紧密群体与松散群体。松散群体最早是由苏联心理学家彼得罗夫斯基根据群体发展水平和群体成员间关系密切程度提出的一种分类方式。他把群体分为松散群体、联合群体和集体，认为松散群体是指成员间的关系不以共同活动的目的、内容、意义和价值为中介的人群聚合体，群体成员的结合具有一定的偶然性和松散性，如公共场合中的人群聚合。联合群体的特点是成员有共同的活动，但这种活动只有个人意义，成员间的关系是以对每个成员具有个别意义的群体活动为中介的。例如，为了比赛临时组合的球队。群体发展的高级阶段就是集体。它是指成员间的关系以有个人意义和社会意义的群体活动内容为中介的群体，也就是集体成员不仅认识到共同活动对个人和集体的利益，而且还认识到对整个社会的价值。

（五）绩效群体与休闲群体

按群体组织目的及活动时间的不同，可将群体分为绩效群体和休闲群体。绩效群体是指通过计划性的工作、学习活动而最终达成明确目标的群体。这里的绩效在学校环境中具体表现为行政人员的工作成果，教师的教学效果和科研表现，以及学

---

① 卢盛忠．管理心理学（第四版）．杭州：浙江教育出版社，2008. 269.

② 胡君辰，杨永康．组织行为学．上海：复旦大学出版社，2007. 237 ~238.

生的学习成绩等。绩效群体体现出较强的计划性、制度性和目的性，多数绩效群体同时也是正式群体。绩效是评价成员表现以及实施奖惩的重要标准。成员对于绩效的追求，一方面可以激发个体的积极行为，另一方面也可能引起相互间的冲突。因此，对于绩效群体的正确管理，以及成员的心理干预显得尤为重要。休闲群体是指工作时间以外的、自发组成的、具有一定共性（如相同的兴趣、爱好、个性或背景等）的群体组织。休闲群体大多为非正式群体，成员间关系主要是以情感为基础，成员加入与退出群体的自主性较高，且相互关系和谐，较少出现激烈的冲突。休闲群体相对绩效群体来说具有良好的调节作用，可以缓解绩效群体中产生的矛盾，增进成员间的积极情感，同时也有利于成员释放心理压力，从而保持良好的情绪状态。

另外，针对学校组织的特点，我们还可以根据群体成员的类型分为教职工群体与学生群体，教职工群体在我国的高校又可以按具体分工的不同细分为行政群体与教学群体等。而学生群体中可以细分为更为纷繁复杂的各类群体，如各种社团组织、寝室群体、班级中基于不同背景组织起来的非正式群体等。

三、学校群体的功能

个体是组成群体的单位，处于群体中的个体总是在不断发生相互作用，个体也必然受到群体心理的影响，学校群体也是如此。学校群体是群体在学校环境中的具体表现，其主要群体角色是学生和教师，主要任务是开展教学活动。基于学校群体的特点，相对群体的一般功能，学校群体还具有教学功能与文化功能这两个特殊功能。

（一）教学功能

教学活动是学校群体的主要活动和任务，而教学活动主要包括教师的“教”和学生的“学”两个相互联系且彼此影响的部分。一方面，教师通过“教”向学生传授知识经验、施加影响，同时又从学生的表现中不断得到反馈来完善“教”的功能；另一方面，学生通过“学”不断积累知识经验，使自我得以不断发展和提高。可以说，教学功能是学校群体成员实现价值和目标的必要保证。

（二）文化功能

虽然任何形式的群体都具有一定的文化功能，但由于学校群体文化本身的特殊性使其发挥的功能也有别于一般群体。学校文化形式多样，如“班级文化”、“寝室文化”、“社团文化”、“学科文化”等，不同的文化类型体现了不同的功能。概括来说，学校文化的功能具体体现在团结、休闲、导向功能上。

1. 团结功能

校园文化渗透着社会文化和民族优秀文化。学生有旺盛的精力和强烈的求知欲，在校园里有意识地开展一些健康的文化活动，可以使学生了解社会、认识人生、认识改革开放带来的新气象，了解和学习中华民族的优秀文化传统以及勤劳、勇敢、善良的美德，了解、认识中国国情。开展校园文化是使学生全面发展的有效手段，有利于学生提高素质、丰富阅历，有利于学生形成科学的人生观、价值观。

2. 休闲功能

青少年学生正处于个体身心发展和社会发展的关键期。这一时期的重要性决定了他们不可避免地承担着巨大的压力和繁重的学习任务。如何实现劳逸结合、身心健康、良性发展，对于他们来说显得尤为重要。学校文化很好地解决了这一问题，为学生释放压力提供了平台和途径。各种有益身心的社团组织和文化活动，能够让他们缓解压力，保持积极的情绪、乐观的心态，使他们健康发展。

3. 导向功能

学校文化所营造的氛围直接或间接地影响着身处其中的学生的价值观、人生观、世界观的形成和改变。而文化本身传播性强、渗透性强的特点又进一步增强了它的这种导向作用。从某种意义上说，学校文化对于学生的影响比直接的教学活动还要大，且更容易被学生所接受。

校园文化的功能，集中体现在它能优化育人环境，有利于培养德、智、体、美、劳全面发展的社会主义新人。

四、群体形成与发展的理论

群体作为具有共同目的、遵从一定规范且相互影响的人群聚合体，其形成不是偶然的、也不是一蹴而就的，它的形成与发展有其规律可循。对于群体的形成过程及原因，国内外许多学者作了大量的探索和研究。下面介绍两个具有代表性的理论。

（一）谢里夫的三因素理论

社会心理学家谢里夫（M. Sherif，1961）曾经做过这样的试验，他邀请一群来自不同地区和学校的 12 岁男孩参加夏令营。[①] 这些孩子的父母都是中产阶级白人。试验分三个阶段实施。

在第一阶段中，孩子们被分为两个独立人群，两者互相不知道对方的存在。试验安排两个人群独立进行诸如做饭、修游泳池、打球等一系列的协作活动。通过这一阶段的活动，谢立夫发现，原来处于聚合状态的两个人群转变成为群体，他们都出现了群体组织所应具备的特征，如各自的不成文规范、非正式的领导者等，甚至还有了各自的名称。而群体所有成员的角色发生了分化，并相对稳定下来。

---

① Sherif M.，Harvey O. J.，White J.，Sherif C. W. *Intergroup conflict and cooperation*：*The robber's cave experiment.* Stillwater：University of Oklahoma，1961.

实验第二阶段安排两个群体相遇，开展一系列竞赛活动，如橄榄球、垒球等。结果发现，两个小组出现了明显的“我们”和“他们”的概念，意识发生了明显分化。群体成员分别将自己的群体看做是内群体，认为自己所属的群体更优越，而将对手看成外群体，认为对方的特点都不合自己的愿望。竞争引起了对对手群体的敌意。第二阶段结束时请被试在两个群体中择友，结果两个群体的成员选择本组成员作为朋友的比例，分别达到92.5%和93.6%。

实验第三阶段是探索如何减轻或消除群体间的冲突。安排两个群体共同完成一系列活动，如游戏、用餐、看电影短片等。然而，这样的操作并未有效减轻双方的敌意。甚至还在活动中发生了两群体间的直接冲突事件。实验进一步要求两个群体共同参与活动，并设定了通过合作可以达成的一致目标。如一起修野营基地的贮水池，否则大家都会缺水；一起协力将卡车拖出泥潭等。结果发现，两个群体的敌对情绪明显减缓。野营生活结束时再次进行择友测验，结果两个群体的成员选择对方成员作为朋友的比例达到了三分之一左右，与第二阶段的结果形成了鲜明对照。

研究发现，群体形成需要具备三个基本因素，即交往、共同活动和目标一致。谢里夫的试验很好地揭示了人们是如何从松散的个体逐步发展成为群体的全过程。

（二）塔克曼的五阶段模型

研究者塔克曼（B. Tuckman，1977）针对群体发展的问题，最初提出了四阶段模型，并在之后的研究中将这一模型进一步修订为五个阶段。他认为群体发展先后历经了形成期（forming）、攻坚期（storming）、规范期（norming）、实践期（performing）和完结期（adjourning）。

形成期，群体成员之间、成员与群体之间还处于认知阶段。该阶段一直维持到成员确认自己的群体角色为止。进入攻坚期，成员之间以及群体内部还存在各种问题和冲突，群体成员通过不断协调解决了相互的冲突，并使个体目标与群体目标达成一致后，即进入下一阶段。规范期，是群体成员相互建立密切联系，强化群体凝聚力的关键阶段，通过该阶段，成员会在行为和态度上达成高度共识，并自觉维护所认可的群体规范和准则。群体通过以上三个阶段的发展，具备了高度的凝聚力，个体与群体目标达成一致，成员之间有了较深的了解和认可，并建立了有效的沟通渠道，形成了良好的合作机制。在这基础上，群体发展进入第四阶段，即实践期。这一阶段也是群体真正执行任务、达成目标的阶段。可以说，以上几个阶段的发展都是在为该阶段做准备。第五阶段（完结期）是塔克曼在1977年增加的，这一阶段主要是针对临时任务群体提出的，当目标达成，临时任务群体的存在价值已实现，群体也随之解体。

需要指出的是，塔克曼的模型只是一种理论假设。该理论强调群体发展的时间性和顺序性，但群体的实际发展过程并不一定都与之符合，事实上更加复杂和多样化。群体的实际发展过程不一定都经历这五个阶段，也不一定按顺序进行。对于不同群体的发展，在各阶段所表现出来的特征和需要的时间差异也较大，与塔克曼五阶段模型的假设并不完全一致。

第二节 群体心理效应

一、从众

（一）从众的概念

从众（conformity）是指群体成员在群体压力的作用下，促使自己放弃原先持有的态度与行为，而与群体多数成员趋于一致的心理过程。从众广泛存在于日常生活中，主要表现在态度、行为等方面。例如，更换工作单位后对新制度的适应，应对突发事故时接受多数人的决策，在公共事件中采取与大家相同的行为等。所谓“随波逐流”、“见风使舵”、“随俗浮沉”、“人云亦云”都是从众行为的真实写照。

美国社会心理学家阿希（S. Asch）多年致力于从众问题的研究。他设计了一个关于群体压力的经典实验，考察了影响从众的各种因素。[①]

实验将7名被试分为一组，其中6名被试是阿希的助手，只有1名被试为真被试。事先告知被试参加的是知觉判断实验，但实验的真实目的是考察群体压力对从众行为的影响。实验中给被试呈现两张卡片，卡片A中画有一条标准线，卡片B中画有三条直线，且其中一条与标准线一样长，其余两条与标准线有较明显差异（如图12－1）。实验要求被试逐个判断卡片B中哪条直线与标准线一样长，每次都安排真被试最后一个进行判断。前两次助手们作真实判断，结果一致，真被试此时也能快速、准确地进行判断。第三次阿希让助手们故意进行错误判断，这对真被试形成了一种与事实不符的群体压力，他需要面对是相信自己还是跟随多数人作判断的两难选择。实验结果表明，数十名自己独立判断时正确率超过99%的被试，跟随大家一起作出错误判断的总比率占到全部反应的37%。也就是说，有75%左右的被试在群体压力的影响下至少有一次发生了从众。

阿希从1951年开始，1956、1958年又多次重复这项实验，结果都验证了这一事实。

① 章志光，金盛华．社会心理学．北京：人民教育出版社，1996.422.

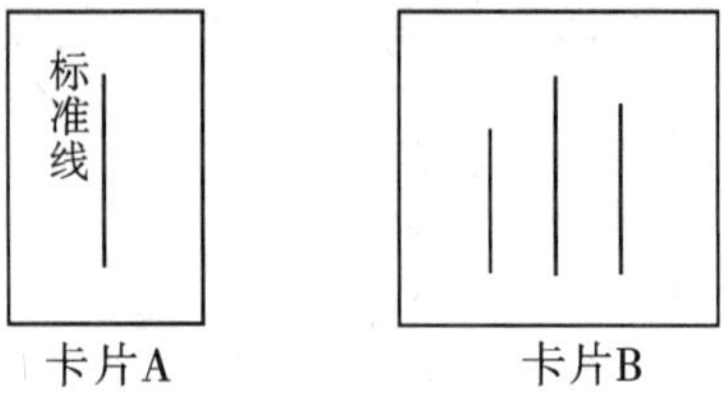

图 12－1　阿希从众实验卡片

（二）影响从众的因素

1. *群体的规模*

心理学家通过大量研究发现，从众发生率与群体人数成正比，即随着群体人数的增加，成员发生从众的比例也逐渐提高。阿希在研究中发现，当构成群体压力的人数在 3 人以下变化时，从众发生率的变化是非常显著的。但人数超过 4 人以后群体压力的影响依然存在，只是不如前者变化那么明显了。杰德勒（Gerand，1968）、米尔格莱姆（S. Milgram，1969）等许多学者也对从众问题进行了探索，研究结果普遍证实了群体规模与从众发生率之间的这种关系，只是在群体人数的具体数量对从众发生率的影响程度上略有不同。

2. *群体凝聚力*

群体凝聚力（cohesiveness），又称“内聚力”、“凝聚性”、“团结”等，是指一个群体内部成员之间，以及成员与群体之间的相互吸引程度。[①] 拥有高凝聚力的群体，其成员之间相互信任、沟通顺畅、彼此关心；成员对群体具有较高的忠诚度、满意度和归属感，且个体与群体具有高度的目标一致性。

大量研究证实，群体成员发生内部从众的概率随群体凝聚力的增加而上升，但发生外部从众的概率却与之相反，随群体凝聚力的增加而下降。也就是说，在一个具有较高凝聚力的群体内部，其成员在个人期望和行为上都与群体保持了较高的一致，来自群体外部的压力对成员的影响很小。例如，一个对自己班级具有较高满意度、归属感和认同感的学生，对于外界给予班级的不良评价会主动予以反驳。相反，一个不满自己班级的学生，总是很容易附和外界对班级的负面评价。

3. *个体的差异*

除了群体因素对从众有影响外，个体差异也会导致从众发生率有所不同。个体的性格、气质、态度、意志、情绪、知识经验、自信心等多方面因素都会影响其承受群体压力的水平，从而决定个体的从众发生率。例如，多血质的人较抑郁质的人，从众发生率较高；自信心强的人发生从众的比例较低；意志品质较差的人在应对群体压力时显得更加力不从心等。

---

① 胡君辰，杨永康．组织行为学．上海：复旦大学出版社，2002. 260.

（三）从众的类型

按照内在心理与外显行为两个方面是否从众的不同状态，可以将从众分为三类。

1. 真从众

真从众是指个体的内在心理与外显行为都与群体保持一致，即“表里一致”，“心服口服”。这是一种最为理想的群体关系，不会由此引起个体与群体之间的任何冲突。

2. 外显从众

外显从众是指个体虽然在行为表现上与群体保持了一致，但是内心却怀疑或不认同群体的决策，行为上的屈从完全是迫于群体压力的影响。这种从众状态很不稳定，一旦群体压力有所减小甚至消失，个体的从众行为也极有可能随之解除。但是，如果群体压力一直保持适当的强度，个体将一直处于心理不平衡状态。为了缓解这种负面影响，个体会采用改变认知或行为合理化的方式来修正心理与行为间的不一致，使认知恢复平衡，消除压力。

3. 内隐从众

内隐从众是一种内心认可群体决策但行为上却表现出与群体不一致的状态。处于该状态的个体，其行为上与群体的不一致表现可能是因为存在某些特殊的需要。例如，个体在群体中所扮演角色的特殊性，要求其始终保持理性行为，不能在认同成员决策时表现得过于感性。

二、服从

（一）服从的概念及相关研究

服从是指个人按照群体规范、道德准则或他人命令行动的行为。服从与从众既有区别又存在共同性。两者的共同性表现在它们都是个体迫于群体压力而采取符合群体规范的行为。区别在于，从众一般都是达成与大多数人的一致，而服从可以是服从多数人，也可以是对个体的服从；从众的发生大多是一种自愿行为，其目的是为了消除群体压力带来的心理影响，而服从多数是被迫地对命令、规范和权威的服从。①

心理学家米尔格莱姆（S. Milgram，1963）做了一项关于权威—服从的实验，是一系列关于服从问题的社会心理学研究中最有影响的。

实验的被试是通过广告招聘来的 40 名职业不同的男性，每次实验付酬 4. 5 美元。实验主试告诉被试，实验是为了研究惩罚对学生学习的影响。实验时，两人一

① 熊川武．学校管理心理学．上海：华东师范大学出版社，1996. 180.

组，一人当学生，一人当老师，师生角色由抽签决定。教师的任务是朗读配对的关联词让学生记忆，然后教师呈现某个词时，学生在四个备选中选择其中之一。如果选错，教师就按电钮给学生施以电击作为惩罚。电击强度为 15 ~450 伏，分 30 个按钮，电钮下方对应标明“弱电击”、“中等电击”、“特强电击”、“剧烈电击”、“极剧烈电击”、“危险电击”，最后两个用“××”标记。

由于事先的安排，实际上每组只有一个是真的被试，另一个是实验者的助手，即假被试。抽签结果，真被试总是当教师，假被试总是当学生。另外，这些电击也是假的，但为了使作为“教师”的真被试深信不疑，实验前，首先让其接受一次强度为 45 伏的真电击，作为惩罚学生的体验。结果“教师”感觉虽然 45 伏电击微弱，但已感到难受。

实验开始，“教师”和“学生”分在两个房间，被墙隔开，相互看不见，可以用电讯传声的方式联系。然后在“学生”的胳膊上绑上电极，这是为了在“学生”发生错误选择时，可由“教师”施以电击惩罚。而且实验者把“学生”用带子捆在椅上，向“教师”解释说是为防止他逃走。在实验开始时，“学生”故意出错，教师给予电击，当学生多次出错，教师电击的电压升到 75 伏时，有人开始呻吟。随着“学生”错误不断，“教师”电击的电压值不断升高，而“学生”则叫喊怒骂、哀求讨饶、踢打墙壁，最后停止叫喊，似乎已昏厥，这些声音只是放录音而已，而“教师”并不清楚。作为被试的“教师”不忍心继续做下去，问主试怎么办？实验主试严厉督促“教师”坚持做下去，并表示一切后果由实验主试承担，与“教师”无关。这时，充当“教师”的被试既要执行实验主试的惩罚命令，又要承受被惩罚者（“学生”）反抗的压力，内心冲突很厉害，出现了出汗、颤抖等现象，但即使如此，仍有 65% 的被试服从了命令，直到给予答错的“学生”电击高达 450 伏。另有 35% 的被试，作了种种反抗，拒绝执行命令，他们认为这样做太伤天害理。实验结束后，实验主试公开了真实情况和实验目的，以消除被试“教师”的紧张、焦虑和内疚。

米尔格莱姆的服从权威实验公布后，引起强烈的反响和广泛的争议。特别值得肯定的是，实验的设计十分巧妙，假目的、假被试、假电击，使被试的自我防卫机制不能发挥作用，增加了实验的可靠性。但是对其实验涉及的伦理道德问题争议也最大，有人认为这项实验缺乏科学道德。不过这一实验毕竟是实验室中的实验，无法说明社会生活事件，尤其是无法说明历史事件。有人曾将这一实验结果用来说明纳粹分子屠杀犹太人时只是服从了上司的命令而已，其责任主要在于法西斯头子希特勒。这种解释是不能令人信服的，因为作为人都有一定的道德水准，放弃原则去做那些灭绝人性的事情，无法开脱其罪责。

（二）影响服从的因素

影响服从的因素很多。通过米尔格莱姆的研究发现，其中主要的因素有以下三个方面。①

1. 人际支持

研究发现，人际支持与个体反抗行为发生率之间存在显著的相关。个体在得到他人支持的时候，会较易发生对群体规范、命令及权威的藐视和反抗行为。而面对同样的压力，在无他人支持时，这种反抗行为发生的概率会低很多。

2. 行为后果的反馈

米尔格莱姆在后续研究中证实，行为后果的反馈越直接和充分，人们服从权威发生伤害他人行为的概率就越低。相反，个体对自己行为的后果认知越准确和完整，其服从权威对别人造成不利影响的概率就越高。

3. 个体内部因素

群体成员的个体因素也会影响其服从行为的发生状况。例如，道德发展水平越高，个体越倾向于采用独立价值观行事，而拒绝服从权威去做违背道德准则的事。研究发现，个性特点会直接影响人们的服从行为。例如，具有较强个性独特性的人，常常会非常坚持地反抗权威和命令，且不因任何影响或压力而动摇。

个体总是在不同时间、不同地点、不同背景下隶属于某一群体，因而必然要遵从群体的规范，这既有利于个体发展也有利于群体稳定和谐。在学校群体中，教师和学生都必须服从一定的校纪校规，乃至学校文化和道德习俗，这样学校才能保持稳定，教师才能得以发展，学生才能获得进步。作为教师，在教育学生服从正确的规范的同时，更要培养学生坚持真理、崇尚科学的精神，培养他们具有真善美的高尚道德情操。

三、社会助长与社会惰化

群体问题的研究发现，个体独自活动时的效率及表现和与人合作时或有人观察时存在明显的差异。这种差异所表现出来的两种相反状况即为社会助长与社会惰化效应。

（一）社会助长

社会助长（social facilitation），或社会助长作用，是指与人合作或意识到有人观察时，个体活动效率提高，行为表现得更加积极的现象。例如，学校打球比赛时，因为同学助威而使参赛选手更加努力，发挥也更加出色。

最早发现社会助长这一现象的是心理学家特里普利特（M. Triplett，1897）。他做了这样的试验，让被试在三种不同的情境下，骑自行车完成25英里的路程。第一种是单独骑行计时，第二种是让一个人跑步陪同骑行，第三种是多人一起骑车竞赛。

① 章志光，金盛华．社会心理学．北京：人民教育出版社，1996. 436～439.

试验结果表明，单独骑行时，平均时速为 24 英里/小时；有人跑步陪同时，平均时速为 31 英里/小时；多人骑行竞赛时，平均时速为 32.5 英里/小时。因此，特里普利特认为，有他人在场或参与群体性活动时，个体的活动效率得到明显提高。特里普利特进一步的系统实验表明，在实验室条件下，让被试在不同条件下完成计数、跳跃等任务，同样存在社会助长作用。

20 世纪 20 年代，实验社会心理学的创始人奥尔波特（F. H. Allport，1924）在哈佛大学针对社会助长问题进行了大量的研究。通过研究，他提出如下结论：一方面，社会助长作用的确广泛存在，不仅可以提高群体成员的行为效率，甚至还能提高行为的质量。但另一方面，他也发现，有他人观察或与人合作，并不一定都能引起社会助长，其中任务难度也是一个关键因素。随着任务难度的增加，社会助长作用将会逐渐下降，直至最终转变为社会抑制或干扰作用。

心理学家扎琼克（R. B. Zajonc）和卡特莱尔（N. B. Cottrell）等在 20 世纪 60 年代完成的研究进一步证明，群体的背景究竟起社会助长还是社会干扰作用，取决于工作任务的性质和个体对任务的熟悉程度。卡特莱尔等人要求被试分别在独立情景和群体情景中学习单词配对表。单词配对有两类：第一类由同义词组成，较容易学习；第二类由无关单词组成，学习难度较大。研究结果表明，进行第一类单词学习时，群体的背景有明显的社会助长作用；而在第二类单词的学习上，效果恰恰相反，群体引起的是社会干扰作用，成绩反而不如独立学习时的好。因此，卡特莱尔等人认为个体对任务的熟悉程度直接影响社会助长和社会干扰的发生。

（二）社会惰化

社会惰化（social loafing），也称社会惰化作用或社会逍遥，是指个体在群体合作的情况下降低个人努力程度的现象。研究发现，当个人与群体其他成员一起完成某一任务时，会出现所付出的努力比独自完成任务时少，活动积极性与效率下降的现象。俗话说，“一个和尚挑水喝，两个和尚抬水喝，三个和尚没水喝”，正是这种社会心理现象的具体表现。

达谢尔（J. F. Dashiell，1930）做了一个拔河比赛的实验，实验要求被试分别在独自和合作两种情景下拔河，并测量其所用拉力。结果发现，一个人拉时测得拉力为 63 公斤；两人合作时，平均出力 59 公斤；三个人群拉时，平均拉力继续减少到 53.3 公斤；当八个人参与拔河时，平均拉力只有 31 公斤。显然，随着合作人数的增加，群体成员个人所付出的拉力也随之减少。随后，英格拉姆（A. G. Ingham，1974）、拉特纳（B. Latane，1979）、杰克逊（J. M. Jackson，1988）等许多学者也用实验证实了达谢尔的观点。

社会惰化现象产生的原因是个人的评价焦虑减弱，使个人在群体中的行为责任意识下降，行为动力也随之下降。[1] 这个观点得到了学者们的普遍认同。拉特纳（B. Latane，1979）及威廉（K. D. Williams，1981）等人的研究都发现，如果让被试相信，自己的行为效率可以被观察到，或对个人行为表现进行单独测量，则即使在群体合作模式下完成同一任务，个体发生社会惰化的概率也会大大降低。

第三节　人际关系

人际关系是人们融入社会、改造社会、与他人联系的纽带。在丰富多彩的人际关系中，个体获得了各种各样的心理体验。良好的人际关系不仅有助于我们保持积极的情绪、乐观的态度、健康的身心，也有助于我们提高学习和工作的效率，同时也是影响群体心理和行为表现的重要因素。学校中的人际关系是社会人际关系中的一种具体形式，也是我们有效实施教学、构建和谐师生关系及营造学校文化的重要保证。因此，必须引起教育工作者的关注和重视。

一、人际关系的概念及其形成与发展

（一）人际关系的概念

人际关系（interpersonal relationships）是指在社会活动中，通过交流、沟通等渠道产生、发展和建立起来的人与人之间比较稳定的心理关系。[2] 师生关系和同学关系是学校中最重要的人际关系。

（二）人际关系的形成与发展

人际关系的产生与发展过程经历了一个由浅入深、由表及里的心理动态变化过程。在这个过程中，双方是从最基本的认知开始，逐渐发展到出现情感联系。当双方还没有接触时，彼此处于零认知状态，更没有任何情绪反应及情感关系。一旦有一方开始注意对方，或产生了相互注意，则人与人之间的认知活动就开始了。随着认知元素的不断增多和深入，双方基于这些认知开始出现情绪反应，情绪反应的积累进一步发展出双方较为稳定的情感关系。而双方情感关系是建立在共同的心理领域上，共同心理领域的多少与双方情感融合的程度有显著相关。心理学家按照情感融合的相对程度，将人际关系分为轻度卷入、中度卷入和深度卷入三种，如图12－2所示。

---

① 章志光，金盛华．社会心理学．北京：人民教育出版社，1996. 399.

② 姜文义．教育管理心理学．大连：辽宁师范大学出版社，1999. 195.

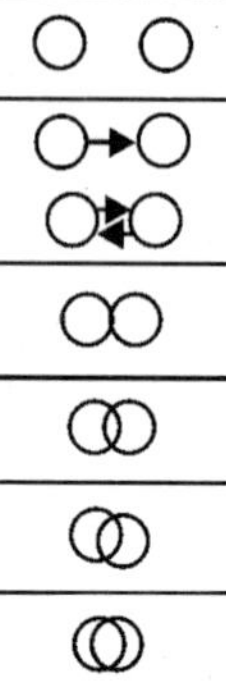

图解	人际关系状态	相互作用水平
	零接触	低
	单向注意 双向注意	↓
	表面接触	↓
	轻度卷入	↓
	中度卷入	↓
	深度卷入	高

图 12－2　人际关系的状态及其相互作用水平

［资料来源：章志光，金盛华．社会心理学．北京：人民教育出版社，1996. 281.］

奥尔特曼和泰勒（D. A. Taylor，1973）对人际关系进行系统研究后提出，良好的人际关系的形成和发展一般要经过定向、情感探索、情感交流、稳定交往四个阶段。①

1. 定向阶段

在这个阶段，主要是初步确定要交往并建立关系的对象，包含对交往对象的注意、抉择和初步沟通等。人们对人际关系具有高度的选择性。生活中，人自然而然地特别关注那些在某些方面能够吸引自己的人。但究竟把谁作为自己人际关系的对象，常常还要根据自己的价值观作理性的抉择。选定交往对象后，就会利用各种机会和途径去接触对方、了解对方，通过初步沟通，人们可以明确双方进一步交往并建立关系的可能与方向。定向阶段通常是渐进的过程，但也不缺乏戏剧性的发展。例如，两个初次邂逅却一见如故的人，其关系的定向阶段一次就完成了。

定向阶段包含对交往对象的注意、选择和初步沟通等多方面的心理活动。注意是自发的选择，它本身反映着某种需要倾向。人们会发现，在聚会和集体活动等场合，虽然有很多人参加，但是能够引起人们注意并与之产生交往行为的，可能只有很少几个人。究竟选择谁作为交往对象，并与之保持良好的人际关系，往往还需要经过自觉的选择过程。

初步沟通是人们在选定一定交往对象后，试图与这一对象建立某种联系的实际行动。对于社交主动型的人来说，就会表现为主动与已经选定的交往对象打招呼，并与之攀谈。在定向阶段，交往双方所暴露的关于自我的信息仅仅是最表面的东西。

① 章志光，金盛华．社会心理学．北京：人民教育出版社，1996. 284～286.

2. 情感探索阶段

在这个阶段，双方主要是探索彼此在哪些方面可以建立真实的情感联系。尽管已经有了一定的情感卷入，但还是避免触及私密性领域，表露出的自我信息比较表面，因此仍然具有很大的正式性。

这一阶段的目的，是彼此探索双方在哪些方面可以建立真实的情感联系，而不是停留在一般的正式交往模式上。在这一阶段，随着双方沟通心理领域的发现，双方的沟通也会越来越广泛。但在这一阶段，人们的话题仍然避免对方的隐私性领域，自我暴露也不涉及自己的本质方面。

3. 情感交流阶段

在此阶段，双方的人际关系开始出现由正式交往转向非正式交往的实质性变化。具体表现在彼此形成了相当程度的信任感、安全感、依赖感，可以在私密性领域进行交流，能够相互提供如赞赏、批评、建议等真实的互动信息，情感卷入较深。

人际关系发展到情感交流阶段，双方关系的性质出现实质性的变化。此时，双方的人际关系安全感已经确立，因而谈话开始广泛涉及自我的许多方面，并有较深的情感卷入。

4. 稳定交往阶段

在这一阶段，交往双方的心理相容性会进一步增加，自我暴露也更广泛深刻。此时，人们已经可以允许对方进入自己的高度隐秘性领域，分享自己的生活空间和财产。但在实际生活中，达到这一层次的友谊关系并不多，许多人同别人的稳定交往都处于第三阶段，而没有更深一步的发展。

二、学校中人际关系的特点

学校中的人际关系主要发生在师生之间、同学之间、学校各行政部门与师生之间以及行政部门内部成员之间。良好、和谐的学校人际关系是促进团结、提高教学效果、顺利实现教学目标、有效开展行政工作的重要保证。因此，掌握和研究学校人际关系的特点有其重要意义，学者们对此提出了许多有价值的观点。①②

（一）教育性

学校的一切工作都是围绕教育学生进行的，学校人际关系的特点，首先在于它受制于教育的目标以及为实现教育目标而进行的教育实践。因此，学校人际关系的评价和调节，是以是否有利于教育目标的实现为首要原则的。离开教育目标的实现来谈学校人际关系，就偏离了学校教育的主题。

---

① 熊川武．学校管理心理学．上海：华东师范大学出版社，1996. 209 ~ 211.

② 姜文义．教育管理心理学．大连：辽宁师范大学出版社，1999. 210.

学校人际关系的教育性往往是潜移默化地直接作用于学生的。如果学校领导者与下属之间民主和谐，教师与教师之间团结合作，教师与学生之间友爱互助，那么在学校亲密友好关系的熏陶下，学生之间的关系也会和睦有序。良好的人际关系，将会带来良好的教育效果。反之，如果学校上下左右关系紧张，冲突频繁，那么学生之间的关系也会冷漠混乱。不良的人际关系，必然带来不良的教育后果。学校人际关系的教育性，既体现在教育内容上，也体现在教育手段上。首先，就教育内容而言，学校人际关系的性质、功能、特征、内容，以及怎样形成良好的人际关系等都是重要的教育内容。其次，就教育目的而言，在让学生学习和掌握必要的人际关系知识与技能的基础上，增强认识和判断人际关系的能力，学会处世做人，这是教育目的的组成部分。再次，就教育手段而言，良好的学校人际关系不仅能激励师生努力工作和学习，而且能促使人们接受意见，改正错误。例如，师生彼此信任、关系融洽，学生就更容易听取教师的批评意见，迅速纠正错误。又如，在课堂教学中，良好的人际关系会产生和谐的心理氛围，师生都会精神饱满、注意力集中，教学效果自然更好。

（二）规范性

学校是按照教育规律和政策法规办学的，一切教育活动和要求都具有规范性的特点。这种规范性主要体现在：第一，高位控制，即以国家的教育方针政策、法规、培养目标、职业道德要求等规范师生的思想和行为；第二，普遍要求，即以一般的规章制度、师生行为规范等，作为师生行动的准则；第三，自我约束，即以良好的学校文化，如优良的学校传统、积极的学习风气等，进行自我约束和调控，在大范围群体中形成良好的工作、学习和生活氛围。

（三）丰富性

从某种意义上说，学校的教学过程就是人际交往的过程。学校的教学活动形式多样，课堂教授、课外活动、非直接教学活动、校外活动等。在各种活动中，纷繁复杂的人际关系形成了频繁的相互联系和交往，学校活动的丰富性为人际关系的发展创造了有利条件。

（四）阶段性

学校人际关系还具有较强的阶段性。这种阶段性主要表现在：第一，任何学生在校学习都有一定的时间规定（学制），一旦期满，就要脱离群体（毕业离校）。师生、同学之间基于学校背景建立起来的直接关系也将随着个体的离开而减少甚至结束。第二，随着直接交往的减少或结束，师生、同学之间的心理距离也随之拉远。发展到一定阶段，这种特定时间的人际关系将转变为一种名义关系，而不再有实质性的交往活动发生。

三、学校中人际关系的意义

良好的人际关系对学校中的所有成员、成员所属群体乃至整个学校组织系统都具有重要的意义和深远的影响。①

（一）有利于调动师生员工的积极性

在良好的人际关系中，人们不但心理上有安全感，而且温暖与体贴，信息与智慧等都会随着相互间的交往而传递。尤其在遇到困难时，四处都会伸出援助之手，这往往容易使人形成不负他人，并以努力工作和学习来回报他人的心态。另外，由于关系密切、互相信任，学校成员之间容易出现互相仿效、你追我赶、不甘落后的局面。心理学家发现，良好的人际关系可以提高学生的学习抱负。例如，一个学生如果他的好朋友打算考大学，那么他很可能也想考大学。

（二）有利于师生员工的心理健康

良好的人际关系是衡量一个人心理健康的重要标准，是影响一个人心理健康的重要因素。良好的人际关系意味着人们之间交往频率高，知识、技术、信息等交流快，这有利于个体能力的发展。另外，良好的人际关系意味着人们之间可倾诉衷肠，分忧愁、解苦闷，使情绪开朗，可避免不少心理疾病。良好的人际关系还意味着彼此信任，在思想、信念、态度、价值观等方面相互学习与汲取，从而提高人的精神境界。近年来大量的心理学研究还从反面证明了这一点，有研究发现，儿童时期的不良人际关系将容易导致青春期的破坏性行为及成年期的心理疾病。总之，大量的研究结果表明，小学和初中阶段的不良人际关系，预示着高中阶段的心理隐患；而小学和中学的不良人际关系，又预示着成年的心理危机。

（三）有利于教育质量的提高

教育质量是由学校成员合力创造的。当学校人际关系处于和谐状态时，人们相互支持、步调一致，容易形成合力，教育质量往往较高。反之，人际关系紧张、相互对立，甚至故意设置障碍，教育力量不是内耗掉了，就是难以直接作用于学生。尤其是师生关系紧张时，学生对教师不信任，不愿接受其教育，教育质量就更难以保证。

（四）有利于组织的巩固和发展

学校组织的巩固和发展需要群体成员同心同德，拧成一股绳。而这又依赖于良

① 熊川武．学校管理心理学．上海：华东师范大学出版社，1996. 212～214.

好的人际关系。因为只有人际关系密切，大家认同感强，才会同心同德，也才有组织的较大凝聚力。相反，人际关系紧张、互不相信、安全感下降，甚至经常要提防被人暗算，要分出许多精力去应付人际纠葛，有些人受不了，便想一走了之。日本学者调查发现，约有95%的人调动工作是由于人际关系问题。当人心涣散的时候，组织也就难以巩固，更谈不上有较大发展了。

四、改善人际关系应该遵守的一般原则

既然学校人际关系对于实现有效管理、开展教学活动以及达成人才培养目标具有重要的意义，那么合理调节和改善学校人际关系就变得举足轻重了。要实现人际关系的良性发展，需要遵循交互、互利、诚信三原则。[①]

（一）交互原则

人们总是希望自己的价值能得到体现和认可，这种寻求价值实现和情感安全的倾向使得人们在社会交往中更加注意自我表现，期望在人际关系中以自我为中心，首先被他人接纳和喜欢。而这种倾向的广泛存在往往成为建立人际关系的最大困难。

阿伦森和林德（E. Aronson & D. Linder，1965）经过大量的实验研究发现，人际关系的基础是人与人之间的相互重视和支持。任何人都不会无缘无故地接纳我们、喜欢我们。别人对我们的喜欢是需要用我们对他们的喜欢去交换的。别人对我们的态度在很大程度上取决于我们对别人态度的影响。人与人之间的喜欢与厌恶、接纳和疏远是双方情感与行为相互作用的结果。

因此，我们与人交往时应该学会包容他人、赞美他人。在交往中首先要主动地接纳、支持、肯定、喜欢他人，这样才能把握交往中的主动。“自我中心”，只想获取不想付出的人际关系是必然破裂的。“己所不欲，勿施于人”是从古至今人与人交往的不变真理。交互原则也是人际关系建立与维持的基本原则。

（二）互利原则

人际关系是建立在人与人之间的交互活动基础上的。在交互活动中，人们不仅关注情感和行为上的呼应，同时还注重在交互中的平衡。

霍曼斯（G. C. Homans，1974）认为，人际交往本质上就是社会交换过程。这种交换不完全等同于市场交换，人际交往中除了有物质交换外，还包含了情感、信息、行为、支持等。但有一点是与市场交换一致的，就是人们在彼此交换时总是希望自己的“得”大于或至少等于“失”。谁都不希望在这场交换活动中失利，如果人们认识到一种人际关系总是让自己“失去”，那么这一关系是很难长期维持稳定

---

① 章志光，金盛华．社会心理学．北京：人民教育出版社，1996. 289～293.

的，要么改变“得失”达到平衡，要么结束关系。

（三）诚信原则

情感在人际关系中起着重要作用，人际交往的双方都有其情感上的需要，期望通过人际关系的建立来实现。如果人际关系中任何一方存在不诚实、欺骗、不守诺言的行为，他是很难取得对方信任并建立起相互关系的。作为学生，在与人交往时要热情友好，以诚相待，不卑不亢，端庄而不过于矜持，谦逊而不矫饰作伪，这样才能得到别人的信赖。处事果断、富有主见、精神饱满、充满自信的人更容易激发别人的交往动机，得到别人的信任，产生使人乐于与你交往的魅力。

总之，努力创造良好的沟通渠道，重视实施情感管理，营造和谐的学校文化氛围，最终建立起有利于学校管理、师生获益的人际关系网络是学校生存发展的重要途径。

思考题

一、选择题

1. 按群体规范程度及组织的原则和方式可以将群体分为正式群体与非正式群体，这种分类方式最早是由梅约（E. Mayo）在（　　）实验中提出的。

A. 霍桑　　B. 迷笼　　C. 工作环境　　D. 群体分类

2. 谢里夫通过实验指出，群体形成需要具备三个基本因素，即（　　）、共同活动和目标一致。

A. 互动　　B. 接受　　C. 交往　　D. 认同

3. 所谓“随波逐流”、“见风使舵”、“随俗浮沉”、“人云亦云”都是（　　）的真实写照。

A. 顺从　　B. 屈从　　C. 服从　　D. 从众

4. 俗话说“一个和尚挑水喝，两个和尚抬水喝，三个和尚没水喝”正是（　　）的具体表现。

A. 社会助长　　B. 社会惰化　　C. 亲社会行为　　D. 反社会行为

5. 人与人之间的喜欢与厌恶、接纳和疏远是双方（　　）相互作用的结果。

A. 情感与行为　　B. 情绪与情感　　C. 认知与行为　　D. 认知与情感

6. 霍曼斯（G. C. Homans，1974）认为，人际交往本质上就是（　　）过程。人际交往中除了有物质交换外，还包含了情感、信息、行为、支持等。

A. 社会交换　　B. 社会支持　　C. 社会交往　　D. 社会互动

7. 双方的人际关系开始出现由正式交往转向非正式交往的实质性变化，即处于（　　）。

A. 定向阶段　　B. 情感探索阶段　　C. 情感交流阶段　　D. 稳定交往阶段

二、问答题

1. 简述群体的概念及特征。
2. 群体形成与发展要经历哪几个阶段？
3. 简述群体的分类。
4. 简述塔克曼的五阶段模型。
5. 奥尔特曼和泰勒指出，良好人际关系的形成和发展需要经历哪几个阶段？
6. 学校中良好人际关系的特征是什么？
7. 试举自己在人际交往中遇到过的实际问题，并提出应对的方法。

第十三章　学生心理健康与辅导

本章要点

●心理健康概述

○心理健康及其意义

○心理健康的标准

○影响青少年心理健康的因素

○青少年常见的心理障碍

●学校心理辅导的内容和原则

○心理辅导及其目标

○学校心理辅导的原则

○学校心理辅导的内容

●学校心理辅导的途径与方法

○学校心理辅导的途径

○学校心理辅导的主要方法与技术

人才的竞争，既有数量的问题，更有质量的问题。心理健康就是关系人才质量的一个重要方面。心理健康的重要性已经越来越多地被人们所关注，大力加强学校心理健康教育已经成为世界性的教育共识。因此，教师在向学生传授知识技能、发展其智慧才能、培养其道德品质、增进其身体健康的同时，还应自觉地担负起维护学生心理健康的职责。在本章中我们将讨论学生心理健康以及学校心理辅导的问题。

第一节　心理健康概述

一、心理健康及其意义

（一）心理健康的概念

心理健康是一种良好而持续的心理状态与过程，表现为个人具有生命的活力、积极的内心体验、良好的社会适应，并能有效地发挥个人的身心潜力和积极的社会功能。[①]

心理健康包括两个方面的含义：一是指心理的安康状态，个体处于这种状态时，不但自我情况良好，而且与社会契合；二是指维持心理健康、减少行为问题和精神疾病的原则和措施。心理健康还有狭义和广义之分。狭义的心理健康主要目的在于预防心理障碍或行为问题；广义的心理健康则以促进人们心理调节，发展更大的心理效能为目标，即人们在环境中健康地生活，不断提高心理健康水平，从而更好地适应社会生活，更有效地为社会和人类作出贡献。

心理健康这一概念是人们在认识和处理障碍的过程中提出的。早期的西方，凡行为古怪者均被视作异人，遭到非人的待遇，有的被铁链锁起来，有的被作为展品在周末展出，尤其当社会发生变革或天灾人祸时，对异人的怀疑、蔑视、憎恨和迫害就会加剧。随着心理科学的产生和发展，人们对异人的看法逐步改变了，发现这些行为古怪者是可以医治的，于是各种专门收容异人的机构应运而生，治疗取代了惩罚。但由于当时的治疗机构大多设在修道院中，其方法也只是在为这些人提供阳光、空气、自由和一些生物性需要的基础上进行治疗。正是在这种医疗过程中，人们发现导致这些行为古怪者精神不适、行为怪异的一个主要原因是异常的心理活动，而且这些异常的心理活动有时在正常的人，甚至医生身上也会出现，如焦虑、紧张、抑郁等。于是心理咨询和心理治疗就成为人们在一生中不得不问津的领域，而什么是心理健康这个问题也随之被提了出来。

（二）心理健康的意义

心理健康是学校教育的重要目标之一。一方面，只有通过积极的教育措施，才能预防心理不健康，防止产生心理疾病，保证青少年成为有理想、有道德、有文化、有纪律的一代新人。另一方面，心理健康又是学生有效地学习和工作的一个必要条

---

① 张大均．教育心理学（第二版）．北京：人民教育出版社，2003. 322.

件。在学习和工作中，如果学生能够心情舒畅、精神振奋，就可以发挥更大的主观能动性，收到事半功倍的效果。相反，情绪紧张、焦虑不安、心烦意乱、灰心绝望，学习和工作则往往事倍功半。

二、心理健康的标准

人的心理怎样才算是健康的呢？心理以什么作为健康的标志？这是一个非常复杂的问题。因为心理健康和不健康之间并没有一个绝对的界限，也并没有一个公认、一致的标准。不过已有许多心理学家从不同的角度对此进行了积极的探索，提出了各种观点。

美国人格心理学家奥尔波特（G. W. Allport）提出了心理健康的6条标准：①力争自我的成长；②能客观地看待自己；③人生观的统一；④有与他人建立亲睦关系的能力；⑤人生所需的能力、知识和技能的获得；⑥具有同情心，对生活充满爱。

美国人本主义心理学家马斯洛和密特尔曼曾提出衡量人的心理是否健康的10条标准：①是否有充分的安全感；②是否对自己有较充分的了解，并能恰当地评价自己的能力；③自己的生活理想和目标能否切合实际；④能否与周围环境保持良好的接触；⑤能否保持自身人格的完整与和谐；⑥是否具备从经验中学习的能力；⑦能否保持适当和良好的人际关系；⑧能否适度地表达和控制自己的情绪；⑨能否在集体允许的前提下，有限度地发挥自己的个性；⑩能否在社会规范的范围内，适度地满足个人的基本需要。

黄坚厚提出的心理健康的4项标准是：①乐于工作；②能与他人建立和谐关系；③对自身有适当的了解；④与现实有良好的接触。

造成研究者对心理健康标准看法差异的原因是：①由于人们确立心理健康标准的依据不同。统计常模、社会规范、生活适应、心理成熟状况、主观感受是经常采用的几类依据。②人们对心理健康标准把握的尺度宽严不同。如马斯洛提出的心理健康标准是从世界近代史上38位成功名人的人生历程中归纳出来的，可说是一种“精英标准”，未免带有理想主义色彩。而在精神科的医师中，认为凡无心理症状的人都为心理健康的人，这是一种衡量健康状况的低水平的“临界标准”。还有许多学者以人格各个维度的量值在总体平均数附近、统计学上占大多数的人的主要行为特征作为心理健康的标准，这叫做“众数标准”。③人们在描述心理健康的人的行为特征时涉及的品质范围与关注重点（把什么看成核心特质）不同，如有的强调积极自我概念的重要，有的强调良好习惯的重要，有的重视生活适应状况，有的关注人的自我潜能实现的程度。

从发展的观点来看，在不同的社会历史时期，心理健康的内容和要求有所不同。同时，由于社会、文化、风俗等方面的差异，在不同的国家和地区，心理健康的标准也存在着差异。综合各种观点，参照现实生活及人们的心理和行为表现，我们认为心理健康水平可以从情绪、人际、人格、自我观、适应能力、心理行为表现这几个方面进行评估。

1. 情绪稳定、乐观

情绪稳定是心理健康的主要标志。与这一条相对立的是喜怒无常。这并不是说心理健康的人没有情绪低落的时候，而是说他们的积极情绪多于消极情绪，而且他们的喜怒哀乐等情绪处于相对平衡状态。

2. 人际关系和谐

人际关系和谐是心理健康的重要标志。心理健康的人，能信任和尊重别人，设身处地地理解别人，能以恰当的方式让别人理解自己。一个心理健康的人不是与别人没有任何矛盾，而是在发生矛盾时能积极地、有效地去解决矛盾，重新让别人理解自己。

3. 人格完整

一个心理健康的人，其人格结构包括气质、能力、性格、理想、信念、需要、动机、兴趣等方面都能得到合理平衡的发展，以积极进取的人生观作为人格的核心，并以此有效地支配自己的心理和行为。个人的所想、所说、所做都是协调一致的。

4. 正确的自我观

人要有正确的自我意识。心理健康的人能体验到自己的存在价值，既能正确地了解自我、评价自我，又能欣然地接受自我，不论是优点还是缺点。他们对自己的能力、性格和优缺点都能作出恰当的、客观的评价；在努力发掘自我潜能的同时，对于自己无法补救的缺陷，也能扬长补短、积极面对；生活目标和理想切合实际，不产生过分的期望，也从不苛刻地要求自己。因此，他们不会因为理想和现实的差距过大，而产生自责、自怨和自卑等不健康心态，也不会产生心理危机。

5. 良好的环境适应能力

环境适应能力包括正确认识环境的能力和处理个人与环境关系的能力。心理健康的人面对所处的环境能够客观地认识和评价，使自己与社会保持良好的接触；生活理想不脱离现实，能面对现实修正自己的需要和欲望，使自己的思想和行为与社会协调一致。

6. 心理行为表现符合年龄特征

人的心理和行为是随着年龄的增长而不断发展、变化的，在个体成长的不同时期，人们会具有与之相应的心理行为表现。心理健康的人应具有与年龄相符合的心理行为特征，如果一个人的行为经常严重偏离自己的年龄特征，就是心理不健康的表现。例如，十多岁的少年外出时总需要父母陪伴，这个少年的心理往往是有问题的。

上述心理健康的标准，只是一种相对的尺度和一般的要求。而且，心理健康状态并非固定不变，而是不断变化的。心理健康与否只反映某一段时间内的特定状态。因此，在评估心理健康时，不能简单地根据一时一事下结论，而要视情况而定。

三、影响青少年心理健康的因素

已有大量研究表明，制约青少年学生心理健康的因素是极其复杂多样的。按照这些因素的功能来分，可以分为本体因素与诱发因素两大类。

本体因素是一个人心理健康状况发生变化的内在主观原因，而诱发因素则是产生变化的外在环境原因。诱发因素通过本体因素而发生作用，它决定着人的心理健康状况变化的现实性。例如，紧张的学习生活，对于心理功能状况良好的学生来说，会激发更高的学习热情，投入更多的学习精力；而对于心理功能状况较差的学生来说，有可能引起过度焦虑，产生心理障碍。下面就简要阐述本体因素和诱发因素对学生心理健康的影响。

（一）本体因素

本体因素主要包括个体的生物遗传因素和心理活动因素。

1. 生物因素

（1）遗传因素。

先天遗传素质对人的身心健康有一定影响。例如，母亲怀孕时患急性传染病或情绪激动等将影响胎儿的身心健康，导致胎儿神经系统脆弱，容易产生紧张反应。又如，对躁狂抑郁症和精神分裂症患者亲属患病率的调查数据显示，精神疾病发病的原因确实具有明显的血缘关系，血缘关系越近，患病率越高，这正是遗传因素的影响作用。

（2）神经系统异常。

临床研究表明，中枢神经系统的传染病，如斑症伤寒、流行性脑炎等，由于病菌、病毒损害神经组织结构而导致器质性心理障碍或精神失常，它可以阻抑心理的发展，造成智力迟滞或痴呆。

（3）生理缺陷。

五官不正、身材矮小、容貌丑陋、断肢、跛足或肥胖等种种原因，都容易使青少年学生因“自惭形秽”而产生自卑、怯懦、孤僻等自我否定性体验，导致心理障碍。

（4）生理病变或生理机能障碍。

青少年学生在患有某种生理疾病时一般会出现消极的心理反应。例如，内分泌机能障碍中，如甲状腺机能混乱、机能亢进时，往往出现敏感、暴躁、易怒、情绪冲动、自制力弱等心理异常表现；肾上腺素分泌过多会引起躁狂症，而肾上腺素分泌不足则可能导致抑郁症等。

2. 心理活动因素

（1）认知因素。

个体的认知因素包括感觉、知觉、记忆、思维与想象，这些认知因素自身的发展与各认知因素之间的关系可能是协调的，也可能是不协调的。一旦某一认知因素发展不正常或某几种认知因素之间的关系失调，就会产生认知矛盾和冲突。这种矛盾和冲突，会使人感到紧张、烦躁和焦虑，于是想极力减轻或消除。认知因素之间的失调程度越严重，则人们期望减轻或消除失调，维持平衡的动机也就越强烈。如果这种需要和动机长时间得不到满足、不能实现，则可能产生心理偏差或心理障碍。认知的严重失调，还会损害人格的完整性和协调性，甚至导致人格变态。

（2）情绪因素。

情绪是一个人集体生存和社会适应的内在动力，是维持身心健康的重要因素。一般来讲，稳定而积极的情绪状态，使人心情愉快、安定、精力充沛、身体舒适；相反，波动而消极的情绪状态，则往往使人心情压抑、焦虑、精力涣散、身体衰弱。因此，培养积极的情绪，排除消极的情绪，有益于学生的身心健康。

（3）个性因素。

个性因素亦可称为人格因素，它对一个人的心理健康影响最大。例如，同样的学习挫折对不同个性的学生，其影响程度可能完全不同。有的人无法承受，或消极应付，从此自暴自弃；有的人则可能接受现实，正视挫折，加倍努力，奋发图强。

研究表明，特殊人格特征往往是导致相应精神疾病，特别是神经官能症的发病基础。例如，谨小慎微、求全求美、优柔寡断、墨守成规、敏感多疑、心胸狭窄、苛求自己等强迫性人格特征，很容易导致强迫性神经症；而易受暗示、耽于幻想、情绪多变、容易激惹、自我中心、自我表现等特殊人格特征，很容易导致癔症。因此，培养青少年学生健全的人格，是保持其身心健康的关键因素之一。

（二）诱发因素

诱发因素是直接引起青少年学生心理健康的外在因素，主要包括家庭因素、学校因素、生态因素和社会因素。

1. 家庭因素

对于青少年学生的身心健康而言，家庭的影响很大。国内外大量研究表明，不良家庭环境容易造成家庭成员的心理行为异常。这些因素主要有：①家庭结构突变，如父母死亡、父母离异、父母再婚等；②家庭气氛紧张，如家庭成员之间情感冷漠、矛盾冲突频繁、父母关系紧张等；③家庭教养方式不当，如专制粗暴、强迫压服，或溺爱娇惯、放任自流；④家长的期望值太高。

2. 学校因素

学校是学生学习、生活的主要场所，学生的大部分时间是在学校中度过的。因此，学校生活对学生的身心健康影响也很大。学校因素主要有学校教育条件、生活条件、教师的素质与教育教学水平、班风、师生关系、同伴关系等。这些条件和关系如果处理不当，则会影响学生身心的健康发展。例如，校风学风不良、学习负担过重、教育方法不当、师生情感对立、同学关系不和谐等，都会使学生心理压抑、精神紧张、焦虑，如不及时调适，就会造成心理失调，导致心理障碍。

3. 生态因素

生态环境是人类与环境相互作用，共同建构的综合系统，它对于人的心理健康影响极大。生态环境包括气象与地理、天然色彩与自然景观、阳光、空气与水、音乐与噪声、拥挤与环境污染。例如，阴沉沉的雨天、噪声、教室过分拥挤、空气污染等，都可能导致学生心神不宁、焦躁不安、压抑沉闷、注意力涣散等问题。

4. 社会因素

社会因素主要包括政治、经济、社会制度、社会文化、社会关系、社区状况等，这些因素对一个人的生存和发展起着决定作用。特别在当前，人与人之间的交往日益复杂，各种社会传媒的作用越来越大，生活紧张事件增多，矛盾、冲突、竞争加剧，价值观呈现多元化，学生升学、就业困难。所有这些现象都会加重青少年学生的心理负担和内心矛盾，影响其身心健康。

总之，影响青少年学生心理健康的因素是多种多样的，它们往往是各自发挥作用的。因此，我们在对青少年学生进行心理健康教育时，应当综合考虑各种因素，采取有效的途径与方法，多管齐下，促进学生健康成长。

四、青少年常见的心理障碍

（一）焦虑症

焦虑症（anxiety state）是以突如其来的及反复出现的莫名恐惧和焦虑不安为特征的一种神经症。其有两种表现形式：一种表现为反复出现惊恐发作；另一种为慢性持续性的焦虑状态。正常人在面临压力情境时，也会出现焦虑反应，但其焦虑是与客观情境的威胁程度相适合的。焦虑症的主要特征是在心理体验方面，当事人感到紧张不安、担心害怕、极度过敏、难以作决定；在躯体症状方面，心跳加快、过度出汗、手足发抖、肌肉持续紧张、尿频尿急、睡眠障碍。学生常见的焦虑反应是考试焦虑。其表现是随着考试临近，心情极度紧张；考试时不能集中注意力，知觉范围变窄，思维刻板，出现慌乱，时刻担心失败，无法发挥正常水平。

学生焦虑症产生的原因主要有：①学校统考、升学的持久压力，使学生缺乏内在的自尊心和价值感；②学业上多次失败的创伤经验；③家长对子女过高的期望；④当事人过分地争强好胜；⑤对自己不切实际的过高要求。采用肌肉放松、系统脱敏，对于缓解焦虑反应有较好效果。

（二）强迫症

强迫症（obsessive - compulsive disorder）包括强迫观念和强迫行为。这两种症状往往共同存在于一个人身上。强迫观念是指当事人身不由己地思考他不想考虑的事物。强迫动作是指当事人反复去做他不想去做的事情，如果不做，他就会感到极端焦虑。例如，反复洗手，反复检查门是否上锁，生活中执行烦琐的固定程序等，都是典型的强迫症状。大多数人都有过强迫观念，但只有当它干扰了人们正常的适应时，才是神经症的表现。

对强迫症的一种解释是强迫观念与强迫动作是人们无意识地免除不安全感和焦虑痛苦的一种替代方式。例如，当一个人对某种场景产生极度的焦虑时，强迫观念使他的头脑中填满无意义的琐碎观念，他就可以借此免除焦虑反应的袭击。强迫症可能还与个体的人格特征有关。有些强迫症患者在思维和行为上也是刻板、缺少变通、一丝不苟的。

（三）恐怖症

恐怖症（phobia）是指对特定的无实在危害的事物或场景的非理性的惧怕。恐怖症可分为单纯恐怖症（如对一件具体的东西、动物或场境的恐惧）、广场恐怖症（如害怕大片的水域、空荡荡的街道）、疾病恐惧症和社交恐怖症。青少年的社交恐怖症是常见的。患有社交恐怖症的人，害怕在社交场合讲话（如在会场上讲演、在公共场合进餐时交谈），担心自己会因双手发抖、脸红、声音发颤、口吃而暴露自己的焦虑，觉得自己说话不自然，因而不敢抬头，不敢正视对方眼睛。治疗恐怖症可用系统脱敏法。

（四）抑郁症

抑郁症（depression）是以心境低落为特征的神经症。其主要表现：一是情绪消极、悲伤、颓废、淡漠；二是消极的认知倾向，如无能感、将失败归咎自己、责难自己；三是动机水平低、被动、缺少热情；四是躯体上的疲劳、失眠、食欲不振。

造成抑郁症的因素有长期存在压力，生活中缺少强化，多次不愉快经历以及当事人性格上的脆弱性等。大多数抑郁症患者能够经过治疗或不经治疗而逐渐恢复正常，但有复发的可能。认知行为疗法对矫治抑郁性神经症有较好的效果；抗抑郁药物可用以缓解症状。

（五）人格异常

人格障碍（personality disorder）是人格特征偏离了正常，也称病态人格，是一种人格发展的内在不协调，是在没有认知过程障碍或没有智力障碍的情况下出现的情绪反应、动机和行为活动的异常。人格发展的不协调若是有极端的表现就是异常心理现象了。

人格异常是长期固定的适应不良的行为模式。人格异常者社会化过程不完善，性格怪异，思想奇特，情感不成熟，难以与人合作，人际关系不良。其中，相当一部分人缺少过失感、犯罪感，无责任心，行为严重妨碍他人。人格异常是个体先天素质与后天教养的产物。早期失去父母的爱，或是受到溺爱而缺乏惩戒，是对人格异常形成的解释。

此外，还有一种程度较轻的人格异常，被称为人格缺陷。其主要表现为自卑、怯懦、孤僻、依赖、敏感多疑、敌对、嫉妒、退缩、消极，这些表现多数带有“内攻性”行为的特征。它对于学生人格的健全发展，可能造成深远的消极影响，应引起教师的高度重视。

（六）性偏差

性偏差（sexual anomaly）指个体性行为表现上有异常现象，如青少年性发育过程中出现的过度手淫、迷恋黄色书刊、对性问题过分关注、早恋、不正当性游戏、轻度性别认同困难等。这些一般不属于性心理障碍，但对这些不良，这应给予有效的干预。

手淫本身不是心理障碍，对身体并无损害，也不是罪恶。应该注意的是对手淫的错误观念引起的心理冲突。对于过度手淫则要采取转移注意力（如转向参加文体活动等）的方法予以纠正。

（七）进食障碍

进食障碍是指神经性厌食（anorexia nervosa），是由于节食不当而引起的严重体重失常。凡是由于患者厌恶进食而导致正常体重骤然下降25%者，都被视为厌食症的症状。神经性厌食症多发生于女生（女生比男生多20倍），其症状是对食物极端厌恶，甚至恐惧，四肢无力，女生也可能出现闭经。由于家庭不断施加压力，当事人有可能变得脾气暴躁。神经性厌食症可采用行为矫治予以矫正。

（八）睡眠障碍

睡眠障碍是指失眠、夜惊、梦魇等。失眠可能由压力事件、脑力和体力劳动过度引起，也可能是神经症的伴随物。夜惊可能与儿童发育阶段精神功能暂时失调有关。梦魇与学生日常情绪压力有关。睡眠障碍可采用肌肉松弛法治疗。

第二节 学校心理辅导的内容和原则

开展学校心理健康教育，是促进青少年学生身心健康和全面发展的重要举措，它可以为其成年以后直至终身的幸福奠定良好的基础；同时也可以通过开展心理健康教育，对学生中存在的各种心理和行为问题尽早发现、尽早矫治。而学校心理辅导就是学校心理健康教育的重要组成部分。

一、心理辅导的概念及其目标

（一）心理辅导的概念

“辅导”一词源于英文的“guidance”，有引导与辅助的意思，也有向需要帮助的人提供服务与帮助的意思。心理辅导是心理学领域的一个专业概念。目前，心理学家对它的表述不尽相同。

著名心理学家罗杰斯（C. Rogers）认为，心理辅导是一个过程，其间辅导者与当事人的关系能给予后者一种安全感，使其可以从容地开放自己，甚至可以正视自己过去曾否定的经验，然后把那些经验融合于已经转变了的自己，作出统合。

1965 年美国劳工部在其颁布的《职业劳工手册》中指出，心理辅导的任务是在中小学、学院、大学、医院、诊所、康复中心和企业中提供个别或集体的指导与咨询服务，以帮助人们在个人、社会、教育、职业等方面取得更有效的发展和成就。

可以认为，心理辅导是指在一种新型的建设性人际关系中，专业辅导人员运用心理学的知识与技术，协助来访者认识自己，接纳自己，进而欣赏自己，并克服成长的障碍，改变自己的意识和行为倾向，充分发挥个人的潜能，迈向自我实现的过程。简而言之，心理辅导是通过人际关系，运用心理学的方法，帮助来访者自强自立的过程。

心理辅导具有以下几个基本特征：第一，心理辅导解决的是来访者心理或精神方面存在的问题，而不是帮助他们处理生活中的具体问题。第二，心理辅导是一种职业化的助人行为，而不是一般性的帮助活动。第三，心理辅导强调良好的人际关系气氛。只有在良好的人际关系气氛中，来访者才会有安全感，才会相信辅导员，从而袒露自己的问题，接受辅导员的帮助。第四，心理辅导是一种学习和人格成长的过程。通过心理辅导，来访者从不能自强自立到能够自强自立，从不能正确对待自己和他人到学会正确对待自己、减少内心的矛盾冲突，从不善交往或具有交往焦虑到学会如何与人相处等，这些都是学习和人格成长的过程。

1. 心理辅导与其他助人活动的关系

教育、心理辅导、心理咨询、心理治疗几种助人活动的含义既有不同，又互有重叠。与心理咨询、心理治疗相比，心理辅导更加主动，更加强调发展性、教育性；与日常教育工作相比，心理辅导更加个性化，更重视民主性和学生的主动性。

有研究者认为，以上几种助人活动的工作范围与对象存在着依次包含的关系：教育包含辅导，辅导包含咨询，咨询包含治疗。它们之间的关系可用图 13－1 表示：

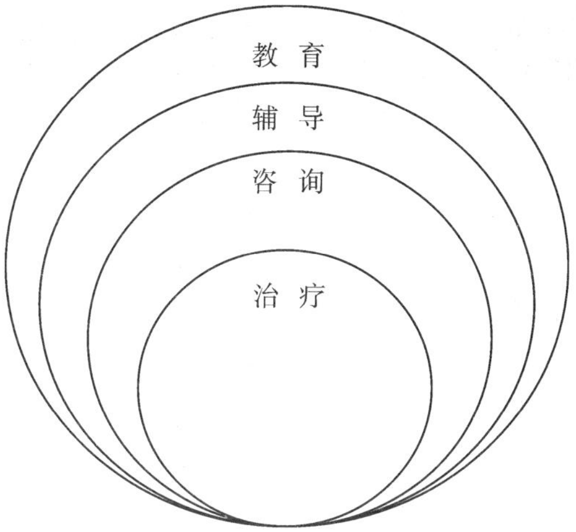

图 13－1 教育、辅导、咨询与治疗之间的关系

2. 心理辅导与学校德育工作的区别及互相配合

心理辅导与学校德育工作之间是既有区别，又相互配合的两个概念。

（1）心理辅导与学校德育工作的区别。[①]

心理辅导与学校德育工作的区别有以下几个方面：

第一，学生观不同。德育教师多持“评价性学生观”，心理辅导教师则多持“移情性学生观”；德育教师是“美好心灵的塑造者”，是学生心目中的“权威”，心理辅导教师是协助者，是学生的参谋、朋友、“同伙”。

第二，内容不同。心理辅导与德育工作两者的内容有交叉而又不完全重合。德育工作一般不处理诸如神经过敏性焦虑、强迫观念、进食障碍等纯属于心理卫生方面的问题；心理辅导不直接解决、也不能直接解决政治立场观点等问题。

第三，目的不同。心理辅导与德育工作的总目标都是培养全面发展的人才，但具体目标有差异：德育工作致力于解决高层次的社会定向问题；心理辅导则是要解决学生心理健康不健康、成熟不成熟、会不会自主抉择等问题。

第四，原则不同。思想政治工作要求旗帜鲜明，而心理辅导则是要求心理辅导教师不要代替当事人作价值判断；思想政治工作中经常鼓励学生公开承认错误，而心理辅导则强调要为当事人严格保守秘密。

第五，方法不同。德育工作方法有伦理谈话、说服宣传、批评表扬、榜样教育、实践锻炼等；心理辅导方法则有心理测量、辅导会谈、行为矫正、角色扮演、沟通分析、价值澄清等。

① 刘华山．学校心理辅导．合肥：安徽人民出版社，1998. 13～18.

（2）心理辅导与学校德育工作的配合。

德育与心理辅导都是育人的工作，各有其不可替代的功能，两者应该也可以互相配合。一个学生要形成优良的品德，首先必须能正确地认识自己，有良好的人际适应能力，能成功地与人交往，恰当地表露与控制自身情绪。相反，一个学生如果心理不健康、自卑、孤僻、不信任他人、有社交障碍，他就会失去接受道德教育的最基本的条件。这就是说，心理辅导可以为有效地实施德育准备好心理基础。此外，在德育与学生管理工作中，有时为了制止学生的错误行为，需要对学生实施批评与惩罚，但在批评与惩罚以后如何妥善处理好学生的消极情绪（如恐惧、羞耻、委屈、敌意、怀疑、自暴自弃等），则需要心理辅导工作的配合与补充。

3. 学校心理辅导的形式

（1）直接辅导与间接辅导。直接辅导是由心理辅导人员对具有心理疑难需要帮助、存有心理困扰需要排解或有心理障碍需要治疗的来访学生直接进行的辅导。间接辅导是由学校心理辅导人员对来访的教师、学校行政人员、学生家长所反映的当事学生的心理问题进行的辅导。

（2）个别辅导与团体辅导。个别辅导是辅导者与来访者一对一的辅导活动。团体辅导是与个别辅导相对而言的，当同类问题的求询者被辅导人员分成若干小组或较大的团体，进行共同商讨、指导时，这种形式称为团体辅导。

（3）通讯辅导与现场辅导。通讯辅导是指利用电话、网络等形式进行的心理辅导。现场辅导是指专职辅导人员深入学校或学生家庭，为广大求询者提供多方面服务的辅导形式。

（二）学校心理辅导的目标

心理辅导的目标有总体目标与具体目标之分。前者适用于不同年龄阶段的青少年学生（如小学、初中、高中、大学）；后者是针对某一特定年龄阶段学生的辅导目标，如小学阶段心理辅导的目标、大学阶段心理辅导的目标等。

学校心理辅导的总体目标是：①帮助学生认识自己、接纳自己、管理自己；②认识、了解周围环境，与环境相适应；③帮助学生解决面临的问题，应付危机、摆脱困难，并增强面对困境与压力的能力和勇气；④祛除特殊症状、改善行为，化解负性的或冲突的思想与情感；⑤指导学生作选择、作决策、制订行动计划；⑥鼓励学生通过自己探索寻求生活意义，认清自己内在的潜力与资源，充分发挥个人潜能。

上述心理辅导总体目标可以归纳为两个方面：一是学会调适。调适包括调节与适应。“调节”处理的是个人内部精神生活的各方面及其相互关系，调整的重点是人的内心体验。“适应”处理的是人与周围环境的关系问题，调整的重点是人的行为。二是寻求发展。即引导学生认清自己的潜力与特长，确立有价值的生活目标，担负起生活责任，扩展生活方式，发展建设性的人际关系，发挥主动性、创造性以及作为社会一员的良好社会功能，过积极而有效率的生活。这两个目标中，学会调适是基础目标，以此为主要目标的心理辅导可称为适应性辅导（adjustive guidance）；寻求发展是高级目标，以此为主要目标的心理辅导可称为发展性辅导（developmental guidance）。[①]

心理辅导的具体目标是针对某年级学生的突出问题，根据心理辅导过程中特定阶段的独特要求制定的。例如，初三年级心理辅导的具体目标是：①帮助学生认识自己的长处、建立自信心；②形成坚强的个性；③掌握自我心态和情绪的调适方法；④改善学习方法；⑤能够在升学和就业方面作出适当的决策。

二、学校心理辅导的原则

学校心理辅导的原则是指导学校开展心理辅导工作必须遵循的基本要求，是心理辅导工作的规律概括和经验总结，对学校心理辅导的开展具有重要指导意义。因此，在辅导中必须遵循教育性、整体性、主体性、尊重性、差异性、保密性六大原则。

（一）教育性原则

教育性原则是指辅导人员在进行学校心理辅导的过程中始终要注意培养学生积极进取的精神，树立正确的人生观、价值观和世界观。针对学生在学习、生活、交往中的矛盾冲突，以及由此而产生的对社会中的人与事的不满言行、错误观点甚至敌对情绪和态度，引导他们进行实事求是的分析，明辨是非，调整看问题的方法，建立积极的思维模式，使学生在发展良好的心理素质和排除各种心理困扰、解除心理症结的过程中，受到辩证唯物主义思想的启迪。可以说，教育性原则比较鲜明地体现了社会主义学校心理健康教育的特点与要求。[②]

贯彻教育性原则，应做到：首先，必须充分考虑我国的实际情况和中华民族的文化特色，有选择地借鉴西方关于学校心理辅导的理论、方法和技术；其次，要把心理问题的解决与人格品质、思想觉悟的培养统一起来；再次，重视正面的启发和积极引导，培养学生积极进取、乐观向上的精神，帮助学生树立正确的人生观、世界观和远大理想。

（二）整体性原则

整体性原则有三层含义：一是指学校心理辅导要面向全体学生，针对绝大多数学生的共同需要和普遍存在的问题来进行，把努力提高全体学生的心理健康水平和

---

① 黄希庭．心理学．上海：上海教育出版社，1997. 433 ~434.

② 莫雷．教育心理学．广州：广东高等教育出版社，2002. 382.

心理素质、使每一个学生都得到发展作为学校心理辅导的根本任务和最终目标；二是指学校心理辅导要注意学生心理活动的完整性，强调学生知、情、意与个性的协同发展，促进学生心理素质的整体发展与全面提高；三是指学校心理辅导的开展要注意综合考察和分析学生心理问题的形成原因及其对策，把客观条件和学生实际存在的问题及需要密切联系在一起，以提高心理辅导工作的实效性。

贯彻整体性原则，应注意：首先，辅导者要了解和把握学生的共同需要，以及普遍存在的心理问题；其次，树立学生全面发展的观点，注意其人格整体性的完整和身心素质的全面提高；最后，要从整体、全局的角度开展心理辅导，把内外因、主客观因素结合起来，并协同家庭、学校与社会的力量做好学生的心理辅导工作。

（三）主体性原则

主体性原则是指在学校心理辅导过程中要把学生作为认识与发展的主体，尊重学生的主体地位，注意调动学生的主动性、积极性，启发学生进行自我教育。主体性原则之所以必要，基于以下两点原因：一是学生是心理发展的主体。我国学者朱智贤曾指出，社会和教育向青少年儿童提出的要求所引起的新的需要与其原有的心理发展水平之间的矛盾，是青少年儿童心理发展的内因或内部矛盾，也是其心理不断向前发展的动力。这就是说，心理辅导员的影响只有通过青少年学生主体心理的自我矛盾运动才能起作用。发生认识论的创始人、瑞士著名学者皮亚杰也认为，没有认识主体的能动作用，认识就不能得到发展。学校心理辅导的基本功能就是促进学生健康成长与发展，而成长与发展的过程是一种自觉和主动的过程，如果学生缺乏自觉和主动精神，只是被迫地、被动地接受教育，其效果是可想而知的。二是青少年学生特有的心理特征。青少年时期是学生自我意识快速发展的时期，其独立性和“成人感”非常强烈，对外界的压力和成人的过度关心照顾往往感到反感和厌倦；他们渴望通过自己的思考和主动探索来独立解决面临的问题。因此，在心理辅导工作中，辅导者一定要注意多从正面进行启发与鼓励，从而促使学生的主体作用得以充分发挥。

贯彻主体性原则，应注意：首先，学校心理辅导应充分考虑学生的需要，围绕学生的实际问题来进行。教师所选择的事例、安排的活动，都必须是学生所关心和熟悉的，是与他们生活密切联系，能引起他们注意和重视的。这样心理辅导才能唤起学生的兴趣，激发起学生的主动性和积极性。其次，要注意发挥学生的主动性和积极性，不可事事包办代替。在组织各种活动时，要尽量让学生自己“唱主角”，辅导人员的作用是从旁协助、提供建议。在设计活动时要注意突出学生的主体地位。在与学生沟通过程中，宜用商量、鼓励的语气说话，不可用命令、灌输的口吻谈话。最后，辅导人员应尽其所能，全面了解学生。对每一个学生的了解，是发挥其主体性的出发点。

(四)尊重性原则

尊重性原则是针对心理辅导工作者对学生的态度提出来的原则。尊重是指尊重学生的人格与尊严，尊重学生的权利，承认学生的独立性，承认学生与辅导者在人格上是平等的。学校心理辅导实际上是辅导者与学生双方的一种交往过程，彼此尊重是实现此种交往的基础，也是双方进行情感交流的最佳渠道。双方只有在人格上平等、心理上相容时，学生才能开放自我。如果心理辅导人员不能意识到这一点，只一味将学生当做教育的对象，极易引起他们的不满、反感甚至抵触情绪。

贯彻尊重性原则，应注意：首先，要尊重学生个人的尊严，以平等、民主的态度对待学生。其次，要关怀、理解与接受学生。最后，要对学生一视同仁，无论对什么样的学生，教师都应虚怀若谷，坦诚相待，一视同仁地予以尊重，而不应厚此薄彼。

(五)差异性原则

差异性原则是指学校心理辅导工作要承认和重视学生的个体差异，根据不同学生的不同需要，开展形式多样、有针对性的辅导，以提高学生的心理健康水平。青少年学生的差异表现在许多方面，如他们具有自己的兴趣和性格特点，拥有不同的社会背景、家庭环境、生活经验和价值观念。学校心理辅导应该承认差异、重视差异、因材“施辅”、有的放矢，使每个学生的心理都得到相应的发展，最终促进全体学生心理素质的提高。

贯彻差异性原则，应注意：首先，了解学生的个别差异，如年龄差异、性别差异、心理差异等；其次，对待不同的学生应灵活运用心理辅导的原理和方法。

(六)保密性原则

保密性原则要求在学校心理辅导过程中，辅导者应对求助学生的个人情况以及谈话内容予以保密，不得对外公布求助学生的姓名，拒绝任何关于求助学生的调查，尊重求助学生人格及隐私权等。保密性原则是学校心理辅导的重要原则，是鼓励学生畅所欲言和建立相互信任的心理基础。保守来访学生的秘密也是对学校心理辅导工作者最基本的职业道德规范。

贯彻保密性原则，应注意求助学生的所有资料和信息绝不应以任何形式予以公开，也不能随便供人查阅；任何咨询与辅导机构都应设立健全的储存系统来确保来访学生档案的保密性。当然，替来访者保密也不是绝对的，在某些情况下，为了求助学生和他人的利益免受伤害，可以进行适当公开，但前提是不能损害求助学生的利益。

三、学校心理辅导的内容

学校心理辅导的内容是心理辅导目标的具体化。因此，其内容的确定必须以心理辅导目标为依据。当然，在确定具体心理辅导内容时，也要注意立足于学生的实际心理需要，并着眼于现实及未来社会对人才的客观要求。学校心理辅导的内容一般包括学习辅导、人格辅导、社会与生活适应辅导。

（一）学习辅导

学习辅导是指辅导者依据现代学习理论，针对影响学生学习的因素，有目的、有计划、有步骤地指导学生排除各种学习障碍，科学地进行学习的过程。学习辅导的目的在于培养学生良好的学习心理品质，帮助学生克服学习障碍，提高学习效率，完成学习任务。由于学习心理活动是学生主导的心理活动，学习是学生的主要任务，学会如何学习是时代的要求，所以学习辅导是非常必要的。学习辅导包括学习方法、动机、习惯以及应试心理辅导这四方面内容。

1. 学习方法辅导

学习方法是指学习者在学习过程中形成的适合自身特点的一系列手段、方式和途径。学习方法是顺利完成学习任务和提高学习效率的基础与前提，当它以固定的行为方式表现出来时就形成了学习习惯。学习方法对学习而言不仅能扩大学习范围，掌握更多知识，还可以提高学习效率，保证学习效果。

在校学生的学习主要是在教师指导下进行的，这种学习一般是由四个环节组成，即预习——听课——复习——作业。由于这四个环节的学习方法是最基本的学习方法，因此学习辅导就应该使学生真正掌握课前预习、课堂学习、课后作业、复习应试的方法。例如，指导学生在课前预习中浏览教材、找出预备知识、编写内容提要、确定重点与难点等。同时，还要结合各学科的特点进行学科学习方法的指导。就学习方法而言，学科学习心理辅导可分三个层次：第一层次是学科思想指导，如指导学生掌握数学思想、物理思想等；第二层次是学科一般方法的指导，如指导学生掌握数学中的分析法与综合法、物理中的等效法与类比法、历史中的历史文献法、化学中的实验法等；第三层次是学科具体方法的指导，如语文学习中指导学生掌握查字典的方法、数学学习中指导学生掌握解答应用题的方法。

2. 学习动机辅导

学习动机是引起、维持和推动学生进行学习的内部力量。学习动机体现了学生的学习需要，而这种需要是社会、家庭和学校对学生学习要求的反映。因此，我们是能够采取相应的措施对学生的学习动机进行调控的。

尽管不同学生的学习动机不尽相同，同一学生也可能同时存在着相互交织的几种学习动机，但国内外已有的大量研究发现，青少年学生的学习主要受以下几类动机的影响：①交往动机，即为了获得他人（如家长、教师和同学等）的赞许、认可和亲近而努力学习的动机；②成就动机，即为了维护个人自尊心和提高个人地位而努力学习的动机；③求知欲，即以获得知识为目的的动机；④学习兴趣，即基于自己的学习需要而表现出来的一种认识倾向；⑤自我效能感，即认为自己有能力完成学习任务而表现出的学习动机；⑥学习目的性，即学生因清晰地意识到学习的目的及其社会意义而表现出的学习动机。这几类动机都对学生的学习产生重大影响，在进行学习动机指导时必须予以重视。

3. 学习习惯辅导

学习习惯是指学生在一定情境下自动地进行学习活动的特殊倾向。学习习惯的指导需要从三个方面进行：①指导学生养成良好的学习卫生习惯。例如，科学用脑的习惯、科学用眼的习惯等。②指导学生养成良好的学习认知习惯。例如，自觉预习的习惯、专心听课的习惯、认真复习的习惯、自我监控的习惯、计划与组织的习惯、有效利用人力资源的习惯等。③指导学生养成良好的与个性有关的学习习惯。例如，独立作业的习惯、认真钻研的习惯等。当然，进行学习习惯指导还应包括矫正学生已经形成的不良学习习惯，这也是一项十分艰巨的任务。

4. 应试心理辅导

青少年学生在考试尤其是一些重大的考试（如中考、高考）期间，常会出现一些应试心理问题。正因为这样，做好应试心理指导，也是学校心理辅导不容忽视的内容。应试心理辅导的内容很多，但至少应包括考前复习指导、考试焦虑指导、应考方法指导、考试后归因指导、应试期身心保健指导（如复习阶段的身心保健、考试时的身心调节和考试后的身心保健）等。

（二）人格辅导

人格辅导是学校心理辅导的中心工作，其主要目的是引导学生养成健全的人格品质或优良的个性特征。人格辅导的内容包括两个方面：一是培养学生健全的人格特征；二是帮助他们矫正不良的人格特征。例如，引导学生养成独立自信、正直善良、勤奋好学、沉着镇定、富有幽默感、讲究礼貌、热情开朗、心态开放、勇于开拓等人格品质；帮助学生矫正心胸狭窄、斤斤计较、虚伪奸诈、墨守成规、自卑羞怯、优柔寡断、固执偏激、见异思迁、冷酷孤僻、不负责任等不良人格特征。

（三）社会与生活适应辅导

社会与生活适应辅导的目的是促使学生了解社会的有关信息，建立合理的生活规范，掌握基本的社交技能以及升学、就业的抉择技巧，最终培养学生适应社会生活的能力。

社会与生活适应辅导的主要内容包括：

（1）日常生活辅导，指导学生养成良好的生活与卫生习惯，培养学生的生活自理能力。

（2）自我保护辅导，培养学生的安全意识与自我保护意识，引导他们正确认识纷繁复杂的社会现象，掌握与坏人坏事作斗争的适当方式。

（3）人际交往辅导，使学生充分认识人际交往的重要性，增强其交往的主动性和积极性，掌握交往技能，克服人际偏见，加强社交个性的修养，建立良好的人际关系。

（4）情绪辅导，使学生认识人类情绪情感的丰富与多样性，掌握正确表达、宣泄和控制情绪的方式，培养积极、稳定的情绪和情感，并能产生移情。

（5）学习适应辅导，指导学生认识新的学校环境，把握新的学习生活特点，调整自己的心理与行为方式，尽快实现对新的学习环境的适应。

（6）性问题的辅导，帮助学生认识性别差异，认同并接纳自己的性别，学会同异性进行正常交往，实现性别角色的社会化，并能正确地认识和处理青春期的性生理和性心理困惑。例如，初恋、青春期对异性的好感等。

（7）升学与择业辅导，指导学生搜集并分析与升学、择业有关的个人信息与社会信息，掌握升学与择业决策的技巧，提高决策的能力。

第三节　学校心理辅导的途径与方法

学校心理辅导的顺利完成，需要采用多种心理辅导的方式与途径，综合发挥各种方法与技术的作用，以提高心理辅导的时效性。

一、学校心理辅导的途径

（一）结合学科教学渗透心理辅导

结合学科教学渗透心理教育，这是学校心理辅导的主要渠道和最基本的途径。因此，学科教师要树立心理教育的意识，充分利用和挖掘自身学科的特点与优势，把心理健康教育渗透于正常的学科教学中，使学生耳濡目染、潜移默化，在学习到知识与技能的同时发展良好的心理素质。

（二）开展个体与团体的专门心理辅导工作

在学校开展专门的心理辅导工作，是实现学校心理健康教育整体目标的重要途径。学校通过建立学生心理咨询与辅导中心、辅导室或心理热线，开辟心理专栏，对存在心理问题或出现心理障碍的学生进行个别或团体辅导，帮助学生消除心理问题和心理障碍，恢复心理健康，提高心理素质。

（三）开设心理辅导课程

开设心理辅导课程并不是一件新鲜事。在西方国家，如美国、英国早在20世纪中期就在学校开设了心育学科课程，我国很多学校近年来也陆续在尝试开设心理辅导课程。一般来说，心理辅导课程包括学科课程、活动课程和环境课程三类。

1. 心理辅导的学科课程

心理辅导的学科课程内容与学生心理发展的需要密切相关。通过开设心理辅导的学科课程，丰富学生的心理学知识，训练他们掌握必要的心理调适的方法，这对学生的终身发展是十分必要的。心理辅导学科课程的授课方式也很多，但归根结底必须遵循“问题导入——师生互动——反思感悟——改变行为”的路线。

2. 心理辅导的活动课程

心理辅导的活动课程主要有三类：①在团体、校会、班会及其他社会服务活动中进行心理教育；②通过学科兴趣小组活动进行心理教育；③通过文艺、体育活动来活跃学生的身心，加强竞争与协作能力，促进学生心理品质的提高及个性的健康发展。

3. 心理辅导的环境课程

心理辅导的环境课程是通过创设良好的学校环境来达到心理教育的目的。学校环境包括物质环境和心理环境。它直接影响一个学校的文化，影响学生的身心健康和学习效率。因此，在建设校园物质环境时，应注意桌椅的高度与位置、教室的通风、照明、温度、墙壁的色彩以及校园的绿化等，以达到“境教”目的；在注重校园物质环境建设的同时，更要重视良好校风与班风的调控，通过创设积极向上，团结合作，互助友爱的集体气氛来发展学生乐观、开朗、进取、宽容的心理品质。

（四）建立家庭、学校与社区相互沟通的心理辅导渠道

建立家庭、学校与社区相互沟通的心理辅导渠道，优化家庭与社区教育环境，是提高学生心理健康水平的重要方式和途径。学生心理问题的产生和发展，家庭环境、家庭教育与社区状况、社区文化是不可忽视的因素。因此，学校教育与家庭教育、社区教育应积极配合，以便形成教育的合力，共同做好青少年学生的心理辅导工作。

二、学校心理辅导的方法与技术

（一）学校心理辅导的会谈技术

会谈是心理咨询与辅导的基本形式和手段。它是心理辅导员与来访者之间的信息交流，也是会谈双方一种有特殊意义的人际交往过程。对于心理辅导人员来说，

每一次辅导都是一次会谈，通过会谈达到影响和帮助来访者的目的。有效的会谈是需要技巧的，所以要提高辅导效果，就必须掌握心理辅导的会谈技术。心理辅导的会谈技术主要包括倾听技术和干预技术。

1. 倾听技术

倾听是心理辅导的第一步，是会谈双方建立良好关系的基本要求。倾听是每一个心理辅导员的基本功。

倾听并不是简单地听，而是要用心去听，设身处地地去感受。在倾听过程中，心理辅导员还要借助各种技巧，才能真正听出对方所讲的事实、所体验的情感、所持有的态度。正确的倾听要求心理辅导员以真诚的态度去对待来访者，细心地注意来访者的言谈举止，敏锐地觉察来访者在倾诉时的犹豫停顿、语调变化以及伴随言语出现的各种表情和动作等，从而对来访者的问题作出完整的判断，在此基础上进行有效的干预。倾听时，应注意以下技巧：

（1）恰当运用开放性与封闭性提问。

开放性提问通常使用“什么”、“怎么”、“为什么”、“能不能”等词语发问，让来访者对有关问题、事件作出较为详尽的反应，如“你如何看待这件事”、“你为什么不喜欢待在寝室里”。这种提问往往会引出来访者对某些问题、思想、情感等的详细说明。在使用开放式提问时，应重视把它建立在良好的辅导关系上，只有来访者对辅导员产生信任，他才会在提问时作更多的回答。此外，应注意问话的方式、语调，不能太生硬或太随意。

封闭性提问通常使用“是不是”、“对不对”、“有没有”、“行不行”、“要不要”等词语发问，让来访者对有关问题作“是”或“否”的简短回答。这种提问常用来收集信息并加以条理化，以澄清事实，获取重点，缩小讨论范围，适当中止叙述等。但过多使用封闭式提问，会使来访者处于被动的地位，压抑其自我表达的愿望与积极性，产生沉默和压抑感及被审讯的感觉。所以采用封闭性提问要适度，并和开放性提问结合起来。

（2）善于运用鼓励和重复技术。

在倾听过程中，为了鼓励来访者作进一步的倾诉，表现辅导员对来访者的关注和理解，应运用鼓励和重复技术。重复技术包括直接重复（辅导员原样重复来访者的谈话）和变式重复（即辅导员将来访者的谈话内容进行组织整理，用自己的语言反馈给来访者）。变式重复最好是引用来访者谈话中最有代表性、最敏感、最重要的词语，或仅使用某些词语如“嗯”、“讲下去”、“还有吗”等，来强化来访者叙述的内容，并鼓励其进一步倾诉。重复来访者叙述中的某些话语或内容，是鼓励来访者的一种主要方法。它的另一个重要作用是引导来访者的谈话朝着一定方向深入。

（3）有效运用情感反应。

情感反应是辅导员将来访者的情感反应进行综合整理后，再反馈给来访者。例如，“你对此感到伤心”、“这事让你很不愉快”等。情感反应的最有效方式是针对来访者现在的而不是过去的情感，如“你现在很痛苦”、“你此时的心情比较好”。此外，在运用这一技术时，要及时准确地捕捉来访者瞬间的情感体验，并及时进行反应，使来访者深切体验到被人理解的感觉。

（4）灵活采取不同的谈话方式。

在心理辅导过程中，辅导员应采用热情、诚恳、平等、负责的谈话方式，同时，还要注意针对来访者不同的年龄特征、个性特征、文化特征以及不同的心理问题采用灵活多变的谈话方式。

在倾听过程中，除注意使用以上技术，还应尽量避免倾听时容易犯的错误。初学辅导的人易犯的错误包括不重视倾听，喜欢自己不停地说，急于下结论，轻视来访者的问题，不认真听，干扰、转移、中断来访者的话题，对来访者的话题作是非评判，不适当地运用参与技巧等。

2. 干预技术

注意运用倾听技术对于帮助来访者自我成长十分重要，但仅靠这一方面是不够的，因为显得缓慢，缺乏主动性。咨询辅导员如果能够积极地投身会谈过程，采用影响对方的技术，那么来访者的改变将会更快、更有效。心理辅导员运用自身的知识、经验和能力来积极影响来访者并促其成熟，这一过程称为干预。干预的技术包括指导、解释、提供信息、自我开放等。

（1）指导，即直接指示来访者做什么和说什么，或如何说、如何做。它是最具影响力的辅导技术之一。指导的本质在于直接引起行为的改变，它明确地指示学习什么、改变什么，以及如何改变、如何学习，所以指导有着强烈的行为取向色彩。指导方式有以下几个方面：一是指导言语的改变，即指导来访者改变言语表达。例如，指导来访者把“我应该”改为“我希望”。二是给予特殊的建议和指导。例如，建议考试焦虑的学生采取适合自己个性的作息制度，每天坚持适量的娱乐和锻炼。三是自由联想式指导。例如，对有强迫观念的来访者，指导他用自由联想的方式回想童年时的经历等。四是角色指导。采用角色扮演、角色替代等方法，指导来访者获得新的经验。五是训练性指导。例如，松弛训练、脱敏训练、宣泄训练等。

（2）解释，即辅导者依据某一理论或个人经验，对来访者的问题作出合理的说明和分析，使来访者能够从一个新的、更全面的角度来认识自己和自己的问题，从而促进认知改变。“听君一席话，胜读十年书”就是这种效果。解释是影响来访者技术中最复杂的一种，也是最有创新性的一种。针对来访者的不同问题，辅导者可以创造出各种不同的解释。运用解释时要注意：第一，注意了解情况，准确地把握问题。根据来访者的特点，灵活地确定和运用解释的理论与依据。第二，注意解释不能强加于人。一方面，最好在来访者有足够的思想准备时再进行解释；另一方面，不能把来访者不同意或有怀疑的解释强加于人。例如，“你不同意我的解释，我就没有办法了”。强迫来访者接受解释，往往效果不佳。第三，解释不能过多，防止来访者否认辅导员的参照体系。

（3）提供信息，即对来访者关心的问题提出建议，给予指导性和参考性的信息，以帮助来访者思考问题，作出决策。在学校心理咨询与辅导中，因为学生的经验、阅历、知识有限，在与之面谈时，提供信息、提出建议尤为必要。但在使用这一技巧时，需注意：第一，建议或忠告的话语要含蓄、委婉。例如，“如果我是你，我可能会……”第二，提供的建议一般不宜太多，过多使用会失效。

（4）自我开放，也称自我暴露、自我揭示等，是辅导员公开暴露自己的某些经历、经验、思想、情感等，与来访者共享。自我开放有利于建立良好的辅导关系，为来访者树立好的榜样，从而增进来访者自我开放。自我开放有两种形式：一种是向来访者表明在会谈时对来访者言行问题的体验，如“我很高兴，你这么信任我”，“我和你一样，感到失望”；另一种是告诉来访者自己过去的有关经历和情绪体验，如“你说的这种情况，我过去也遇到过……”自我开放应建立在一定的辅导关系之上，且要适量。因为过多开放和暴露，可能给来访者的心理带来负强化，增加消极影响。

（5）干预性概述，即辅导员把自己所叙述的主题、观点、意见等经过组织整理后，以简明扼要的形式表达给来访者。干预性概述的作用是使会谈富有条理，避免会谈混乱，使双方有机会对刚才的谈话作一番检查，强调某些重要内容，加深印象，也为下一步会谈的主题做好准备。运用概述时，应要条理分明、重点突出，同时也要简明扼要、通俗易懂。

在学校心理辅导中，只有正确地使用倾听与干预技术，才能提高会谈质量，达到心理会谈的目的。

（二）学校心理辅导的常用方法

学校心理辅导的方法很多，如精神分析法、行为矫正法、人本主义疗法、认知辅导法等。以下将主要介绍学校心理辅导中最常用的认知辅导法和行为矫正法。

1. 认知辅导法

（1）基本思想。

认知辅导法的理论与方法很多，都是通过改变人的认知结构、思考方式进而改变人的情绪与行为。理性情绪治疗法是一种典型的认知辅导法。该疗法是 20 世纪 50 年代由艾利斯在美国创立的。A—B—C 理论是理性情绪疗法的理论基础。该理论认为，引起情绪障碍的不是诱发事件本身，而是事件经历者对该事件的评价和解释。事件能否发生是不以人的意志为转移的，但如果能够对该事件作出理性的评价，则可以避免消极情绪的产生。该理论中的 A 代表诱发事件；B 代表当事人在遇到诱发事件后产生的信念，即对事件的评价和解释；C 代表当事人的情绪和行为结果。理性情绪治疗法认为，当事人对诱发事件所持的信念 B 是情绪和行为 C 的直接原因，而诱发事件 A 只是情绪和行为的间接原因。

（2）基本方法。

第一种方法是非理性信念辨析。它是理性情绪治疗法的主要方法，是辅导者针对来访者对自己、对他人及对周围世界的不合理信念提出质疑，通过辩论动摇这些不合理信念，进而用合理的信念来取代。一般来讲，来访者的述说往往是从诱发事件A开始，紧接着谈论的是自己的感受与情绪C，而较少分析自己对事件的认识（信念B），即使谈到，也是零碎的、不经意的。辅导员的着眼点应主要放在当事人对事件的认识，即信念B上。在倾听来访者诉说时，对B给予特别的留意，分析来访者对事件所持的信念哪些是合理的，哪些是不合理的，然后针对不合理的信念，进行有的放矢的辩驳。下面是利用该方法的一个事例。

A事件：没有考好。

B不合理的观念："同学们肯定会取笑我，真丢面子。"

C情绪与行为：难过、沮丧、吃不好、睡不着。

D驳斥："这不是事实，只是我的主观想法，怎么知道同学们会取笑我？即使有人取笑我，难道我真的无法忍受？"

E新观念："可能真的无人取笑我；被取笑只是一时，只要用功，成绩可以改变；何况我还有其他长处。"

第二种方法是认知家庭作业。该方法是配合非理性信念辨析方法来进行的。因为不合理信念是在生活过程中长期形成的，对不合理信念提出质疑使来访者改变不合理信念也同样需要过程，因此，应当给来访者反复思考的时间，让他们有较充分的时间在自己头脑中进行思考，才会真正有效。布置认知家庭作业，就是为了促进来访者在面谈辅导以后，继续进行思考。

第三种方法是合理情绪想象。该方法是通过想象来体验自己所不适应的情境，用想象来代替现实，然后再去适应现实。方法的关键是用理性思维指导想象中的行为，用认知指导行为、调节情绪，从而逐步消除负性情绪，使积极情绪状态占主导地位。

2. 行为矫正法

（1）基本思想。

行为矫正法，也称行为疗法，是由斯金纳等于20世纪50年代发展起来的。行为主义学派认为病态行为是在生活经历中，特别是在心理创伤的体验中通过学习并经条件反射固定下来的，那么通过再学习，当事人能消除和纠正病态行为。也就是说，行为治疗就是根据行为学习的理论，对个体进行反复训练，以达到矫正不良行为的一种方法。行为治疗是一个着眼于改变行为而不是改变认知的学习过程。

（2）基本方法。

行为疗法常用的技术有强化、惩罚、消退、系统脱敏、厌恶法、奖励法、模仿法、示范法等。该技术通过制定一套明确的、有系统的行为改变策略，来消除或改变个体的不良行为。

强化是指当某一行为在某种情境下出现后得到一种满意的结果，在以后类似情境中，这一特定行为出现的可能性就会提高。例如，某同学平时喜欢捣乱，今天学习很认真，作业写得很好。老师走到他面前，对他说："今天你表现不错，学习很认真，作业写得很好!"以后该同学在课堂上就可能更认真学习。

惩罚是指当某一行为在某种情境下出现后得到一种令人厌恶的结果，以后在类似情境中，这一特定行为出现的可能性就会降低。

消退是指在某种情境中，行为者产生了以前被强化的反应，如果此时并没有强化物的出现，下次再遇到类似情境时，该行为出现的可能性就会降低，甚至最终消失。例如，某同学上课爱捣乱，过去当他离开座位时，老师就会停下课来注意他。某天，他上课又离开座位了，但老师并没有注意他，而是继续上课，以后他的这一行为也没能再引起老师的关注。经过一段时间，该同学上课离开座位的可能性就会降低，甚至完全消失。

系统脱敏主要是用来治疗恐怖症，其基本原理是当引起焦虑和恐惧的刺激存在时，造成一个与焦虑不相容的反应，则能引起焦虑的全部或部分抑制，从而削弱焦虑与刺激之间的联系。也就是说，用放松的方法减弱患者对引起焦虑刺激的敏感性，鼓励患者逐渐接近他所恐惧的事物，直至消除对该刺激物的恐惧感。

厌恶疗法是应用惩罚性的厌恶刺激来矫正和消除某些不良行为的方法。该方法多用于改变不良学习习惯与生活习惯等。

示范法是观察、模仿辅导人员提供的榜样，以此来学习良好社会行为的方法。该方法的学习机制是替代强化。

（三）学生心理档案的建立

建立学生心理档案，有利于收集、整理学生资料，了解被辅导学生的情况，从而为学校的管理提供决策依据，为学校心理辅导工作提供操作指南，以提高学校心理辅导的科学性与实效性。

1. 搜集学生资料的方法

搜集学生资料是建立心理档案的关键。学生资料的搜集方法主要有观察法、问卷法、自述法、谈话法和心理测验法等。

（1）观察法。

观察法是心理辅导人员有目的、有计划、系统地获取处于自然条件下学生资料的方法。对于观察的结果，可用三种方式做记录：第一种是评等法，即心理辅导员对所观察的特质或行为评定等级，如学生对某事物可以"不喜欢、不太喜欢、一般、有点喜欢、很喜欢"，心理辅导员可在预先印好的表格上按级画圈。第二种是记录出现频率法，即心理辅导员将事先规定好要进行观察的学生的项目预先打印在纸上，凡出现了某种行为或现象，就在该行为或现象的框上画一个“√”号。第三种是轶事记录，即心理辅导员把观察到的学生情况，以叙述性文字形式做简明记录，包括学生的姓名、性别、年级、观察时间、观察事实及其发生情境的描述，心理辅导员的解释与建议等。

（2）问卷法。

问卷法是指心理辅导人员运用统一设计好的问卷向学生了解情况和征询意见的方法。采用问卷调查，可以详细地了解学生的一些基本情况，把握他们的心理活动及其发展动态。

（3）自述法。

自述法是指通过分析学生各种书面形式的自我描述来了解其内心活动的方法。例如，通过对学生的日记、周记、作文、自传等的分析，了解学生的心理活动。主题式自传是自传的一种重要形式。主题式自传的内容限于个人生活的某一方面，如“我的家庭生活”、“我的学校生活”等。在对学生自传进行分析和解释时，应考虑自传反映学生什么样的一种情绪基调，自传中提及哪些重大经历和重要的背景资料，在按时间顺序记载个人经历时有无明显的时间中断，有无逃避敏感问题的意向等。

（4）谈话法。

谈话法是指心理辅导人员与学生或其较亲近的人通过直接谈话方式来了解学生心理的一种方法。通过谈话法，可了解学生真实的心理背景、过去的心灵创伤等。

（5）心理测验法。

心理测验法是建立心理档案中较为常用的方法。该方法的关键是选择合适的测评工具。在选择合适的测评工具时，首先要考虑选择标准化测验，其次要明确测验的目的、功能及适用范围。

2. 建立心理档案的程序

（1）确定学生心理档案的内容。

学生心理档案的内容一般包括两个方面：一是影响学生心理发展的基本资料，即学生的基本情况，包括个人基本情况、家庭生活情况、学校学习生活情况及对个人生活有影响的重大社会生活事件等。二是反映学生心理状况和特点的资料，包括个体的智力水平、个性特征、心理健康状况、学习心理特征、职业能力倾向类型等。

具体来说，学生心理档案的内容包括：第一，学生的基本情况，主要包括：个人简介，如姓名、性别、出生年月、籍贯、民族、政治面貌、就读学校、年级、家庭住址、爱好特长等；身体状况，如血型、一般健康状况、身体发育状况、生理缺陷、个人病史等；家庭生活环境，如家庭成员的工作性质及职务、文化程度、家庭的组织结构、家庭的居住环境、家庭的经济状况、家庭气氛、家长的教育方式与态度、亲子关系、是否独生子女、家中排行等；学校学习生活状况，如学生的学习成绩、学习态度、学习习惯、思想品德、行为习惯、体育运动、交际水平、担任班干部情况、获奖情况等；对学生个人生活有影响的重大社会生活事件，如家庭成员的死亡、父母离异、影响生活的重大挫折等。第二，能力状况及其教育建议，主要包括学生的智力、特殊能力、创造力水平及其教育和训练建议等。第三，人格特征及培养建议，主要包括学生的性格类型及特征、气质类型及特征、兴趣及品德的特点和教育对策。第四，心理健康状况及辅导策略，主要包括学生的心理健康水平鉴定、有无心理问题或心理障碍、程度如何、怎样进行教育或矫治。第五，学习心理及教育对策，主要包括学生的学习态度、学习方法、学习动机、学习意志力、考试心理、学习困难情况及指导策略。第六，职业能力倾向及指导，主要包括学生的职业兴趣、职业能力的诊断情况，从而为学生升学、就业指导提供依据。

（2）学生资料的搜集。

这一程序已介绍，在这里不再复述。

（3）结果的解释和心理档案的建立。

在搜集学生资料的基础上，就要对每一种资料，尤其是心理测验的结果进行解释，并结合学生的基本情况提出指导建议，然后再建立心理档案。

具体来说，主要内容包括：第一，统计及结果解释。心理辅导人员要按照每一个测验所提供的计分标准进行统计，并将原始分转换成标准分。将统计出来的分数赋予一定意义，并将有意义的信息传递给来访者或其他教师及家长。在进行分数解释时，要参照常模资料、效度资料，还要考虑测验情景等其他因素。第二，提出建议。根据结果解释，围绕如何发展能力、培养创造力、优化人格、促进心理健康、提高学习成绩及指导升学或就业等方面来提出建议，这是建立学生心理档案的目的所在。第三，建立学生心理档案。学生心理档案的形式主要有文本式和电脑软件式。文本式档案又可分为档案袋和专项卡片两种方式。电脑软件式档案可减少差错，防止资料丢失，保证资料管理的准确规范、安全可靠，进而提高工作效率。

思考题

一、选择题

1. 下列关于心理辅导的描述，判断错误的是（　　）。

A. 它不是一种带有指示性的说教

B. 它主要通过规范与劝说，将价值观传授给学生

C. 它以他助—互助—自助为机制

D. 它是一种协助与服务

2. 下列关于心理健康的描述正确的是（　　）。

A. 心理健康不包括伦理道德标准

B. 心理健康和生理健康有紧密的联系，身体健康的人一定心理健康

C. 是否具有健康的生活方式和生活习惯是心理健康的一个标准

D. 心理健康是绝对的，可以由心理量表测验得出

3. 行为矫正法的主要辅导目标是（　　）。

A. 帮助来访者克服潜意识冲突

B. 消除或改变不良行为，代之以更有效能的行为

C. 提供一个安全和信任的辅导气氛

D. 帮助来访者找出他头脑中不合理的、扭曲的观念，并建立较为现实的认知问题的思维方法

4. 艾利斯是下列哪种心理辅导方法的创始人？（　　）

A. 个人中心法　B. 系统脱敏法　C. 合理情绪疗法　D. 精神分析法

5. （　　）是心理辅导的第一步，是会谈双方建立良好关系的基本要求。

A. 倾听　B. 指导　C. 询问　D. 干扰

6. （　　）是指辅导人员在进行学校心理辅导的过程中始终要注意培养学生积极进取的精神，树立正确的人生观、价值观和世界观。

A. 整体性原则　B. 主体性原则　C. 尊重性原则　D. 教育性原则

7. （　　）是心理辅导人员有目的、有计划、系统地获取处于自然条件下学生资料的方法。

A. 问卷法　B. 自述法　C. 心理测验法　D. 观察法

二、问答题

1. 简述心理健康水平可以从哪几个方面进行评估。

2. 简述影响青少年学生心理健康的因素。

3. 对学生进行心理辅导时，应遵循哪些原则？采用哪些方法？

4. 心理辅导会谈中应注意哪些问题？

5. 结合实例分析，如何缓解考试焦虑？

6. 结合实例说明如何运用认知辅导法和行为矫正法进行心理辅导。

7. 简述学生心理档案建立的程序。

参考文献

1. ［美］阿内特．青少年心理学．段鑫星等译．北京：中国人民大学出版社，2009.

2. ［美］巴尔斯，盖奇．认知、脑与意识——认知神经科学导论．北京：科学出版社，2008.

3. 曹日昌．普通心理学．北京：人民教育出版社，1979.

4. 陈红．青少年的身体自我理论与实证．北京：新华出版社，2006.

5. 陈家麟．学校心理卫生学研究刍议．教育评论，1992（4）．

6. 陈琦，刘儒德．当代教育心理学．北京：北京师范大学出版社，2007.

7. 程正方，高玉祥，郑日昌．心理学．北京：北京师范大学出版社，2009.

8. 崔丽霞，雷雳．中学生问题行为群体特征的多视角研究．心理发展与教育，2005（3）．

9. 杜岩英，雷雳，马晓辉．身体映像影响因素的生态系统分析．心理科学进展，2010，18（3）．

10. ［美］费尔德曼．发展心理学——人的毕生发展（第四版）．苏彦捷等译．北京：世界图书出版公司，2007.

11. 冯忠良．教育心理学．北京：人民教育出版社，2000.

12. 高申春．自我效能理论评述．心理发展与教育，2000（1）．

13. 高玉祥．健全人格及其塑造．北京：北京师范大学出版社，1997.

14. 高玉祥．个性心理学（修订版）．北京：北京师范大学出版社，2007.

15. ［美］格里格，津巴多．心理学与生活．王垒，王甦等译．北京：人民邮电出版社，2003.

16. 郭成．课堂教学设计．北京：人民教育出版社，2006.

17. 郭永玉．人格心理学——人性及其差异的研究．北京：中国社会科学出版社，2005.

18. ［美］霍尔，戴维斯．道德教育的理论与实践．陆有铨，魏贤超译，杭州：浙江教育出版社，2003.

19. 胡君辰，杨永康．组织行为学．上海：复旦大学出版社，2002.

20. 黄希庭．心理学．上海：上海教育出版社，1997.

21. 黄希庭．人格心理学．杭州：浙江教育出版社，2002.
22. 黄希庭．简明心理学辞典．合肥：安徽人民出版社，2004.
23. 黄希庭．大学生心理健康教育．上海：华东师范大学出版社，2004.
24. 黄希庭．心理学导论（第二版）．北京：人民教育出版社，2007.
25. ［美］吉尔福特．创造性才能：它们的性质、用途与培养．施良方，沈剑平，唐晓杰译．北京：人民教育出版社，2006.
26. 姜文义．教育管理心理学．大连：辽宁师范大学出版社，1999.
27. ［美］津巴多，约翰逊，韦伯．普通心理学．王佳艺译．北京：中国人民大学出版社，2008.
28. ［美］加涅，布里格斯，韦杰．教学设计原理．皮连生等译．上海：华东师范大学出版社，1999.
29. ［美］加涅．学习的条件和教学论．皮连生等译．上海：华东师范大学出版社，1999.
30. ［美］库恩．心理学导论——思想与行为的认识之路（第九版）．郑钢等译．北京：中国轻工业出版社，2004.
31. 雷雳．发展心理学．北京：中国人民大学出版社，2009.
32. 李百珍．青少年心理健康教育与心理咨询．北京：科学普及出版社，2003.
33. 李伯黍，燕国材．教育心理学．上海：华东师范大学出版社，1993.
34. 李铮，姚本先．心理学新论．北京：高等教育出版社，2001.
35. 林崇德．论品德的结构．北京师范大学学报（社会科学版），1988（1）.
36. 林崇德，辛涛．智力的培养．杭州：浙江人民出版社，1996.
37. 林崇德．发展心理学．北京：人民教育出版社，2009.
38. 林建华．中学生心理健康教育课程与教法．南京：南京大学出版社，1999.
39. 林夏芬，何贵兵．国内近年品德心理结构研究综述．应用心理学，1993，8（4）.
40. 刘道玉．创造思维方法训练．武汉：武汉大学出版社，2009.
41. 刘华山．学校心理辅导．合肥：安徽人民出版社，1998.
42. 卢家楣，刘伟，贺雯，卢盛华．情绪状态对学生创造性的影响．心理学报，2002，34（4）.
43. 卢家楣，魏庆安，李其维．心理学：基础理论及其教育应用（修订版）．上海：上海人民出版社，2009.
44. 卢家楣．学习心理与教学．上海：上海教育出版社，2009.
45. 卢盛忠．管理心理学（第四版）．杭州：浙江教育出版社，2008.
46. 莫雷．教育心理学．广州：广东高等教育出版社，2002.
47. 聂衍刚，路红．论网络文化与青少年的人格发展．教育导刊，2004（11）.
48. 潘菽．教育心理学．北京：人民教育出版社，1983.

49. 彭聃龄．普通心理学（第三版）．北京：北京师范大学出版社，2004.
50. 全国十二所重点师范大学．心理学基础．北京：教育科学出版社，2002.
51. 邵志芳．思维心理学（第二版）．上海：华东师范大学出版社，2007.
52. 沈莉萍．试论班杜拉社会学习理论的道德发展观．教育探索，2001.
53. 施良方，崔允漷．教学理论：课堂教学原理、策略与研究．上海：华东师范大学出版社，1998.
54. 施铁如．道德观念结构与道德观念建构．心理科学进展，1993（3）.
55. ［新西兰］斯托曼．情绪心理学——从日常生活到理论．王力译．北京：中国轻工业出版社，2006.
56. 宋希仁，陈劳志，赵仁光．伦理学大辞典．长春：吉林人民出版社，1989.
57. 苏东水．管理心理学（第四版）．上海：复旦大学出版社，2002.
58. 孙可平．现代教学设计纲要．西安：陕西人民教育出版社，1998.
59. 王重鸣．管理心理学．北京：人民教育出版社，2000.
60. 王登峰，崔红．中国人人格量表的信度与效度．心理学报，2004，36（3）.
61. 王晓艳，冯晓霞．雅科布松儿童道德自我调节理论及其启示．学前教育研究，2004（9）.
62. 魏贤超．现代德育理论与实践．杭州：杭州大学出版社，1994.
63. 伍新春．高等教育心理学．北京：高等教育出版社，1998.
64. 吴增强．当代青少年心理辅导．上海：上海科学技术教育出版社，2003.
65. 熊川武．学校管理心理学．上海：华东师范大学出版社，1996.
66. 徐英俊．教学设计．北京：教育科学出版社，2006.
67. 薛殿会．思想品德结构及其形成．教育研究，1983（1）.
68. 姚便芳．评价的奥妙．成都：四川大学出版社，2010.
69. 游旭群．普通心理学．北京：高等教育出版社，2011.
70. 俞国良．创造力心理学．杭州：浙江人民出版社，1996.
71. 余林．课堂教学评价．北京：人民教育出版社，2007.
72. 张春兴．现代心理学．上海：上海人民出版社，2005.
73. 张春兴．教育心理学——三化取向的理论与实践．杭州：浙江教育出版社，1998.
74. 张大均．教与学的策略．北京：人民教育出版社，2003.
75. 张大均，王映学．教学心理学新视点．北京：人民教育出版社，2005.
76. 张大均，郭成．教学心理学纲要．北京：人民教育出版社，2006.
77. 张大均．教育心理学（第二版）．北京：人民教育出版社，2003.
78. 张明．社会心理学．北京：科学出版社，2009.
79. 张庆林，邱江．思维心理学．重庆：西南师范大学出版社，2007.
80. 张晔，秦华伟．人格理论与塑造．北京：国防工业出版社，2006.

81. 章志光．心理学（第三版）．北京：人民教育出版社，2002.

82. 章志光．小学教育心理学．北京：中国人民大学出版社，2001.

83. 章志光，金盛华．社会心理学．北京：人民教育出版社，1996.

84. 张志学．谈品德心理的结构．教育研究，1990（7）.

85. 郑日昌，陈永胜．学校心理咨询．北京：人民教育出版社，1991.

86. 郑雪．人格心理学．广州：广东高等教育出版社，2004.

87. 郑雪．人格心理学．广州：暨南大学出版社，2007.

88. 周小山，严先元．新课程的教学设计思路与教学模式．成都：四川大学出版社，2002.

89. W. G. Chase，H. A. Simon. Perception in chess. *Cognitive Psychology*，1973（4）.

90. G. L. Clore，N. Schwarz，M. Conway. Affective causes and consequences of social information processing. In：R. S. Wyer，T. K. Srull（Eds.）. *Handbook of Social CognitionHillsdale*. NJ：Erlbaum，1994，1(1).

91. Denhardt，B. Robert. *Managing human behavior in Public and Non－profit organizations*. California：SAGE Publications，Inc：151.

92. K. Duncker. On problem solving. *Psychological Monographs*，1945，58（5）.

93. V. Goel，J. Grafman. Role of the right prefrontal cortex in ill-structured planning. *Conitive Neuropsychology*，2000，17（5）.

94. G. Lynch. *Synapses，circuits，and the beginnings of memory*. Cambridge，MA：MIT Press，1986.

95. M. P. McCabe，L. Kicciardelli，D. Mellor，et a1. Media influences on body image and disorders，eating among indigenous adolescent Austrians. *Adolescence*，2005，(40).

96. M. Shcrif，O. J. Harvey，J. White，W. Hood，C. W. Sherif. *Intergroup conflict and cooperation：The robber's cave experiment*. Stillwater University of Oklahoma，1961.